決定版

九州の山歩き

吉川 満
Yoshikawa Mitsuru

増補

目次

熊本県

宮崎県

鹿児島県

冬山を歩く

福岡県

大分県

* 本文中の〔**山道案内**〕や《**その他のコース**》の下に3-①、3-②……と記した番号は山道のコース番号です。目次と地図中に記したものと共通です。
* 地図中の赤い点線が、本書で案内したコースを示しています。
* 地図中のコース番号の下にある「苅田」「小倉」「久住」などの表記は、二万五千分の一地形図の名称を示しています。
* 地図中の記号のうち、Ⓟは駐車場、㊌は水場、▲は山頂または三角点、・は標高点を示しています。
* 地図は特に方位表記のない限り、上方を北としています。
* この地図の作成に当たっては、国土地理院長の承認を得て、同院発行の二万五千分の一地形図を使用したものです。

（承認番号　平16九使、第72号）

装丁＝毛利一枝

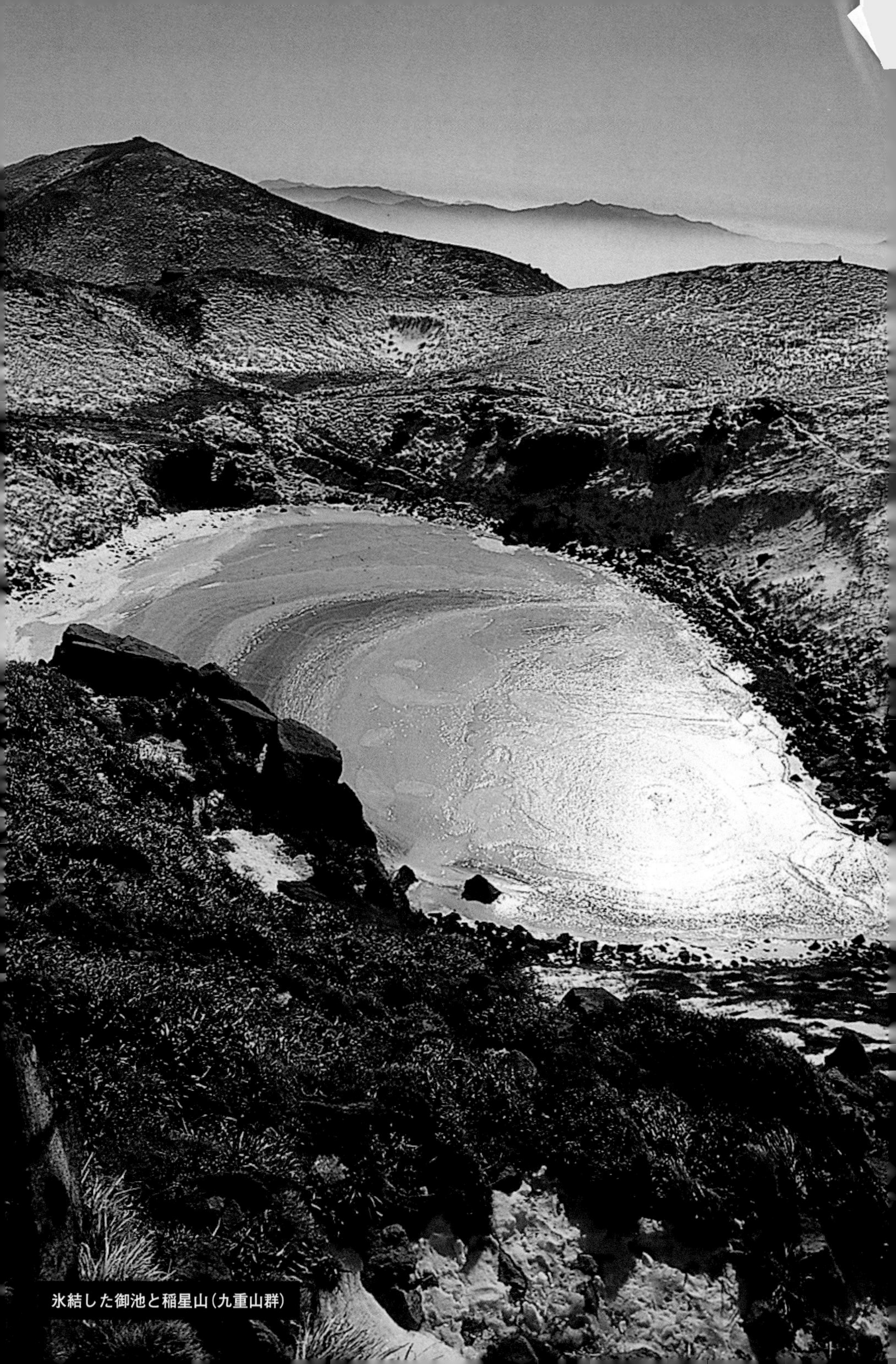

氷結した御池と稲星山（九重山群）

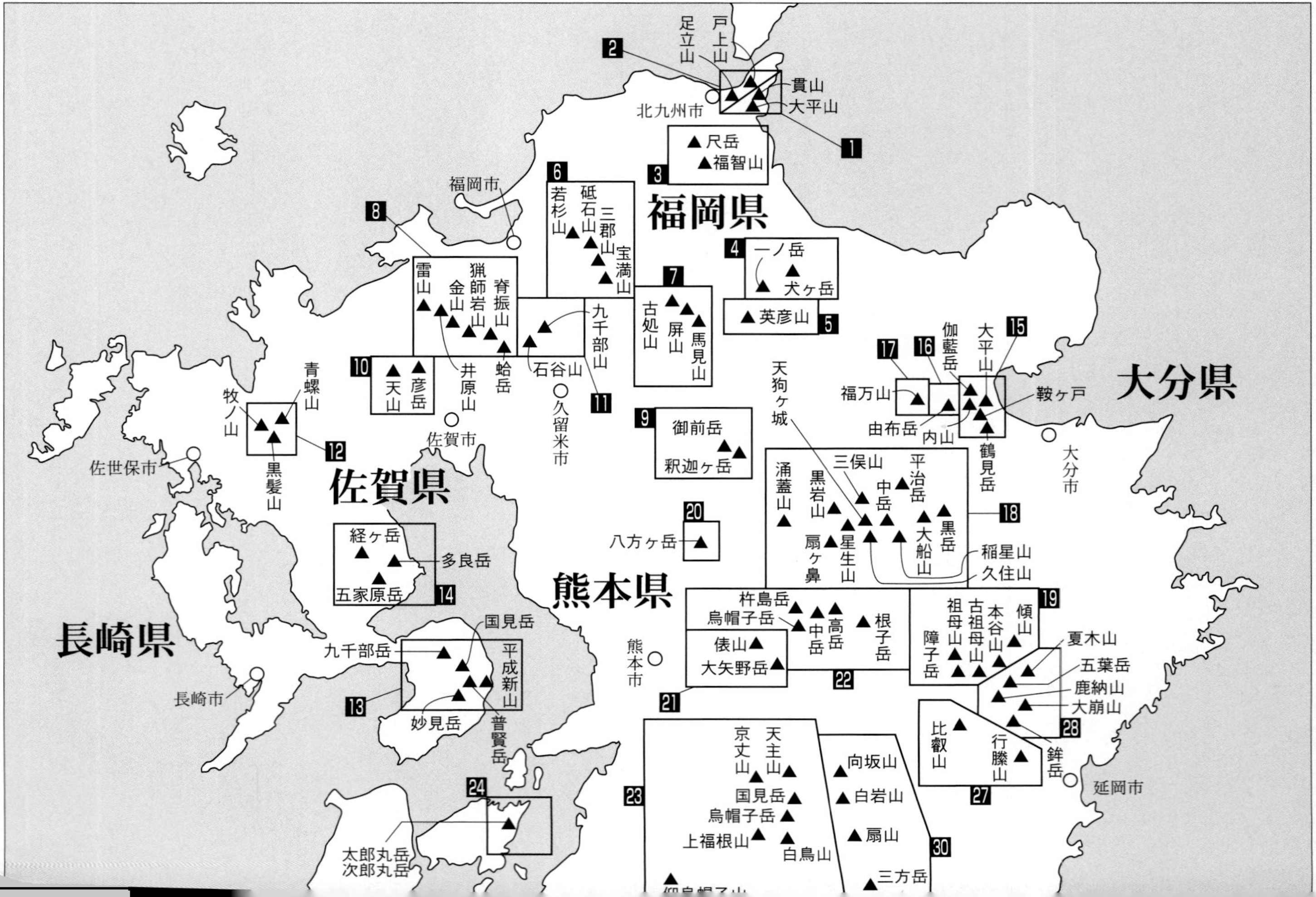
福岡県
佐賀県
長崎県
熊本県
大分県
北九州市
福岡市
佐賀市
久留米市
佐世保市
長崎市
熊本市
大分市
延岡市
1 大平山
2 足立山 戸上山 貫山
3 尺岳 福智山
4 一ノ岳 犬ヶ岳
5 英彦山
6 若杉山 砥石山 三郡山 宝満山
7 古処山 屏山 馬見山
8 雷山 金山 猟師岩山 脊振山 井原山 蛤岳
9 御前岳 釈迦ヶ岳
10 天山 彦岳
11 九千部山 石谷山
12 牧ノ山 青螺山 黒髪山
13 九千部岳 国見岳 平成新山 普賢岳 妙見岳
14 経ヶ岳 多良岳 五家原岳
15 大平山 鞍ヶ戸 鶴見岳
16 伽藍岳 内山
17 福万山 由布岳
18 天狗ヶ城 涌蓋山 黒岩山 三俣山 平治岳 中岳 扇ヶ鼻 星生山 大船山 黒岳 稲星山 久住山
19 祖母山 古祖母山 本谷山 傾山 障子岳
20 八方ヶ岳
21 俵山 大矢野岳
22 杵島岳 烏帽子岳 中岳 高岳 根子岳
23 京丈山 天主山 国見岳 烏帽子岳 上福根山 白鳥山
24 太郎丸岳 次郎丸岳
27 比叡山 行縢山
28 夏木山 五葉岳 鹿納山 大崩山 鉾岳
30 向坂山 白岩山 扇山 三方岳

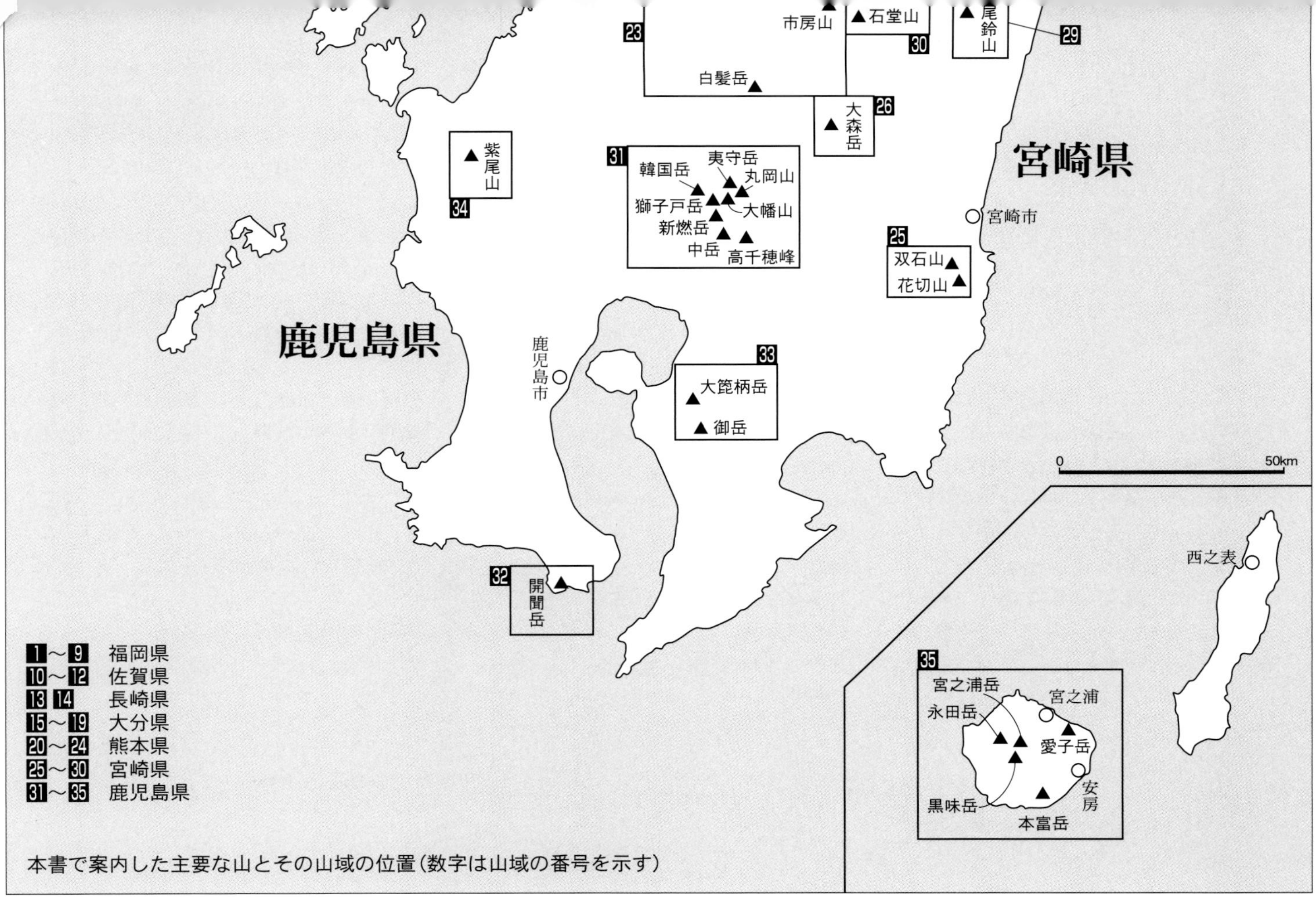

本書で案内した主要な山とその山域の位置（数字は山域の番号を示す）

はじめに――九州の山を歩くために

山のガイドを書いていると、九州にはいくつ山があるのか、と疑問が湧いてくる。

そこで、『日本山名総覧』（白山書房）により調べると（沖縄県を除く）、低い山は、二万五千図「八代」で白島《しらと》一九メートル、「熊本」で御坊山《おんぼさん》二〇メートル、「福岡西部」で小岳《こたけ》二一メートル、などに始まり、最高峰は「宮之浦」で宮之浦岳一九三六メートルまで二五一三座を数える。

現在まで書店に並んだ九州の山に関する本を集めると、登山対象の山はおよそ三三〇座となる。つまり二五一三座中、九州の登山者が楽しく登る価値のある山は三三〇座となる。

一山の登山コースを三コース平均として一〇〇〇コースをはるかに越える数が予想される。ちなみに私がこれまでに歩いたコースは六〇〇を優に越える。

本書では――山容、自然の豊かさの他に、山麓の人々に愛され親しまれているか、四季折々の風情、登山に変化を与え、楽しみ、面白さがあるか、登山道の整備状況、下山後近くで温泉・史跡・名勝めぐりの観光ができるか――など、多くの角度から吟味して三五の山域を選定した。

山域の道案内については、アプローチが便利なこと、近くに立派な山々が重複する場所もあること、往復や縦走登山まで含めて、それぞれの体力、経験に合わせて、コースを区切って登ることができることなどを考えて記した。

九州の登山人口は福岡県が圧倒的に多く、九州の登山者の八割を占めるといってもよい。そのような訳で、九州北部（福岡、佐賀、長崎各県と大分県北部）の山数が多くなった。大分県南部、宮崎、熊本、鹿児島各県では標高、自然の豊かさで優れている山が多数あるが、登山道の整備がいき届かず、グレードの高い山もあり、本書にはあえて収録していない。

今回の三五エリアには約一二〇座が含まれている。これらの山々を、四季を分けて登ることにより、九州の山の素晴らしさ、登山の楽しさ、苦しさを十分味わい、さらに奥の深い登山、そして世界の山々を目指す契機にしてほしい。

福岡県 山域１

貫山《ぬきさん》（711・6m） 大平山《おおへらやま》（587m）

日本の代表的なカルスト地形が広がる平尾台は国の天然記念物指定で、カルスト特有の植物群が見どころ。そして大平山と貫山は企救半島の展望台だ。春秋のハイシーズン中は、自然を求める市民のレクリエーション基地となる。

〔山域の魅力〕通称平尾台で親しまれている石灰岩台地は、北は貫山《ぬきさん》から南は竜ヶ鼻まで南北七キロ、西は大平山《おおへらやま》から東は水晶岳まで東西二キロで四周を山に囲まれた盆地状をなし、大平山の南斜面一帯に羊群原、石塔群、石灰穴などがあり、その間にススキを主体としてササ、ヤマハギ、チョウジガマズミ、イワツクバネウツギ、イワシデなど、カルスト特有の植物群がハイカーの目を楽しませてくれる。

　盆地内の地下には千仏鍾乳洞、青竜窟などの鍾乳洞があり、動物の化石も多数発見されて、日本と大陸との関係を研究するための貴重な資料となっている。まさに文化財の宝庫である。

　貫山地は、南北に走る明瞭な紫川構造線により、西部の福知山地と区別され、石灰岩台地に平尾花崗閃緑岩《かこうせんりょくがん》が貫入した花崗岩の山である。山頂一帯、平尾台と同じくササとススキが主体で展望はよく、ファミリーレクリエーションの場を提供している。

　台地上は北九州国定公園に指定され、平尾台は国の天然記念物に指定されてはいるものの、周囲ではセメント工場による採石も進行している。

　登山やハイキングには、小倉駅発平尾台行で台地入口の吹上峠で下車する。大平山、貫山登山の他、カルスト地形探勝の自然歩道も整備されている。

〔山道案内〕１　▽歩行時間＝三時間

吹上峠→大平山→貫山→中峠→平尾分校

▽二万五千図＝苅田

バス停からわずかに小倉側へ戻ると、九州自然歩道の標識がある。石塔群にカヤやササが茂る赤土の斜面を、短くジグザグに切って登る。

　高度があがると背後の竜ヶ鼻の奥に福知山が顔を出す。石塔群の脇にはオキナグサ、センブリ、アキノキリンソウ、サワギキョウ、ヒトリシズカ、ヒメユリ、ハハコグサ、リンドウ、タカサゴソウな

大平山から茶ヶ床園地、石灰岩は羊群を彷彿させる

どの草花を春から秋にかけて楽しむことができる。

大平山南斜面から、茶ヶ床園地にかけて広がる羊群原（カレンフェルト）が見事だ。園地の凹地（ドリーネ）、石灰盆地（ポリエ）などが広く点在している。**大平山頂**は南側は草原、北の斜面は灌木が茂り、石塔上は最適な休憩場所。四周の展望はよく、これから登る貫山が鞍部の先に長いスロープを伸ばしている。

東へ石塔群を縫って下り、小丘に上り、右下にドリーネを見ながら下ると、**茶ヶ床園地**、**中峠方面**への道の分岐に着く。貫山へは正面の草付の急斜を行く。一〇分弱で広い**稜上**に達し、周防灘、瀬戸内方面の海原が目に飛び込む。

やがて中峠、貫山、大平山への十字路に達する。広い台地状の稜線を北に向う。広い鞍部には砂利道が東西に横切る。それを突切って緩やかな草の斜面を四周の景色を楽しみながら、のんびり歩くと**貫山山頂**である。

山頂で一服したら、大平山への分岐点へ戻る。以前、冬に貫山を訪れた時は、折から悪天となり、強風と霙《みぞれ》を避けるために慌てて東風下の車道へ逃げた。わ

大平山から草山越しに貫山の眺め

ずか一〇〇〇㍍にも満たない低山と侮ってはいけない。

大平山分岐から広い尾根の一本道を緩く下る。正面に見える五五八㍍の草山には、北から山頂にかけて二本の轍がある。私が一九九〇年頃にここを訪れた時はササが無惨に倒され、轍が生々しく付いていて驚いたものだが、現在もまだ残っている。見るたびに残念でならない。

急斜をわずかに下ると**中峠**に出る。ここから五五八㍍草山の往復に四〇分。峠から車道歩きで羊群原を眺めながら行く。茶ヶ床園地から目白洞を左に見て、さらに各鍾乳洞の案内板を見て、**平尾台分校バス停**へ戻る。時間がゆるせば、鍾乳洞に立ち寄るのもよいだろう。

▽**参考コースタイム**＝吹上峠（40分）大平山（30分）中峠・貫山分岐（30分）貫山（40分）中峠（40分）平尾分校

〔**問合せ先**〕北九州市観光課☎093・582・2054。西鉄バス北九州テレホンセンター☎093・551・1181〈**アクセス**〉JR鹿児島本線小倉駅から西鉄バス中谷（乗換）平尾台吹上峠。◉マイカー＝国道322号小倉南区石原町から平尾台県道28号吹上峠。

福岡県
山域2

足立山　戸上山

あだちやま（597・8m）　とのうえやま（518・1m）

企救山地は北九州市を南北に走る。足立山はこの山地の最高峰。自然を味わい頂に立つと、はるか南に由布・鶴見岳が望まれる。戸上山への縦走路上は市街と関門海峡の展望台で、特に夜の登山は海峡の夜景が素晴しい。


〔**山域の魅力**〕関門海峡に突き出た企救《きく》半島には、砂利山、風師《かざし》山、矢筈山、戸《との》上《うえ》山、足立《あだち》山など三〇〇〜六〇〇㍍の山がほぼ南北に連なり、企救山地と呼ばれている。

足立山は企救半島の最高峰で、響灘と周防灘の両方からの気流の変化が激しく、雲が発生することが多いため霧ヶ峰とも呼ばれる。なおこの山には和気清麻呂《わけのきよまろ》の伝説もあり面白い。

山麓周辺にはアカマツ、中腹以上にはスダジイ、アカガシ、ヒメユズリハなど常緑広葉樹にヤマハギ、ヤマザクラなど落葉広葉樹が混る。渡り鳥の中継休憩地でもある。小鳥の好む蜜を持つヤブツバキや実をつける樹木の多いこともあり野鳥の数も多い。

足立山の稜続きには戸上山があり、足

小文字山上手から戸上山と門司の市街

立山から北進する企救自然歩道の中間地点からは眼下に北九州市街や関門海峡さらに下関市街、周防灘、響灘、足立山などの展望が優れ、山頂には戸上神社上宮がある。

この山地は標高こそ高くはないが、森林浴、稜線防火帯や山頂からの広大な展望に魅力があり、足立山、戸上山縦走は登山者のみならず、ハイカーも週末登山を楽しめる。

なお春はヤブツバキの花、緑の葉に混るヤマザクラの花が美しく、秋は常緑樹にヤマハゼの紅葉、戸上山方面大台ヶ原のススキやササの黄葉など、都市近郊にありながら季節感をたっぷり味わえる。

山地は北九州国定公園に含まれ、山麓周辺には足立森林公園があり、登山コースの北側に小文字山《こもんじやま》が見える。足立山からは晴天時に遠く大分県の由布岳、九重山群も望まれる。

私は晩秋晴天時の山行で、街と海の景色に感動し、山に登り海を眺めることができる足立山、戸上山は忘れがたい存在となった。なおコースを熟知した人は、好天夜間を利用した登山で、さらに自然の深さを知ってほしい。

季節を変え、コースを変え、時間を変え、雨や雪の日も一つの山に登ることは登山の幅を広げる。夜を恐れ、悪天を恐れていた若い頃、夜間に山を歩くことでそれを克服した。台風時に阿蘇でテントを張って、山での台風の状況を体験した。もちろん万全の準備のもとである。

登山口は主に四つある。①メモリアルクロス、足立山森林公園。②妙見神社。③大里《だいり》から大台ケ原。④寺内《じない》から戸上神社が一般的である。

〔山道案内〕2

▽**歩行時間＝四時間三〇分**

足立山森林公園登山口→小文字山→妙見山→足立山→大台ヶ原→戸上山→寺内

▽**二万五千図＝小倉**

西鉄バス大谷池バス終点から山麓を右上すると三差路に出る。右がメモリアルクロス、左の**足立山森林公園登山口**へ進む。

登山はしょっぱなから胸突く急坂なので、調子が出るまでゆっくり足を動かす。いきなり標高一五〇㍍差を登ることになる。斜面や丸木段を一直線に登って行く。

あたりは見事な常緑広葉樹の森だ。春は足元にツバキの落花も数多く見られる。一直線の階段が少し短いジグザグになった後さらに一直線に登る。やがて樹林中に露岩が現れる。

右に森林公園遊歩道への道を見て、再度露岩を右から巻いて上る。途中クサリ

絶景地大台ヶ原と奥に足立山が見える

場が二ヶ所あり、樹林を抜けて**小文字山**の展望台に達する。

ここから道脇はクマザサとなりわずかに下って、次のピークへ登り返す。防火帯を登り詰めると正面に足立山、左の長い稜線の先に戸上山が見える。右手は灌木、左手は鉄条網が張られた陸上自衛隊の施設で、ベンチがある防火帯は休むにもよい。

鞍部に下り、短い上下で尾根は幅を狭める。あたりが常緑広葉樹となると短い岩稜歩きで高度が上る。左は急斜のカヤ野が広がる。登山道はネズミモチ、アオキ、ネジキ、カクレミノ、シキミのトンネルとなる。

途中で道が二分し、直登する道と巻き

登る道となるが、**妙見山の頂**でふたたび出合い、山頂の上宮神社脇を行く。

短い下りで**鞍部**に降りると、妙見神社本宮からの登山道が右下から出合う。あたりは老杉も点在する森だ。道は急斜で丸木段となりロープも張られている。

左手にカヤが現れると傾斜もゆるみ正面が開ける。すぐベンチと山頂標識のある**足立山の頂**に着く。

山頂から北へ向う稜線の樹林帯を下り、途中、労災病院への分岐が右にあり、広い稜となる。平坦な道となるが、再度急激な下りとなる。

鞍部に達し、わずかに登ると左手に展望が開ける。カヤ野と樹林の境を北へ向う。

石沼林道分岐にはベンチがある。平凡な山道を歩いていると左に藤松・大里方面への道が分れる。さらに吉志《きし》ゴルフ場への分岐、畑水源への分岐をすぎると、樹林帯から抜けてクマザサの中に一本の防火帯が続く。

防火帯の奥には目指す戸上山が現れる。この防火帯は山頂近くまで続いている。

すでに背後に足立山が遠い。やがて左手に大里への道が分れ、防火帯のひと登りでササの台地、**大台ヶ原**の広場に出る。ベンチもあり小倉市街や関門の展望が雄大だ。休むのによい場所である。

ササ帯の一本道を急登する。次第に視界が広がり、景色を楽しみながら登ると傾斜も緩み、樹林の道となる。常緑広葉樹の見事な森はツバキ、カシ、シイの巨木もある。この森を抜けると西側の展望が開ける草原に出て、休むのに絶好の空間を作っている。戸上山頂の一角である。

広い**山頂**は草原あり樹陰ありで、**戸上神社上宮**は森の中にある。

広い稜を北へ下る。岩稜混りの道となり、やがて樹木も背を縮め、眼下に大久保貯水池が見えている。木の根道から丸木段が続き、尾根の左へ出て下る。

ジグザグ道となり、樹間から風師山を眺めながらさらに下る。山腹を左に巻き赤土混りの遊歩道には企救自然歩道の大きな案内板が立っている。ここから赤土道がコンクリート段となると、寺内住宅地へ達し、**戸ノ上中学バス停**に下山する。

▽**参考コースタイム**＝足立山森林公園登山口（40分）小文字山（40分）妙見山（20分）足立山（1時間40分）大台ヶ原（30分）戸上山（40分）寺内

〔問合せ先〕北九州市観光課☎093・582・2054、西鉄バス北九州テレホンセンター☎093・551・1181**〈アクセス〉**門司方面から西鉄バス大谷池終点下車。都市高速戸上山寺内バス停から足立山登山口へ戻ることもできる。●マイカー＝足立山森林公園登山口に駐車可能。

福岡県
山域3

福智山《ふくちやま》（900・8m）　尺岳《しゃくだけ》（608m）

北九州地方の最高峰福智山は四周から目立つ山で、山腹は常緑樹が黒々と繁る。尺岳からの自然豊かな縦走路がすばらしい。登路は各地から開けている。尺岳では森林浴が楽しめるし、福智山は展望がよく登山者の数も多い。

〔山域の魅力〕北九州市八幡東区の皿倉《さらくら》山から、田川郡香春《かわら》町の香春岳に至る山地は福智山地《ふくちさんち》と呼ばれ、北九州国定公園の一角でもある。南北に連なるこの福地山地の最高峰が福智山である。
稜線上は、北の皿倉山から九州自然歩道が整備され、筑豊平野を流れる遠賀川水系と、北九州市小倉地区を流れる紫川水系の分水嶺をなしている。西側は断層による急斜面となり、渓谷美に富み、竜《りゅう》王峡《おうきょう》、上野峡《あがのきょう》など峡谷が点在する。紫川上流は東部の菅生《すがお》の滝、鱒淵《ますぶち》ダムとともに行楽地として北九州市民憩いの場となっている。

九州自動車道で遠賀川を渡る際、いつも右手にひときわ目立つ三角形の福智山を見る。また、新幹線の車窓からの姿も、九州を離れるにつけ、帰るにつけ懐しい古里の山である。九州はいいなあと、遠賀川の唄が口をついてでる。

春はススキの若芽の緑、秋は稲穂の波が光り輝き、冬は山頂に雪をいただいて白く、普段より気高く見える。その姿を見るにつけ安堵する。

山体は主として変成岩からなり、中腹は常緑広葉樹を主に落葉広葉樹も混り、山頂一帯クマザサとススキに覆われて草原状をなし、国見岩をはじめ、多くの巨石が草原の中に点在している。

山頂部の南側には福智山神社上宮、西側直下に鳥野神社上宮の石祠が建っている。南側の福智神社上宮石鳥居跡近くには「月影の井戸」と呼ばれる湧き水、北側の荒宿荘《あらじゅくそう》下には「狸水」と呼ばれる湧き水があり、登山者のオアシスとして親しまれている。

展望は三六〇度開けており、北九州域では最も素晴らしいのではないか。秋に荒宿荘かテント泊で北九州の夜景を眺めることを勧める。もちろん日の出、日の入を巨石の上から見るのもよい。

山麓の竜王峡、内ヶ磯、上野、鱒淵、菅生の渓谷などでは、春・秋の新緑紅葉、夏の渓流遊びとハイカーの絶えることはない。

尺岳《しゃくだけ》は福智山地の北に位置し、目立った存在ではないが、北西面が急崖をなし、山頂には日本武尊が背くらべをしたという、高さ約四㍍の巨石「背くらべ岩」がある。山頂から南へ五分の場所に尺岳平があり、大きな四阿《あずまや》がある。

尺岳・福智山縦走路は九州自然歩道の一部で、山地には北から菅生、皿倉山、竜王峡、四方越、内ヶ磯、上野、鱒淵、頂吉、牛斬山方面など多数のコースが拓かれている。

〔山道案内〕 3－① ▽歩行時間＝五時間
菅生の滝→尺岳→豊前越→福智山→上野越→上野 ▽**二万五千図＝徳力、金田**

駐車場から上流へ菅生橋を渡り遊歩道を行く。須川神社奥の院から正面に**菅生の滝**が幅広く落ちている。

神社の右上への道は、菅生の滝上流から河原を左に渡り、植林から林道へ出る。左上への道は、小谷沿いのジグザグ道から、右へ伝う立派な踏分けとなり林道へ出る。

この林道は道原から合馬《おうま》へ抜ける。谷沿いに上流へ向い、砂防堤を二本過ぎると道の左脇に「合馬・道原林道開通記念碑」が立つ。

その上手を谷沿いに歩く。アオキ、ツバキ、ヤマグリ、カシ、ヤマザクラ、カエデ、ネムなどの木を見ながら、谷中をのんびり登る。谷の右に出てしばらくで谷と離れ植林の中を行く。

谷と離れ水が枯れた支谷となり、皿倉山からの**九州自然歩道**に出合う。また、尾根の西側畑観音、ケヤキ谷からの道が出合い、自然歩道の登りを頑張ると**尺岳**

〔上〕　登山口には菅生の滝が懸る
〔左上〕岩盤が露出した尺岳山頂は西の展望がよい
〔左下〕おだやかな福智山山頂は北九州市民の憩いの場

平である。右にひと登りで**尺岳山頂**だ。山頂のようすは前出の通り。

　山頂から尺岳平まで戻り自然歩道を南に向う。さしたる上下のない歩道は、樹林帯の散歩道となっており、稜線は赤マツの巨木が多く赤マツ尾根として登山者に親しまれている。道が左に直角に折れ、右にさらに直角に折れると右に竜王峡への道が分れる。

　山瀬越で林道を突切り南へ伝う。この道は常緑樹が頭上を埋めて快適な森林浴が楽しめる。カシ、スダジイ、ナラ、アカマツ、クヌギの巨木にツバキ、サカキ、イヌシデ、エゴノキ、リョウブ、ネジキそれにアオキと常緑・落葉広葉樹の森を作っている。

　稜線は六三七メートルピークで下りとなり、稜は痩せてくる。鞍部に着くと左に七重の滝へ二・九キロ、頂吉バス停へ六キロの道を分ける。ベンチがあり一休みするのによい。

すぐ登りとなり、丸木段を行くと右へ雲取山を経て内ヶ磯へ四・三キロの道を分ける。

　稜線の左を巻きぎみに、ほぼ水平に歩く。マツに混ってリョウブが目立つ。六四三メートルピークからぐっと下ると**豊前越**の鞍部に立つ。左は鱒淵ダムまで二・五キロ、右は内ヶ磯まで四キロである。南への道は急登となりジグザグ道はけっこうきつい。しかし一〇分も頑張ると稜の西へ出て傾斜もゆるむ。

　高度が上り落葉樹が多くなると、樹間から福智山が望まれる。道脇はリョウブが目立ち、樹高も低くなってくる。さらに登ると**からす落**の広場に達する。

　行手に福智山を見ながら灌木帯を登ると、左に**狸水**の水場があり、右脇には**荒宿荘**がある。石屑の多いジグザグ道を登ると、灌木帯からクマザサやカヤ混りの斜面となり、左右に巨石を眺めてのひと登りで、巨石の転がる広い**福智山**の頂に着く。

　展望は三六〇度開けている。北に皿倉山、尺岳、東に貫山《ぬきさん》、平尾台、西に雲取

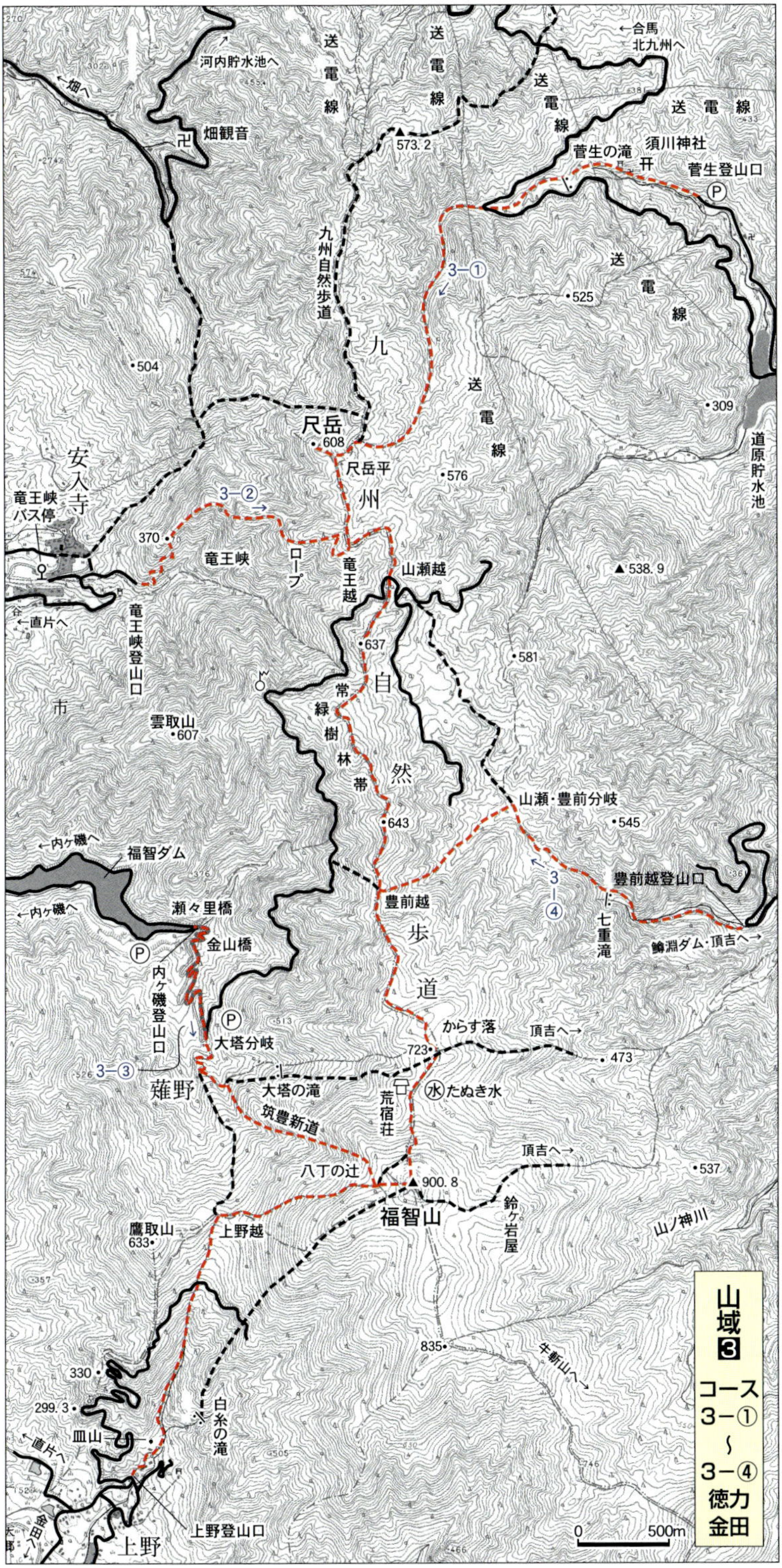

山、遠賀川、眼下に鷹取山城跡、南に牛《うし》斬山《きりやま》、香春岳さらに犬ヶ岳、英彦山、古処山、三郡山と北九州一円の展望を楽しむことができる。

山頂を後に西に下ると八丁の辻の草原に至る。右下の道は上野越や筑豊新道、内ヶ磯への道、直進する草山コースは白糸の滝へ直接下る道だ。

さて八丁の辻から右下の道を取ると、石屑の多い道から右下に筑豊新道を分け、**上野越**へ至る。上野越から直進する道は鷹取山へ、右は内ヶ磯へ至る。左が目的の白糸の滝・上野《あがの》方面への道である。

石屑の急斜を下ると右へ白雲ライン経由上野峡への道を分け、そのまま下ると

竜王越から左にわずかで尺岳平である（3－②）

上野、大塔、筑豊新道出合上手から福智山を望む（3－③）

すぐ林道に出る。林道を突切り谷沿いを下り、砂防堤を二本過ぎると車道に出る。車道歩きで**皿山**に達し、**白糸の滝**は左へ谷沿いの登りで達する。

▽**参考コースタイム**＝菅生の滝（1時間20分）尺岳（1時間20分）豊前越（1時間20分）福智山（30分）上野越（30分）上野皿山

《その他のコース》

3－② 竜王峡バス停→竜王越

バス停から山手に直進すると、右が竜王峡、左が四方越への道を分ける。竜王峡への道を取ると登山案内がある。竜王公園を過ぎ、短いジグザグの展望のない登り道は標高三七〇㍍で傾斜はゆるむ。さらに登ると、尾根が右に折れる。多少の上下から急登、平坦道、また急登で途中にロープの設置されたところもあり、やや左に向うと**九州自然歩道**に出る。ここが**竜王越**で所要時間は一時間三〇分。さらに尺岳平まで一〇分。

3－③ 内ヶ磯→薙野→八丁の辻→福智山

ダム堤から車道を上流へ向う。瀬々里橋へ出て川沿いに進む。迂回する林道から、都合五回の近道で林道最上部薙野に達すると、左・大塔の滝、右・上野越、中央・筑豊新道コースと**三分岐**する。

筑豊新道を谷沿いに登る。斜面は急峻だ。谷幅が狭まり石屑の道、濡れた岩上を歩くので、滑らないように注意しよう。古いロープを伝い、岩上をトラバースする。斜滝は左手側壁の立木や岩のかどを支点にしながら越えるとしばらくで**八丁の辻**、そして福智山まで一時間三〇分。

3－④ 鱒淵ダム→七重の滝→豊前越

鱒淵ダムを上流へ向う。九州自然歩道の道標から**七重の滝**へ。滝は鎖場などを経て歩きやすい道へ出る。山瀬・豊前分れで左の豊前越への道を取り渓流、杉林から涸れ谷の急坂を突きあげて**豊前越**へ。鱒淵ダム堤から一時間三〇分。

〔**問合せ先**〕北九州市役所☎093・582・2525、北九州市観光課093・582・2054、赤池町産業振興課☎0947・28・2004、西鉄バス北九州テレホンセンター☎093・551・1181、西鉄バス香月営業所☎093・617・0282〈**アクセス**〉尺岳 ◉マイカー＝小倉から国道322号小倉南下《しも》志井《しい》、鱒淵貯水池方面。竜王峡 直方バス停から西鉄バスの便がある（一時間一便）。内ヶ磯 ◉マイカー＝九州自動車道八幡IC、国道200号鉄工団地から頓野方面。

福岡県
山域4

犬ヶ岳《いぬがたけ》（1130・8m）一ノ岳《いちのたけ》（1124m）

犬ヶ岳は山岳仏教修験者の道場で史跡と伝説が多い。浸食が進んだ谷の渓谷美、山頂一帯のツクシシャクナゲ群落とブナの原生林は一見の価値がある。新緑、シャクナゲ、紅葉、冬枯れの姿と四季を通じて楽しめる。

〔山域の魅力〕犬《いぬ》ヶ岳《がたけ》は福岡・大分県境の山で、東西に連なる県境山塊の一峰である。東に経読岳《きょうよみだけ》、西に野峠《のとうげ》を経て英彦山に接し、ツクシシャクナゲの群落とブナの原生林が素晴らしい。

　犬ヶ岳は、福智山、英彦山、宝満山、脊振山などと同じく、古くから山岳仏教修験者の道場であり、また、犬神が住んだという伝説もあり、仏法守護の修験山伏の史跡と伝説が多い。

　この山塊は熔岩、集塊岩で成り浸食が進んだ岩岳川上流、夫婦淵、恐淵《おそろしぶち》などの渓谷美を楽しむことができる。さらに緑豊かな山頂を辿り、山岳仏教の求菩提《くぼて》資料館に立ち寄り、歴史に親しむのもよい。

　登山口は鳥井畑からが一般的だが、野峠からの縦走は短い上下が続き、稜線には岩稜があり、景色もアルペン的で山歩きを堪能できる。笹が密生する稜線はブナやアカガシが混生する樹林が広がり特に一の岳から、犬ヶ岳（かめの尾）に至る道は四季折々によさがある。新緑、紅葉、冬枯れの落葉のクッション、樹氷など、魅力溢れる山域だ。

〔山道案内〕4－①

▽歩行時間＝五時間三〇分

鳥井畑→恐淵→犬ヶ岳→笈吊峠→鳥井畑

▽二万五千図＝下河内、伊良原

　鳥井畑からの車道歩きは石積みの棚田が美しい。集落奥右側の駐車場から左の犬ヶ岳橋を渡りキャンプ場、求菩提資料館を見て**登山口**へ。

　岩岳川二俣から右の谷沿いに進む。ヤマメ料理店の前を通りすぎると、道脇には大山祇《おおやまずみ》神社の祠がある。広河原で谷を左に渡ると杉林の登りとなる。

右下には恐淵《おそろしぶち》が廊下状に続き、谷に下って飛び石を伝い、クサリを使って淵を登る。へつる（岩を横に伝う）と廊下の上に出て木橋で谷の右に出る。

　そのまま谷沿いに登り、さらに左に渡ると支流が現れ、これを突切って登るとやがて**経読林道**に飛び出す。林道を右に取ると岩岳川源流に出合い、谷通しを登る。

　熊笹が林床を埋めブナが目立つ道を登ると**大竿峠**へ達する。稜線には立派な踏分けが東西に走る。右は野峠へ、左が目指す犬ヶ岳への道である。

　ここの九州自然歩道は整備されている。起伏の少ない道脇は熊笹に埋まり、その中にブナの巨木が目立つ。特にブナの若芽の季節にはぜひ歩いて見たい道だ。やがて**犬ヶ岳**の頂である。

　細長い山頂中央には、コンクリート造

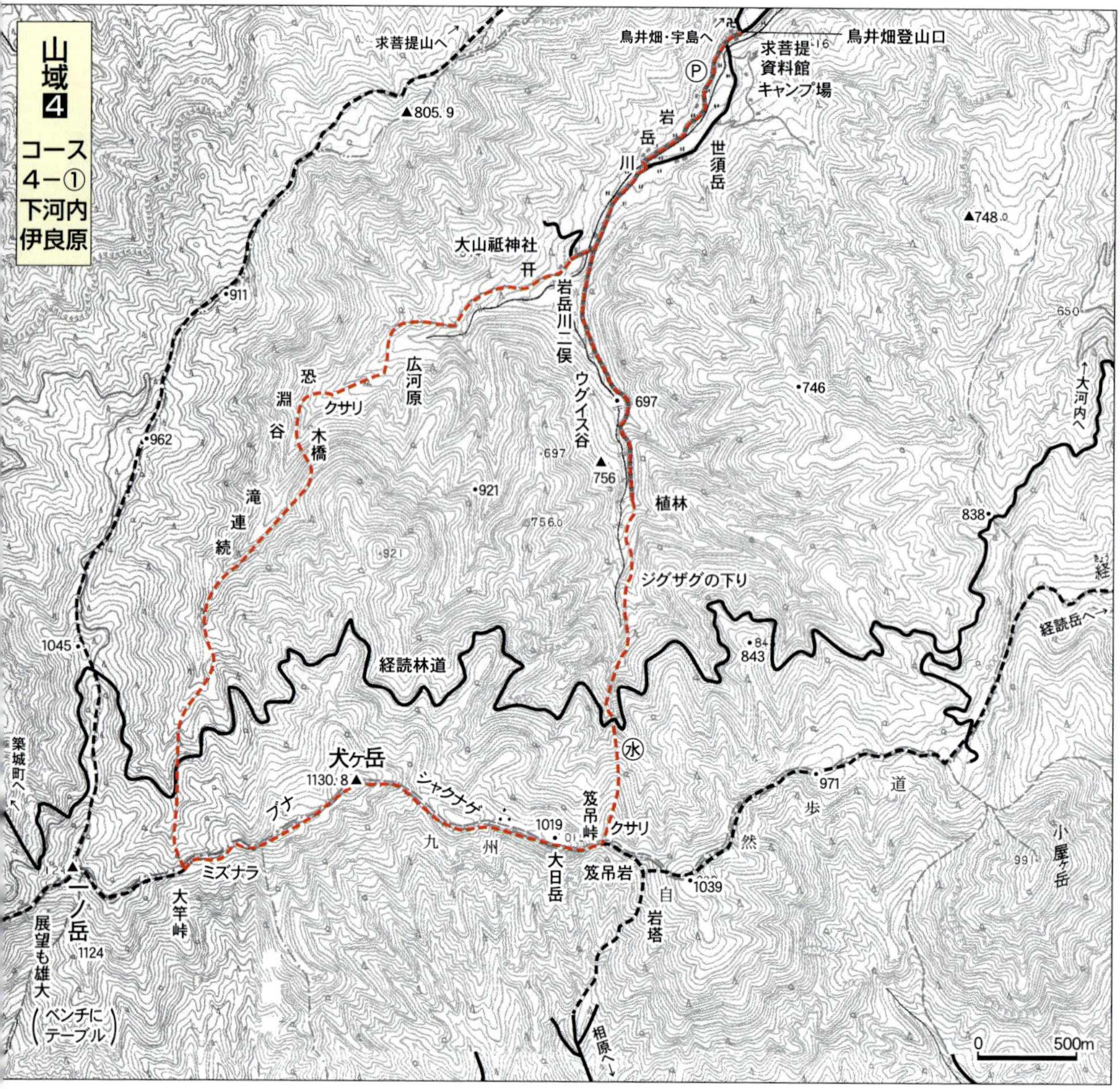

五月の連休には見事なシャクナゲで埋まる
（4−①）

雪の犬ヶ岳山頂。避難小屋兼展望台
（4−①）

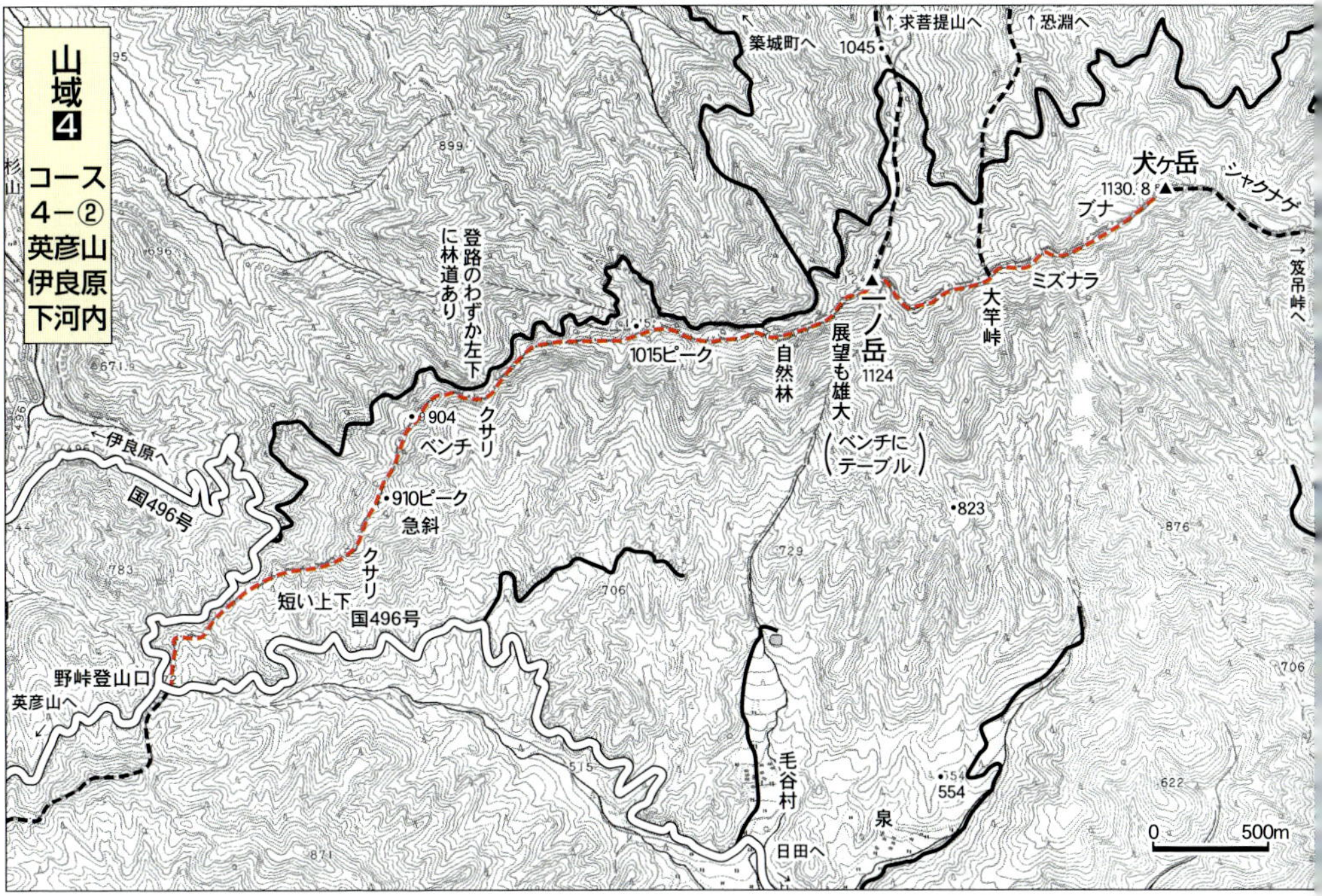

りの展望台兼避難小屋がある。展望は期待できないが、わずかに英彦山方面が見える。

山頂東の直下は犬ヶ岳の休憩地でベンチもある広場だが、現在熊笹で埋まっている。しかし夏場は樹陰の気持のよい場所だ。

山頂から笈吊《おいづる》峠にかけて、シャクナゲが目立ち、ブナ、カエデ、ミズナラの大木が頭上を覆う。このシャクナゲは天然記念物に指定されている。樹齢は古いもので一〇〇〇～一五〇〇年も経るという。

笈吊岩まで木の根が縦横に走っているので注意しよう。春は若芽、初夏のシャクナゲの花、秋の紅葉と上を眺めていると足元まで注意が及ばないほどだ。このあたりの落葉広葉樹林も素晴らしい。

大日岳に達し**笈吊岩**を下る。岩場には二列のクサリがある。昇降用だ。下り終えると笈吊峠で、九州自然歩道は経読岳方面へと続く。

ここから自然歩道と分れて左下水無谷（ウグイス谷）方面へ下る。途中に水場を見て**経読林道**へ達し、右へ三〇〇㍍も林道を歩き、左下の山道を取る。

植林地のジグザグ道を急下降する。常に左に谷音を聞きながら下って行く。やがて谷沿いの道となり犬ヶ岳**登山口**に下山する。

▽**参考コースタイム**＝鳥井畑（40分）犬ヶ岳登山口（50分）恐淵（50分）大竿峠（30分）犬ヶ岳（40分）笈吊岩（1時間20分）犬ヶ岳登山口（40分）鳥井畑

〔山道案内〕 4－②

▽**歩行時間＝四時間五〇分**

野峠→一ノ岳→犬ヶ岳（往復）

▽**二万五千図＝英彦山、伊良原、下河内**

野峠登山口には案内標識と広場がある。尾根まで丸木段で登り左に折れて尾根を

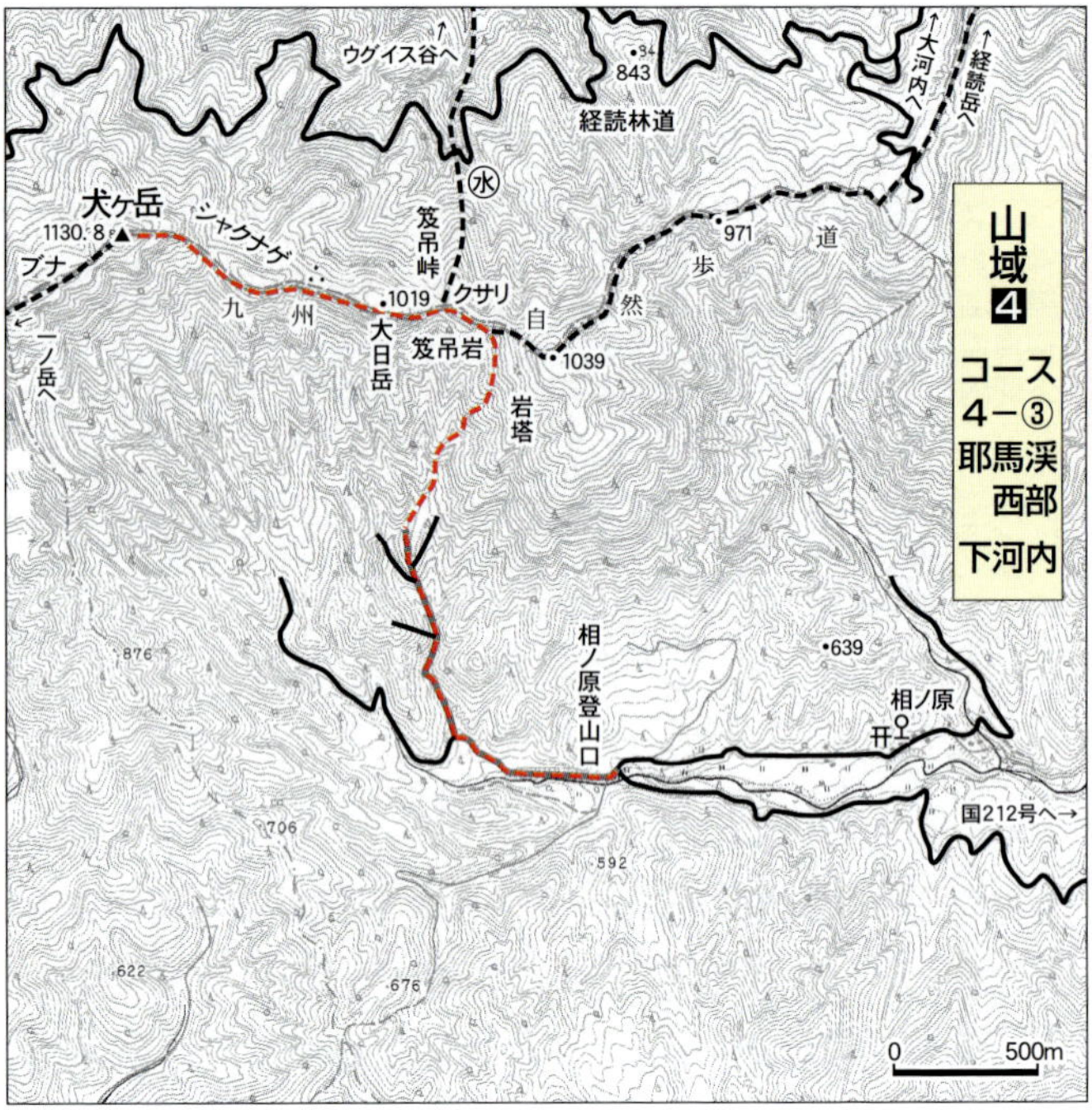

山域4
コース4－③
耶馬渓西部
下河内

行く。

　短い上下を繰り返しながら東進する。途中の熔岩上に根を張っていた樹木は一九九一年の台風で倒木となり、いたる所で岩肌が露出した。そのため危険な場所にロープ、クサリが取り付けられている。

　このルートは露岩の狭い稜、鞍部、急下降、急上昇と変化の多い山歩きとなる。**九一〇メートルピーク**へは標高差一五〇メートルの急登だ。常緑樹と落葉樹の混交林を過ぎると、ベンチが待っている。

　このあと、クサリと二本のロープが設置された下りは、慎重に行動すること。左下の林道への標識があるが、かまわず尾根を取る。左側に崩壊地を見て短いが激しい上下が続く。**一〇一五メートルピーク**を過ぎると、笹帯に落葉樹が目立ってくる。丸木段の奥に、ベンチがある小広場に達する。平坦な稜からさらに登る。

　尾根にはナラを主に、リョウブ、イヌシデ、サワフタギ、ネジキ、ウリハダカエデ、エゴノキ、コハウチワカエデが見られ新緑・紅葉期は楽しい登山となる。背後に鷹ノ巣山《たかのすやま》、英彦山、岳滅鬼山と展望が次第に開けてくると、行く手も明るくなり草付の**一ノ岳**のピークに着く。

　北面は灌木帯が広がり、求菩提山からの登路が出合う盛上った草付には、ベンチにテーブル、自然歩道の立派な案内板があり、格好の休憩所で、展望もすこぶるよい。英彦山地、古処馬見山地、耶馬渓方面の山が特徴ある姿で迫り、晴天時には九重山群まで見はるかす。

　登山道を東進するとミズナラが目立ち、笹帯の急激な下りとなる。**大竿峠**で恐淵方面からの登山道が出合う。ここから犬ヶ岳までは三〇分である。

▽**参考コースタイム**＝野峠（1時間50分）一〇一五メートル（20分）一ノ岳（45分）犬ヶ岳（1時間55分）野峠

《その他のコース》

4－③　大分県側耶馬渓町川原口相ノ原→笈吊峠→犬ヶ岳

　相ノ原集落を過ぎて西進すると、**犬ヶ岳登山口**で車道は三分岐する。右手が登山口で立札がある。谷沿いに登る。橋を渡りT字路を右、急斜のコンクリート道を行くと二分岐点を右へ取り、さらにT

字路を左、終点に案内板がある。植林帯を急登すると谷の源頭右上に岩塔があり、自然林になると**笈吊峠**に出る。登山口から一時間三〇分。

〔問合せ先〕豊前市役所商工観光課☎0979・82・1111、二豊交通バス中津営業所☎0979・22・4321、添田町役場☎0974・82・1231**〈アクセス〉**[鳥井畑] JR日豊本線宇島駅から八屋（二豊交通バス40分）求菩提資料館前。◉マイカー＝国道10号豊前市千束、県道35号登山口。[野峠方面] ◉マイカー＝九州自動車道鳥栖IC、国道500号甘木長谷山、小石原、添田町英彦山、野峠。[相ノ原] ◉マイカー＝大分自動車道玖珠IC・日田IC、県道28号、国道212号耶馬渓町栃ノ木。

福岡県
山域5

英彦山
ひこさん（1199・6m）

日本四大修験場のひとつで山麓や登山道脇には、国指定重要文化財の奉幣殿をはじめ、名勝旧亀石坊庭園、修験道場の跡地が多数残る。山体は古い死火山で地形は複雑だが植生は豊かでブナをはじめ巨木が多い。

〔山域の魅力〕英彦山地は福岡県東南部にあり、英彦山を主峰とし、西に釈迦《しゃか》ケ岳《がたけ》・岳滅鬼山《がくめきさん》・障子ケ岳《しょうじがたけ》、東に鷹ノ《たかの》巣山《すやま》・犬ケ岳《いぬがたけ》などがあり、山域一帯はわが国最初の国定公園に指定された。

　英彦山の地質は、新第三紀から洪積世にかけて噴出した熔岩からなり、阿蘇・九重、霧島、雲仙など九州の代表的な火山より古い時期に活動した死火山である。全山植物の宝庫といわれ、中腹のタブノキ・アカガシ・ウラジロガシ・その上部、頂上部は落葉広葉樹のブナ、ヒコサンヒメシャラ、ミズナラ、クマシデ、コハウチワカエデなどの高木、ツクシシャクナゲ、ベニドウダンなど低木、針葉樹のモミ、ツガ、スギなどの混交林の地表はクマザサで覆われている。南西山腹にある樹齢千年を超す鬼杉は、国の天然記念物に指定されている。動物、昆虫の生息も多く、九州自然歩道や登山道はよく整備されている。福岡県下では脊振山地と共に、登山者にとっては人気のある山地である。

　山頂部は北岳・中岳・南岳の三峰からなり、南岳に一等三角点、中岳に英彦山神社上宮がある。

　古くから大和の大峰山《おおみねさん》、出羽《でわ》の羽黒《はぐろ》山《さん》、加賀の白山《はくさん》と並ぶ山岳信仰の霊山として知られ、山伏の修験道場として栄え、当時八〇〇の宿坊があったという。

　山名は日子山と書かれたが、嵯峨天皇の勅命により彦山と改め、江戸期に霊元天皇から英の尊号を受け、以来英彦山と表記される。中岳にある上宮、中腹にある奉幣殿は、英彦山神宮の主祭神天忍穂耳命を祀る。

　参道には銅《かね》ノ鳥居がある。寛永十四年（一六三七）、佐賀藩主鍋島勝茂が再建、

英彦山直下産霊社には最後の水場あり

英彦山中岳上宮広場は憩いの場所だ

北岳山頂近くはブナの巨木が目立つ

寄進した。国の重要文化財に指定されており、英彦山の山額は霊元天皇の筆になるものという。

奉幣殿は入母屋造り、こけら葺きで元和二年（一六一六）、細川忠興の再建になるもので国指定の重要文化財、朱塗りの外壁と周囲の緑の調和がよい。近くに座主院跡があり、国指定の名勝で、雪舟の作庭と伝えられる旧亀石坊庭園がある。

山頂にかけて一九九一年の台風の災害を受けたが千本杉、苔むす石段、下宮、中宮、産霊神社、稚子落しの断崖など見どころは多い。奈良朝以来の山麓一帯から山頂にかけての修験道の道場が営まれ、その信仰圏は近世には九州全域に及んだという。

登山口までは公的交通機関も便利だ。銅ノ鳥居から土産品店が並ぶ参道を抜ける正面登山口を経て、玉屋神社から鬼杉方面、高住神社方面をめぐるのが一般的。岳滅鬼山、鷹ノ巣山方面へ足を伸ばすのもよい。四季を通じて岳人たちの道場でもある。

〔山道案内〕 5-①

▽歩行時間＝四時間五〇分

銅ノ鳥居→奉幣殿→中岳→南岳→北岳→高住神社　▽二万五千図＝英彦山

銅ノ鳥居から土産店が並ぶ正面の参道を抜けて、石段を登ると奉幣殿に達する。参道石段下部の鳥居、奉幣殿とも重要文化財である。一九九一年の台風九号により奉幣殿屋根の部分、千本杉、中岳上宮など多大の被害を受けた。

台風直後、この英彦山に登ってみた。登山道は杉や樹木の倒木で歩くのに困難であったが、その後数年で建物、自然、登路が修復され、千本杉あたりも大木に代り、若杉が元気に育っている。

杉からアカマツが目立ってくると、ナマコ岩の岩場となり、クサリを伝って登る。杉植林地のジグザグ道となり、一ノ岳展望所に着く。さらに登るとクサリ場を過ぎて中宮に出る。ここは英彦山表参道五合目、あたりに杉が多く、一帯は千本杉と呼ばれる。

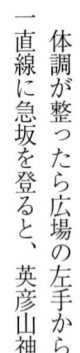

稚子落しを過ぎると、仏法僧の渡来地産霊社がある。このあたりからブナ林帯となり、幹の美しいヒコサンヒメシャラ、ミズナラ、カエデの大木が頭上を覆う。静かな水場もあり休むのによい場所である。

体調が整ったら広場の左手から、一直線に急坂を登ると、英彦山神

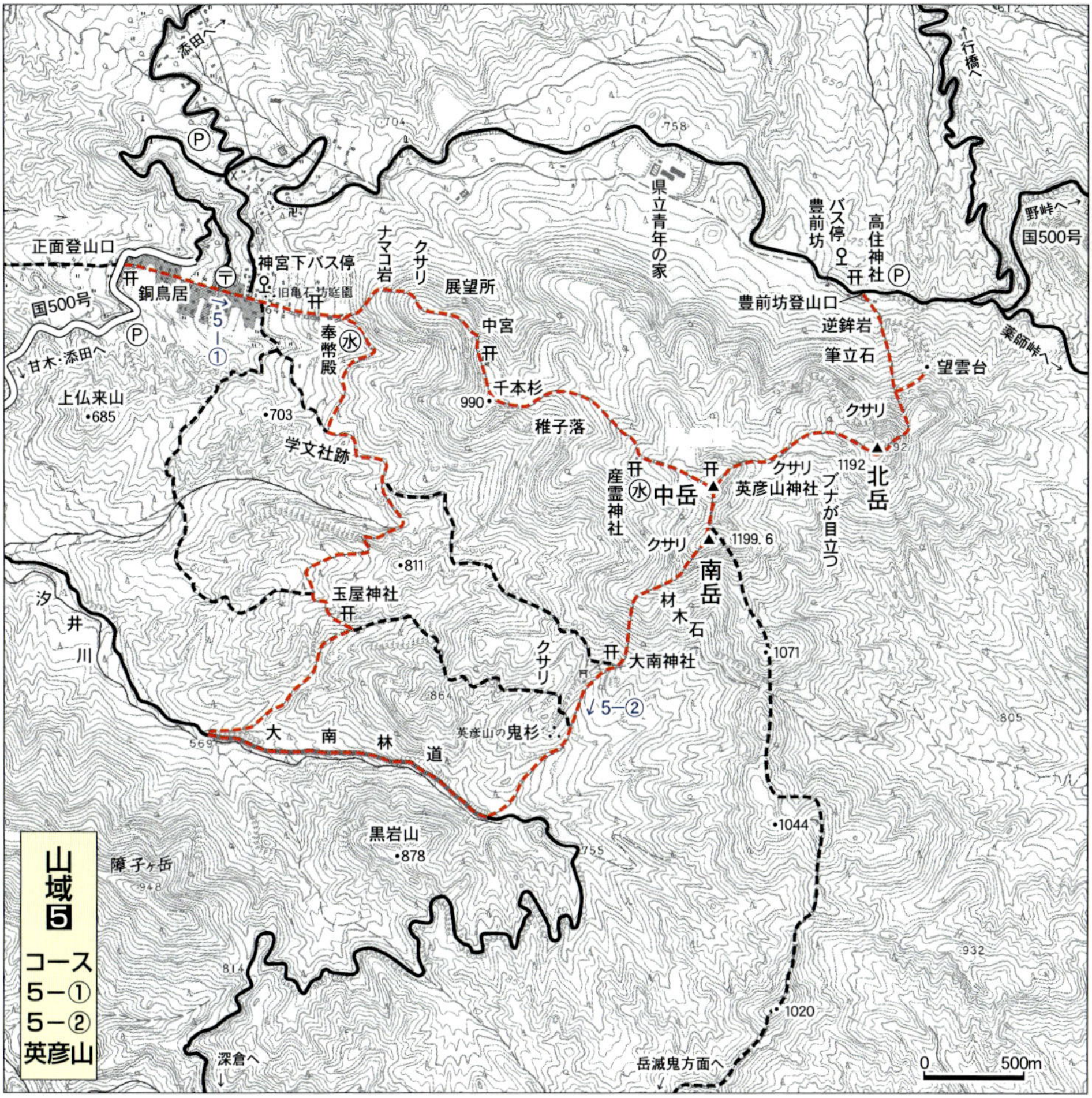

社上宮のある**中岳山頂**である。神社の裏手にはシーズンには売店も出る広場があり、登山者の休憩所となっている。

展望も得られ、西に岳滅鬼山を眼前に、晴天時は脊振山までも見え、東は犬ヶ岳、由布・鶴見岳、南は遠く九重連山が見渡せて飽くことはない。

中岳から南へ鞍部まで下り、さらにひと登りで**南岳**である。ここはコンクリート製展望台があり、景色が雄大だ。展望台から南へ急下降で鬼杉から奉幣殿方面、猫ノ丸尾を経て岳滅鬼山へと登路が開けている。北岳へは中岳まで往路をもどる。

中岳山頂広場の北東から急斜の下り、クサリもあり安心して歩ける。広い鞍部に降り立つと、クマザサに覆われた林床にブナの巨木が林立した気分のよい散歩道である。

北岳への吊尾根をしばらく登ると**北岳**の山頂である。

北岳から急斜の下降となり、要所にはクサリもある。慎重に行動してクサリ場を抜けると、小石の多い道となり右に望《ぼう》雲台《うんだい》展望所への道が分かれている。せっかくだから足をのばすのもよい。

望雲台へは、水場を過ぎて空谷を突切ると熔岩の塔があるので、その肩にクサリを伝って登る。肩から塔の裏側に出て、岸壁の棚を横切って細長い岸壁の下に立ち、クサリで岩上に登る。細長い岩には手すりがあり、東面は深く切立つ岸壁で、鷹ノ巣山から犬ヶ岳方面の展望がよい。

　十分注意して望雲台分岐に戻る。さらに下ると逆鉾岩、筆立岩などの奇岩を見る。植生も落葉広葉樹から、巨杉の森となり、枯れ谷を下ると**高住神社**へ着く。

　高住神社は牛馬の神様で近くにキャンプ場がある。社の石段を下ると車道に達し、右は野峠方面へ車道が伸びる。左は英彦山神社下へと九州自然歩道が向う。

▽**参考コースタイム**＝銅ノ鳥居（1時間）中宮（40分）中岳上宮（南岳往復30分）（20分）北岳（望雲台往復20分を含む。1時間20分）高住神社（1時間）銅ノ鳥居

〔山道案内〕 5-②

▽**歩行時間＝二時間五〇分**

南岳→鬼杉→玉屋神社→奉幣殿

▽**二万五千図＝英彦山**

南岳から南へブナ、リョウブ、ドウダンツツジ、ナラの樹林にクマザサが茂る一本道を下る。途中の露岩に出ると岳滅鬼山方面の展望が圧巻だ。急斜面にはクサリが張られ、ここを過ぎると中岳との鞍部から南岳へ登らずに東へ巻いた道が合流する。

　その道を進み展望が開けたクサリ場を過ぎると古い熔岩の道が続き材木石の岩場に達する。これは安山岩の柱状節理で、材木を積み重ねたように見える。鬼杉伝説によると、鬼が社を建てようとして伐り出した材木の残りがこの岩になったという。

　石段を急下降すると巨杉の森となり、大南神社を経て奉幣殿への道を右に見ながら下る。さらに再び奉幣殿への道を右に見ながら、水流がある谷へ出ると**鬼杉**である。

　鬼杉は福岡県下で最も大きな杉で周囲一二・四㍍、上半部が折れた現在の状態で高さ三八㍍、樹齢およそ一二〇〇年と推定され、国の天然記念物に指定されている。

　谷沿いに下ると杉の植林となり大南林道へ出る。

　大南林道をしばらく歩き、玉屋神社への道標から登山道を取り**神社**へ向う。神社は岸壁の南面にある。岸壁は般若岩と呼ばれ、日本三霊水の一つ不増不滅の湧水がある。

　神社から石段で尾根を越え短い上下でさらに尾根を越える。尾根からは稚子落

雪の英彦山南岳を望む

南岳山麓の鬼杉は天然記念物だ

し、中岳上宮も見える。ジグザグに下り、岸壁基部を過ぎて谷を渡る。ゆるい登りで大南神社からの道が出合う。

学文社跡から、九大生物研究所、彦山駅への道が左下へ下る。右の道を取りしばらくで**奉幣殿**へ帰着する。なお鬼杉から林道へ下らずに右の小尾根をクサリで越えて、玉屋神社へ至る道もある。

▽**参考コースタイム**＝南岳（50分）鬼杉（1時間）玉屋神社（1時間）奉幣殿

〔問合せ先〕添田町役場☎0947・82・1231、西鉄バス後藤寺バスセンター☎0947・44・0317、添田交通☎0947・82・0038**〈アクセス〉**JR日田彦山線彦山駅（西鉄バス三〇分）銅ノ鳥居か後藤寺バスセンター（添田交通バス一時間）銅ノ鳥居。◉マイカー＝九州自動車道小倉南IC、国道322号清瀬橋、県道52号JR彦山駅。大分自動車道杷木IC、県道52号JR彦山駅。

福岡県

山域6

宝満山《ほうまんざん》（829・6m）　三郡山《さんぐんざん》（935・9m）
砥石山《といしやま》（826m）　若杉山《わかすぎやま》（681m）

宝満・三郡山地は県中央を南北に走り、宝満・三郡・砥石・若杉山と並ぶ。宝満山は北九州の霊山。三郡山は人工物で埋まるが頂からの展望がよい。砥石山はこの山地の中央部に位置しわずかに自然が残る。若杉山は見事な老杉が目立つ。いずれも都市圏から至近距離のため登山者で賑わう。

〔山域の魅力〕宝満《ほうまん》、三郡山地《さんぐんさんち》は福岡県中央を南北に走る山地で、地質は北部は変成岩・蛇紋岩、南部は花崗岩からなる。

植生は山麓の大部分が杉と檜の人工林であるが、宝満山から仏頂山《ぶっちょうざん》にかけてブナ・モミの原生林が残っている。山地は、遠賀川流域と玄界灘沿岸および、筑紫平野を分け、東西の各地域は多くの峠で結ばれている。

宝満山は、古くは奈良朝の昔から、豊前国英彦山、福智山《ふくちやま》と並び称された北九州の霊山であり、隆盛をきわめた。現在、山地は福岡都市圏から至近距離のため、市民に親しまれ、登山口の竈門《かまど》神社は縁結びの神として、四季をとわずにぎわいを見せている。

特に正月の御来光登山は登山口の太宰府から宝満山、仏頂山にかけて、早朝はライトの波で埋まるほどである。

三郡山は筑紫野市柚須原から車道があり、山頂は人工的な施設で埋められてはいるが、展望がよい。南の宝満山、北の若杉山との縦走路の一角でもあり、登山者の姿も多い。宝満・三郡山間はブナ、モミの巨木、ツクシシャクナゲ、ミツバツツジ、ドウダンツツジの花が目を楽しませてくれる。

砥石山《といしやま》は三郡山地の中部に位置し、地質は花崗岩、頂上西面にブナ、東面にアカシデ、イヌシデが見られ他は植林地、

宝満山百段ガンギの急登
宝満山の頂は花崗岩の上にある
宝満山から砥石山と若杉山（左）の展望

頂上西側には花崗岩塊鬼岩《おにいわ》がある。

山地北部の若杉山は、山腹から山頂にかけて見事な老杉に覆われ、山頂には太祖神社がある。神社から、はさみ岩を通って北東へ少し行った場所に、弘法大師が雨乞い祈禱を行なった霊跡を伝える奥の院、その時使われたという水壺が残されている。

山麓から山頂まで若杉山遊歩道があり、篠栗《ささぐり》新四国霊場もある。

いずれにせよ、宝満山から若杉山への縦走は福岡県内の数少ない縦走ゲレンデ、トレーニングの場でもある。家族づれの場合は季節のよい時期、体力にあわせてコースを区切り、自然に親しむのによい山域である。

〔山道案内〕 6－① **▽歩行時間＝七時間二〇分**
竈門神社→宝満山→三郡山→砥石山→若杉山→佐谷神社▽二万五千図＝太宰府、篠栗

竈門神社境内から車道を川沿いに進み、さらに近道をしばらくで宝満山登山口である。

しばらくは幅広道で池を右に見ながら歩いていると「左、一の鳥居」の道標がある。浸食されて溝状になった道も要所に木段が設けられている。車道を横切り直進すると、植林の道となり車道終点に達する。

木の根が露出した露岩の道を行くと、二合目一の鳥居に着く。

石段の道から亀石をみるとすぐ右に水場がある。不規則な石段の急登で休堂跡の三合目に着く。左に有智山城跡の道を分ける。ジグザグの急登で左下に徳弘の井、さらに座頭落しの岩を見ながら登って行く。

五合目には殺生禁断の説明板がある。しばらくで百段ガンギ下に達する。あたりは杉の巨木がカシやケヤキとともに森を作っている。百段の石が規則正しく作られた急登をゆっくり行こう。

石段をつめると西院谷の広場、古くは九坊があった場所、左に閼伽井《あがのい》の水場が

P 32 の地図へつづく

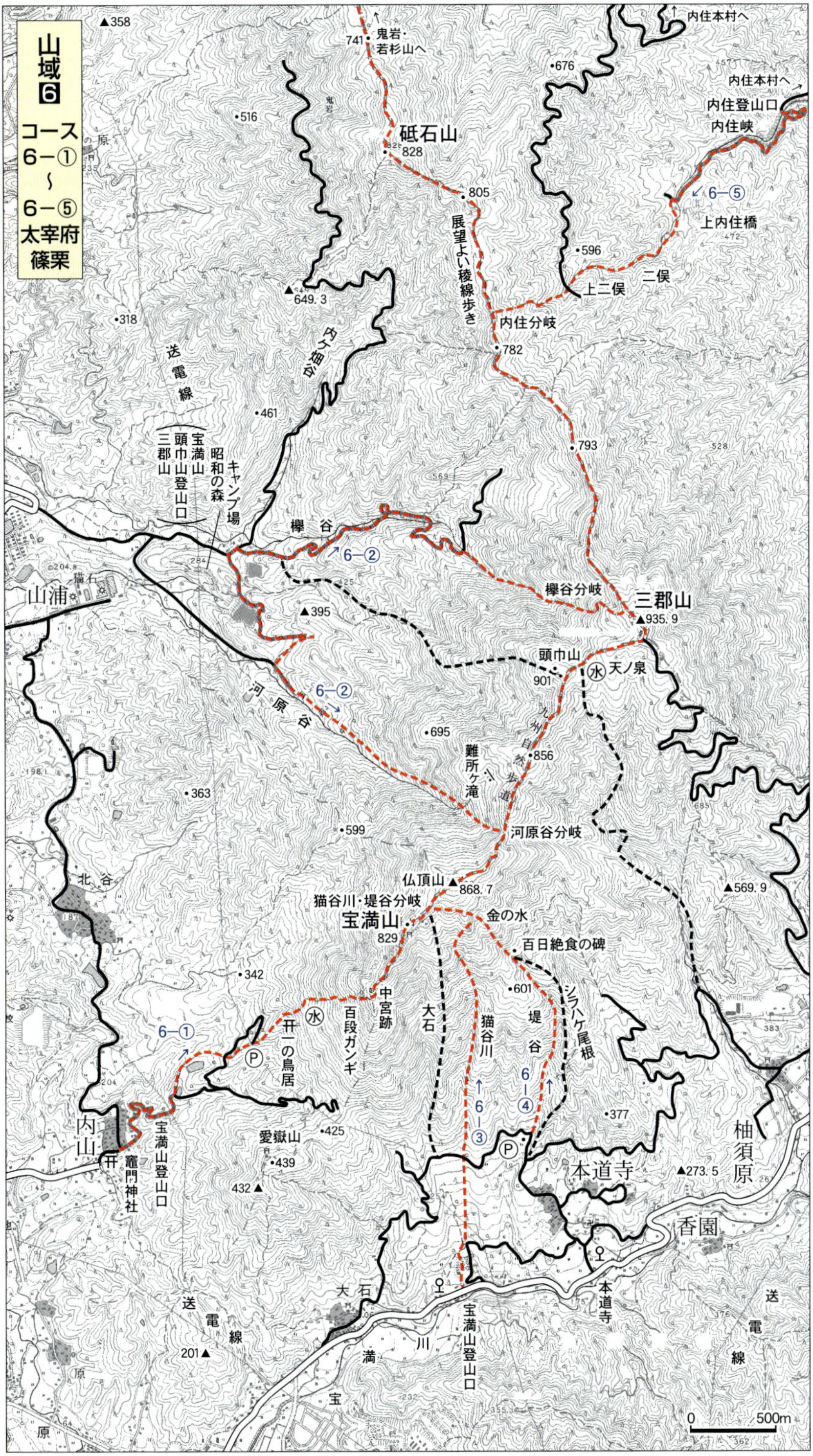

あり一息つける。

石段まじりのジグザグ道を登り、右に

芭蕉句碑を読み、中宮跡広場へ。ここは

修験場の跡で正面に山頂方面が望まれる。

ここから尾根らしくなり、右にキャンプ

場、座主坊跡方面の道を見送ると、花崗

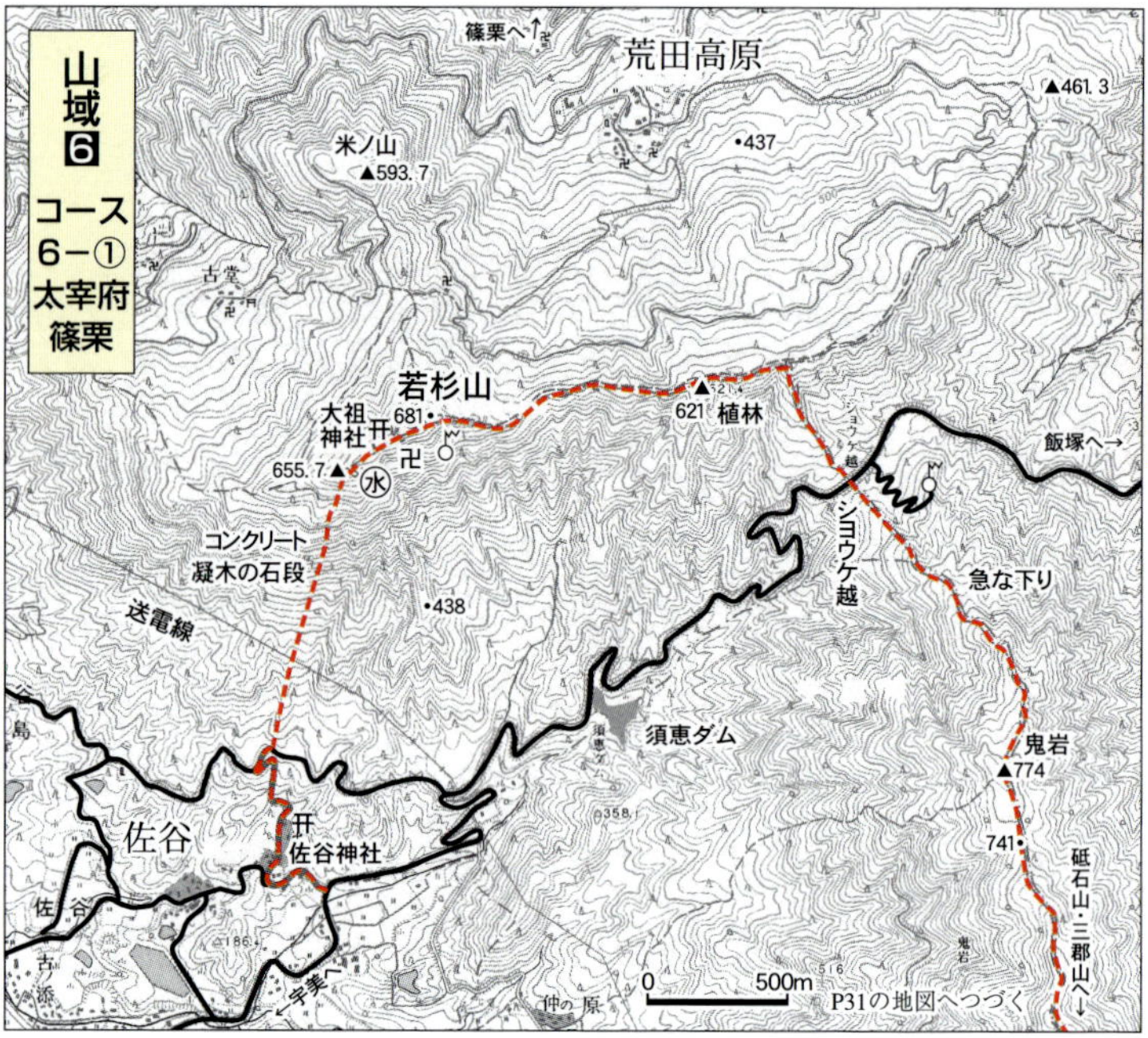

岩の露頭が現れ険しくなる。

右に益影の井を見て上手の袖すり岩の岩溝を抜ける。右脇の馬蹄岩の巨石を巻いて、宝満山上宮の急な石段を登ると**山頂**だ。

上宮の東は花崗岩の壁となっており、ロッククライミングのゲレンデだったが、今は取りつく登山者もいない。山頂からの展望は雄大。

三郡山へは東の石段からクサリを使って下ると、山頂北側鞍部に降り立つ。広い稜線の道となり自然林にはブナ、モミ、アカガシ、杉、檜の巨木が見られる。森林浴をのんびりと楽しむと**仏頂山**に達する。

山頂は樹林で覆われて展望はないが石仏が祀られている。稜線の道にはカエデ、イヌシデ、カナクギノキ、ナラ、アオハダ、ヤマザクラ、ネジキ、ヤマボウシ、ヤブツバキなどの灌木が見られ快適。

新緑、紅葉期は素晴らしい。道が平坦なのが中高年にとって一番有難いのではないか。

左に河原谷への道を分け、しばらくで展望のよい露岩がある。短い上下で左が昭和の森、右下が柚須原への分岐がある。三郡名所天の泉を過ぎると三郡山のレーダー基地に突きあたり、フェンスを巻いて**山頂**へ着く。

砥石山へは道を北に取る。左に**昭和の森**への登山道が分かれている。平坦地から緩い下りのあくまでもおだやかな道である。短い上り下りが混る稜線漫歩は楽しい。道脇には杉・檜の造林地でわずかな二次林があるだけで展望はすこぶるよい。クマザサの茂る鞍部に着くと左に宇美へのかすかな踏分けがある。

カヤと灌木の道、ゆるい登りから久しぶりの急登しばらくで、樹林で囲まれた静かな**砥石山山頂**だ。展望は得られない。

北へ向うとゆるく下り、歩きやすい気分のよい道となる。正面が開けると広場に三等三角点標がある。ここから花崗岩塊が点在し、稜線も痩せてくる。巨石の右左を巻きながら下ると、電波施設が林立する若杉山が見える。

車の音が聞こえてくるようになると、浸食された道から**ショウケ越**の橋に出る。

ここからすぐ杉林の登りになり、西へ小さな上下を繰り返す。やがて露岩帯となると若杉山への最後の登りだ。急登で途中の岩上に立つと南の展望が開け、しばらくで電波施設の林立する**若杉山山頂一角**に達する。山頂には三角点はなく西へ下った場所の左脇樹林中にある。

山頂から車道を下ると篠栗町方面だが、下山は佐谷バス停への道を取る。大祖神社の横を通り、コンクリート段を下る。左下は急崖で、足が滑ると危険な個所もあるが、樹林帯で、道はしっかりしている。

宝満山方面から三郡山を望む（6-②）

ジグザグを切って西へ向うと谷の源頭を横切る。さらに下ると、左下に清水の湧く水場がある。このあたりから尾根筋となり、コンクリート樹木の階段となる。

落葉広葉樹から植林となると傾斜も緩む。送電塔が現れると、やがて車道に出て右に取り、三差路を左に下ると**佐谷神社**に下山する。県道60号へ出て左へわずかでバス停である。

▽**参考コースタイム**＝竈門神社（1時間30分）中宮跡（30分）宝満山（1時間）三郡山（1時間40分）砥石山（1時間）ショウケ越（1時間）若杉山（40分）佐谷神社

《その他のコース》

6-② 昭和の森→宝満山と欅谷→三郡山

昭和の森キャンプ場から頭巾山、三郡山登山道と分かれ、河原谷へ向う。

◉**車道終点**からゴーロの谷沿いに登る。自然林の静かな道で、谷源流左上に**難所ヶ滝**がある。右上の尾根にあがり登ると縦走路に出る。**縦走路**まで一時間四〇分。

◉昭和の森駐車場上手から車道は三分岐する。右に河原谷への道を見送り次に左の内ヶ畑谷への道を見て中央の**欅谷**沿いの道が三郡山へ向う。

林道を忠実に歩くと三郡山登山口に達する。檜の植林から谷沿いの道となり水も得られる。ジグザグの急登が続き、谷と離れて左上の小尾根を登ると、テーブル状の巨石を見る。さらにジグザグを切ると稜線の**縦走路**に出る。右上には三郡山のレーダーが見えている。この稜線まで約二時間。

6-③ 猫谷川新道→宝満山

西鉄バス宝満山南登山口下車、**猫谷《ねこたに》川《がわ》**新道の標識に従い住宅地を抜け、そのまま**猫谷**へ入る。

植林中の巨石が点在する道に雲仙岩がある。谷沿いに巨石の猫岩が左にありここから急坂となる。夫婦滝、花乱の滝、養老の滝を見ながら急登が連続する。梯子やロープが現れると黎明の滝がある。コンクリートで固めた足場があり、一瞬シラケてしまうが難所が続くので要注意だ。

赤マツ、モミの巨木が現れ巨石が累々

宝満山の堤谷滝（6－④）

仏頂山とキャンプ場。猫谷川はここに突き上げる（6－③）

と続き、岸壁基部から右巻きで釣舟岩へ。山腹を横切る道を突切って金の水へ。ここからは道もおだやかで樹林の道となる。

普池の窟から左にキャンプ場への道を分けると**縦走路**に出て、宝満山の山頂は左である。南登山口から二時間強。

6－④ 堤谷→宝満山

西鉄バス本道寺バス停から**堤谷川**《つつみたにがわ》を上手へ向うと、猫谷川分岐に達する。

直上すると堤谷、シラハゲ尾根道コースとなる。尾根道を離れ堤谷に入渓するとそれぞれ名のついた七本の滝があり、滝を過ぎるとシラハゲ尾根道が横切る。さらに五本の滝の上に百日絶食の碑があり、登山道へ出る。左は釣舟岩から宝満山への道。右は金の水から宝満山への道である。バス停から山頂まで約二時間四〇分。

6－⑤ 内住本村→上内住橋→砥石山稜線

JR篠栗線九郎原《くろうばる》駅か、福岡方面から県道60号で内住《うちずみ》本村へ。林道に入りゲートを越えしばらくで**内住橋**である。

林道歩きで右下に内住峡の核心部を見ながら行く。上内住橋を渡ると左手に道標がある。杉林を歩き谷と出合うと、丸木で谷を渡り作業道と分れて谷沿いの踏分けを歩く。

谷の二俣分岐は右俣に沿って登ると**上二俣**で林道が横切る。右谷側に登山道がある。しばらくで谷と離れ尾根への急登になる。アカガシの巨木がある自然林に、シャクナゲが現れると**縦走路**に出る。右が砥石山方面だ。内住本村からこの縦走路まで約三時間。地図を準備して経験を積んだ登山者には面白い。

〔問合せ先〕太宰府市役所☎092・921・2121、竈門神社☎092・922・4106、筑紫野市役所☎092・923・1111、宇美町役場☎092・932・1111、筑穂町役場☎0948・72・1100、篠栗町役場☎092・947・1111、西鉄バス福岡テレホンセンター☎092・751・6231、西鉄バス原営業所☎092・925・2139、西鉄バス宇美営業所☎092・932・1426**〈アクセス〉**竈門神社、昭和の森、宝満山南登山口、本道寺、佐谷神社の各登山口へは公的交通機関利用がよい。◉マイカー＝内住本村登山口へはJR篠栗線九郎原駅から内住橋まで歩けば1時間。飯塚市、春日市から県道60号で内住本村へ。

福岡県

山域７

古処山《こしょさん》（８５９・５ｍ） 屏山《へいざん》（９２６・６ｍ） 馬見山《うまみやま》（９７７・８ｍ）

古処山は山頂一帯にオオヒメツゲの群落（国の天然記念物指定）があり、屏山・馬見山稜線にはブナ、アカガシの自然林が残る。この山域には九州自然歩道が通り、標高の割には楽しい登山ができる。

〔山域の魅力〕三郡山地の南には古処《こしょ》・馬見《うまみ》山地がある。古処山、屏《へい》山、馬見山は、南の小石原村から稜線通しに、九州自然歩道が甘木市秋月を抜けて行く。

この山稜はブナ、アカガシの自然林が残り、福岡県では学術的にも貴重な存在という。また古処山にはオオヒメツゲを主とした原生林が繁茂している。ツゲの最大のものは樹高一二㍍、根回り一・六㍍余りに達する。昭和二十七年三月、貴重なツゲの原始林として、国の天然記念物の指定を受けた。

馬見山から古処山まで稜線の展望は開けているが、屏山は樹林帯で展望はなかったが、近年北東面が展望をよくするために切られ、飯塚市から福智山方面の展望が開けたが、これも一部の自然破壊であろう。どうにも日本という国では山頂から視界が開けないと満足しないらしい。その他九州の山頂では、大分県の鹿嵐山、宮崎県の諸塚山など、山域を自然保護の森と称していながら展望の確保のために山頂の樹林を切っている。

山域の南は古生層の変成岩よりなり、灰黒色の岩が目立つが、古処山の頂近くは石灰岩の露頭があり、ここの石灰岩は結晶の粒が小さく、米粒大で白米状になるので米石と呼ばれた。

古処山は石灰岩が多いこと、北陸の白山神を祀った白山神社の小祠があることで、白山とも呼ばれる。

馬見山は古処・馬見山地最高峰で、山名は神武天皇が馬に乗ろうとした際、馬が暴れてこの山に逃げ、天皇はその馬を見送ったという伝説にちなむ。頂上近くの御神所岩に馬見神社上宮があり、岩上からの展望もよい。

〔山道案内〕７－① ▽歩行時間＝六時間

栗河内→馬見山→宇土浦越→屏山→古処山→秋月

初雪の古処山

▽二万五千図＝小石原、甘木、筑前山田

栗河内東部公民館から山に向う林道を歩く。三方に分岐する車道は直進する古い林道を取る。すると二つ目の谷に砂防堤があり、馬見山への小さな標識がある。

夏草の茂る季節は入口がわかりにくいが、堤の右上の杉林を目指す。杉林の中は踏分けもはっきりしており急登が続く。谷沿いの道となり水も得られる。左上に小滝がある。そこで右へ登る。やがて涸れ谷となりすぐ落葉の中に消える。左上へ行くと二次林となり、小尾根を左に横切って行く。すると先の涸れ谷の上部に達し、季節によっては水が流れる。

二次林と植林との境を登ると稜線に達し、**九州自然歩道**の一角に出る。左へ少し登ると自然林の快適な道となる。

わずかで**馬見山の頂**に達し、北に今から登る屏山、古処山が見える。三〇メートルも北に三角点の石柱と山頂標識が立つが、灌木帯の中なので展望はない。

馬見山頂から右下に御神所岩、キャンプ村、宮小路バス停への道を分ける。古処山方面への道は丸木段の短い上り下りで展望が開ける場所もある。

下って行くと頭上を樹木が覆い、落葉広葉樹から常緑樹に変わり、植林も現れると**宇《う》土《と》浦越《うらごし》**に降り立つ。

鞍部の西側へ三〇〇メートルも下ると水場があり、江川ダムへと下山できる。東側は嘉穂町方面への道だ。

ここから屏山へはこのコースで一番の急登になる。丸木段の登りが続く。登って行くと**八六〇メートル突峰**に達し、右折して植林中の急傾斜を下る。しばらくで自然林となり平坦な道となる。あたりはアカガシ、ブナが茂りやがて**屏山**に着く。

山頂から平坦な自然林の散歩道は気持ちがよい。古処山との鞍部までは緩い下りが続く。

鞍部から緩い登りで、左にツゲの原生林から古処山への探勝路を分けるが、稜線の道にもツゲは目立つ。石灰岩の露頭が現れると、これを右に左に縫って稜線に出る。あたりはツゲと石灰岩の間にアカガシ、イヌガシ、ケヤキなども混る。右下に奥の院、大将隠しへの道を分け、稜線を西へ向うと**古処山**の頂に出る。

山頂には石灰岩が三つある。中央のものが一番高い。展望は三六〇度見渡せる。山頂には九世紀ごろから修験道の霊場が

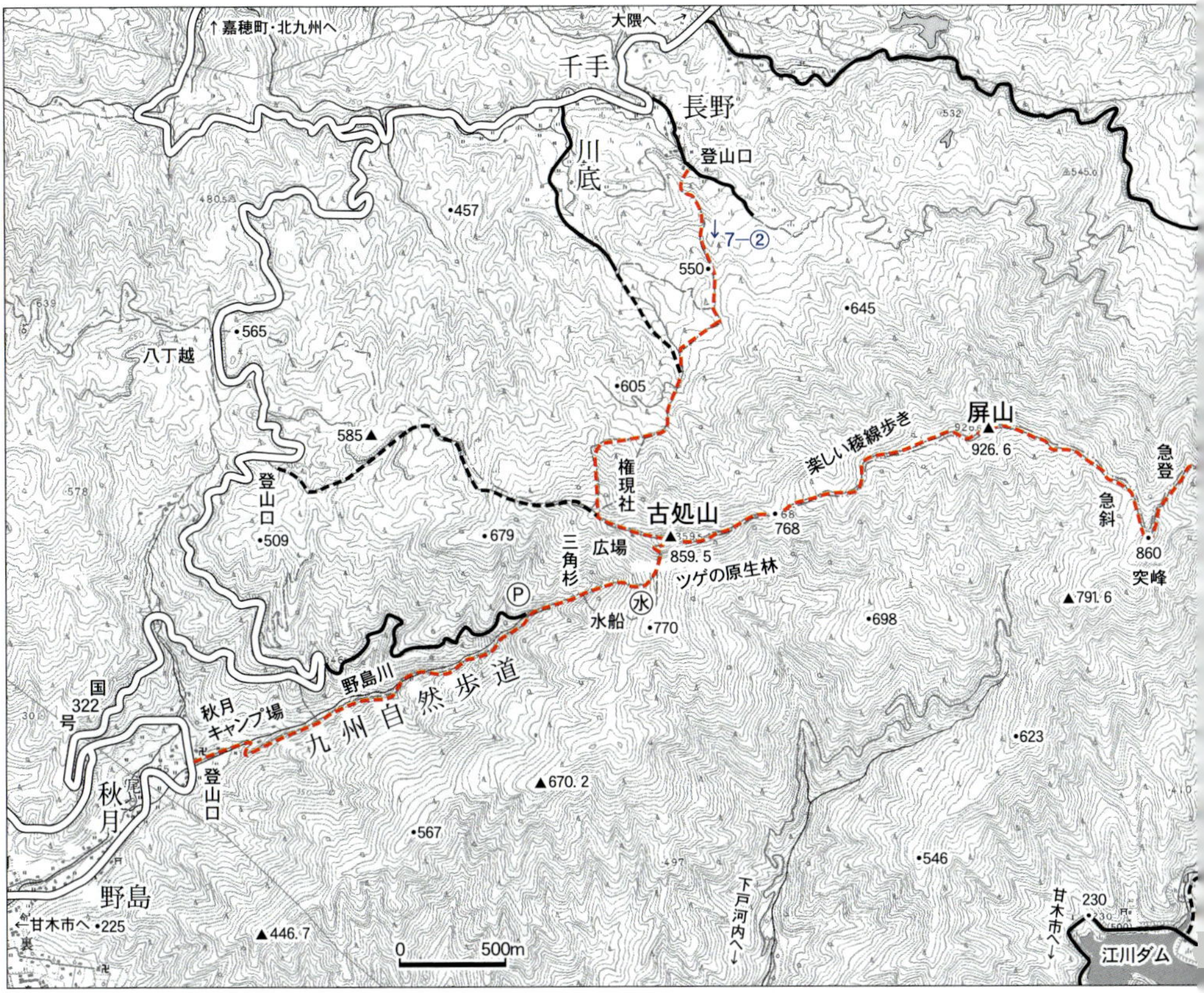

開かれ、一三世紀の初めから約四〇〇年の間は、領主秋月氏の山城があったという。山の自然が古くから厳しく守られてきたので、植物、鳥類の宝庫となっている。西の広場には権現社の跡が残る。

下山は八丁越や嘉穂町方面への登山道と分れて、左折して丸木段からジグザグに下ると、自然林から杉林となる。左脇には水船と呼ばれる水場がある。

さらに下るとコンクリート段となる。植林の幹が大きく**三角杉**と呼ばれる場所を下る。三角杉は、秋月から眺めたこのあたりの形状が、三角形をしているためにこう呼ばれた。

石段から谷筋となり水も流れる。谷沿いにコンクリートと石の段が続き、林道終点広場を経て、再度左下の谷沿いの遊歩道を取る。

幅広の歩道をゆっくり下ると、**秋月キャンプ場**に達し車道歩きとなる。野鳥川に達し左岸をのんびり歩くと、秋月の町だ。時間があれば城跡の散策もよい。

▽**参考コースタイム**＝栗河内（40分）砂防堤（1時間30分）馬見山（30分）宇土浦越（1時間）屏山（50分）古処山（1時間30分）秋月

《その他のコース》

7-② 嘉穂町長野→古処山

嘉穂町千手《せんず》の長野集落には車道脇に古処山登山口の標識がある。さらに川底からも登路が開け両者は標高**五三〇**㍍地点で出合う。この登山口は林道が複雑に交差するので地図持参で歩くとよい。

植林中をジグザグに登ると稜上に達し、**八丁峠**からの登山道に出合う。左に取ると地蔵、広場、避難小屋を経て、古処山の神が祀られた場所から**山頂**へ。長野から山頂まで約一時間四〇分。

7-③ 嘉穂町宮小路→御神所岩→馬見山

宮小路三差路を左へ五分も歩くと、馬見山キャンプ場左下に道標がある。右上に遥拝所の碑がありここが**登山口**だ。

碑の左側から植林の中を急登する。標高五四六㍍の尾根の右手浅い谷沿いに登る。谷を離れ尾根に登り荒れた林道から左上の植林帯に入る。

植林帯から岩屑の詰まった涸谷最上部を右に横切る。傾斜が急になると植林地から下界が見える。植林帯を直登すると登山道に水が流れており、左上へと続く。巨石があり北面の展望が開け、さらに登ると**御神所岩**の基部に達する。岩陰に馬見神社上宮がある。

岩から植林帯をわずかで尾根に出て、右上を目指すと自然林となる。短い急登で**馬見山**の頂上に出る。約一時間三〇分。

7-④ 宇土浦越→宮小路三差路

宇土浦越から植林帯を快適に下って、谷沿いを歩き、尾根を右に越え、谷を二本右に渡ると林道に達し**宮小路**へ下る。約三〇分。

〔問合せ先〕甘木市役所☎0946・22・1111、嘉穂町役場☎0948・57・1212、西鉄バス甘木バスセンター☎0946・22・3838、西鉄バス筑豊テレホンセンター☎0948・22・3001、西鉄大隈営業所☎0948・57・0066**〈アクセス〉**西鉄甘木線・甘木鉄道甘木駅（10分）甘木バスセンター（西鉄バス25分）野鳥（タクシー15分）栗河内。飯塚バスセンター（西鉄バス35分）西鉄大隈営業所（西鉄バス10分）足谷車庫。◉マイカー＝大分自動車道甘木IC、国道500号甘木市秋月、栗河内。九州自動車道八幡IC、国道200号飯塚市、国道211号嘉穂町大隈。国道322号八丁越、長野、川底へ。

嘉穂町長野から眺める古処山（7ー②）

嘉穂町宮小路からの馬見山道（7ー③）

雪の御神所岩。基部には馬見神社上宮がある（7ー③）

宇土浦越は登山道がクロスする（7ー④）

福岡県

山域8

蛤岳《はまぐりだけ》（862・8m）
脊振山《せふりさん》（1054・6m）
猟師岩山《りょうしいわやま》（893・4m）
金山《かなやま》（967・8m）
井原山《いわらやま》（983m）
雷山《らいざん》（955・3m）

脊振山地の主峰は脊振山で、山頂から西に金山、井原山、雷山を連ね稜線は歩きやすい。途中ブナ林や笹原があり、初夏はミツバツツジの群落が美しい。佐賀と福岡側から多数の登路があり気軽に登山を楽しめるフィールドである。

〔山域の魅力〕 福岡県西部・佐賀県北東部との境を東西に約六〇キロにわたって連なる山地を脊振《せふり》山地という。

主峰の脊振山のほか登山の対象として蛤《はまぐり》岳、猟師岩山《りょうしいわやま》、金山《かなやま》、井原山《いわらやま》、雷山《らいざん》などがあり、典型的な断層山地の様相を呈する。山地全体に西北西から東南東方向、およびそれに直交する谷や構造線が見られる。

七曲《ななまがり》峠、三瀬《みつせ》峠、長野峠などはこれらの構造線により生じたもので、重要な交通路となっているほか、脊振山地をいくつかのブロックに分ける境界にもなる。

山地の地質は、一部の変成岩類を除けばほぼ花崗岩類で構成される。福岡県側は脊振雷山県立自然公園、佐賀県側は脊振北山《ほくざん》県立自然公園に指定され、稜線を連ねて九州自然歩道が通る。

脊振山は山岳信仰の霊山、神功皇后の三韓出兵や、最澄、空海などの名僧にまつわる伝説も多く残されている。

登路は東の板屋峠や坂本峠から脊振山を目指し、猟師岩山、金山、井原山、雷山と長大な縦走ができる。さらに羽金山、女《め》岳、浮岳、十坊《とんぼ》山と標高は低くなるがこれらの山も含めて縦走の対象となる。

稜線上には矢筈峠、椎原峠、小爪《こづめ》峠、三瀬峠、長野峠、荒川峠、荒谷峠、白木峠など、多くの峠越があり、古くは筑紫と肥前との交通の要所とされていた。またこの峠が登山の区切として役立っている。

ほとんどの山頂は展望がよく、遠く阿蘇、雲仙、英彦山の諸山をはじめ、北に福岡市街から玄界灘、南に筑紫平野、有明海など三六〇度見渡せる。稜線上ではツクシシャクナゲ、ミツバツツジ、クマザサにブナ、カエデ、リョウブなど自然林の新緑、紅葉と自然探勝を満喫できる。

登山道もしっかりしているので、家族連れからベテランの登山者まで幅広い層に人気があるが、この山地は冬季北西の季節風が直接吹きつけるため降雪も多い。稜線一帯のラッセルに苦労することもあり、寒気も厳しいので冬季は経験を積んだ登山者の世界となる。

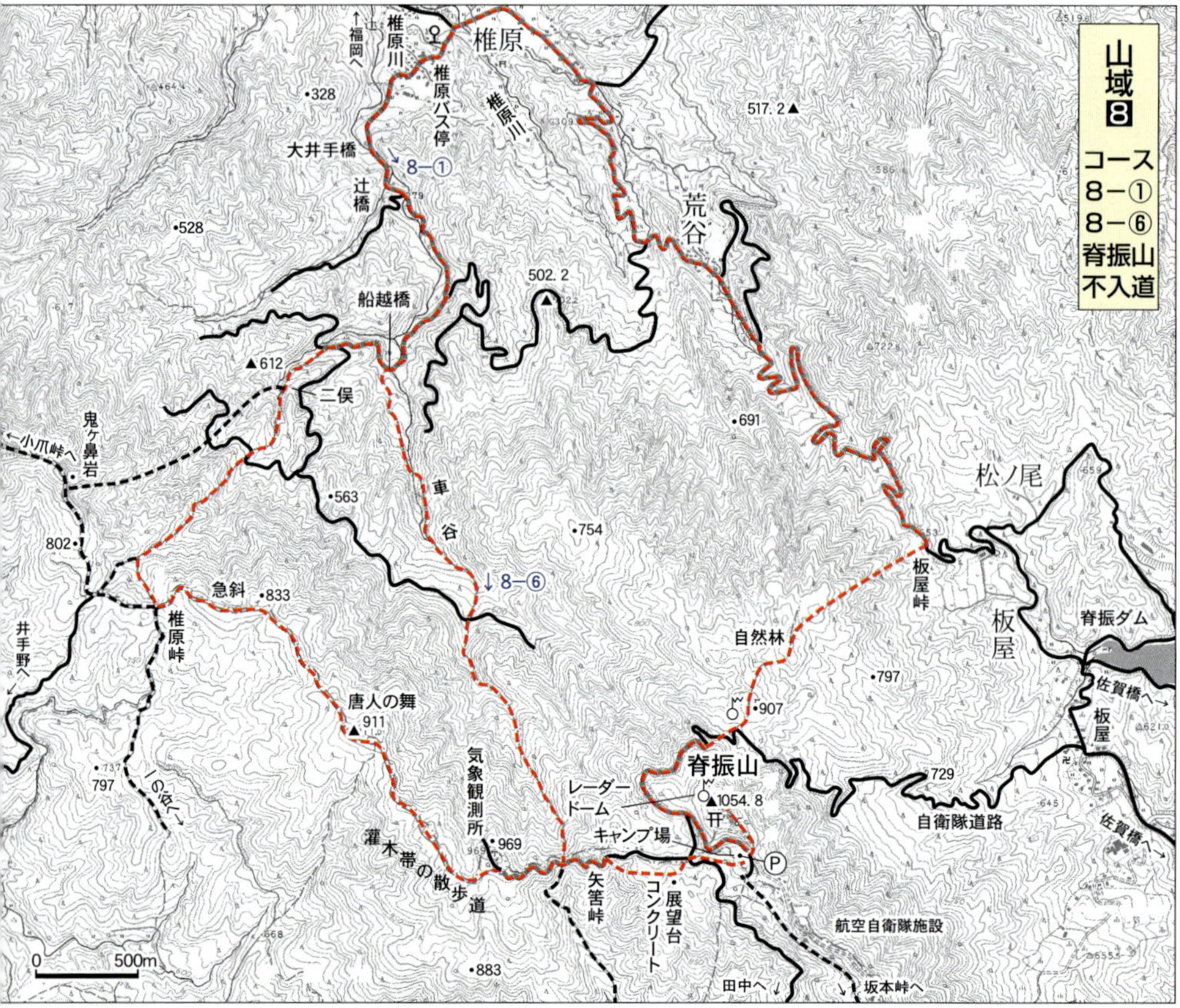

〔上〕　登山道から脊振山とレーダードームを望む
〔左上〕山頂一帯はレーダー施設が占め、その一角に頂がある
〔左下〕板屋峠を目指す登山者

（8－①）

〔山道案内〕 8－①

▽**歩行時間＝五時間四〇分**

椎原→椎原峠→脊振山→板屋峠→椎原

▽**二万五千図＝脊振山、不入道**

福岡市天神から**椎原**へバス便がある。椎原バス停から車道を山手に向い霊園前から右折、林道椎原線を歩く。椎原集落を過ぎて大井手橋を渡ると、あたりは杉林となり辻橋を渡る。右に砂防堤を見て上流へ歩き**船越橋**を渡る。

橋の先から左の谷沿いの踏分けは、車《くるま》谷を経て矢筈峠への登山道。椎原峠へは右の林道を取って登ると三差路となり一般車両はここまで。ここから谷沿いの道となりしばらくで谷は二俣となり、右俣の道は鬼ヶ鼻への直登コース。椎原峠へは左谷の道を行く。

杉の造林地となり谷を横切り急な登りとなる。植林地を抜けると傾斜も緩み谷中を歩くこともある。さらに登山道は二分し、右の道は鬼ヶ鼻方面、左の道が一〇分弱で**椎原峠**へ達する。

峠の佐賀県側は脊振村一ノ谷への道、稜から左が目指す脊振山である。まず標高差一〇〇メートル強の登りとなり、ミツバツツジ、リョウブ、ネジキ、それにヤマボウシと落葉樹を見ながらの登りは、たっぷり汗がでる。

しかしすぐ傾斜も緩み左手には**唐人**《とうじん》**の舞**《まい》と呼ばれる巨石の展望台があり、福岡市街や脊振山方面の展望がよい。さらに東進すると右手に太鼓岩があり、さしたる上下もない登山道は灌木の茂る気持のよい散歩道となる。

左手に**気象観測所への車道**が出合うと、以後しばらくは広い車道歩きとなる。先の車谷からの道が矢筈峠で出合い、峠からは登りとなる。車道の右手樹林帯の登山道に入ると、クマザサが茂り、ミズナラ、クヌギの林の中にコンクリート製の**展望台**がある。ここからほぼ脊振山地全域を見渡すことができる。さらに東進すると、佐賀県脊振村からの立派な車道に出る。

右手に自然林が広がる快適な道を歩くと**キャンプ場**に達する。キャンプ場の上方はシーズン中には売店が出る脊振山駐車場で、脊振山頂までは自衛隊施設脇の遊歩道を登る。**脊振山頂**は自衛隊のレーダー基地となっている。脊振神社が狭い場所に祭られており、施設の周辺はカシ、シイ、ツゲ、ナラ、シロモジ、カエデ、リョウブ、ミツバツツジ、クマザサなどが覆っている。

山頂から車道まで戻り、板屋峠へ向う。脊振山の西から北へ巻いて下る車道歩きで、大きなカーブは近道をして自然林を二度横切ると、**九〇七メートルピーク**には電波塔が立つ。この北側を巻いて尾根を下る。

ウリハダカエデ、アブラチャン、エゴノキ、ミズナラ、リョウブに混ってブナの巨木も点々とする気分のよい自然林の中を歩く。クマザサがうるさい場所もあるが、車道歩きとは比較できないほど快適だ。

春の新緑、秋の紅葉、冬枯れの季節にはぜひ歩きたい場所だ。しばらくで植林にクマザサ、カヤが茂る道となり、**板屋峠**の車道に出る。

峠からは下りの車道歩きで**椎原バス停**へ下山する。

▽**参考コースタイム**＝椎原（40分）船越橋（1時間）椎原峠（40分）唐人舞（1時間20分）脊振山（30分）車道分岐（30分）板屋峠（1時間）椎原

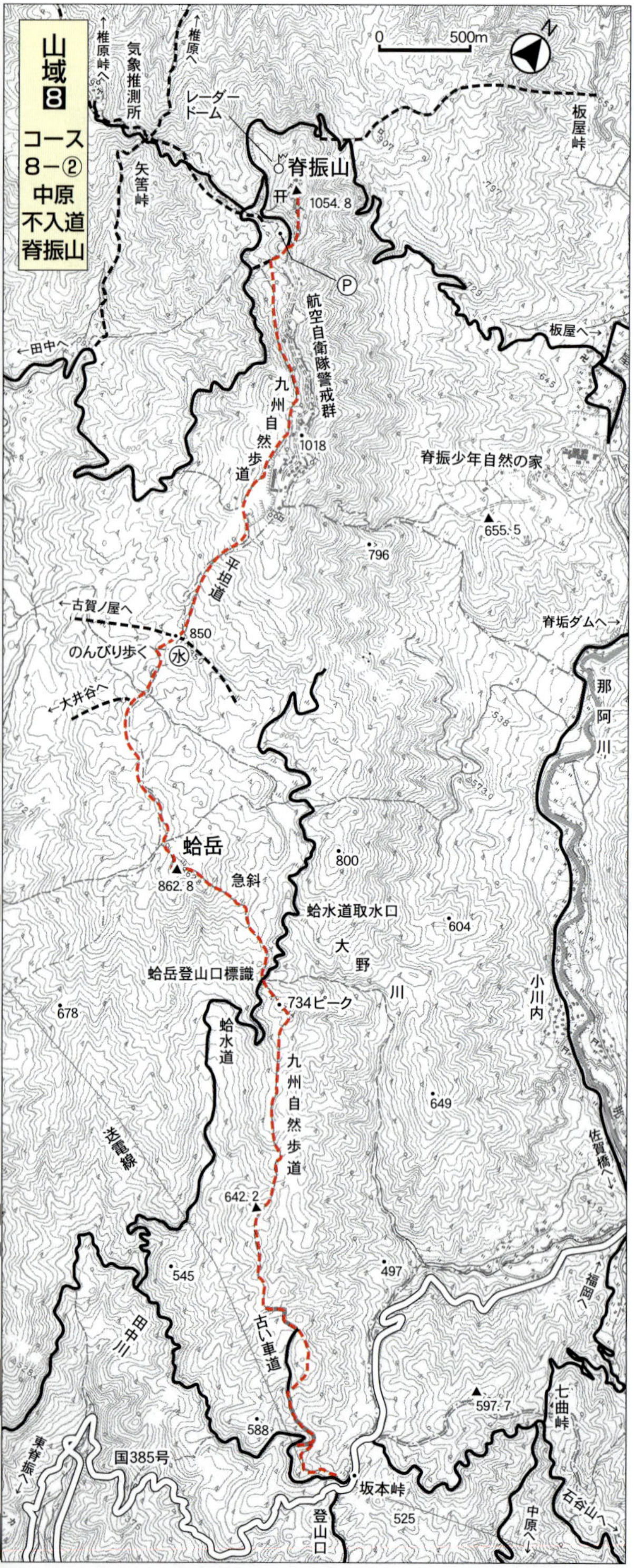

〔山道案内〕 8－②

▽歩行時間＝七時間一〇分

坂本峠→蛤岳登山口→蛤岳→古賀ノ尾分岐→脊振山（往復）

▽**二万五千図＝中原、不入道、脊振山**

坂本峠は三差路で、峠から林道を伝い蛤岳登山口へ車で直接入れるが、峠から歩くほうがおもしろい。

自然歩道は石段で始まり台地に達し、短く上下する。左上に東西に走る送電線を見て、その北側の荒れた樹林帯の中の登りとなる。背後に石谷山《いしたに》、九千部《くせんぶ》山の展望が開ける。

登山道脇には花崗岩の露頭が点在し、正面に目指す蛤岳、脊振山が望まれ一帯はカヤ野となる。古い車道を横切ると、急斜となり汗も出る。植林帯となり平凡な道を行くと、左に折れて**七三四メートルピーク**を越える。わずかに下ると、車道が現れ脊振北山県立公園**蛤岳登山口**の標識がある。

左上の遊歩道を取ると左下には蛤水道がある。これは、成富兵庫が、佐賀県へ流れる田中川の水量が不足するため、元和年間（一六一五～一六二三）蛤岳に水路一五〇メートルを作り、大野川から筑前に落ちる水を引いた水道で、現在はコンクリートの水路となっている。

遊歩道をしばらくで、左上に蛤岳への登山道が分かれる。ここには水道記念碑があり、水道源流はさらに四〇〇㍍上流にある。時間がゆるせば源流を訪れるとよい。

登山道は杉林の道でジグザグを切って登ると丸木段となり、自然林の中に道脇に笹が現れる。右奥に脊振山レーダードームが望まれる。

小さなピークを越えると最後の登りで、**蛤岳山頂**に達する。南には蛤とそっくりの岩があり、北は狭いが草付の広場があり休むのによい。三角点は北へ向う縦走路上にある。

雑木林を下ると植林となり、大井谷分岐に達し一〇分で水の流れる谷に出る。ここは大野川源流で蛤水道へ通じている。

流れを横切って行くと三差路となり左を取ると古い伐採地に出る。このあたりが蛤岳と脊振山の最低鞍部だ。植林地となりゆるく登ると、左・古賀ノ尾への道標がある。右の道を行くと道脇にクマザサが現れ、正面にレーダーが見える。

杉林を抜けると傾斜が急になり植林から雑木林となる。やがて道は二分し右は自衛隊施設へ、左下へ下るのが登山道である。小谷を二度横切って山腹を行く。

やがて、自衛隊送電線巡視用のコンクリート段を突切って丸木を並べた橋を渡り、谷沿いの道を急登する。

小谷を数回横切り上下すると、その都度フェンスや自衛隊の施設が右上に現れる。しばらく歩くと、丸太で作った木橋の道となり、自然の中を通るので気分がよい。橋下はクマザサで緑一色、丸太で作られた橋の先で山道となる。左下に佐賀県田中への道を分け、右上の道を取ると仁王堂があり、コンクリート道となる。しばらく登ると**脊振山頂駐車場**に出る。

自然歩道は左下のキャンプ場から金山方面へ続いているが、山頂へは、自衛隊脊振山駐屯地の施設を右に見ながら、コンクリート道を行く。やがて正面にレーダードームが現れ、脊振神社を祭った**山頂**に着く。

山頂には避難小屋もあり、展望三六〇度を見渡せて雄大。展望と休憩を楽しんだら往路を下る。

▽**参考コースタイム**＝坂本峠（1時間20分）蛤岳登山口（40分）蛤岳（30分）古賀ノ尾分岐（1時間30分）脊振山頂駐車場（10分）脊振山（1時間40分）蛤岳（1時間20分）坂本峠

蛤岳山頂の蛤にそっくりな岩。この岩があるため蛤岳と呼ぶ

蛤岳山頂奥には電波塔の立つ脊振山がある

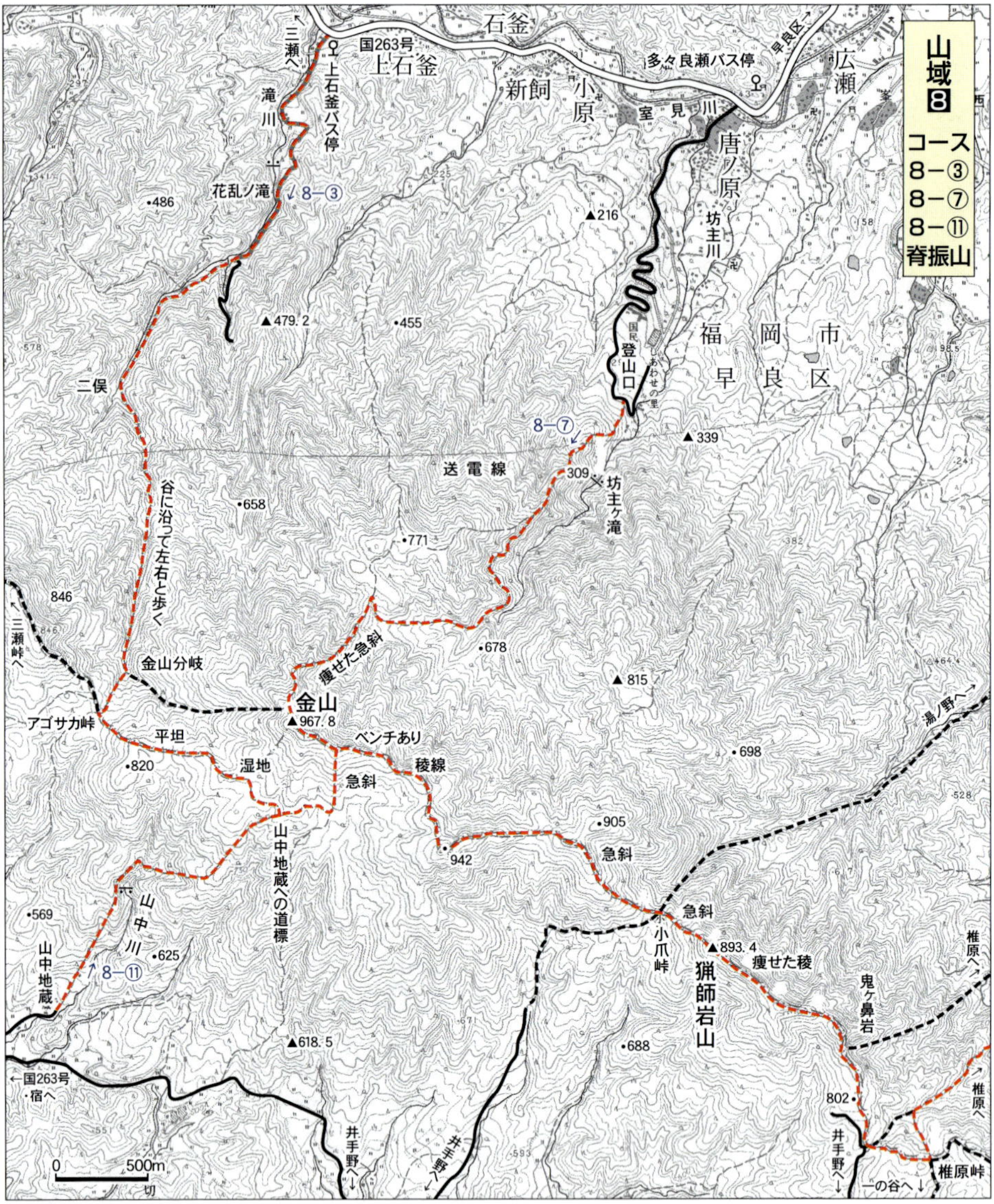

〔山道案内〕 8−③

▽歩行時間＝六時間一〇分

上石釜→アゴサカ峠→金山→猟師岩山→椎原峠→椎原

▽二万五千図＝脊振山、

上石釜《かみいしかま》バス停から滝川谷**花乱《からん》の滝《たき》**への道を取る。棚田の道となり右下に滝川谷を見ながら歩くとやがて花乱の滝が右下に見える。

登山道は「かもしか新道」と呼ばれる。谷の左沿いに杉林の中を登ると、谷には八㍍ほどの滝を見る。さらに谷沿いに登ると谷を左から右へ鉄製の橋で渡る。

やがて谷は二俣となり、中央の尾根から左俣沿いに行く。頭上を送電線が横切ると巡視路を右に分ける。左の進行方向に杉の古木が数本ありこれが目印になる。

直進すると植林から自然林となり、左下の谷へ出て

〔上〕　金山山頂から井原山方面の眺め
〔左上〕小爪峠から猟師岩山方面を望む
〔左下〕猟師岩山方面から金山を望む

飛石伝いに五〇メートルも伝うと、谷の右上の道となる。この道を谷に沿って登る。

足元にはシダが茂り、道脇には炭焼釜跡も見られる。頭上はカシ、シイ、ヤブニッケイ、ヤブツバキ、サカキ、モチノキと常緑広葉樹が主役を占める。

やがて谷は開けて傾斜も緩み、しばらくで**登山道は二分**する。左上する道は急登で坊主《ぼうず》ヶ《が》滝《たき》からの道と出合い、金山山頂へ四〇分強で達する。右に谷を横切る道が目指すアゴサカ峠への道だ。小谷を横切って痩せた尾根の胸突く急登は、まさにアゴが出る峠への道。遭難碑を見て谷沿いの道となると傾斜も緩み、行手が開けて**アゴサカ峠**へ達する。

この峠は脊振山系縦走路の一角で右が井原山・雷山方面、左は金山・脊振山方面である。

樹林の稜線を東へ登るとしばらくで平坦となり、クマザサが現れると鞍部となる。さらに短い上下を繰り返すと広場に達し、南に面しているので、一息入れるのに格好な場所だ。

しばらくで佐賀県側山中川源流に達する。湿地帯は足場を間違えると、足首までもぐる羽目となるので要注意だ。湿地を過ぎると尾根に出て、右・山中地蔵、左・金山の**道標**がある。

道標から標高差一〇〇メートルの登りで途中、灌木帯には初夏にミツバツツジが咲く。金山から東へ続く**稜線**に出ると、立て札が多い山頂の一角に着く。ベンチもあるので休みたいが、西へわずかの距離で展望のよい**金山山頂**である。

以前は中央の石に立って展望を得ていたが、近年南面の樹木が切られ、北山《ほくざん》ダム、天山《てんざん》、彦岳と西に井原山、雷山が見える。東西に細長い頂はシーズン中は休む場所もないほど混雑する。北への踏分けは坊主ヶ滝方面へつづく道である。

さて椎原峠へは東に向かう。ブナも混る稜線を歩く。ミズナラ、イヌシデ、ミツバツツジ、ドウダン、ヤマツツジ、暖地性のアカガシも混り、林床にはクマザサが茂っている。

ゆるく下って登り返すと、稜は右から

左にカーブして再び下り、灌木とクマザサ、ススキに囲まれた広場に降り立つ。ここが**小爪《こづめ》峠**である。稜を横切る道は、福岡県側湯ノ野方面と佐賀県側井手野への踏分けである。

小爪峠を後に東へ向かう。猟師岩山までは常緑広葉樹にリョウブ、ネジキ、カエデ、それにシャクナゲの混る痩せた稜の急登となる。

猟師岩山の頂は、東の突端に露岩があり、脊振山、天山方面の展望がよい。岩から急下降で**鬼ヶ鼻岩**に達する。ここは岩塔から福岡市街の展望が抜群によい。岩の東基部から急下降で谷へ出て林道を横切って下ると、下の林道に出て林道ゲートに至る。

椎原峠へは緩い下りで八〇二メートルピークを過ぎて約一キロで着く。この峠から椎原集落へ下山する。

▽**参考コースタイム**＝上石釜（1時間40分）金山分岐（20分）アゴサカ峠（50分）金山（50分）小爪峠（20分）猟師岩山（30分）鬼ヶ鼻岩（20分）椎原峠（1時間20分）椎原

〔山道案内〕 8-④

▽歩行時間＝四時間四〇分

野河内→水無鍾乳洞→井原山（往復）

▽二万五千図＝脊振山

野《の》河内《ごうち》バス停から渓谷沿いの遊歩道を取る。登山案内脇からコンクリート舗装の急登で始まる。竹林をジグザグに切ると、左の谷と離れ、二〇分ほどで登りは終わる。

荒れた場所もあるが植林の道を歩くと、谷が道脇に近づき、行手に稜線方面が見える。山腹から水流の小谷が横切り、さしたる登りもなく、今は住む人のない水無の畑の跡地を行く。

井原集落方面へ向う踏跡と離れ、草中の荒れた一本道を歩く。道左脇に巨杉があり、根元に「猿田彦」の石碑がある。谷沿いは古い石垣が残り、住居跡にマタケが茂っている。

谷は伏流となり左の林道を歩く。ゆるい登りで行手が開けると、室見川源流近くの水無橋へ出て水が流れる**水無鍾乳洞**に達する。水無林道駐車場があり鍾乳洞の解説もある。

野河内から稜線にあがると井原の山頂は右上だ（8-④）

谷の左手に第一洞口がある。谷の上流は左・石灰岩、右・片岩、それぞれ白と灰色に区別され、境が明確に認められるのは珍しい。この谷筋上流にかけてキツネノカミソリが多く見られる場所でもある。登路は谷沿いにつづく。左に第二洞口への道を分けると、古い炭焼窯跡が目立つ。谷は平坦となり右上の尾根へ水無林間歩道を分ける。

谷の左へ渡ると、谷と離れて落葉樹林に囲まれた緩い登りとなり、新緑・紅葉期は楽しい散歩ができる。ケヤキの巨木もあり森林浴も楽しめる。

登路にササが現れると植林となる。左の尾根が迫り、谷に岩盤が露出する。谷が二分すると植林の末端に達し、二分した谷の中央の**急峻な尾根**に取り付く。

稜線までこのコース一番の難所だ。木の根にすがり、ササにつかまり急登にあえぐ。やがて景色が一変し落葉広葉樹となる。春秋は明るく楽しい。ブナ、ナラ、ケヤキ、ウリハダカエデ、リョウブ、ドウダン、ミツバツツジなど紅葉樹種が多い。

樹木が背を縮め道脇のササが濃くなると傾斜も緩んで**縦走路**の一角に出る。よく踏まれた稜線を右に取り緩いピークを二つ乗越すと、そこが**井原山**の山頂である。

▽**参考コースタイム**＝野河内渓谷入口（1時間20分）水無鐘乳洞（40分）稜線取付（40分）井原山（2時間）野河内渓谷入口

〔山道案内〕 **8－⑤**

▽歩行時間＝三時間三〇分

雷山観音バス停→清賀の滝→上宮→雷山→スキー場→雷山観音バス停

▽二万五千図＝雷山

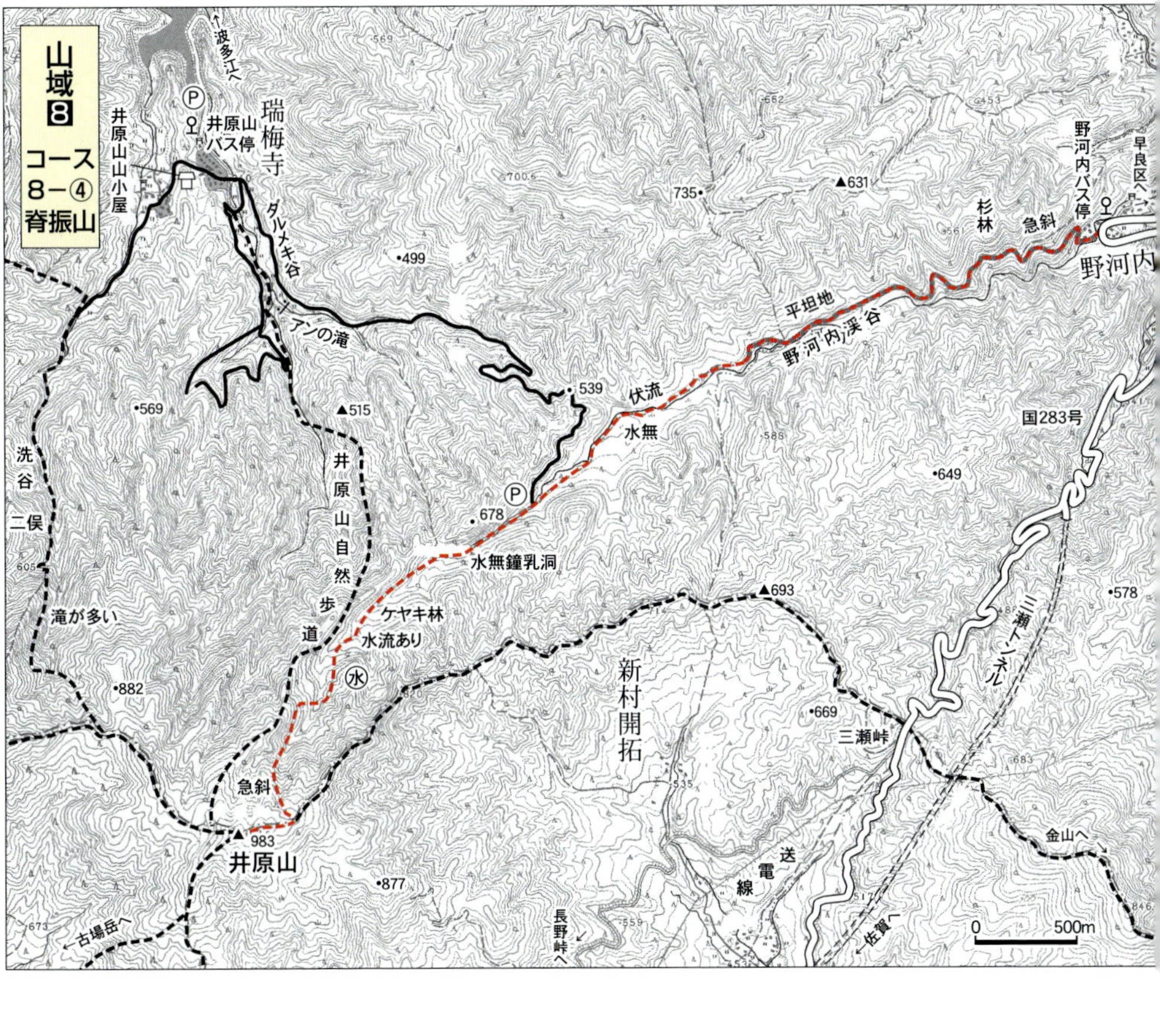

バス停から車道を山手に向い**千如寺**の下を通る。カーブ地点で小谷があり、この小谷沿いに狭い車道が分れる。この車道を取り、さらに二分する車道の左へ進み谷沿いに民家の最奥まで登る。正面の谷はコンクリートで固められ砂防堤がある。遊歩道は砂防堤を左に見て谷の右から左に向う。

杉林の登りとなり、谷沿いの道から車道を突切る。さらに谷沿いの石屑道を行くと立派な舗装路に出る。左に進み、すぐ二分する車道の左を取ると、正面が**清《せい》賀《か》の滝**である。滝下は車道終点で小さな広場となっている。

登山道は滝下から右上の尾根の急登で始まる。鉄柱と柵が張られた急斜には丸木段もある。しばらく植林の急坂を登ると一〇分あまりで自然林となる。

アカガシの巨木が右脇に、ツバキ、ヤマザクラ、アオキ、ウリハダカエデ、ケヤキ、ナラ、ヤマグリの茂る自然林は快適。登路は、立派な丸木段と木の根の露出道とが交互に現れる。

正面がさらに急峻となると、登山道は山腹を右に巻く。クサリ付きのテラスの

雷山上宮には憩息用のベンチもある（8－⑤）

道となり、右下に谷が深く切れ落ちる。途中三ヶ所、支谷を横切るので、落石には注意しよう。もちろん雨天時の谷へのスリップも御用心。

谷を横切ると杉林となり傾斜もゆるみ**雷山上宮**に達する。上宮は小さい広場で祠が三つあり、林道から雷山スキー場への道を分ける。

山頂へは左上する急斜面を登る。杉林の急登で山頂から北へ派生する尾根へ出る。自然林となり胸突く急登となる。尾根の直登は露岩が点々とする。

幹や根にすがり露岩を左、右と避け高度を上げると、樹間から北面の展望が開け、西側の電波塔も望まれる。岩塊の基部に突きあたると、岩の左を登る。すると正面岩上と道脇に祠がある。

尾根はブナをはじめ樹木が頭上を覆い、新緑・紅葉期には頭上が賑やかだ。やがて西に羽金山が望まれ、電波塔が右下になると傾斜も緩んで、ササ帯の道となり二個の巨石が並ぶ**雷山の頂**に達する。

山頂から東西南北展望はすばらしい。ゆっくり休んだら**上宮**まで戻る。上宮から左下への道を取ると車道へ出る。カーブが続く車道歩きで、オートキャンプ場、沢の森キャンプ場と左右に見ると、**スキー場**脇に出てさらに下る。

カーブの車道を近道する場所もあり、工夫して下ると**雷山神社**に達し、神社の正面から右下の谷への道を取ると、登山口に戻る。

▽**参考コースタイム**＝雷山観音バス停（40分）清賀の滝（50分）上宮（40分）雷山（30分）スキー場（30分）雷山神社（20分）雷山観音バス停

金山谷の坊主ヶ滝は登山道左近くにある（8－⑦）

洗谷中流の連瀑帯を登る（8－⑧）

佐賀県側神水川の雷山登山口（8－⑨）

《その他のコース》

8-⑥ 船越橋→車谷→矢筈峠

車谷コースは平凡だがのんびり歩くのにはよい。登山道は谷沿いに続き、源流近くの清流と苔の緑が心をなごませてくれる。五月はワサビの可憐な白い花、新緑。夏はキツネノカミソリの花、秋は紅葉が燃え、落葉が流れに浮かぶ。二時間三〇分で**矢筈峠**に出る。

8-⑦ 多々良瀬→坊主ヶ滝→金山

多々良瀬バス停から国民宿舎跡地の裏手に廻ると**坊主ヶ滝**方面、**金山**への登山道がある。植林の急登で金山谷の右手尾根に取りつき、金山から北に向う痩尾根を登る。二時間三〇分で**山頂**だ。

静かな井原山山頂（8－⑩）

佐賀県側の古場岳・井原山登山口から金山を望む（8－⑩）

樹林に囲まれた静かな山中地蔵堂（8－⑪）

8－⑧ 井原・洗谷→井原山→アンの滝→井原

洗谷は、清流に多くの滝をかけ溯行が楽しい。谷通しに登山道もあり、ほぼ**入渓地**から**稜線**まで離れることなく続く。

井原山に登った後は井原山自然歩道をアンの滝経由で下山する。約六時間。

8－⑨ 神水川→雷山

佐賀県側富士町**神水《しおひ》川**から布巻林道を取り登山口へ向かう。標高七三四メートルの南を巻いて谷を横切り支尾根に取りつき稜線を目指す。**稜線**から左に取ると約一時間一〇分で**雷山**山頂だ。

8－⑩ 古場岳→井原山

佐賀県富士町**古場岳《こばたけ》**は雷山登山口の一つ東側の集落。谷沿いの道を井原山から南に伸びる尾根に上り、そのまま尾根伝いに一時間で**山頂**だ。

8－⑪ 山中地蔵→金山

佐賀県三瀬村山中にある**脚気地蔵**から、山中川に沿って源流へ向かう。源流から尾根を一本東へ越して谷を右へ横切り次の尾根へ出る。この尾根を登ると井原山方面の**縦走路**に出合い**金山**山頂へ約一時間二〇分である。

〔問合せ先〕 脊振山 福岡市観光課☎092・711・4111、東脊振村産業経済課☎0952・52・5111、西鉄バス福岡テレホンセンター☎092・751・6231、昭和バス佐賀営業所☎0952・24・5210 金山 福岡市役所観光課☎092・711・4111、西鉄バス福岡テレホンセンター☎092・751・6231、三瀬町役場☎0952・56・2111 井原山・雷山 前原市役所☎092・323・1111、昭和バス前原営業所☎092・322・2561、富士町役場☎0952・58・2111、昭和バス佐賀営業所☎0952・24・5210

〈福岡県側アクセス〉 脊振山 天神バスセンター（西鉄バス1時間）椎原。JR長崎本線佐賀駅バスセンター（昭和バス1時間15分）脊振山麓バス停。◉マイカー＝福岡都市高速百道ランプ、国道263号、早良平尾交差点、県道136号椎原、板屋峠、湯ノ野。金山 天神バスセンター（西鉄バス50分）多々良瀬。◉マイカー＝国道263号多々良瀬。井原山 JR筑肥線波多江駅（昭和バス20分）井原山。福岡市天神（昭和バス1時間）野河内。◉マイカー＝福岡・前原道路前原IC、国道202号、JR筑肥線波多江駅前交差点。

国道263号上石釜を過ぎ野河内渓谷入口へ。

雷山　JR筑肥線前原駅（昭和バス30分）雷山観音前。◉マイカー＝福岡・前原道路前原IC、国道202号前原市内。

〈佐賀県側アクセス〉

金山　◉マイカー＝国道263号、三瀬トンネル佐賀県側三瀬村下合瀬宿の三差路を東へ。

井原山・雷山　◉マイカー＝国道263号佐賀県側三瀬村、三瀬有料道路料金所西側から新村、雷山横断林道、古場岳、神水川。

福岡県 山域9

御前岳《ごぜんだけ》（1209m）　釈迦ヶ岳《しゃかがだけ》（1230・8m）

御前岳は福岡県の最高峰で山頂からの展望は開けている。釈迦ヶ岳にかけての稜線はブナ、カエデ、モミなどの巨木が繁り、初夏はツツジ、シャクナゲが咲く。日帰り縦走にお勧めの山である。

〔山域の魅力〕大分・福岡との県境をなす山。福岡県側御側《おそば》から大分県奥日田林道へも通じる林道ができたため、この山域への入山が便利になった。

御前岳《ごぜんだけ》・釈迦ヶ岳《しゃかがだけ》稜線一帯はブナ、カエデ、モミの巨木が多く北側斜面にはシオジの原生林もあり、ドウダンツツジ、ツクシシャクナゲも混り、新緑・紅葉、初夏の花季には登山者も多い。

御前岳、釈迦ヶ岳とも突峰で山頂は狭いが展望は良い。矢部村が力を入れる杣の里には宿泊施設、遊歩道、吊橋などがあり家族連れでも自然に親しむことができる。

〔山道案内〕9

▽歩行時間＝四時間二〇分

杣の里登山口→御前岳→釈迦ヶ岳→峰越林道→杣の里登山口

▽二万五千図＝十龍、豊後大野

登山口までバスは不便。車を利用して杣《そま》の里《さと》左上に廻り込んで**登山口**に一〇台の駐車は可能。

登山口から荒れた古い車道を、左に小谷を見ながら植林の中を谷沿いに上流へ向かう。砂防堤を見ると古い車道は終わる。右脇に勢至菩薩が祀られている。そのまま踏分けに入ると谷の右手露岩にクサリがある。

谷の左に出て杉林の中を、谷通しに登る。正面に御前岳が姿を現す。この谷以外水場はないので補給しておこう。

谷と離れて植林を登ると**林道**に出て、左へ進むと一〇〇㍍で、御前岳から発した尾根に着く。ここに道標がある。

植林の急登で尾根の上部に至る。途中石が露出して段状になった急斜もある。岩稜を避けて左手をジグザグに登り、岩稜の右に出るとクサリがある。カシ、ツバキに混ってモミ、ブナ、シャクナゲ、それに熊笹も現れる。

高度が上るとヒメシャラ、タンナサワフタギ、ネジキと落葉樹が多くなり、ミツバツツジも目立つ。

ジグザグの急登は要所に木梯子もあり、灌木帯の急登で**御前岳**山頂に達する。南に八方ヶ岳《やほうがたけ》、三国山、国見山、酒呑童《しゅてんどう》

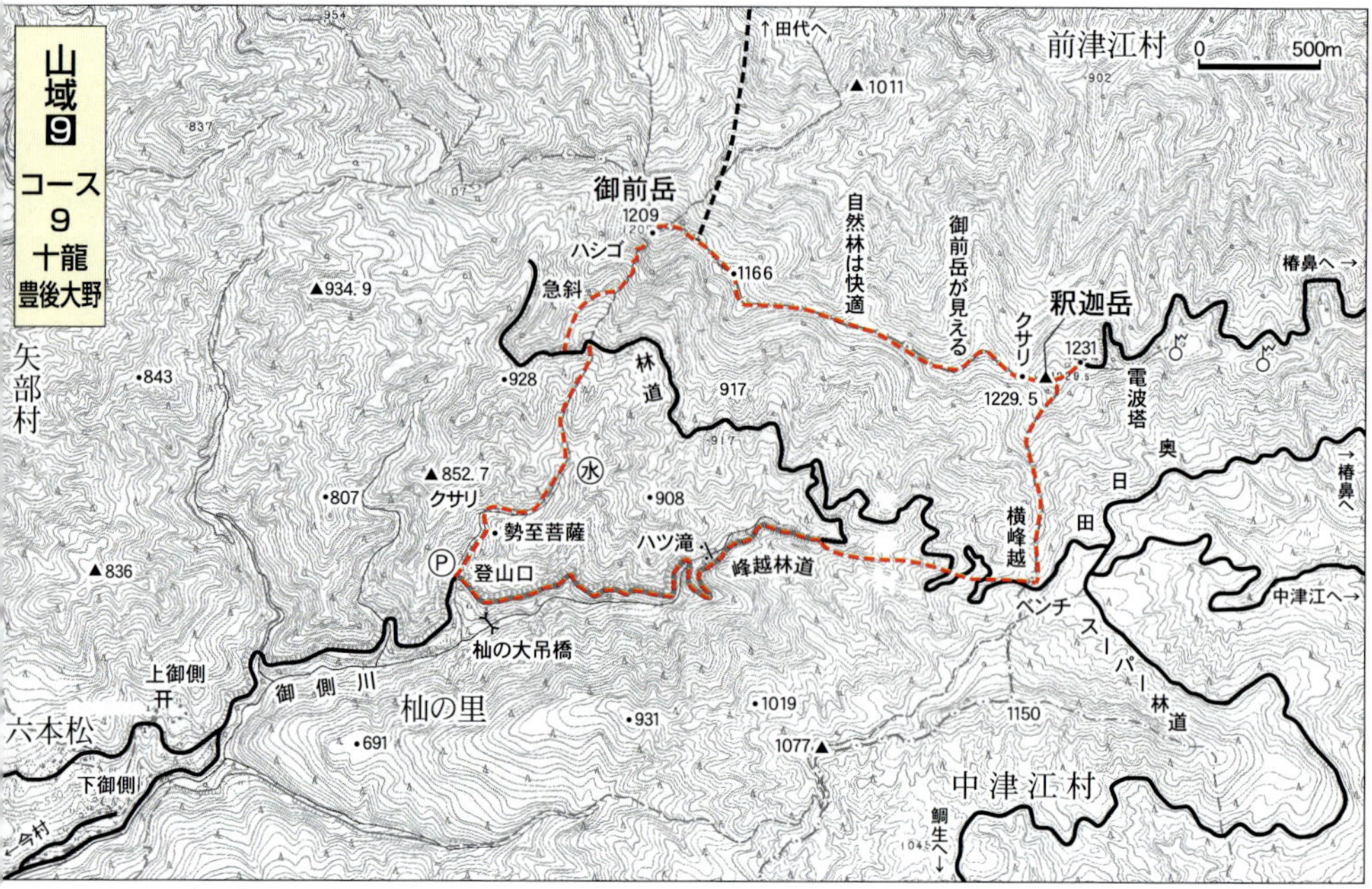

子《じ》山、東奥に九重連山、北は耳納《みのう》連山と展望はよい。

山頂を後に東へ向かう。急下降ですぐ左下に前津江村方面、シオジ原生林の道が分れている。稜の右側を下って東方向へ歩く。さしたる上下もなく**一一六六㍍峰**を過ぎる。樹間から、釈迦ヶ岳の突峰と電波塔が見える。ゆるく左、右と稜線はくねるがほぼ稜線の上を歩いてゆく。巨木が立つ場所を過ぎ、小高い丘に上ると背後に御前岳が見えている。

杣の里の林道から御前岳方面を望む

釈迦岳山頂は狭く細長い頂

釈迦ヶ岳の基部に達すると稜は痩せて急登となり、クサリやロープが設けられている。急登すると西面の展望が一挙に開けて、祠のある**釈迦ヶ岳**山頂である。

祠の場所から、東のコンクリート段を下り、峰越林道分岐を左に取る。**電波塔**までは車道が来ていて、容易に車で登ることも出来る。ここから近くに渡神岳《とがみだけ》、遠く九重・阿蘇の山脈も望むことが出来る。

峰越林道分岐へ戻り、南へ自然林の尾根を下る。左下には奥日田林道も見えている。短い上下を繰り返すと**峰越林道**へ出る。

峠には道標とベンチがある。カーブする林道から、谷を目指して下ると、右下に水が流れ、砂防堤、ワサビ畑などが見える。右下にはこの谷で一番目立つ**八ツ**《はっ》**滝**《たき》がある。

滝を後に谷の右に出て下ると、前方に大きな吊橋が現れる。杣の大吊橋でこれを過ぎると杣の里の宿泊所上手が**登山口**である。

▽**参考コースタイム**＝杣の里登山口（2時間）御前岳（1時間）釈迦ヶ岳（20分）峰越林道（1時間）杣の里登山口。

〔**問合せ先**〕矢部村役場☎0943・47・3111、杣の里渓流公園☎0943・47・3000、堀川バス八女本社☎0943・23・2115〈**アクセス**〉JR鹿児島本線羽犬塚駅（堀川バス1時間30分）宮ノ尾（徒歩1時間30分）杣の里。◉マイカー＝九州自動車道八女IC、国道442号矢部村中村から杣の里へ。

《観天望気》「春の夕焼けミノ着て待っとれ、秋の夕焼けカマ研ぎ待っとれ」「朝焼けは雨、夕焼けは晴」「景色が近いと雨が近い」「音が近いと雨」「レンズ雲は寒冷前線の接近」「星がまたたくと風が強くなる」。地方によっては「雲仙夕立は三日は続く」「阿蘇の噴煙が西に向うと雨が近い」などなど、天気に関係する諺は多い。大空をぐるりと見わたし、空の色、雲の形、風向などから空模様を予想する事を観天望気と呼んでいる。

登山者にとって、この観天望気術は重要な登山技術の一つである。空のみにあらず「鶏が口ばしで羽根をつくろうと雨」「とびが大空高く舞うと晴」など、動植物から予想するのもある。これらは人々が住む地方から生まれた観天望気で、理由づけができるのも多い。

登山とは、人里離れた自然に身を置く行為、千変万化の自然に対応するための気象学は登山の重要な要素である。

観天望気に強くなる方法は、夕方の気象番組にでる「明日の気圧配置図」をよく頭に入れ、翌日、朝・昼・夕と三回でよいから空をぐるりと眺める。天気図は毎日変わるので、空の観察を毎日続けることを習慣化することで立派な「観天望気術」を身につけることができる。

私は登山の際、気圧計を見て明日の天気を知り、山小屋に立ち寄り、天気図と最近の夕立の状況などを尋ねていた。気圧計が出発前より上昇すると、高気圧の圏内で晴、下降すると雨が予想できる。昨日十五時に夕立があったなら、今日は少し遅れて夕立があるかも知れないと予想する。（次頁へつづく）

夏早朝からの晴天であれば早朝から山肌が熱せられ、上昇気流の関係で雲が湧き、夕立の可能性があるというわけだ。登山の早立ち、早着きも気象学の応用で理にかなっている。

漠然としてつかみどころのないことを「雲をつかむようだ」とよくいう。雲は山の稜線などでは霧の集合体で、つかみどころがない。しかし、よく見ると似た雲はあるもので、形、高低などでその時の天気の状態を知ることができる。高層雲から雲が厚く低くなって雨、積乱雲が頭上に広がると雨など、雲にも共通した形がある。だから雲の形や流れから天気を予想することができる。

日本はおおよそ、天気は西から東へ移動する。春や秋は規則正しく流れるが、夏や冬は南北への動きが加わる。盛夏は太平洋高気圧、真冬は大陸の高気圧が張り出してくる。

低気圧が接近してくると、晴天から絹雲、絹層雲、高層雲、乱層雲となり雨が降る。絹雲にはうろこ、さば、いわし、あわ雲などの名前がある。高層雲は層が厚く、おぼろ月夜や花ぐもりの雲である。乱層雲は雨雲、雪雲とも呼ばれる。この状態で山は霧に包まれやがて雨となる。

夏雲は積雲が多く、わた雲、浮雲と呼ばれ、雲底は平らで上部は雲塊が丸くもり上って、同じ高さで浮いている。積雲の塊は、日が昇るにつれて、頭をもくもくとふくらませ、午後に最も大きくなり、夕方にはしぼんで消えてしまう。

積雲は夏の強い日ざしを受け、ぐんぐん発達し、入道雲に変わる。登山中にこの雲を見たら観察する。雲上のもくもくが朝顔形に変ったのが積乱雲で、電光が走り雷鳴が響き、強いにわか雨が降り突風をともなう。地方により雷雲は通り道があるので、山小屋、地元住民にどの方向の入道雲が危険か尋ねると参考になる。積乱雲の中に入ると、急に冷風が吹き、あたりはうす暗くなる。ちぎれ雲が飛び交い、落葉は舞い上り、雲底から黒雲がたれ下り、雷鳴が響き、電光が走り、にわか雨が襲ってくる。しかし、悪天時間が短いのでわかる。秋の寒冷前線通過時もこれと同様な状態となるが、通過に一時間とかからない。

雲の観察は、山では霧や悪天の経過をよく見ておくことだ。霧でも天気のよい日中に発生した積雲型か、悪天の乱層雲の霧であるかは霧になる前から観察していればわかる。乱層雲は突然現れることはない。大抵その前に高層雲があり、空模様があやしくなってから乱層雲が姿を見せる。

天気変化の前ぶれとなる特殊な雲は、山頂にできる笠雲、この悪天率は七〇～八〇％、太陽や月に笠がかかると五〇％の悪天。しかし、このような現象は必ずではなく、笠雲がなくても悪天になることがある。天気が西から変る時は、富士山では南アルプスや八ヶ岳がまず悪くなる。北アルプスの場合、白山方面が悪くなるので、その方向の笠雲やレンズ雲に注目する。

確率は低くても、日常の観天望気と夕方の天気図を見る習慣をつけて、登山中の悪天を避けることが一度でもできれば幸いである。その用心が他の行動を助けることに期待したい。

佐賀県
山域10

天山《てんざん》（1046・2m）　彦岳《ひこだけ》（845・3m）

天山は佐賀県境の経ヶ岳と脊振山を除く県内の最高峰。佐賀平野から眺めると大きく盛りあがりよく目立つ。秋は山頂一帯がススキの穂で埋まり、白銀一色に輝き、まさしく県内一の名山。月見登山も楽しめる山だ。

〔山域の魅力〕天山は長崎県境にある経ヶ岳、福岡県境にある脊振山を除く佐賀県の最高峰。佐賀平野から眺める姿は、やわらかい盛りあがりを見せ、平野の稲が色づくころは、山頂一帯ススキの穂が出そろい、あたかも、冠雪のように白銀一色に輝くさまは、まさしく佐賀県一の名山の名に恥じない。

山頂一帯が平頂で広く、家族連れ憩いの場として最高である。さらに、天山から東の石体越《しゃくたいこし》（七曲り峠）に至る稜線は広く、南北雄大な展望を楽しみながらの稜線漫歩は、素晴らしいの一語につきる。

稜線一帯で天山ツツジ、ホソバシロスミレ、オキナグサ、ヤマトキソウ、ギボウシなどが見られる。点在するイヌツゲ、道脇を埋めるササ、カヤの原はそよかぜになびき、野鳥も春はキビタキ、オオルリ、夏はカッコウなどの姿が目につく。

石体越から白坂峠にかけて植生が変わり、杉や桧の人工林にナラ、リョウブ、ネジキ、カエデの樹林が繁る。新緑、紅葉期に訪れるのがよい。標高が低いため、盛夏は一部カヤ、イバラや夏草が繁り通りにくい場所もある。

登山には小城町晴気《はるき》天山神社から登っていたが、現在天山直下九合目の天山神社上宮下まで立派な車道があり、登山道は藪で覆われてしまい、舗装道歩きに終始して面白くない。

〔山道案内〕10

▽歩行時間＝七時間四〇分

天山神社→川内小学校分校跡→天山神社上宮→天山→石体越→屏風岩→彦岳→白坂峠→清水

▽二万五千図＝小城・古湯

天山神社から晴気川沿いの道を行く。集落を抜けるとみかん畑を車道は大きくカーブする。八丁ダム分岐を右、さらに川内集落から天山神社上宮へ車の場合は直進、歩く登山者は右へ。歩いていくと右に**分校跡**が現れる。右には石体越への道、左が林道で川内からの車道と出合うと**天山神社上宮**の駐車場に達する。

ここが現在の登山口だ。上宮広場は公衆トイレ、ブロック造りの避難小屋、あずま屋、ベンチ、それに浅い池がある。

池の右手道標に従い、浸食による石のゴロゴロした広い登山道を行く。道脇はササ帯にマツの点在するジグザグ道で登りは長く続かず、天山から西に伸びた広い稜線鞍部に達する。

左手は標高九九六㍍のあめ山、目指すのは右手の天山だ。雨で浸食された道を避けて、草付にも踏跡ができている。サ

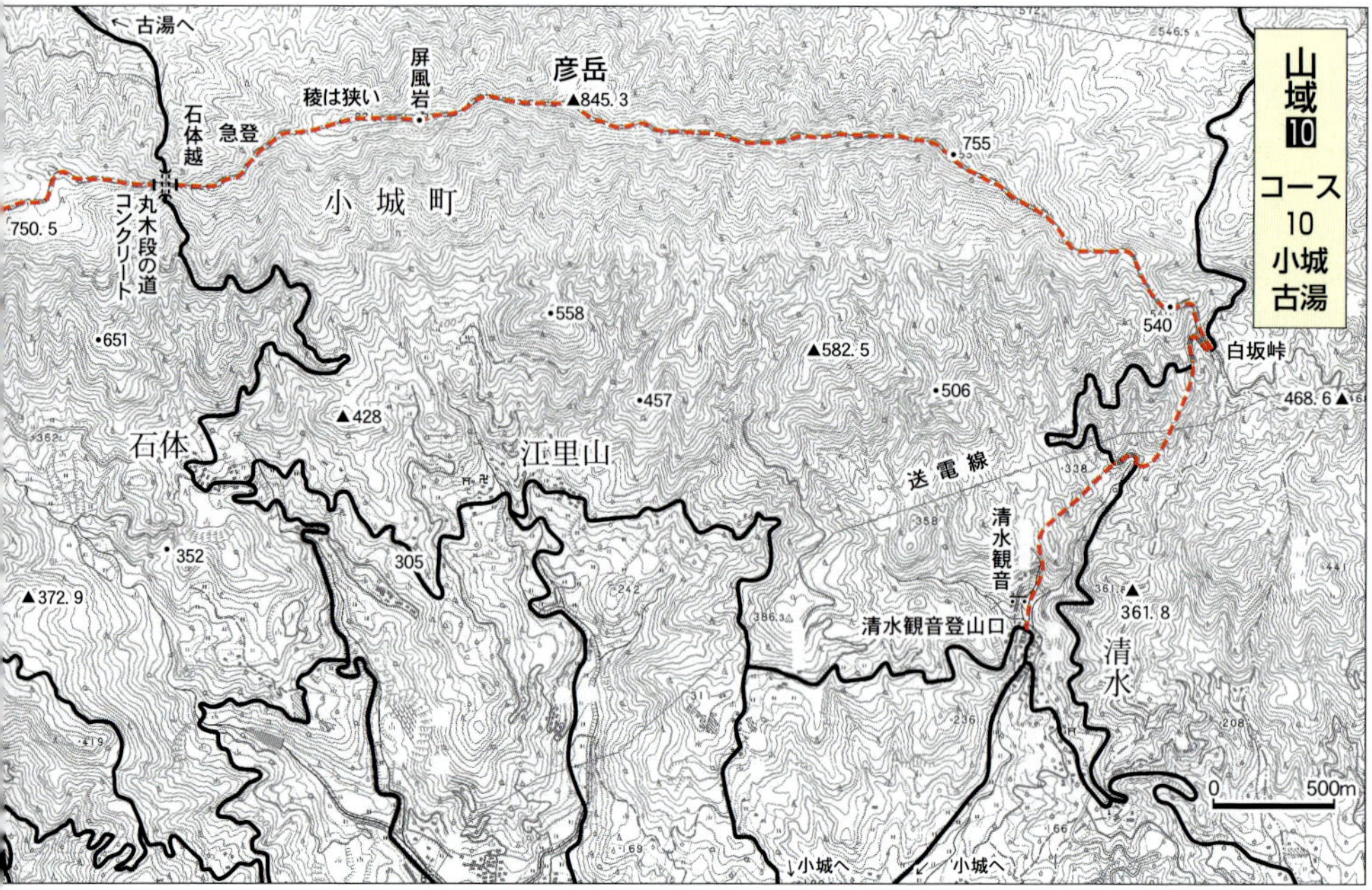

サまではげた一本道を頑張ると、標識がなければ山頂と判断し難い広々とした**天山の頂**に着く。

南北の展望は北と南へそれぞれ一〇〇㍍も移動しないと得られないほど広い。三角点、山頂標識他、阿蘇惟直《これなお》の墓碑阿蘇塔がある。小石を積んで築かれた高さ一㍍ほどの円形の塔で、かたわらに従者の墓といわれる小塔もある。

惟直は、阿蘇神宮の大宮司で南朝方の忠臣だった。延元元年(一三三六)、菊池、松浦氏らとともに、筑前の多々良浜に足利尊氏を迎え撃ったが敗れ、筑前路をとって肥後に向かう途中、小城の千葉氏の襲撃を受けて天山の麓で自刃した。この塔は「阿蘇の噴煙が見える天山の頂に葬るように」

四周に広い天山山頂

天山・彦岳縦走路。石体越奥には彦岳が見える

という惟直の遺言にしたがって設けられたという。

展望は南に雲仙、多良火山、有明海から佐賀平野、遠くに九州山地方面、北は脊振山地、西は作礼山方面が見渡せる。

彦岳方面にかけては広い稜の草原で、東へ一㌔あまりの九九三㍍ピークまで、のんびりと稜線漫歩を楽しもう。時折現れる草原の鼻（出っ張り）からは下界の展望が新鮮で、風に吹かれる夏や春秋は日溜りとなって一服するのにちょうどよい。

登山道は次第に下り道脇に露岩が現れると、マツ、ネジキ、グミなどの灌木が見られ、あたりはササで埋まる。稜は幅を狭めながら高度が下がる。行手に石体越の鞍部とその奥に彦岳が望まれる。

リョウブ、ナラ、ヤマボウシなどがマツに混在すると道は右に折れ、コンクリート製の丸木段の下りとなる。背後に天山方面がわずかに見えて、樹林中の平坦な道となる。行手が開けて草付を下ると**石体越**に達する。

この峠は天山・彦岳の最低鞍部で、北の古湯方面へ九州自然歩道がつづいている。南小城町と北富士町が車道で結ばれ、北へ一分で車道へ出られる。

彦岳へは峠の東からの急登で始まる。植林の防火帯を歩く。カヤ、イバラが道脇にあり天山方面とは勝手が違う。小ピーク二つを経て緩い登り、北に桧の植林が現れると稜線は狭くなり短い上下を繰り返す。

屏風岩が行手を阻むように現れる。登山道は岩の北側を巻き稜へ戻るが、この屏風岩には北から灌木伝いに登ることができる。

彦岳の山頂はあまり特徴のない狭いところだが、草付からは北から東に展望が開け、脊振山系が東西によく見える。

山頂からの下りは道沿いにカエデ、ナラ、クロモジ、アブラチャンなど二次林が茂る。クロモジは爪楊枝《つまようじ》に使う木で樹皮が青黒く、高級料亭などでは今も使われ楊枝の一部に、クロモジの証として皮を残して作る。似た樹にアブラチャン、シロモジ、アオモジなどがあり、早春黄色の花を多数咲かせる。

彦岳東側は登山者の数が少なく、稜線は通りにくい場所もある。稜を淡々と東へ向かって歩くと道は稜の右へと下る。

クヌギが目立つ山腹から杉林との境を下ると、再度稜上に戻りササが目立つようになる。

　稜の左手植林帯に沿って行くと鞍部に達し、右へ越えるとマツ林となる。三差路になっており、右が清水から小城への道でここが**白坂峠**だ。ここから急斜を短く下ると車道に出る。

　車道を伝うと大きく迂回して時間もかかるので、地図を見ながら送電線巡視路や遊歩道をうまく利用すると近道で**清水観音**から小城町へ戻ることができる。適当な場所でタクシーを呼ぶ手もある。
▽**参考コースタイム**＝天山神社(50分)八丁ダム分岐(30分)川内小分校跡(1時間20分)上宮(30分)天山(1時間)石体越(40分)屏風岩(40分)彦岳(1時間30分)白坂峠(40分)清水
〈**問合せ先**〉小城町商工観光課☎0952・73・4801、昭和バス小城営業所☎0952・73・2438、小城タクシー☎0952・73・2241、昭和タクシー小城営業所0952・72・4151〈**アクセス**〉JR長崎本線佐賀駅バスセンター(昭和バス50分)天山宮前バス停。◉マイカー＝長崎自動車道佐賀大和IC、国道263号大和町、県道43号小城下町、国道203号小城町。

佐賀県
山域11

石谷山　九千部山

いしたにやま（754・4m）　くせんぶやま（847・5m）

全山花崗岩から成り山体は台形状で稜線を行く縦走路は広くて快適な散歩道。石谷山の常緑樹（アカガシ）と九千部山の落葉樹（ブナ）が、ほぼ中間地で渾然一体と繋る様は見事だ。


〔**山域の魅力**〕石谷山《いしたにやま》、九千部山《くせんぶやま》は全山花崗岩からなり、佐賀・福岡の県境をなす山。山体は台形状で佐賀県側へ大きく山裾を張り、福岡県側は那珂川でとぎれている。

　稜線を行く縦走路は石谷山の常緑広葉樹と九千部山の落葉広葉樹が山域のほぼ中間地点で、南の代表樹アカガシ、北の代表樹ブナの両大木が渾然一体と繋る様は珍しい。

　石谷山御手洗《おちょうず》の滝は遊歩道、あずま屋もあり夏場は涼をとる人で賑いを見せる。滝の近くに如意輪観音、洞窟に大日如来、不動明王が祀られており、清流には河鹿が鳴き、山麓は野鳥の種類も多い。

　伝説によれば、九州における修験道の道場英彦山神社は、この滝の上手にあったが、博多沖の漁労の臭気が伝わるのを忌み嫌って、神託により現在の英彦山に遷祀されたものといわれている。滝はそのころの御手洗場であったという。

　滝から山頂まで谷間や自然林を歩き、途中花崗岩が点在する様は、山名のごとく石の谷の感が強い。秋は落葉のクッションもよく、山頂は樹林の中で展望は得られないが、静かな登山ができる。植生豊かな石谷山はサクラツツジの北限でもある。

　九千部山は、天暦年間（九四七〜九五六）に、脊振山の僧性空が法華経一万部読誦を志して、この山で九〇〇〇部を誦し、残る一〇〇〇部は筑後の経の隈において読了したという伝えからこの山名がある。

テレビ塔の立つ山頂は広く、三角点は展望台の近くにある。ベンチもあり休むのに最適。展望も優れ北に博多湾、東に三郡山地、古処・馬見山、英彦山方面、南に筑後平野、有明海、遠くに多良岳、雲仙方面、西に天山、蛤岳、脊振山などが一望できる。石谷山にかけての新緑・紅葉は鮮かだ。

山頂まで車道が来ているが、九州自然歩道、他の登山道も各地からあるので、できれば歩いてみるとよい。

〔山道案内〕11

▽**歩行時間＝五時間四〇分**

立石→石谷山登山口→御手洗の滝→石谷山→九千部山→林道→四阿屋東橋バス停

▽**二万五千図＝中原**

JR鳥栖駅からバスで立石バス停で下車、**石谷山登山口**へ向う。案内標識から車道を御手洗の滝下の駐車場まで歩く。遊歩道に変り上流へ向い、キャンプ場を抜けると尾根に向う道、滝経由の二手に分岐する。

直進して滝の休憩舎を過ぎると正面が**御手洗の滝**、小橋を渡り十三仏から石段、丸木段の急登がつづく。尾根を目指すと滝下で分かれた登山道と出合う。カシ、シイ、ツバキの繁る尾根からやや下って、植林の中の平坦な道を歩く。支谷を渡って次第に登る。

谷の源流に近づくと道が二分し、右の谷沿いに石の谷を行く。あたりはアカマツ、カエデ、ナラ、ケヤキ、ヤマザクラが混る。谷と別れて尾根の素晴らしい自然の森とあたりに花崗岩が点在するなかを行くと丸木段の道となり**林道**に出る。

林道を横切り、かすかに水がある谷から右上の尾根を行く。頭上に送電線が横切る。右からは雲野尾峠からのかすかな踏跡が出合う。

浸食された道に落葉がたまり、クッションがきいて足裏に心地よい。やがて急坂となり広いジグザグ道を登ると、樹林に囲まれた静かな**石谷山山頂**に着く。

三国峠へは、緩い樹林の登りで達する。

九千部山展望台からテレビ塔と脊振山を望む

左下からは九州自然歩道七曲峠からの道が出合う。右の道が九千部山への縦走路で基山方面へ続く自然歩道である。

歌でもうたいたくなりそうな広い快適な散歩道を北へ歩く。左手の樹林が明るく路草《みちくさ》すると、伐採地から蛤岳、脊振山が広がる。緩い登りやカーブを行き電波反射板のあるわずかなピークを境に、常緑樹が減りナラ、リョウブ、ブナの樹林となってくる。このあたりでまさに南方系の代表樹アカガシと北方系の代表樹ブナの競演が始まる。

九千部山の電波塔が近づくと、稜線は複雑に屈曲して平坦な広い稜となる。東西の谷の源流が入り込む平坦地で、このあたり新緑・紅葉は素晴らしく充分に見る価値がある。

九千部山から石谷山方面を望む

自然を全身に浴びながら快適な散歩道を行くと、樹陰には緑の苔が繁茂し生気が漲るのを感じる。しかし気になることは、石谷山・九千部山の佐賀県側中腹を走る林道「広域基幹林道九千部山横断線」の存在である。人工林管理のためだけなら容認できるが、九州各地山腹を縦横に走るこのような林道は、山肌を削り赤茶けた縞模様を描き、崩土は谷を埋め、新たに伐採される自然林もある。

やがて右に鳥栖市四阿屋《あずまや》方面への道が分かれ、さらに左に南畑ダム、桑河内方面の道を分けると、ひと登りで小丘に達する。電波塔のある車道終点広場に出て、車道から**九千部山頂**電波塔群を左に眺めて行くと三角点に達し、その先に展望台とツツジや灌木の点在する山頂広場がある。ここから東への道は鳥栖市河内方面、北は自然歩道基山方面である。

下山には鳥栖市牛原町の**四阿屋**方面コースを紹介する。

小丘を越えて往路をしばらく戻り、右に南畑ダムへの道、すぐ左に**四阿屋**方面への道がある。この道を取り、さしたる上下もなく平坦な広い山稜を歩くので迷わないよう踏跡を確認しながら行こう。台地はそれぞれの谷の源流部なので展望は得られないが、その分人工物のない自然そのままの道を楽しむことができる。わずかな登りでリョウブが目立つ。左に樹間から山頂の展望台、電波塔が見られる。さらに東進し、行手が開けると植林地に出て展望が楽しめる。

桧の植林の中に点在する花崗岩を見ながら下る。急斜となり**林道**に出る。林道を左に歩き右下の尾根伝いに下る登山道を取る。

伐採地と自然林の境を下る。正面に城山を望み右折する。短い急斜の下りで谷へ出ると水も得られる。

この谷沿いのガレ場の道は歩きにくいが、飛び石伝いに右、左と渡りながら行くと次第に立派な道となる。やがて幅が広がり古い林道へ出る。

林道左脇に水が湧き出ている場所があり地蔵が祀られている。石柱に「土佐国清龍寺第三十六番地蔵」の記述がある。

さらに五分も歩くと舗装道となり、右に駐車場、左は**城山自然公園への石段**がある。すっかり開けた谷には棚田が広がり、のんびり歩くと川内の集落に達し**四阿屋**の集落に出る。キャンプ場、風化花崗岩の砂取場がある川原を左に見て、**東橋バス停**へ降り立つ。鳥栖駅へはバスで、石谷山登山口へはタクシーを呼ぼう。

▽**参考コースタイム**＝立石バス停（30分）石谷山登山口（20分）御手洗の滝（1時間30分）石谷山（1時間10分）九千部山（40分）林道（1時間30分）四阿屋東橋バス停

〔**問合せ先**〕鳥栖市商工観光課☎０９４２・85・３６０５、鳥栖交通バス☎０９４２・83・６０２７、西鉄バス佐賀営業所☎０９５２・31・８３８５〈**アクセス**〉JR鹿児島本線鳥栖駅（西鉄バス16分）立石。◉マイカー＝九州自動車道鳥栖IC、国道34号宿町、県道31号立石バス停。

佐賀県

山域12

牧ノ山 まきのやま（552・6m） 青螺山 せいらさん（最高点618m） 黒髪山 くろかみさん（516m）

奇怪な岩峰が景勝地を作っている。焼物の町有田、伊万里に近く、牧ノ山登山口の大川内山には鍋島藩の窯があった。特に黒髪山は、山岳信仰で栄え、道場跡や伝説も多い。植物の種も多く興味深い山だ。

〔山域の魅力〕 武雄市から国道が山内町に入ると、右手前方に黒髪山《くろかみさん》、青螺山《せいらさん》、牧ノ山《まきのやま》の奇怪な姿が現れる。どれも死火山で浸食作用により岩峰を突き立てている。

西側の黒髪山、牧ノ山との間には岩峰、岸壁が目立つ竜門渓谷がある。山域の南側は石英粗面岩からなり有田焼の原料となっている。北側一帯は凝灰角礫岩からなり、そのため特に黒髪山、青螺山を結ぶ稜の東面の浸食が激しく、奇岩の雄岩、雌岩を突き立てる景勝地を作っている。

ここは、古くから山岳信仰の対象として栄え、修験道の道場となり乳待坊《ちまちぼう》、勝学坊《しょうがくぼう》など修験者の住む寺が地名として残っている。

なお山内町宮野には黒髪神社の下宮があり、黒髪山山頂近くに上宮が祀られ、雨乞い祈願社として知られる。また、鎮西八郎為朝の大蛇退治伝説の天童岩をはじめ、いくつかの伝説に由来した場所にも興味がわく。

黒髪山には、約一五〇〇種の植物があるとされる植物の宝庫で、昭和二年国指定天然記念物のカネコシダが有名。

青螺山は三角点と最高点の標高が異なる山で、山頂東北三〇〇㍍の場所に三角点がある。このような山は探せば全国どこにでもあり、百名山で有名な北海道の羊蹄山などがよい例である。

九州の低山ではガイドブックのみでも心配ない山もあるが、山容が複雑な場所や高山などは登山前にガイドブックと二万五千図を照合するなど、事前の準備をして実践しないと、登山技術の進歩もないし、楽しさも半減してしまう。

青螺山北麓の伊万里市大川内山は鍋島藩の窯があった場所で、現在も見るべき物が多い。山頂一帯は自然豊かで地形は険しい。

青螺山の西には有田と伊万里を結ぶ青牧峠を経て牧ノ山がある。山頂西の斜面は江戸時代牧場として利用されていたので、この山名をはじめ、牧のつく地名が残る。

牧ノ山山頂は自然が豊かで森林浴が楽しめる。この三山を連ねた登山は変化に富み、下山後は焼物の里を訪ねる計画を立てると、さらに充実した山行となる。

〔山道案内〕 12-① ▽**歩行時間＝四時間三〇分**

黒髪少年自然の家→見返り峠・黒髪山往復・

青螺山往復→黒髪少年自然の家

▽二万五千図＝有田

宮野バス停から九州自然歩道の案内に従うと**少年自然の家**まで四〇分だ。

自然の家を右に見て車道を直進すると、先でカーブが続くが、近道もある。道脇にワラビ、ツワの若芽や花、野菊が季節を知らせてくれる。頭上に凝灰角礫岩でできた雄岩・雌岩の岩峰を見るが、**乳待坊展望台**からの眺めが圧巻である。

黒髪山は県内最古の由緒ある黒髪神社が鎮座し、弘法大師が渡唐の折参詣したと伝えられる。神秘的な山容の一帯は、鎌倉時代から修験者の行場になり、多くの修験者が集まった。坊跡を過ぎると駐車場があり**登山口**に着く。

石段に取り付き、雄岩・雌岩の間をジグザグに登る。スギやカシ・シイの樹林から**見返り峠**に出る。右の道は青螺山、直進すると竜門ダム、左が黒髪山への道だ。この山の多種多様な植物は、古くから聖地として山が守られたため、特産種、学術的に重要なものが残ったという。樹種はシイ、カシ、クス、ハイノキなど暖地性常緑広葉樹にアカマツ、羊歯類、特産種、北限種、大陸系、九州・佐賀県産など一〇〇〇余種におよぶとされている。

峠から南にすぐで雄岩・雌岩の展望台に達し、ここから東の展望がよい。天草・島原の乱で逃れた隠れキリシタンの若者新三郎と、庄屋の一人娘お君が実らぬ恋に死を選び、雄岩・雌岩に化したという悲恋物語の伝説があり、毎年大晦日の夜、この二つの巨石が合すると伝えられている。雌岩は、この岩上に立てばさらに展望が開ける。

平坦な道からジグザグの急斜となると道脇に羊歯類が目立つ。カネコシダは明治三十八年、金子保平氏により日本で初めて黒髪山で発見された。ウラジロに似ているが、特徴は小葉がとがり、裏面が淡緑色を呈するので判別できる。

急斜が終わると車道終点からの登山道と出合い、山頂**岩峰基部**に突きあたる。クサリを伝い、岩峰を梯子で登ると有田ダムからの道が出合い、南北に細長い稜を南へ向けて岩溝を伝うと**黒髪山の頂**である。展望は四周すばらしい。

黒髪山雌岩・雄岩と青螺山（右）

山内町から黒髪山、青螺山方面の眺め

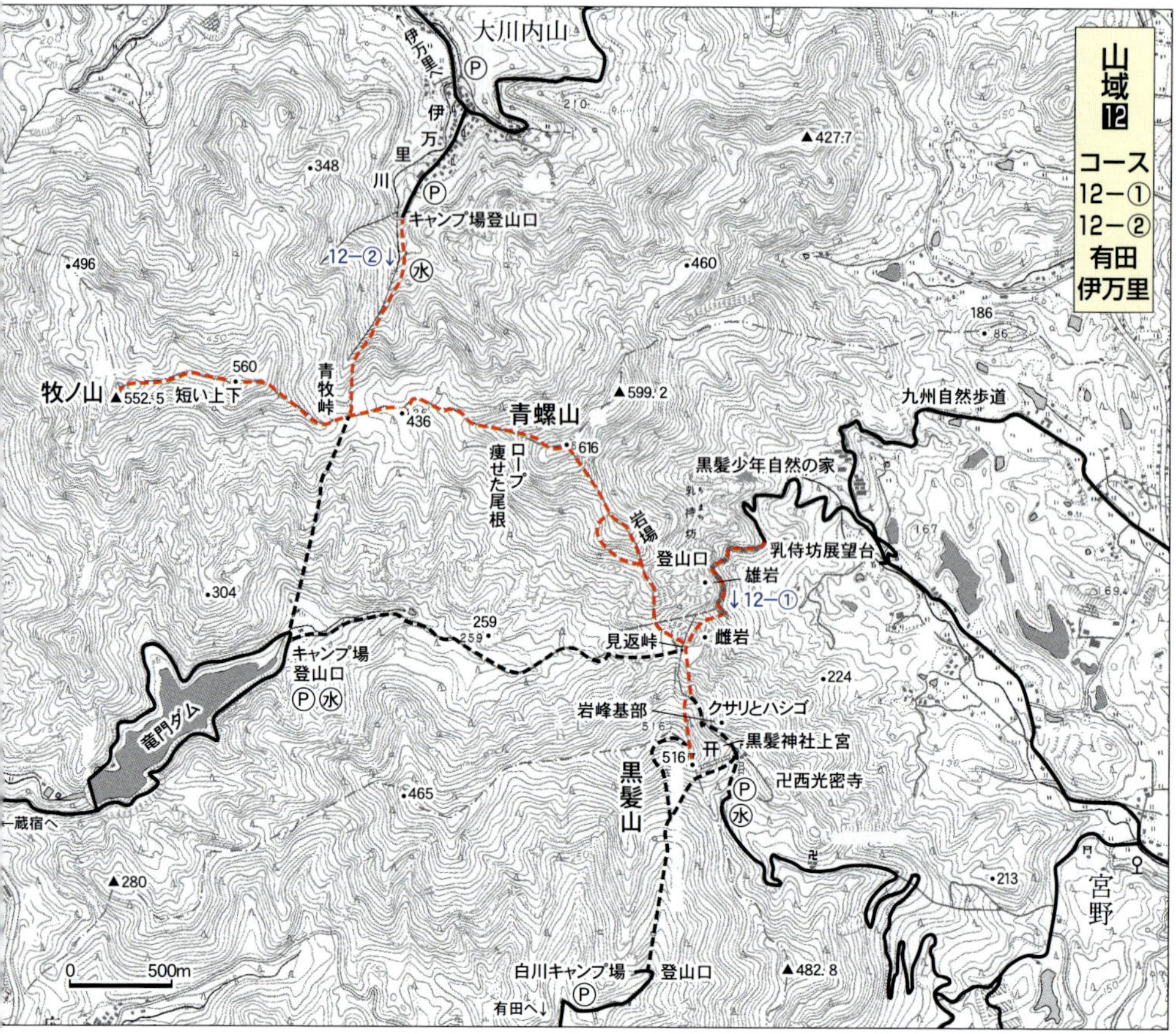

有田ダムへは分岐から西へ尾根を伝い、左の谷への赤土の道から至る。青螺山へは再び**見返り峠**まで戻る。

峠から青螺山頂へは左の山腹を巻いて稜線へ戻る道と、ほぼ稜線通しの岩稜を行く道がある。登りを岩稜の道、下りに巻道を使うと変化がある。

岩稜は階段状で展望はよいが夏場は暑い。樹林帯の中の急登をしばらくで五一〇㍍ピークに着き、一息つける。

ここからわずかに下り、鞍部から急登を頑張ると、**青螺山の頂**へ出る。山頂は狭く旧陸軍の石柱があり、南、東、北の展望が得られる。**三角点**は東北に三〇〇㍍先のピークにある。山頂から西の道は牧ノ山へ続く稜線、青牧峠を経て伊万里市大川内山、西有田町蔵宿《ぞうじゅく》、竜門ダム方面に下山できる。

山頂でのんびりしたら見返り峠を経て黒髪少年自然の家へと下山する。

▽**参考コースタイム**＝黒髪少年自然の家（50分）見返り峠（40分）黒髪山（30分）見返り峠（1時間10分）青螺山（40分）見返り峠（40分）黒髪少年自然の家

青螺山への登りはロープを使って

黒髪山天童岩から青螺山の眺め

《その他のコース》

12-② 大川内山→キャンプ場→青牧峠・牧ノ山往復、青螺山往復→大川内山

大川内山へは県道26号から案内板があり、集落入口に駐車場がある。道脇には瀟洒な窯元が並び、街並がつきるとキャンプ場入口駐車場がある。

伊万里川源流の**キャンプ場**から谷沿いに歩く。急登になると五メートルほどの段状の滝下を左に横切って左手岩棚から滝上へ上る。しばらくで谷を離れて落葉の道となり**青牧峠**へ登り詰める。峠から右は牧ノ山、直進は竜門ダム、左は青螺山への道。

牧ノ山へはまず、五六〇メートルピークを目指し、さらに数回の短い上下で**牧ノ山の頂**である。登山道は樹林の中の気持ちよい道だが展望はない。

青螺山へは稜を東へ伝うと、青螺山の頂を踏まない巻道が右へ分岐している。直進すると急登となり、痩せた岩稜で特に南面側は岩壁となり、有田、長崎県方面の山々が見渡せる。

岩稜にはロープが設置された場所が数ヶ所あり、北側は伊万里方面の展望も開けている。急登の道が左へ折れるとすぐに**青螺山の頂**である。歩行時間の目安は大川内山から青牧峠まで一時間一〇分。青牧峠・牧ノ山往復は一時間三〇分。青牧峠・青螺山往復は一時間三〇分。

〔問合せ先〕 西有田町役場☎0955・46・2111、山内町役場☎0954・45・2511、有田町役場☎0955・43・2101、西肥バス伊万里営業所☎0955・22・3171 **〈アクセス〉** JR佐世保線三間坂駅、上有田駅、有田駅。JR筑肥線伊万里駅。◉マイカー＝長崎自動車道武雄北方IC、国道35号三間坂、県道26号宮野。

《登山用具三種の神器》 登山用具の三種の神器＝靴、雨具、ザックに出費を惜しんではならない。それは登山の基本となる道具だから。

登山靴は冬山に登れる本格的なものから、トレッキングシューズまで多種ある。皮製は防水、防寒、耐久性に優れている。冬山も登るのであればアイゼンが装着できることが基本となる。

雨具は上下セパレートタイプが基本。防水、透湿、防風に優れた化学繊維系のものを選ぶ。

ザックは日帰り用の容量三〇リットル程度のアタックザックと呼ばれるものが扱いやすい。雨蓋つきのシンプルな型で、素材は上質なものを選ぶ。同時にザックカバーも買っておけば、雨にあっても安心だ。

長崎県
山域13

普賢岳《ふげんだけ》（1359・3m）　妙見岳《みょうけんだけ》（1333m）
国見岳《くにみだけ》（1347m）　九千部岳《くせんぶだけ》（1062・4m）

噴火で自然の消失がひどく危惧されたが、火砕流が走った斜面を除けば回復も早い。雲仙を彩る自然の魅力は、国見岳のヤマボウシ、野岳のイヌツゲ、池の原のミヤマキリシマ、地獄のシロドウダン、そして冬の霧氷である。

〔山域の魅力〕雲仙岳は島原半島中央部に形成された複式火山群の一つで、古くは高来峰、温泉岳などと書かれた。

雲仙火山群は、平成新山、普賢岳、国見岳、妙見岳、野岳などからなり、雲仙岳はこれらの山群の総称である。火山群の最高峰普賢岳の東斜面が一九九〇年十一月、約二〇〇年ぶりに噴火、火砕流を繰り返し、斜面を覆った熔岩砂礫は、雨により土石流となり、多くの人命、家屋、田畑を奪った。

噴火の様子は対岸熊本県からもよく見えた。初期に山頂近くから水蒸気が立ち昇り、年が明けると熔岩塊が盛り上り、赤熱した熔岩は重力に耐え切れず、次々と黒煙をともない、猛烈なスピードで東斜面を流れた。

噴火数年前、私と仲間は、島原市門内から南上木場へ向い、神社近くで一泊し水無川右俣に進み、この涸谷を溯上して普賢神社から山頂を踏み、赤松谷を下降した。

その水無川右谷あたりを火砕流は流れ、すべてを埋めつくし、今は地図上にその形骸すらとどめない。

大噴火で誕生した熔岩ドームは一四八六メートルもあり、普賢岳より一二七メートルも高く、雲仙火山群の最高峰として平成新山と名づけられた。一九九八年火山活動も収まり、平成新山を除く普賢岳一帯の登山が解禁となり、現在に至っている。

噴火から八年あまり、普賢岳をはじめ東斜面は、火砕流や火山ガスで自然の消失もひどく危惧されたが、火砕流が走った斜面を除き自然が再生されつつある。

雲仙は昭和九年（一九三四）日本最初の国立公園の指定を受け、天草諸島が追加指定された現在、雲仙天草国立公園として、別府、阿蘇と並び称される国際的に有名な山岳観光温泉地である。

普賢岳は国見岳、妙見岳の東半分が噴火爆裂してできたといい、眼下に有明海、その対岸に九州山地を眺める場所であったが、平成新山が盛り上った現在では、新山を正面に望む絶好の展望台となった。

妙見岳には人工的な展望台があり、周囲の奇観景勝を一望に収める。山頂へは仁田峠からロープウェーがあり便利だ。

国見岳は、妙見岳と尾根続きで北側にあり、山頂から北面の展望や平成新山の眺めがよい。

雲仙を彩る自然は豊富で、新緑と紅葉、

特に紅葉樹種は固有名ができたように、紅葉樹林は国の天然記念物に指定されている。国見岳西斜面一帯は初夏にはヤマボウシの白い花で覆われ、秋にその赤い実が目立ち、口に含むと独特の風味がある。冬は霧氷が全山を飾り光り輝く。

さらに野岳のイヌツゲ、池の原のミヤマキリシマ、地獄のシロドウダン、原生沼植物群と見るべき自然が多い。

雲仙岳の北には九千部火山群があり、九千部岳、吾妻岳、鳥甲山がある。九千部岳は九州自然歩道の一角、吹越や田代原牧場から容易に山頂に立てる。

〔山道案内〕13-①

▽歩行時間＝五時間一〇分

仁田峠→妙見岳→国見岳→普賢岳→仁田峠

▽二万五千図＝雲仙・島原

雲仙温泉街から池の原ミヤマキリシマ群落帯を通り、約一時間三〇分で**仁田峠**に着く。ミヤマキリシマの咲く初夏は、温泉街か池ノ原からの登山を勧める。

仁田峠ロープウェー駅舎西側に登山口がある。道脇にはミヤマキリシマが見られ、急斜を一キロ弱登ると右手に山頂駅が見えてくる。駅舎からの遊歩道と合流して登ると、**妙見岳展望台**が右手にある。

平坦な尾根となり、**妙見神社**の広場を通り妙見岳の西側に出て立派な登山道を北へ取る。左の灌木帯から橘湾方面が望まれ、左下から**第二吹越**方面からの道が出合う。

右に普賢岳、平成新山を見ながら歩く。右下に鬼人谷から紅葉茶屋、アザミ平方面の谷が見える。樹海が広がり前方正面に国見岳を眺めながらの稜線歩きは楽しい。まもなく分岐点で右手に**紅葉《もみじ》茶屋から普賢岳**への道が急下降する。

直進すると国見岳へ向かう。潅木帯にササが茂る道を鞍部まで下り、短い急登で露岩帯や、浸食の激しい窪地を過ぎると、ミヤマキリシマ、ドウダンツツジの灌木帯に出る。この中の狭い露岩上が**国見岳**である。展望は三六〇度見渡せるが北の展望が特によい。

分岐まで戻り、急下降で道脇に鬼人谷分岐を見て鞍部を右に向うと、**紅葉茶屋**と呼ばれるアザミ谷と普賢岳分岐に出る。

普賢岳へは左の道を進む。古い熔岩の急坂を登ると、普賢岳熔岩塊の基部に達し、右手の岩間から熔岩のテーブル**普賢岳の頂**に出る。山頂は東西に細長く、東には平成新山の大きな山体が目の前に迫る。中央には第18熔岩ドームが目立ち、西に移動して岩上に立つと高度感満点で、眼下にアザミ谷、遠く南に天草、野岳、正面に妙見岳、右に国見岳と指呼の間である。

アザミ谷から妙見岳を頭上に見る（13-①）

噴火前は山頂直下に普賢神社、水無川の涸谷さらに島原市の全景を鳥瞰することができた。眼下の神社前の台地には樹海が黒々と広がり、林床にはアザミ、ヤブレガサ、ハルトラノオ、ヤマアジサイなどが繁茂し、桃源郷の観があった。千本木からの登山道や普賢池など、噴火前の風景が懐かしく思い出される。

普賢岳から正面に平成新山を望む（13-①）

紅葉茶屋まで戻りアザミ谷方面へ向かう。頭上を覆う樹々の緑を浴びながら**仁田峠**の広場に戻る。

▽**参考コースタイム**＝雲仙公園バス停（1

時間30分）仁田峠（40分）妙見岳（30分）国見岳（40分）普賢岳（50分）仁田峠（1時間）雲仙公園バス停

《その他のコース》

13－②　田代原牧場→九千部岳分岐・九千部岳（往復）**→第二吹越→　国見岳・妙見岳分岐**

田代原西端にある**トレイルセンター**には、駐車場がある。吾妻岳は北にひと登りで達し、九千部岳方面へは九州自然歩道が、牧場脇からあずま屋へ出て、植林中を南進している。自然林のわずかな登りで右に曲がると、九千部岳への**分岐**に達する。

分岐から灌木帯を登り、痩せた稜を北に向かうと**九千部岳山頂**だ。再び分岐に戻る。南へ向かい牛ノ首の峠を越えて緩く下ると、国道389号へ出て車道歩き一キロ弱で、**第二吹越登山道入口**である。

ニシキギ、ヤマボウシの目立つ斜面の急登で、**国見岳・妙見岳分岐**である。田代原から九千部岳へ一時間四〇分、さらに国見岳・妙見岳分岐まで一時間四〇分。

田代原の牧場から九千部岳を望む（13－②）

秋にはヤマボウシが赤い実をつける（13－②）

〔問合せ先〕雲仙観光協会☎０９５７・73・３４３４、県営バス雲仙発着所☎０９５７・73・３２３１、島鉄バス雲仙営業所☎０９５７・73・３３６６**〈アクセス〉**JR長崎本線諫早駅（県営バス1時間30分）雲仙公園。島原鉄道島原駅（島鉄バス45分）雲仙公園。◉マイカー＝長崎自動車道諫早IC、国道57号雲仙温泉、仁田峠循環道路。有明海自動車航送船長洲・多比良、国道389号か国道57号雲仙温泉。

長崎県
山域14

五家原岳《ごかはらだけ》（1057・8m）　多良岳《たらだけ》（982・7m）　経ヶ岳《きょうがだけ》（1075・5m）

多良火山は経ヶ岳、多良岳、五家原岳がほぼ円形をなし、西壁は郡川火口瀬により破られている。山頂一帯は自然が豊かで、シャクナゲ、オオキツネノカミソリが登山者の目を楽しませてくれる。冬の樹氷も綺麗な山だ。

〔山域の魅力〕多良火山は長崎・佐賀の県境をなし、雲仙や阿蘇より古い時代に活動した複合火山で、東が有明海、西が大村湾に臨む、ほぼ円形をなす死火山である。

　山頂には、多良火山最高峰の経ヶ岳をはじめ、五家原岳、多良岳に囲まれた直径約三キロの爆裂火口があり、西壁は郡川の火口瀬により破られている。この火山帯は寄生火山が多く、平谷温泉や嬉野温泉などはこの火山の所産である。

　経ヶ岳を主峰とする火山帯は、全体として円錐火山で、北斜面には数個の鐘状火山が寄生し、上部は安山岩からなっている。

　山群稜線一帯には自然が残り、新緑・紅葉・樹氷と四季を通じて素晴らしく、ツクシシャクナゲ、多良岳センダイソウ、天然記念物オオキツネノカミソリなどが季節を彩る。

　放射谷下流部は渓谷が美しく、鹿島川、多良川、境川流域は、渓谷探勝のハイカーで賑いを見せる。

　経ヶ岳は県境にある。山頂付近は角閃安山岩類からなり、爆裂火口壁西北の一峰で山頂は狭く、巨岩からなり鹿島側、大村側とも登山道は急峻、山頂からの展望はよい。

　山名は、かつて山頂に多良岳権現社の神殿があって、山伏が経典を読誦したのに由来する。のちに神殿が狭いという神託で多良岳に遷座したという。

　多良岳山頂は、多良権現社の東方五〇〇メートルの場所にあり、前岳とも呼ばれる痩尾根の一角で、山頂標識と三角点の位置が異なる。

　権現社のある峰は九九六メートル、ほとんどの登山者はここに登る。多良岳権現社は和銅年間（七〇八～七一五）に創建されたという。「太良岳年祭勧化略縁起」や山頂近くにある金泉寺の石鳥居などの記録から、当山は神仏習合時には密教的であったという。

　多良岳信仰は山麓に広く今なお残り、岳祭、権現祭などの民俗信仰あるいは行事として伝承されている。

　五家原岳は長崎県にあり、山系の南端にある平頂峰で、古い時代ののろし場であったという。諫早市側から立派な車道があり、ベンチのある広い山頂には電波塔が立ってはいるが、展望は四周雄大である。

黒木の駐車場から五家原岳を望む

〔山道案内〕14-①　**▽歩行時間＝七時間四〇分**
黒木→横峰越→五家原岳→多良岳→経ヶ岳→つげ尾→黒木　**▽二万五千図＝多良岳**
　バス終点から橋を渡り直進する車道は、西野越、中山越へ向かい約三〇〇メートルで横峰越への道を右に分ける。民宿、キャンプ場の前を通って小川内川沿いの林道へ出る。
　しばらくで谷は二俣となり左谷へ出て、谷沿いに歩くと、植林を通して左奥に五家原岳を望む。谷と別れて右上する尾根

弦書房

出版案内

2025年初夏

『水俣物語』より
写真・小柴一良（第44回土門拳賞受賞）

弦書房

〒810-0041　福岡市中央区大名2-2-43-301
電話　092(726)9885　　FAX　092(726)9886
URL　http://genshobo.com/　E-mail　books@genshobo.com

◆表示価格はすべて税別です
◆送料無料（ただし、1000円未満の場合は送料 250円を申し受けます）
◆図書目録請求呈

◆渡辺京二史学への入門書

渡辺京二論 隠れた小径を行く

三浦小太郎 渡辺京二が一貫して手放さなかったものとは何か。「小さきものの死」から絶筆『小さきものの近代』まで、全著作を読み解き、広大な思想の軌跡をたどる。 2200円

渡辺京二の近代素描4作品（時代順）

*「近代」をとらえ直すための壮大な思想と構想の軌跡

日本近世の起源 戦国乱世から徳川の平和へ 【新装版】

室町後期・戦国期の社会的活力をとらえ直し、徳川期の平和がどういう経緯で形成されたのかを解き明かす。 1900円

黒船前夜 ロシア・アイヌ・日本の三国志 【新装版】

◆甦る18世紀のロシアと日本 ペリー来航以前、ロシアはどのようにして日本の北辺を騒がせるようになったのか。 2200円

江戸という幻景 【新装版】

江戸は近代とちがうからこそおもしろい。『逝きし世の面影』の姉妹版。 1800円

小さきものの近代 1・2（全2巻）

明治維新以後、国民的自覚を強制された時代を生きた日本人ひとりひとりの「維新」を鮮やかに描く。第二十章「激化事件と自由党解党」で絶筆・未完。 各3000円

潜伏キリシタン関連本

【新装版】かくれキリシタンの起源 信仰と信者の実相

中園成生 「禁教で変容した信仰」という従来のイメージをくつがえす。なぜ二五〇年にわたる禁教時代に耐えられたのか。 2800円

FUKUOKA uブックレット⑨ かくれキリシタンとは何か オラショを巡る旅

中園成生 四〇〇年間変わらなかった信仰——現在も続くかくれキリシタン信仰の歴史とその真の姿に迫るフィールドワーク。 680円

日本二十六聖人 三木パウロ 殉教への道

玉木譲 二十六人大殉教の衝撃がもたらしたものとは。その代表的存在、三木パウロの実像をたどる。 2200円

天草島原一揆後を治めた代官 鈴木重成

田口孝雄 一揆後の疲弊しきった天草と島原で、戦後処理と治国安民を12年にわたって成し遂げた徳川家の側近の人物像。 2200円

天草キリシタン紀行 﨑津・大江・キリシタンゆかりの地

小林健浩［編］﨑津・大江・本渡教会主任司祭［監修］ 隠れ部屋や家庭祭壇、ミサの光景など﨑津集落を中心に貴重な写真二〇〇点と四五〇年の天草キリスト教史をたどる資料

◆水俣病公式確認69年◆

◆第44回 土門拳賞受賞

水俣物語 MINAMATA STORY 1971～2024

小柴一良　生活者の視点から撮影された写真二五一点が、静かな怒りと鎮魂の思いと共に胸を打つ。　3000円

【新装版】死民と日常 私の水俣病闘争

渡辺京二　著者初の水俣病闘争論集。市民運動とは一線を画した〈闘争〉の本質を語る注目の一冊。　1900円

8のテーマで読む水俣病

高峰武　これから知りたい人のための入門書。学びの手がかりを「8のテーマ」で語り、最新情報も収録した一冊。　2000円

非観光的な場所への旅

満腹の惑星 誰が飯にありつけるのか

木村聡　問題を抱えた、世界各地で生きる人々の御馳走風景を訪ねたフードドキュメンタリー。　2100円

不謹慎な旅 1・2 負の記憶を巡る「ダークツーリズム」

木村聡　哀しみの記憶を宿す、負の遺産をめぐる場所へご案内。40+35の旅のかたちを写真とともにルポ。　各2000円

戦後八〇年

占領と引揚げの肖像 BEPPU 1945-1956

下川正晴　占領軍と引揚げ者でひしめく街、別府がBEPPUであった頃の戦後史。地域戦後史を東アジアの視野から再検証。　2200円

十五年戦争と軍都・佐伯 ある地方都市の軍国化と戦後復興

軸丸浩　満州事変勃発から太平洋戦争終結まで、連合艦隊・海軍航空隊と共存した地方都市＝軍都の戦中戦後。　2000円

戦場の漂流者 千二百分の一の二等兵

語り・半田正夫／文・稲垣尚友　戦場を日常のごとく生き抜いた最下層兵の驚異的漂流記。　1800円

占領下のトカラ 北緯三十度以南で生きる

語り・半田正夫／文・稲垣尚友　米軍の軍政下にあった当時、島民の世話役として生きた帰還兵の真実の声。　1800円

占領下の新聞 別府からみた戦後ニッポン

白土康代　別府で昭和21年3月から24年10月までにGHQの検閲を受け発行された52種類の新聞がプランゲ文庫から甦る。　2100円

日本統治下の朝鮮シネマ群像 《戦争と近代の同時代史》

下川正晴　一九三〇～四〇年代、日本統治下の国策映画と日朝映画人の個人史をもとに、当時の実相に迫る。　2200円

近代化遺産シリーズ

産業遺産巡礼《日本編》
市原猛志　全国津々浦々20年におよぶ調査の中から、選りすぐりの212か所を掲載。写真六〇〇点以上。その遺産はなぜそこにあるのか。
2200円

九州遺産《近現代遺産編101》　【好評12刷】
砂田光紀　世界遺産「明治日本の産業革命遺産」九州内の主要な遺産群を収録。八幡製鉄所、三池炭鉱、集成館、軍艦島、三菱長崎造船所など101施設を紹介。
2000円

肥薩線の近代化遺産
熊本産業遺産研究会［編］　全国屈指の鉄道ファン人気の路線。二〇二〇年の水害で流失した「球磨川第一橋梁」など、建造物・構造物の姿を写真と文で記録した貴重な一冊。
2100円

熊本の近代化遺産　上　下
熊本産業遺産研究会・熊本まちなみトラスト
熊本県下の遺産を全2巻で紹介。世界遺産推薦の「三角港」「万田坑」を含む貴重な遺産を収録。
各1900円

北九州の近代化遺産
北九州地域史研究会編　日本の近代化遺産の密集地北九州。産業・軍事・商業・生活遺産など60ヶ所を案内。
2200円

比較文化という道

歴史を複眼で見る　2014〜2024
平川祐弘　鷗外、漱石、紫式部も、複眼の視角でとらえて語る。ダンテ『神曲』の翻訳者、比較文化関係論の碩学による84の卓見。
2100円

メタファー思考は科学の母
大嶋仁　心の傷は過去の記憶を再生し誰かに伝えることでいやされていく。その文学的思考の大切さを説く。
1900円

生きた言語とは何か　思考停止への警鐘
大嶋仁　なぜ私たちは、実感のない言葉に惑わされるのか。文学・科学の両面から考察。
1900円

比較文学論集　日本・中国・ロシア
《金原理先生と清水孝純先生を偲んで》
日本比較文学会九州支部［編］西槇偉［監修］　安部公房、漱石、司馬遷、プルースト等を軸に、最新の比較文学論を展開。

2800円

［新編］荒野に立つ虹
渡辺京二　行きづまった現代文明をどう見極めればよいのか。二つの課題と対峙した思索の書。
2700円

玄洋社とは何者か
浦辺登　テロリスト集団という虚像から自由民権団体という実像へ修正を迫る。近代史の穴を埋める労作！
2000円

◆各種出版承ります
歴史書、画文集、句歌集、詩集、随筆集など様々な分野の本作りを行っています。ぜひお気軽にご連絡ください。
☎092・726・9885
e-mail books@genshobo.com

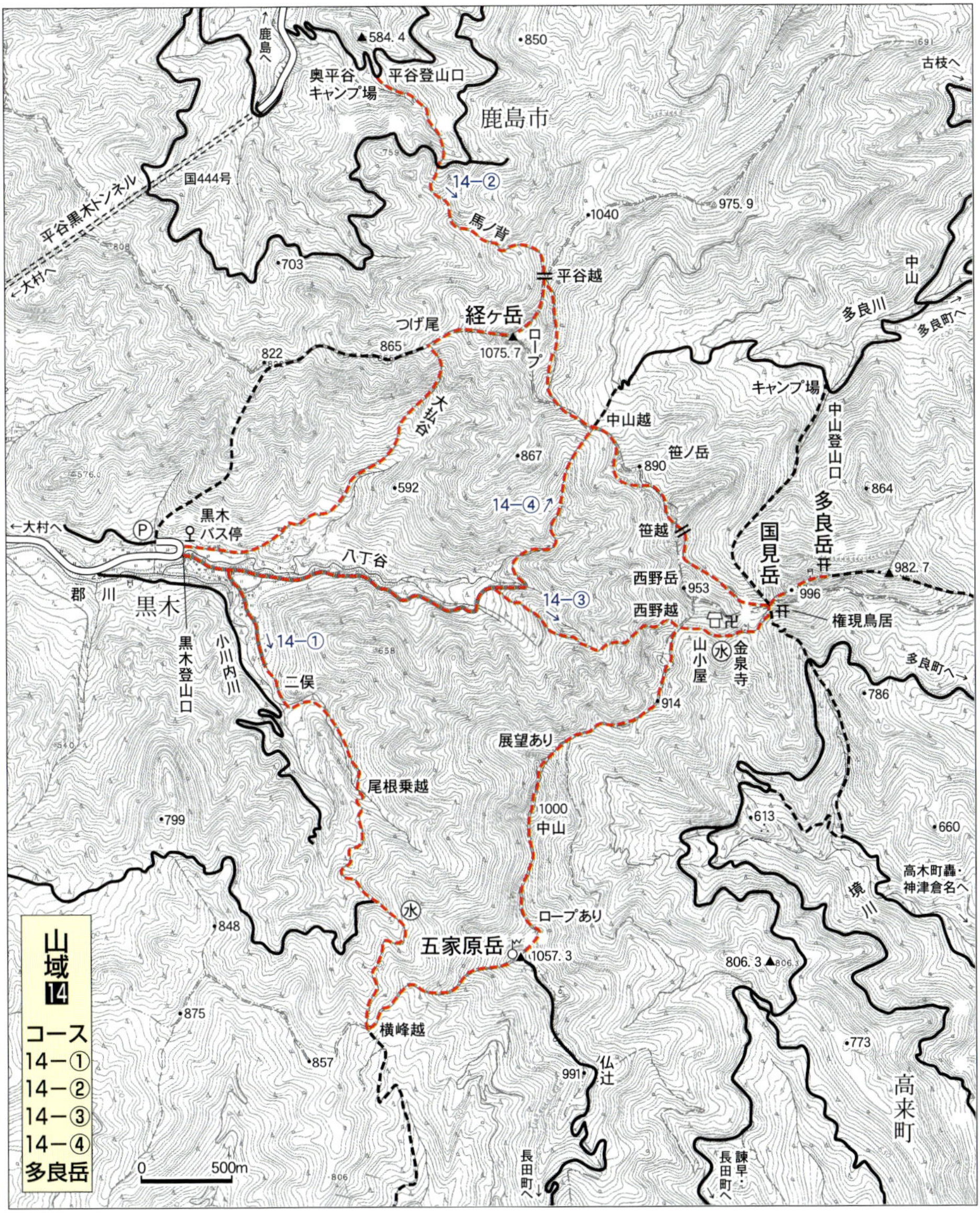

を乗越し荒れた林道へ出て右へ進む。

小谷が左に伸び、これを伝って石屑の谷から水場を過ぎて、右から大きく巻き登ると、シャクナゲが点在する**横峰越**である。

峠から稜線を歩く。落葉樹林の中に巨石が点在する。急登をしばらくで山頂電波塔脇に出る。ここから石段を登り、円形にコンクリートで固めた**五家原岳山頂**に着く。広場にはベンチ、方位盤があり展望もよい。

縦走をつづけ北に向かう。急な下降だが、要所にはロープが張ってある。シャクナゲが現れると傾斜も緩むが、さらに急下降で鞍部に立つ。短く登ると**中山**のピークだが、展望はなく、二度目のピークで行手の展望を得る。短い上下で**西野越**に着く。

樹林の綺麗な稜線をしばらく東へ向かうと、**金泉寺**の境内に達し、立派な山小屋がある。かつては管理人常駐であったが現在は無人だ。宿泊はできるが寝袋と食糧は持参のこと（問合わせは諫早市役所へ）。東の広場にベンチがあり奥に金泉寺が建つ。山小屋近くに冷たい湧水があるので便利だ。境内広場を通ると、右から出合う登山道は高木町方面からの道、すぐ左には中山越・経ヶ岳方面への道、さらに進んで中山キャンプ場からの登山道を左に見ると、**権現様の鳥居**に着く。その脇には役の行者の像がある。古い石段の登りでは頭上に大樹を仰ぎ、岩場ではよじ登りクサリを伝って国見岳との鞍部に出て右に向かうと、**多良岳権現**を祀った広場に着く。

三角点は東へ痩尾根の岩場を越えた場所にある。経ヶ岳へは鳥居まで戻り、金泉寺北側の稜線から右下に下り、巨石や岸壁を左上に見ながら西野岳中腹を横切る。頭上は山系一と思えるほど自然が豊かな場所で新緑・紅葉の頃はじつに気分よく歩ける。

多良岳権現社。三角点はこれより東にある（14-①）

多良岳権現社へは石段を登って行く（14-②）

緩い登りで行手にササが目立ち始めると**笹越**で、笹ノ岳の西側の道となり、急斜を下って広い鞍部が**中山越**である。

西へ進むと経ヶ岳の基部に達し、平谷越へは中腹を北に行くのだが、現在、経ヶ岳へ直登する道がある。この道は昔はなかった。それは地形図に経ヶ岳から中山越まで県境稜線を直接下るような誤描があったために歩いてしまう人が増え、それが現在の踏跡となったようだ。

この道を見送り、右手山腹を巻いて**平谷越**へ向かう。峠からヘアピン状に左に向かうと、平坦な稜線歩きしばらくで岩場が現れる。ロープが張られているので安心して登ることができる。

岩場は次第に展望が開けて、灌木帯を通って**経ヶ岳山頂**へ出る。展望はよく、五家原岳がはるか南に見える。

山頂から西側のつげ尾の道に入る。浸食が激しく急下降なので設置されたロープを使って慎重に下る。自分は安全でも落石を起こすと、仲間が危ない。石屑がたまり斜面が緩むと、しばらくで**つげ尾**に達する。大払谷への道が左下に分かれる。

大払谷源流沿いに下ると、谷を離れて樹林の中の道となり傾斜も緩む。次第に歩きやすくなり、小谷を二本横切り、棚田に出て水路沿いに下ると車道に達する。あとは車道歩きで**バス終点**に下山する。

▽参考コースタイム＝黒木バス停（1時間30分）横峰越（40分）五家原岳（1時間20分）西野越（10分）金泉寺（30分）多良岳（1時間）中山越（1時間10分）経ヶ岳（20分）つげ尾（1時間）黒木バス停

《その他のコース》

14－② 平谷→平谷越

佐賀県側、国道444号から**奥平谷キャンプ場**に出て道標に従う。林道を横切り植林から自然林に変ると、馬の背の鞍部に達し、尾根を伝って険しい登りで**平谷越**へ一時間三〇分。

黒木登山口からつげ尾方面と経ヶ岳を望む（14－④）

14－③ 黒木→西野越

バス停から舗装道を直進、**車道終点**が登山口だ。左手の道は中山越へ向かう。西野越へは尾根を越えて左手の谷沿いに歩く。急斜の登りとなり、ガレ谷から自然林の中を通って行く。夏場にはオオキツネノカミソリが咲く斜面を見ながら頑張ると**西野越**へ達する。一時間三〇分の登り。

14－④ 黒木→中山越

西野越登山口手前で左に分れる。八丁谷を横切り左俣沿いを登る。谷が消えて雑木林の中のジグザグ道をしばらくで**中山越**へ着く。歩行時間は一時間。

〔問合せ先〕 大村市役所☎0957・53・4111、高木町役場☎0957・32・2111、鹿島市役所☎0954・63・3111、太良町役場☎0954・67・0311、諫早市役所☎0957・22・1500、長崎県営バス大村営業所☎0957・53・4151、祐徳バス鹿島営業所☎0954・63・3111

〈アクセス〉 JR長崎本線大村駅（長崎県営バス50分）黒木、鹿島バスセンター（祐徳バス40分）平谷入口。◉マイカー＝長崎自動車道大村IC。国道444号岩屋、県道252号黒木。鹿島市国道444号平谷温泉。

《地図》 地図は見るのではなく読む。コンパスはシルバーコンパスを使う。地図はポケットやマップケースに入れてすぐに取りだせるようにしておくこと。ザックに仕舞込んでは意味がない。

地図の約束事を知る。真北と磁北の違いの偏角は地図に印す。縮尺は一センチが何メートルなのかを知っておく。例として二万五千図は一センチは二五〇メートル、等高線の間隔は一〇メートル、尾根と谷は山頂を基準として出張りは尾根、引込みは谷と判断すると地図が読めるようになる。

さらに山頂、崖、滝、水流のある谷、それに山肌は植林か自然林か、広葉樹か針葉樹か、荒地か草原かなどを記号により理解することができれば机上登山が面白くなる。

山では迷ったら手遅れ、迷わないよう地図上で自分の位置を常に確認しながら歩くことが基本だ。休憩地、谷、尾根、分岐、等高線の密集度、曲り、歩行時間の予想など読図に習熟すると山歩きが何倍も楽しくなる。

大分県 山域15

鶴見岳《つるみだけ》（1374・5m） 鞍ヶ戸《くらがと》（1344m） 内山《うちやま》（1275・4m） 大平山《おおひらやま》（810m） 伽藍岳《がらんだけ》（1045・3m）

鶴見岳一帯の地形は複雑で峻険ではあるが、コースは展望がよく自然も豊かで木の花、野の花が多く、四国の名のついた野草もある。鞍ヶ戸、内山への縦走は変化に富み、健脚組は大平山に足を伸ばすのもおもしろい。

〔山域の魅力〕五山とも阿蘇火山系に属し、鶴見岳と内山《うちやま》は鐘状火山、大平山《おおひらやま》は別府市街から眺める山容が扇を逆さまにした形に見えるため扇山の名がある。

この山系は角閃安山岩からなり、裾野の発達は小さく、山頂稜線北東部に赤《あか》池《いけ》と呼ばれる噴気孔があり、今も蒸気を噴出させて活動している。

縦走路北側大平山との間、境川上流に鶴見渓谷が複雑な熔岩地形で涸谷を馬締型に広げ、南の裾野に城島《きじま》高原が開け、県民レクリエーションのフィールドを提供している。さらにその南に一二キロにおよぶ由布川渓谷（凝灰岩の浸食谷）が広がる。

南麓を九州横断道路（やまなみハイウェー）が走り、山頂まで延長一八一六メートルの鶴見岳ロープウェーが、昭和三五年に完成し、九州横断道路の鳥居が鶴見岳の登山口となっている。他に西側猪ノ瀬戸《いのせと》からも、馬ノ背を経て山頂に達する。

鳥居登山口には火男火売《ほのおほのめ》神社がある。これは御獄権現社とも呼ばれ、奈良時代後期の宝亀年間（七七〇〜七八〇）の開基と伝えられ、平安中期にまとめられた延喜式神名帳にも名を残す古社で社域はアカガシ、クマシデなど大木が茂り、県指定天然記念物となっている。なお斜面の広葉樹の新緑・紅葉も見事である。

縦走路は、馬ノ背から痩尾根の鞍ヶ《くらが》戸《と》2・1峰、船底《ふなそこ》の鞍部で内山と連なる。山頂一帯茅野で展望はよいが夏は暑い。内山の東側、大平山の北側は爆裂火口で、春木川上流は内山渓谷と呼ばれ、内山と大平山とを結ぶ尾根は、鶴見渓谷・内山渓谷に挟まれた痩尾根で峻険。隣の由布岳と比べ緊張させられる場面が多いので、慎重に行動したい。なお内山の北側稜線は塚原越《つかはらごし》から伽藍岳方面へと続く。

大平山は西側は鶴見渓谷の急崖となり、東は緩斜面で草原となって別府市街から別府湾に臨む。市街と別府湾の眺望が素晴らしい。なおこの山は三角点標高より二〇メートルは最高点が高い。

〔山道案内〕15-① ▽**歩行時間＝七時間**

旗ノ台→鶴見岳→鞍ヶ戸→船底→内山→大平山→別府IC▽二万五千図＝別府西部

亀の井バス旗ノ台バス停に隣接して、**鶴見岳登山口の鳥居**がある。車道を五〇メートルも登り右に駐車場を見て歩くと、その上手で左の車道分岐にゲートがある。

このゲートからの道は神社上宮で出合う登山道である。

車道を直進し、明るく開けた砂防堤の空谷直前が石段を登る神社参道である。境内には手洗の水場があり、冷水が湧いて水の補給によい。**権現社本殿**西側から登山道となり、ゲートからの道と出合う。

アカガシ、クマシデ、ナラ、カエデが目立つ見事な社叢を登る。登山届の記入も怠らないように。急登は長くは続かず、落葉、常緑混交林から植林に変わる。

緩い登りで植林を抜け自然林に達すると、のんびり歩いて自然を満喫するのもよい。緑が濃く野鳥の声も聞こえ心が安らぐ場所である。

緑の中に荒れた林道が横切ると、しばらくで左手に**南平台、鞍ヶ戸、西登山口分岐**がある。鶴見岳へはジグザグを切った単調な登りで、展望はよくないが、頭上の緑が潤いを与えてくれる。

道は登り一辺倒、しばらく汗を流して登ると頭上の樹木が幾分小ぶりとなり、樹間から由布岳、城島高原が姿を見せる。さらに単調な登りで、ロープウェー駅と山頂分岐に至り、山頂へは左を取る。背丈を縮めた灌木帯を短いジグザグで急登すると、駅方面から来た**遊歩道**に出る。左に進みわずかで電波塔の立つ広い**鶴見岳山頂**である。

山頂周辺は花の季節にはハルリンドウ、イワカガミ、マイヅルソウ、イヨフウロ、ヒゴタイ、オタカラコウ、トリカブト、ウツギ、ミヤマキリシマ、ドウダンツツジの花が登山者の目を楽しませてくれる。

新緑・紅葉期の尾根縦走は、鞍ヶ戸の灌木帯、内山の丈の高いススキ、大平山へ続く痩尾根の紅葉、大平山の草紅葉、さらに展望も壮大。西に由布岳の双耳峰、東は泉都別府をふところに、波静かな別府湾、晴天時は遠く四国、中国地方まで水平線上に浮かぶ。南へ目を転ずれば、はるかに祖母・傾山、阿蘇や九重の連山を同定できる。なお冬の樹氷は長崎雲仙とともに世に知られている。

縦走には鶴見岳山頂西端電波塔脇から、灌木帯の一本道を短いジグザグで下ると、行手に掌を立てた形の鞍ヶ戸、鐘状の内山を眺めながら急下降。貞観台《ていかんだい》展望所

内山から鞍ヶ戸（右）と鶴見岳の眺め

鶴見岳から鞍ヶ戸（左）と船底、内山を望む

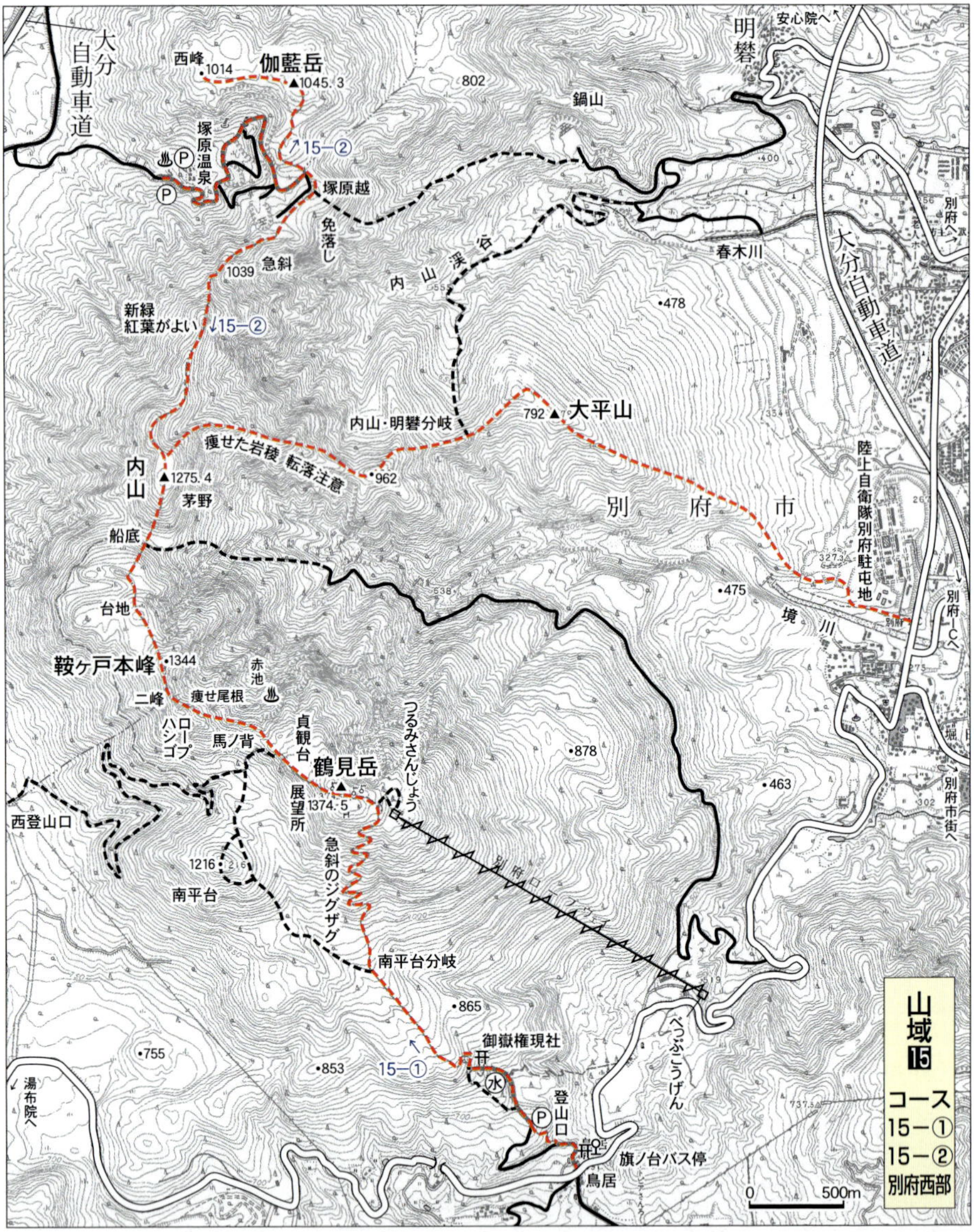

は遠く中津の七面山《しちめんさん》、鹿嵐山《かならせやま》、国東《くにさき》半島の山々、近くは伽藍岳まで見渡すことができる。

鶴見岳と鞍ヶ戸をつなぐ稜の取付まで下る。鞍部は**馬ノ背**と呼ばれ、南平台・鶴見岳西登山口への分岐でもある。

瘦尾根へ直進すると、右下に赤池の噴気孔が蒸気を噴出している。小さい突起を三回上下して鞍ヶ戸に取付く。ロープ、梯子がある岩稜は落石、崩壊、冬場の結氷転落には特に注意がいる。稜上へ出て一息つくと、背後に鶴見岳が見える。

瘦せた岩稜は灌木がうるさい場所もあるが、二峰を過ぎてギャップ（注＝キレットより幅狭なすき間）を過ぎ、短い上下わずかで稜線は幅を広げ、台地状になると**鞍ヶ戸本峰**である。灌木に囲まれた草原は休憩するのによく、北の展望が楽しめる。

灌木帯を下り広い台地から正面の丘を越えると、**船底**まで茅の斜面の急下降。雨後の火山灰土はよく滑る、しかし、二本のロープが張られているのは有難い。

船底は広い茅野で、東に鶴見渓谷沿いの林道への踏分けがあるが、道は荒れている。内山への急な登りは灌木が少しうるさいが、標高差一六〇メートルを頑張る。**内山山頂**一帯は広い茅野で、右脇巨石上に標識が立ち、北側に離れて三角点がある。

山頂から一〇〇メートルも北へ進むと灌木帯となり、直進すると塚原越分岐である。内山渓谷・大平山は右。素晴らしい落葉広葉樹林帯であるが、脇見が過ぎると危険。急激に一〇〇メートルも下ると尾根は徐々に右に曲り、痩せた岩混りの稜となる。

足元にはヤブレガサ、バイケイソウが見られる。頭上にシャクナゲが目立ち、初夏の花に見立ててシャクナゲ尾根とも呼ばれるが、紅葉尾根もぴったりだ。鶴見渓谷側が急峻、岩の崩壊地もあり慎重なコース選びが必要。熔岩塔、小さなギャップはいずれも巻き、直登、直下降と考えながらコースを読まないと進退きわまるし、転落が現実となる。初心者が簡単に通れる山道とは違うので要注意。危険な場所でも梯子もロープも設置されていない。

初夏にはシャクナゲ、ミヤマキリシマ、ヤマツツジ、ガクウツギ、エゴノキの花も咲き、尾根は華やぐ。

二度目の顕著なピークが標高九六二メートルで、やや左に進路が変り稜も幅を広げる。急下降で植林が現れ境を下ると、鞍部からわずかな登りで**内山渓谷・明礬分岐**。さらに緩く登り植林から草原に出て、正面に別府の市街と別府湾が見渡せる。

ここは**大平山頂**八一〇メートル最高点で、三角点は三〇〇メートルほど東の場所、標高七九二メートルである。山の東は草原、西は樹林となり境界近くを、左に市街を見て下ると、**陸上自衛隊別府駐屯地**の右側に出る。境川沿いの車道となり県道へ出て右が別府ICである。

▽**参考コースタイム**＝鳥居（20分）権現社（1時間50分）鶴見岳（1時間）鞍ヶ戸（30分）船底（30分）内山（1時間50分）大平山（1時間）別府IC

《その他のコース》

15-② 塚原温泉→塚原越・伽藍岳往復・内山往復→塚原温泉

塚原温泉広場左脇から灌木帯をわずかに登ると、温泉入口三差路から直進した車道に出る。以後車道歩きで**塚原越**へ。峠を越えると明礬へ、右は内山、左は伽

内山方面から塚原越と伽藍岳の眺め（15－②）

藍岳への道である。左へまず荒れた車道から灌木帯、カヤとササまじりの踏分けをわずかで**伽藍岳山頂**である。西峰へは緩い下りで鞍部わずかに登ると西の展望がよい。

塚原越まで戻り、南に内山方面を見て稜線上を歩く。火山灰土は雨の時はよく滑るので注意。数度の急斜、緩斜の後**内山の頂**に達する。このコースの新緑・紅葉は一見の価値がある。

歩行時間は伽藍岳を越えて西峰往復一時間四〇分強、塚原越から内山往復二時間三〇分である。

〔問合せ先〕 別府市役所☎０９７７・21・１１１１、湯布院町役場☎０９７７・84・３１１１、亀の井バス本社☎０９７７・23・０１４１ **〈アクセス〉** 鶴見岳方面　ＪＲ日豊本線別府駅（亀の井バス35分）旗ノ台。◉マイカー＝大分自動車道別府IC、県道11号志高湖入口。塚原方面　国道10号別府国際観光港交差点で国道500号安心院方面、別府霊園近くで塚原温泉の案内に従う。

大分県

山域16

由布岳《ゆふだけ》（１５８３・５ｍ）

トロイデ型の裾野を長く引いた山容から豊後富士とも呼ばれる。山頂は東西にわかれ、最高点は西の岳にある。その間に浅い火口跡がありお鉢めぐりができる。山麓の樹林や山腹の野の花を見ながら登山を楽しもう。

〔山域の魅力〕 木綿《ゆふ》岳とも書かれ、湯布院町と別府市の境にある山。阿蘇くじゅう国立公園内にあり豊後の秀峰として知られる。

トロイデ型の死火山で、裾野を長く引いた山容から、豊後富士の名で呼ばれ、古くから詩歌にも詠まれ親しまれてきた。

をとめらがはなりの髪を木綿の山
雲なたなびき家のあたり見む
（万葉集巻七）

山頂は東西二峰にわかれ、最高点は西の岳で、二峰の間にウバコウジと呼ばれる浅い火口跡があり、お鉢めぐりができる。山頂からの展望は素晴らしく、由布院盆地から九重連山、祖母・傾山群、英彦山などが一望のもと。

自然が豊かで、ミヤマキリシマ、ドウダンツツジ、野の花はキスミレ、ユウスゲ、イヨフウロ、エヒメアヤメ、ヒメユリ、ヒゴタイ、マツムシソウ、トリカブト、リンドウなどが斜面を飾り、草紅葉、樹氷も美しい。

登山には九州横断道路（県道11号）の由布登山口が一般的で、猪ノ瀬戸《いのせと》の東登山口、湯布院町岳本の三ヶ所がある。なお岳本コースのコナラの原生林は、幹の直径が一㍍に達するものがあり、県の天然記念物に指定されている。

由布岳の北斜面は崩壊がひどく、たえず落石や土砂が崩れているので、お鉢めぐりの途中などに迷い込まないよう注意しよう。

〔山道案内〕16－①

▽歩行時間＝四時間

南登山口→またえ→西の岳→お鉢巡り→東の岳→またえ→南登山口

▽二万五千図＝別府西部

登山口には案内、注意、登山届の箱がある。万一の遭難に備えて登山届は出しておこう。

牧柵を越え、茅野に続く一本道を行くと、左側に飯盛ヶ城の草ピークが美しい。採草地の牧柵から樹林に入る。

由布鶴見岳自然休養林で休憩場所、トイレもある。牧柵に沿って東の道は、東登山口方面への自然探勝路。

由布岳は正面の道を取る。木の根、熔岩塊を避けて左の凋谷沿いに登る。右上への凋谷を過ぎると桧林、さらに明るい樹林から**合野越**に達し、岳本からの道が出合う。

地表が露出した合野越の広場は、南の展望が開け、飯盛ヶ城、倉木山を正面に由布院盆地が箱庭模様で見渡せる。

上手を目指し松林をジグザグに切って登る。直登する近道もあるが、かえって山を荒らすことになるので少し廻り道でも急がずのんびりと定められた道を歩こう。

松から灌木に変わり樹間から視界が開ける。ヤシャブシ、アセビ、ヤナギ、ササの茂るジグザグ道は途中多数浸食された溝が走り、土留めの手入が間に合っていないようだ。

道沿いに茅が目立つと展望がさらに開けてくる。体の調子もよくなる。晩夏は茅に混ってヒゴタイの青紫色の球が風にゆれている。阿蘇九重方面では盗掘などで消えつつある野草が、鶴見岳や由布岳でたくさん見られることは有難い。オタカラコウの黄、ギボウシの薄紫の花も咲く。

斜面は一段と急になり、あたりは風化熔岩、安山岩のブロックとなり、高度は急激に上がる。夏場はノリウツギの白い房状の花で賑わう場所だ。

登路は石段状となり、前を行く人の足裏が見えるようになる。やがて火山砂の道となり、東西峰の鞍部**またえ**に着く。正面窪地は巨石や岩屑で埋るウバコウジ

西の岳直下を行く登山者

南登山口から眺める初秋の由布岳

で三つの火口跡がある。ミヤマキリシマ、ドウダンツツジ、ノリウツギ、タンナサワフタギの灌木がその上を覆いつくしている。

西の岳へは熔岩壁の急登なので足元に注意。狭い前衛峰からわずかに下り、障子戸《しょうじと》の熔岩壁に取り付き、稜線上に出るとそこが**南北に細長い西の岳山頂**の一角だ。奥に三角点が立ち、展望も四周良好、西斜面には池代の火口跡が見られる。

お鉢巡りは広い斜面を北に取る。東に向きを変えて下ると第4火口壁、第3火口壁の岩稜と岩壁を越えて剣峰に取付き、壁を攀り、巨石のブロックを渡り、飛び、乗越してゆく。ここも慎重に歩きたいところだ。やがて剣峰と東の岳の鞍部に出る。

鞍部には東登山口からの道が出合う。南に巨石を越えて灌木帯を過ぎると、東の岳へ至る。このお鉢巡りは強風、視界不良の悪天候時は中止するのが賢明だ。

またえから**東の岳**へは熔岩塊を縫って登る。一五分ほどで着く。巨石の並ぶ**東の岳山頂**である。南北に細長い頂は巨石の間にマイヅルソウ、イワカガミが見られる。展望は東面側は遮るものはなく、別府方面から鶴見岳、東の岳斜面の日向岳、へべ山など側火山が見られる。下山は往路を取る。

▽**参考コースタイム**＝南登山口（40分）合野越（1時間20分）またえ（東の岳往復25分）（西の岳往復35分）。西の岳（20分）第4火口壁（20分）剣峰（20分）東の

岳。またえ（40分）合野越（20分）南登山口

《その他のコース》

16－②　南登山口→自然探勝路→東登山道→東の岳

東の岳へは猪ノ瀬戸東登山口からも登ることができる。**自然探勝路**からは、牧野沿いに山麓を東へ歩く。頭上を落葉樹が覆い新緑・紅葉期には特によい。ただ標高九〇〇㍍あたりを横切って行く道は、はっきりと踏跡がわからない場所もあるので注意。涸谷を二本も突切ると日向岳西面に達し、道を涸谷沿いに北に取る。急斜面を詰めると平坦な台地となり、東の岳、日向岳、東登山口への道がクロスする。東の岳へは尾根の急斜を行く。胸突く急登でクサリの設置された場所を詰めると、剣峰の巨石が現れ稜線に達し左方向が**東の岳**だ。歩行時間は約三時間である。東登山口からは二時間四〇分。

剣峰から眺める由布東の岳

秋の由布山麓自然探勝路

〔問合せ先〕別府市役所☎0977・21・1111、湯布院町役場☎0977・84・3111、亀の井バス本社☎0977・23・0141**〈アクセス〉**JR日豊本線別府駅（亀の井バス50分）南登山口。JR久大本線由布院駅（亀の井バス15分）南登山口。◉マイカー＝大分自動車道別府IC。県道11号（九州横断道路＝やまなみハイウェー）南登山口。

大分県

山域17

福万山《ふくまやま》（1235・9m）

湯布院盆地の西北にあり周囲の山の眺めがよい。大分青少年スポーツセンターの裏山的な存在で、麓にわずかな樹林を持つ草山だ。野の花も多く登山が容易なため家族連れで楽しめる。季節のよい春秋ぜひ登ってほしい山だ。

〔山域の魅力〕伏魔嶽、福間山とも書かれた玖珠町にある山。大分郡から玖珠郡への道筋にある。この道は天正年間（一五七三～一五九二）、アルメイダらイエズス会宣教師たちが、由布から玖珠を経て日田に病人の治療にも通ったという。

また『玖珠郡志』によれば、旱魃の時、山中池のショウブを採ると大風雨が起ったという、伝承をのせており、雨乞い祈禱の山であった。

湯布院盆地を囲む山の一つでもあり、由布岳が登山者むきの山なら、福万山《ふくまやま》

はファミリーハイクの山であろうか。山頂の南麓にはユムタ高原、湯布高原の台地が広がり、行楽の季節はハイカーの数も多い。

山頂一帯からの展望は雄大で、盆地に広がる家並が箱庭のように並び、周囲の山々の同定が楽しい。草山稜線にはエヒメアヤメ、ノコギリソウ、ノユリ、オタカラコウ、イヨフウロ、カワラナデシコ、マツムシソウ、チャリソウ、アキノキリンソウ、リンドウと贅沢なほどの野の花を見る。花見登山も楽しみのひとつであろう。

〔山道案内〕17

▽**歩行時間＝三時間四五分**

青少年スポーツセンター→樹林界→一一八七㍍ピーク→福万山→ゴルフ場→青少年スポーツセンター

▽**二万五千図＝日出生台**

青少年スポーツセンター入口から広い車道を北進する。ユムタ高原入口で牧野道に入り、広い採草地の中央で下山道を右に見て、緩やかな斜面をのんびり歩く。振り返ると台地の東に由布岳、倉木山、城ケ岳《じょうがたけ》と並んで見える。

クヌギの幼木林から正面に台形の福万山の山体が広がる。次第に高度を上げると牧野道は二分し、左を取って歩くと、**クヌギ林**から杉林となる。

幅広い斜面から左手空谷を突切り、山腹を西に向うと西のピーク一〇四六㍍の

湯布高原から福万山を望む

鞍部近くに達し、北に向けての緩い登りとなる。低いササの茂る林は気分のよい散歩道である。

広い斜面の一本道が傾斜を増すと樹林帯を抜けて景色が広がる。クマザサ混りのススキ野は、わずかにウツギ、ミヤマキリシマ、ツゲ、マツの低木が点在し、緑の絨毯を広げたように青空と競う。急斜の登りで稜上に上り、西側から**一一八七㍍ピーク**へ登り詰める。

行手奥には福万山の頂があり、小丘を二つ目で右下ゴルフ場からの**登山道が出合う**。このあたり野の花の多い場所、展望もさらに良くなる。

ここから東に草尾根を分けると、一投足で**福万山の頂**に着く。稜線よりわずかに広い山頂は南面の緩い草原が休むのによい。時間のゆるすかぎりのんびり過ごそう。

下山は湯布院ゴルフ場分岐へ戻り、南に下る尾根に入る。草原に点在する灌木を眺めながら緩い下りからやがて樹木も身近になると急斜となる。ミヤマキリシマも点在し、福万山が頭上となる。

標高一〇〇〇㍍あたりは頭上を樹木が覆う場所もあるが、さらに下るとササ帯の急斜となり、ゴルフ場右手の**車道**に降り立つ。

左ゴルフ場、右に管理舎を見て湯布高原保養地の中央を歩き、東陶やまなみハイツの横から、右先に谷を見て草付の道を取る。

直進する牧野道と別れ、右の涸谷を渡り西側に出て茅野を西進すると、登りの牧野道と出合い、**青少年スポーツセンター**に帰る。

▽**参考コースタイム**＝青少年スポーツセンター（40分）樹林界（1時間20分）一一八七㍍ピーク（30分）福万山（5分）ゴルフ場分岐（40分）ゴルフ場（30分）青少年スポーツセンター

〔問合せ先〕湯布院町役場☎０９７７・84・３１１１、玖珠町役場☎０９７３７・２・１１１１、亀の井バス本社☎０９７７・23・０１４１

〈アクセス〉ＪＲ久大本線由布院駅（亀の井バス10分）青年の家。◉マイカー＝大分自動車道湯布院IC、県道11号（九州横断道路＝やまなみハイウェー）青年の家・青少年スポーツセンター。

大分県
山域18

九重山群《くじゅうさんぐん》

九重山群は中岳をはじめ一七〇〇㍍級の山八座、一〇〇〇㍍以上三〇数座。特に人気のある山は久住山、大船山だが、その他も季節により各山の特徴があるので登山者は多い。女性的なスロープの山が多く、初心者にも最適。植物が豊かで地形も変化に富むので何度でも訪ねてみたい山域だ。

〔山域の魅力〕九重山群は中岳を最高峰に、一七〇〇㍍以上の山八座を有し、大分県直入《なおいり》郡久住《くじゅう》町、玖珠《くす》郡九重《ここのえ》町一帯に広がる連山の総称で、「阿蘇くじゅう国立公園」に含まれる。

現在九重山群最高峰は中岳であるが、過去最高峰が二転三転し、久住山が長く一位を保っていたが、山頂の浸食などにより東の大船山《だいせん》にその座を譲ることもあった（しかしその差わずか六〇センチ）。

登山好きの新聞記者が、東の大船山と西の久住山から中央の中岳を目測し、中岳が高いのではと疑問を持ち、国土地理院に再測量を求めたが問題にされず、自分で測量を学び計測した。その結果一七九一メートルあり、中岳が最高峰であるとの結論を得たエピソードがある。

周囲を白口岳《しらくちだけ》、稲星山《いなほしやま》、天狗ヶ城《てんぐがじょう》など高峰群に囲まれた一峰でしかないこの山は、いまひとつ人気がない。久住高原に裾野を大きく広げて聳える雄大な久住山や坊がつるの東に鷲が羽を広げた山容で登山者を威圧し、ミヤマキリシマ群落、山上火口に水を溜めた御池《おいけ》で知られる大《だい》船山《せんざん》に人気を一歩譲った形である。

山群で登山の対象となる山は一九座ほどあり、西側には草山が多く、東は自然林や灌木に覆われた山が多い。

九重山群は九州の山では穏やかな山容で、最も登山者が多く、ミヤマキリシマ開花期の六月ともなれば、日に五万人の登山者を迎えることも珍しくない。

現在も蒸気噴出の硫黄山をはじめ、山麓には温泉が豊富、九州横断道路（やまなみハイウェー）利用でアクセスが便利なためである。各登山道や山頂周辺は自然の消失が年々激しさを増している。

主要な山々について特徴を紹介しておこう。

中《なか》岳（一七九一ｍ）　九州本島最高峰で九重火山群のひとつ。昭和五十五年国土地理院の訂正により、九重山群最高峰と確認された。

九重山群のほぼ中央に位置し、天狗ヶ城と共に北千里ヶ浜、法華院方面に大きく裾野を広げている。南西側は巨石を積み上げて荒々しく、頂は狭いが展望はよい。東斜面はコケモモの群落が美しい。

久住山《くじゅう》（一七八六・八ｍ）　最高点を中岳に譲ったものの、登山者には最も人気のある山だろう。角閃安山岩の鐘状火山で、山頂周辺、御池《おいけ》、空池《からいけ》など三つの火口跡がある。御池は水をたたえ、空池は水がない。頂上からの展望も雄大。

久住高原側は大きく裾野を広げ、山頂西側に岩肌を露出し、女性的な山容の多い九重山群にあって、アルペン的な風貌を持つ。山頂は東西に長く、三角点は西にある。

ここ二〇年あまりの間、登山者の急増による地表面の裸地化が進み、浸食作用も激しく土石の流出で、転岩の山となり荒れがひどいのが気になるところ。

南斜面一帯にイワカガミ、マイヅルソウ、ミヤマキリシマ、クサボケ、ドウダンツツジ等の群落がある。

稲星《いなほし》山（一七七四ｍ）　久住山の東、赤褐色の乾いた山頂を見せ、久住高原に大きく山体を張り出した姿は、山麓から久住山と共によく目立つ存在。北側から秀麗な三角形を成し、山頂の熔岩の祠《ほこら》には仏が祀られている。

星生《ほっしょう》山（一七六八ｍ）　延暦二三年（八〇四）、九重山の天台密教の霊場が開かれて以来、その霊場のひとつとなった。裾野に星生、牧ノ戸の温泉があり、飯田《はんだ》高原長者原方面に山体を広げ、北東尾根続きに硫黄山を従えている。

山頂は礫と草山、東一五五四㍍ピークにかけて鋸歯状の岩稜で、星生崎から久住分かれに山体を落す。西の女性的な山体と好対称をなし、古くはロッククライミングのゲレンデでもあった。

三俣《みまた》山（一七四四・八ｍ）　三岐《みつまた》山ともいう。山頂は大きく四つに分かれ、北西、南東から見ると三つの頂が見えるのでこのように呼ばれるという。カヤ、ササで覆われた山頂は北の平頂が最高点で、火口丘・中の峰と呼ばれる。この他に、東の峰、南の峰、高度は落ちるがすがもり越に近いのが西の峰である。これ等は外輪山の名残りで、爆裂火口跡の大鍋・小鍋がある。

鞍部、谷筋はシャクナゲ、ドウダンツツジ、ミヤマキリシマ、ナナカマドの灌木が見られ、紅葉時は草紅葉と共に見事だ。なお北の山麓には湿原があり、雨期の晴天時水面に見事な三俣山の景を写す。

扇《おうぎ》ヶ鼻《はな》（一六九八ｍ）　瀬ノ本高原に大きな山体を盛り上げている。南に岩井川岳を従えて、山麓はカシワ、ミズナラなどの自然林が茂り、山頂近くはシャクナゲ、ミヤマキリシマ、ドウダンツツジなどの灌木に覆われ、山頂以外ササで埋まっている。

山頂は巨石が露出し、広くて開放的で遮るものはない。

大船《たいせん》山（一七八六・二ｍ）　九重火山群唯一のコニーデで、山頂近くに御池、北側に米窪《よねくぼ》、さらに西側に段原《だんばる》と呼ばれる三個の火口跡がある。

御池の周りは多くの巨岩が突き立ち、ドウダンツツジ、ナナカマド、ミヤマキリシマ、コミネカエデ、ウツギの灌木が茂り初夏の花、秋の紅葉は美しい。なお米窪、段原も山頂と共にミヤマキリシマの大群落で覆われている。

高度も山容も久住山に少しも劣らず、特に早朝の御来光登山によい。北大船の浅い火口は雨期に水を溜め、そこに映るミヤマキリシマと北大船の倒影は一見の価値がある。

山頂は突峰で展望はよく、晴天早朝時は大分市街から遠く四国まで見渡せる。残念なのは近年久住山同様、山頂一帯で浸食による土砂の流出が激しいことである。

平治《ひいじ》岳（一六四二・八ｍ）　頂上は南北二つに分かれ、古くは「かりまた」と呼んでいた。西に坊がつる、東は黒岳、南の大船山とは大戸越《おおとごし》をはさんで、相対している。南北の峰の間に浅い火口があり、北峰が最高点である。

中腹以上はミヤマキリシマが繁り、開花時は登山者の数がものすごく、登山道は上り、下り専用の道ができている。山頂は人の波、ミヤマキリシマ群落周辺はおびただしい人で埋まる。登山者が害虫伝播の役となり、皮肉にも近年全山の三割ほどしか開花を見ない。

黒《くろ》岳（一五八七ｍ）　九重山群中で最も樹木が茂り、ブナ、ミズナラ、イヌシデ、カエデ、オヒョウなど落葉広葉樹で覆われている。

複式火山で「みいくぼ」と呼ばれる爆裂火口を持ち、前岳、高塚、天狗など五つの峰が火口を囲み遠くから見ると、お多福のように見えるので「お多福山」ともいう。

全山熔岩塊からなり地形は複雑。西南麓に風穴があり古くは蚕種の貯蔵所に利用されていた。北麓には樹海が広がり多量の湧水があり、「日本名水百選」にも選ばれた男池がある。

涌蓋《わいた》山（一四九九・五m）　九重山群西端に離れた涌蓋山は、その姿が富士に似ているため大分県側では「玖珠富士」熊本県側では「小国富士」として親しまれている。

山頂は南北に広く一面草原で、周囲にはササや灌木が茂る。展望は雄大、特に東側に広がる九重山群の眺めは間近に見えて素晴らしい。なお山頂には小国《おぐに》町と九重《ここのえ》町で建立した二つの石祠がある。

黒岩《くろいわ》山（一五〇三・五m）　南麓を九州横断道路（やまなみハイウェー）が走る。山頂近くに黒い熔岩塊が点在することからこの名がついた。山頂からゆるやかな尾根が北に伸びて、北泉水山から中ノ原の美しい草のスロープとなっている。

山頂周辺にミヤマキリシマ、ドウダンツツジ、シャクナゲも見られ、カヤやササの中に灌木が点在し、九重山群を眺望する一等地である。

〔山道案内〕18－①

▽歩行時間＝五時間五分

暮雨滝登山口→大船林道終点→大戸越・平治岳往復→北大船山→大船山→坊がつる

▽二万五千図＝大船山

暮雨滝《くらぞめのたき》一帯の自然林はブナ、ナラ、ハリギリ、サワグルミなど落葉広葉樹の大木が多く、新緑紅葉が心を洗い、平治岳

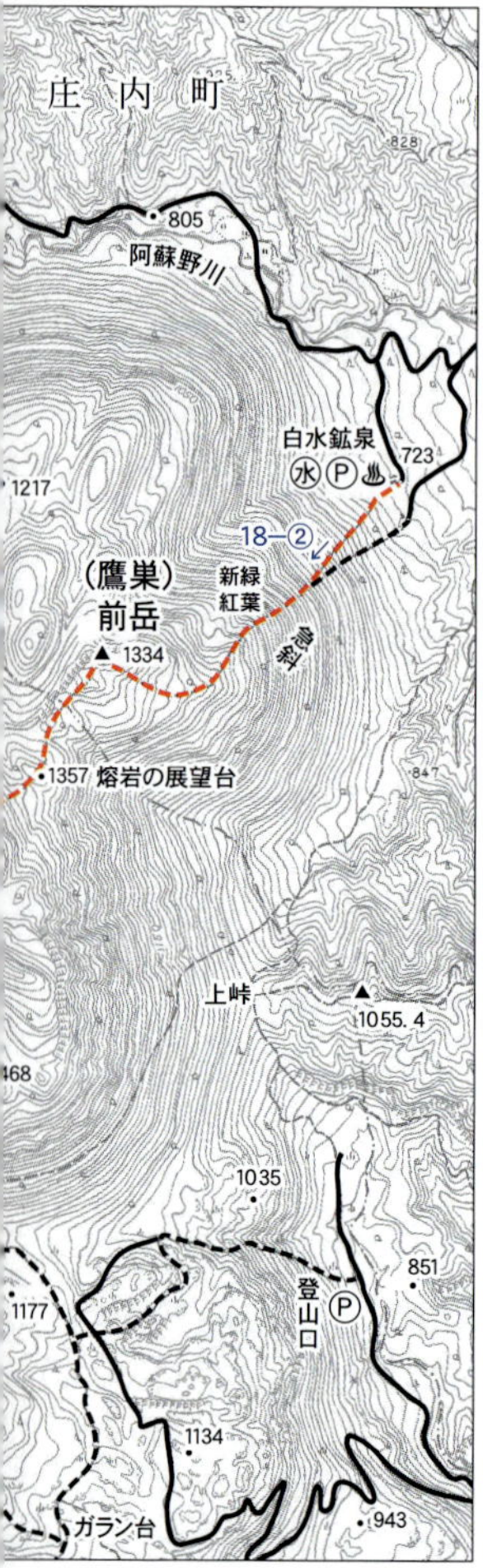

北大船山から浅い火口と段原、大船山の眺め

ミヤマキリシマ咲く大戸越から九重連山を望む

山麓のナラの林も見ごたえのある森である。

登山口で登山届の箱を見てすぐ水場がある。黒土の急登となり、近年特に浸食が激しい。登路が鳴子川の谷上を平行するようになると、あたりは森となり夏でも暑さを忘れる。

左下にかすかな瀬音を聞きながらやがて**暮雨滝分岐**がある。標高差五〇メートルあまりを急下降で谷床に立つと、幅五メートルの滝がある。

滝分岐から緩く登って行くと、行手がササ帯で平坦な道となり、左手にナラ、カシワの樹林を見て、行手が開ける。右上の植林に雨ヶ池方面への踏分けがある。

ここからすぐ坊がつる北端に達し、**大船林道終点**から伸びた歩道に出合う。右が坊がつる、左へ進み鳴子川を渡り**林道終点**へ。

大船林道終点から南へ踏分け道を伝う。ナラの林に背の低いササが生えた平治岳西の山麓を南に向う。小尾根や浅い谷を突切って、アセビが目立つと道は左上し、小谷を渡りわずかで坊がつるから**大戸越**

を結ぶ登山道に出る。

にわかに登山道は賑やかになる。自然豊かな静かな道から、ガラガラの石屑や手足掛りして無惨にも皮がはげた幹・根・枯れた枝が目立ち、立札と必要以上のテープ類の散乱する登山道となる。

大戸越は男池、北大船、平治岳、坊がつるへの登山道がクロスする。ミヤマキリシマ群落で知られる平治岳は開花期（六月頃）には大戸越から山頂にかけて人の波で溢れる。

登りと下りの道はそれぞれ一方通行となる。落石に注意して行動しよう。まず露岩の**南峰**に達し、幅広吊尾根から**北峰**に立つ。あまり群落に踏み込まないようにと注意しても無理だろう。自然を回復させるためには一〇年ほど登山禁止の措置が必要かもしれない。下山は往路をもどる。

北大船へは南の道を取る。灌木帯の中に浸食によって刻まれたU字の火山砂の道から台地に上ると、ヤシャブシ、ノリウツギの灌木帯にミヤマキリシマが点在する。灌木のトンネルから傾斜が増すと、火山砂礫の道になる。

浅い崩壊地から平治岳の展望が開け、左上するとミヤマキリシマの大株が目立ち、**段原火口原**の北端に登り詰める。奥には大船山が姿を現わす。

私が若い頃、段原火口原が喫煙者のタバコの火によって火災を起したことがあった。火の始末は特に注意したい。雨期には浅い火口に水が溜り、大船山と火口縁のミヤマキリシマが水面に写り、友人の肩車で写真を撮ったのがなつかしく思い出される。

西火口壁伝いに南に向うと**北大船山の頂**を過ぎて**段原**の登山道に出る。左に避難小屋への道を見て米窪の壁からひと登りで**大船山頂**だ。東に御池、南にミヤマキリシマの群生する丘が開けている。

段原まで戻り、北大船山の西山腹を下る。浸食の激しい黒土の平地から、熔岩の露出した下りを過ぎると、**坊がつる**の平原に降り立つ。

▽**参考コースタイム**＝暮雨滝登山口（40分）滝分岐（30分）大船林道終点（40分）大戸越道出合（20分）大戸越（50分↑↓）平治岳往復（40分）北大船山（25分）大船山（1時間）坊がつる

〔山道案内〕 18－②　▽**歩行時間＝六時間五〇分**

白水鉱泉→鷹巣→高塚（黒岳最高所）→天狗→風穴→男池　▽**二万五千図＝大船山**

白泉荘、黒嶽荘が**登山口**で、どちらから登ってもしばらくで一本道となる。

苔むす熔岩塊が階段状に続く急登である。巨木が頭上を黒々と覆う登山道は、木もれ日が心地よい。新緑紅葉の時期は、空気もおいしいし目に映る景色に体全体が染まるようで元気が出てくる。

初夏には新緑に混ってツクシシャクナゲの花も目立つ。胸突く急登の連続でアオハダ、リョウブ、オオカメノキ、ヤシャブシ、アオダモ、ナナカマド、ノリウツギ、カエデ類、ネジキ、ヤマツツジなどの樹種を見ると傾斜も緩み、登路は南へ向う。熔岩塊を縫うように左右、上下を繰り返す。

鷹巣《たかのす》（前岳）から展望を得るが、さらに一〇分も行くとこのあたりの最高点（一三五七メートル）、鷹巣熔岩の露出した**展**

男池の樹林帯を行く（18－②）

黒岳天狗岩から平治と高塚山（右）を望む（18－②）

望台に達する。

露岩上は三六〇度の展望が得られ、特に平治岳の眺めが新鮮だ。目指す高塚へは西に向って短いが急下降する。相変らず熔岩の上下を繰り返して、再度急登となり先行者の足裏が見えるほどの登りもあるが、灌木帯が開けて、左へ進路が変り岩を乗越して行くと、灌木帯の中に狭い**高塚山頂（黒岳最高所）**がある。展望は充分ではない。

静かな頂を後に風穴を目指す。三差路で左の踏分けを取ると、わずかで天狗直下に達し、巨石の積み重なる高所へ登ると展望が開けた**天狗**だ。

巨石の積み重なりは足元に特に用心して移動しよう。分岐に戻り左の道を取ると、緩い下りからやがて、風化熔岩塊や礫、火山砂の急坂を滑り下って**風穴**へ降り立つ。

安山岩の積み重なるセリ口谷を北へ緩く登る。足を乗せるとコトコトと石が噛み合う音を聞きながら、奥ゼリを越えると左にナギナタ谷を経て大戸越への登山道を分ける。頭上に樹海を見ながら歩くと、砂に埋まったわずかな窪地**ソババッケ**に着く。

ここから左は大戸越への道。直進して男池《おいけ》へ向う。わずかに登り、巨樹が林立する中、緩い下りで清水の湧くかくし水に着く。落葉樹が林立する明るい平坦地から男池へ出て、美しい阿蘇野川源流を渡り遊歩道から**男池駐車場**へ下山する。

▽**参考コースタイム**＝白水鉱泉（2時間30分）鷹巣（1時間30分）高塚（30分↓↑）天狗往復（40分）風穴（50分）ソババッケ（50分）男池

〔山道案内〕18－③

▽**歩行時間＝六時間四〇分**

牧ノ戸峠→星生山→天狗ヶ城→中岳→稲星山→久住山→牧ノ戸峠

▽**二万五千図＝湯坪、久住山、久住**

牧《まき》ノ《の》戸《と》峠《とうげ》から沓掛山への急斜面につけられたコンクリートの遊歩道を登ると台地で大きく展望が開けたあずま屋がある。

ここはかつてスギゴケの群落があって保護されていたが、登山者・観光客の踏込みによってあっという間に地肌が露出し、空地となっていたが、石畳にあずま

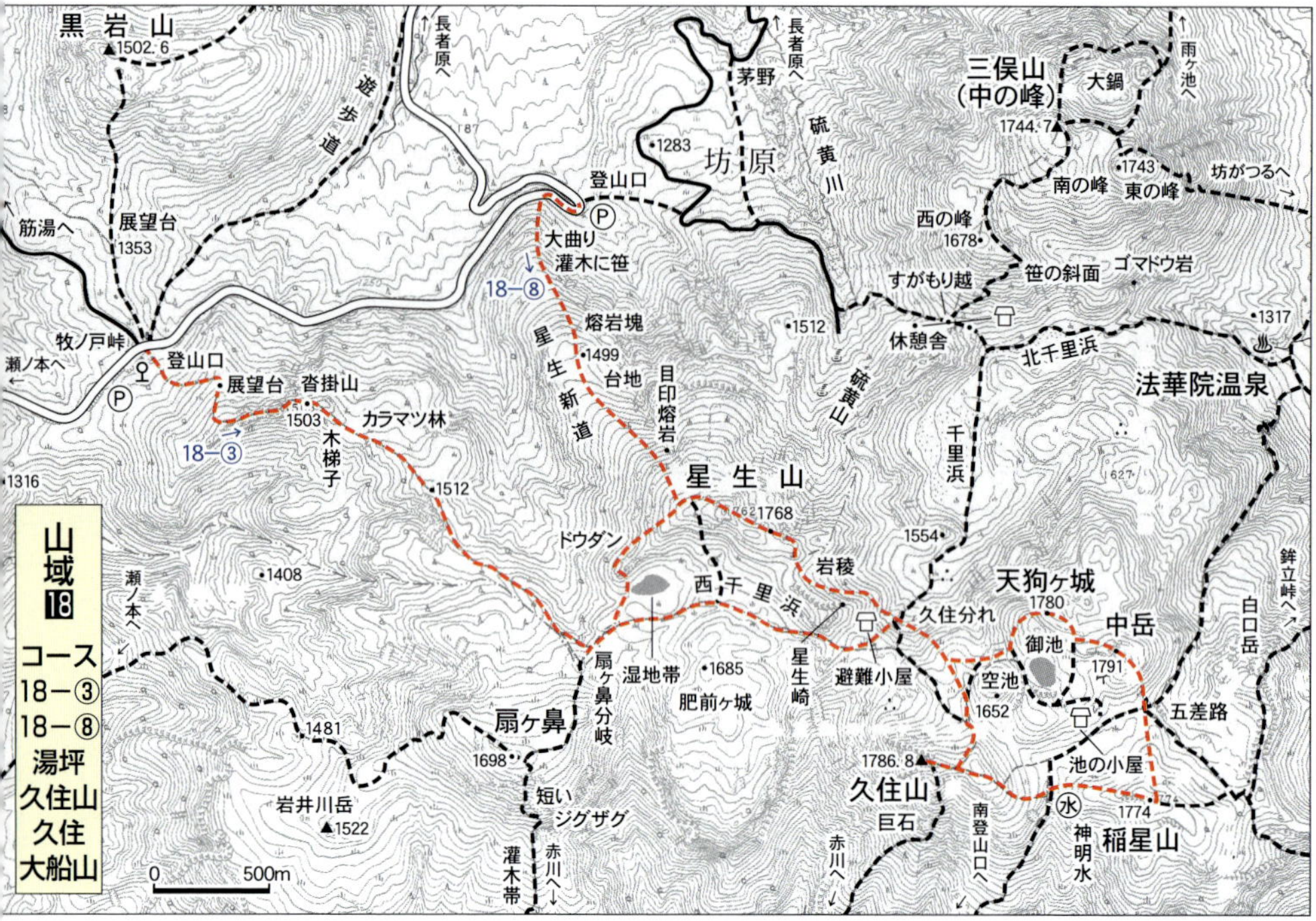

屋ができたことで格好がついた。

沓掛山北面は早春にはマンサク、ダンコウバイの黄色、オオカメノキの白い花、初夏には紅色のシャクナゲが咲く。木製階段から方位盤のある肩に出ると、南面の展望がよい。

熔岩塔や岩間にアセビのトンネルを東に取り、**沓掛山の山頂**に立つと、三俣山、星生山、扇ヶ鼻の展望がよい。ここも近年雨後や霜時のぬかるみを避けるため、裸地が広がり激しく荒れて来た。

木梯子、丸木段で下って東進すると、展望のよい快適な尾根歩きで、左手にわずかな**カラマツ林**を見る。道脇にはロープが張られ、これ以上の自然破壊が進まないように配慮がなされている。登山者はむやみに自然の草地を踏み荒らさないように注意したいものだ。

稜線の右脇に崩壊地を見て小丘に登ると、扇ヶ鼻方面のササの緑が目に染みる。

牧ノ戸方面から星生山を望む

天狗城から空池、その奥に久住山を望む

イタドリの紅葉と星生山

御池から中岳方面の晩秋風景

さらに正面の広い丘に登ると、やがて**扇ヶ鼻分岐**に達する。左が久住山方面への道。

西千里浜の西端から丘を越えて**湿地帯**を横切る道を取る。東方向へ直進する裸地化した道が西千里浜から、久住山への道である。**湿地帯**を横切り星生山へ向う。星生山から西へ続く尾根の末端に取りつき、岩稜上に立つと、ドウダンツツジが目立ち、狭い尾根も徐々に幅を広げ、砂礫の斜面には低いササやビャクシンが生えている。

右下、西千里浜からの踏分けと、さらに北の大曲りからの星生新道が出合うと、わずかで**星生山頂**である。久住山や三俣山の展望が指呼の間に迫る。硫黄山の噴煙が眼下に望める。

山頂から道を東に取り植物の生えない斜面を下る。南に折れて、わずかにイタドリの生える広場から左手岩肌のゴツゴツと出た稜を行く。稜の中央から、右手に付けられた踏跡を辿り、岩を乗越して**星生崎の尾根東端**に立つ。眼下には久住分れの避難小屋、その先右手に久住山、中央には中岳、左手に天狗城と九重の銀座ともいうべき山々が並んでいる。

新築になったトイレと避難小屋まで急下降、**久住分れ**に出て小丘へ直進する道は久住山へと続く。その左の巻道を取る。この道は空池の縁に出て、御池へ直進する道と離れ、左上するガレから石のブロックを登って**天狗ヶ城の頂**へ達する。そのまま東へ乗越して下り、中岳との鞍部に出ると御池を巻いた登山道に出合う。正面の石積みから**中岳の山頂**に出る。九州本土最高点で、九重山群のほぼすべてを見渡すことができる。

中岳山頂から南にわずかで登山道は短いジグザグや直下降になり**五差路**に出る。稲星山方面、展望台や沢水《そうみ》方面、法華院や坊がつる方面、久住山や御池方面と複雑なので標識に注意したい。

稲星山へは乾いた火山砂の斜面を登る。山頂北側の熔岩庇の中に仏が祭られている。南に廻り込むとそこが**稲星山の山頂**だ。南は白口岳との鞍部からの道が出合う。久住山方面は西である。

稲星山の西の尾根を下ると、久住山と

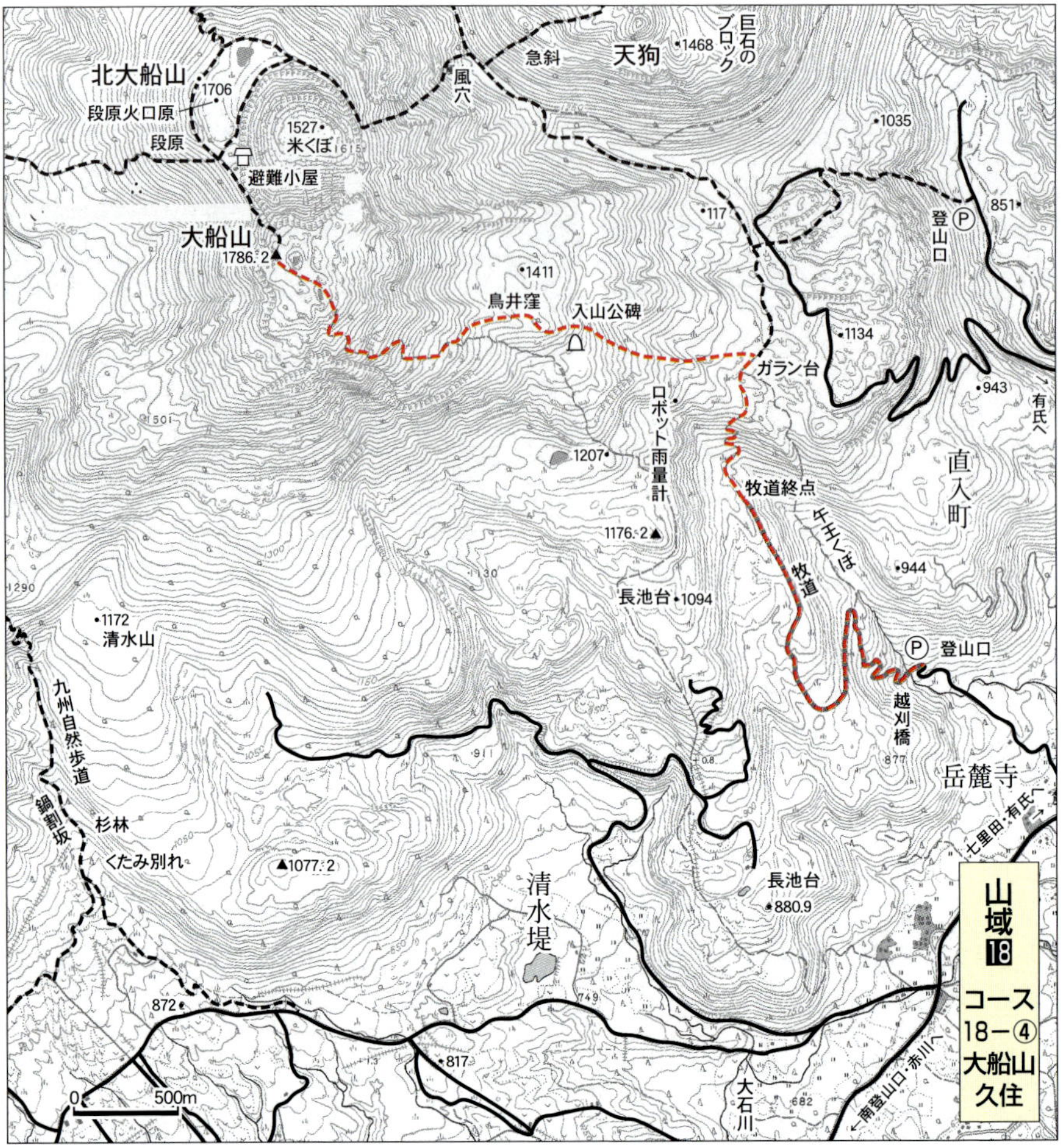

の鞍部で南登山口からの道と御池からの道が出合う。久住山東の斜面に取り付き台地に上ると、正面に久住山頂が現れる。右手から久住分かれからの登山道、左手から赤川からの登山道が出合う。ここからわずかで**久住山頂**だ。昔の久住山を知る者にとっては、地肌がむき出しになった石切り場のような感を抱く。

山頂の展望は昔のままだが、三角点柱の四～五㍍外は緑の草付で瑞瑞《みずみず》しい台地であったことを知る人は少ない。

山頂から弓形に北へ進み、空池を右に見て左折すると**久住分れ**に達し、直進すると牧ノ戸峠へもどる。右折して北千里浜から長者原や法華院方面へ行くこともできる。

▽**参考コースタイム**＝牧ノ戸峠（1時間30分）西千里浜（40分）星生山（40分）久住分れ（30分）天狗城（20分）中岳（30分）稲星山（40分）久住山（20分）久住分れ（1時間30分）牧ノ戸峠

〔山道案内〕 **18－④**

▽**歩行時間＝五時間二〇分**

七里田→岳麓寺→入山公碑→大船山（往

復）　▽**二万五千図＝大船山、久住**

　七里田方面から眺める大船山は特に目立つ。放牧地から採草地、ガラン台にかけては九重を代表する野の花も多い。

　越刈橋《こすかりばし》のゲートを越えて牧道をしばらく歩き、大船山から南に大きく突き出た尾根を登る。牧道が山麓を大きく迂回して尾根上に出ると、南の展望が開ける。

　牧道終点からカシワが点在する中、午《ご》王《おう》くぼ上部の空谷を越えると、ジグザグ道となりガラン台に達する。右は黒岳・風穴方面への道。大船山へは左上する道を取る。露岩の点々とする斜面は、ミヤマキリシマや夏場は野の花の種類が多い。日陰がないので一気に汗が出るが、春、秋は心地よい日だまりとなる。

　左手奥にロボット雨量計がある。右に折れる道は樹林帯に入り、しばらく登ると道は二分し、左が入山公碑への道だがどちらも上手で出合う。左手に取ると、古い石段道わずかで**中川入山公の墓**（入山公碑）に出る。墓はカマボコ型のキリシタン墓である。

　登山道が樹林を抜けると**鳥井窪**《とりいくぼ》の草原で、山頂は山腹を巻くように登る。頭上はリョウブ、ナラ、カエデで覆われ森林浴ができる。

　あたりが灌木帯になると道脇の石上から雄大な展望が待っている。ミヤマキリシマやドウダンツツジが目立ってくると、ジグザグに続いた登山道も、直登するようになる。行手に黒い熔岩塊が点々とすると、右上にカニのハサミの形をした露岩が現われ、しばらくの登りで、山頂南の台地に着く。ミヤマキリシマ、ノリウツギの群落越しに山頂を望みながら、広い台地からの短い登りで**大船山の頂**に出る。下山は往路を取る。

▽**参考コースタイム**＝越刈橋（1時間）牧道終点（50分）入山公碑（1時間30分）大船山（2時間）越刈橋

岳麓寺の牧野道から大船山方面を望む（18-④）

大船山頂で憩う登山者（18-④）

〔山道案内〕 18-⑤　▽**歩行時間＝四時間四〇分**

南登山口→七曲り→久住山（往復）

▽**二万五千図＝久住山、久住**

　南登山口は昔、久住山の遙拝所があった場所で、古風で大きな石燈籠が残っている。なお近くには北原白秋の歌碑も建っている。

南登山口のある久住高原から久住山（左）と稲星山の眺め（18-⑤）

草深野ここに仰げば国の秀《しま》や
久住は高し雲を生みつつ

白秋は昭和三年八月二日、別府の油屋熊翁の案内でここ雨降り峠に立った。明治・大正・昭和の偉大な詩人である北原白秋は、久住で感動のすべてをこの一首に結晶させた。当時四三歳であった。没後昭和五四年五月、岡山県の万成石を使って歌碑は建った。

車道を沢水方面にわずかに歩くと、牧野に一本道が久住山方面に向う。牧柵の中に入りゆるやかなスロープを歩く。久住高原ロードパークの下をトンネルで抜けると、アセビの並木となる。

谷を右岸に渡ると、久住山**猪鹿狼寺**《いからじ》の本堂跡を示す五本の杉が立っている。清水が湧く場所を見て程なく落葉広葉樹林帯となり、七曲りの明るい急坂を登る。

火山灰土は雨で流され、深くU字に浸食された道をジグザグに歩く。頭上はカシワ、クヌギ、ナラ、カエデ、ケヤキ、サワフタギ、ナナカマド、アセビで覆われていて心地よい。樹林を抜けると、左に久住山、右に稲星山の斜面が大きく広がる。

背後にも、祖母・傾山、阿蘇火山群が広く展開していて眺めは雄大だ。歩を進めるにしたがいヤシャブシ、ノリウツギ、

ドウダンツツジの根元にはクサボケが目立ち、さらにコケモモの群落となる。

コケモモはツツジ科の常緑低木。地下茎をひき、高さ一〇～一五㌢、初夏に白い花を咲かせ、初秋には赤い実をつける。口に含むと甘酸っぱく、ジャムや果実酒にするとおいしい。九重あたりが南限とされ、国の特別天然記念物に指定されている。

クサボケの実は八月下旬頃収穫して、果実酒としてもいいし、茶の友として食べると美味である。

カヤ、ササ、灌木混りの広い斜面を右上すると、**稲星山との鞍部**に達し、浅い谷の源頭では水も得られる。十字路となり、直進は御池、池の小屋へ、右は稲星山、左に取ると**久住山**である。下山は往路をもどる。

▽**参考コースタイム**＝南登山口（40分）猪鹿狼寺跡（1時間40分）久住山・稲星山鞍部（20分）久住山（2時間）南登山口

〔山道案内〕18－⑥

▽**歩行時間＝四時間三〇分**

大岳温泉泉水荘→一目山→みそこぶし山→涌蓋越→涌蓋山→涌蓋越→大岳温泉

▽**二万五千図＝湯坪**

大岳温泉**泉水荘**（TEL0973・79・2625）は、筋湯行日田バスの大岳温泉バス停前である。宿の静かさ、手料理のもてなしは、古き時代の旅情を誘う。

大岳温泉から筋湯を通り、車道歩きで一《ひと》目《め》山《やま》を目指す。**九重森林公園スキー場手前**で右上の柵のある車道から、一目山への草原道が左上する。**一目山山頂**は熔岩塊があり休むのによく、展望も開けている。

山頂から西へ下ると、先の草原道に達し、以後牧道や幅広稜線の牧野をのんびり歩く。夏場は野の花の種類も多くて快適だ。緩い上下が波打つように続き、一二九九㍍峰に着く。頂は南北に細長い。ここが**みそこぶしの山頂**である。

一目山がすでに遠く、広大な草原には、前方に端正な涌蓋山が見える。草原にはエヒメアヤメ、ノギラン、ノコギリソウ、ユウスゲ、カワラナデシコが風にゆれている。

土盛りの境界に達すると**T字路**となり、右にひぜん湯からの登山道が出合い、涌蓋山へは左折する。牧柵を越えて樹林帯を横切り林道へ出て、左に取ると**涌蓋越**に着く。涌蓋山への登山道が右手の灌木

帯につづいている。

ササやカヤ野の中に低い松やコナラが点在し、次第に傾斜も増して展望も開け、涌蓋山の肩ともいうべき**女岳**に登り着く。わずかに下り鞍部から右斜面はノリウツギ一色となる。背の低いササ帯の一本道を歩くとやがて、広くて南北に長い**涌蓋山の頂**に着く。

山頂から、西は峐湯《はげのゆ》・岳湯《たけのゆ》方面、北は地蔵原《ぢぞうばる》・石原方面への登山道がつづいている。

下山は**涌蓋越**を通ってT字路まで戻り、草原を東へ直進、正面に電波反射板を見て、右下赤土混りの牧野道を下る。左か

冬の牧野とみそこぶし山（18－⑥）

黒岩山から筋湯温泉と涌蓋山を望む（18－⑥）

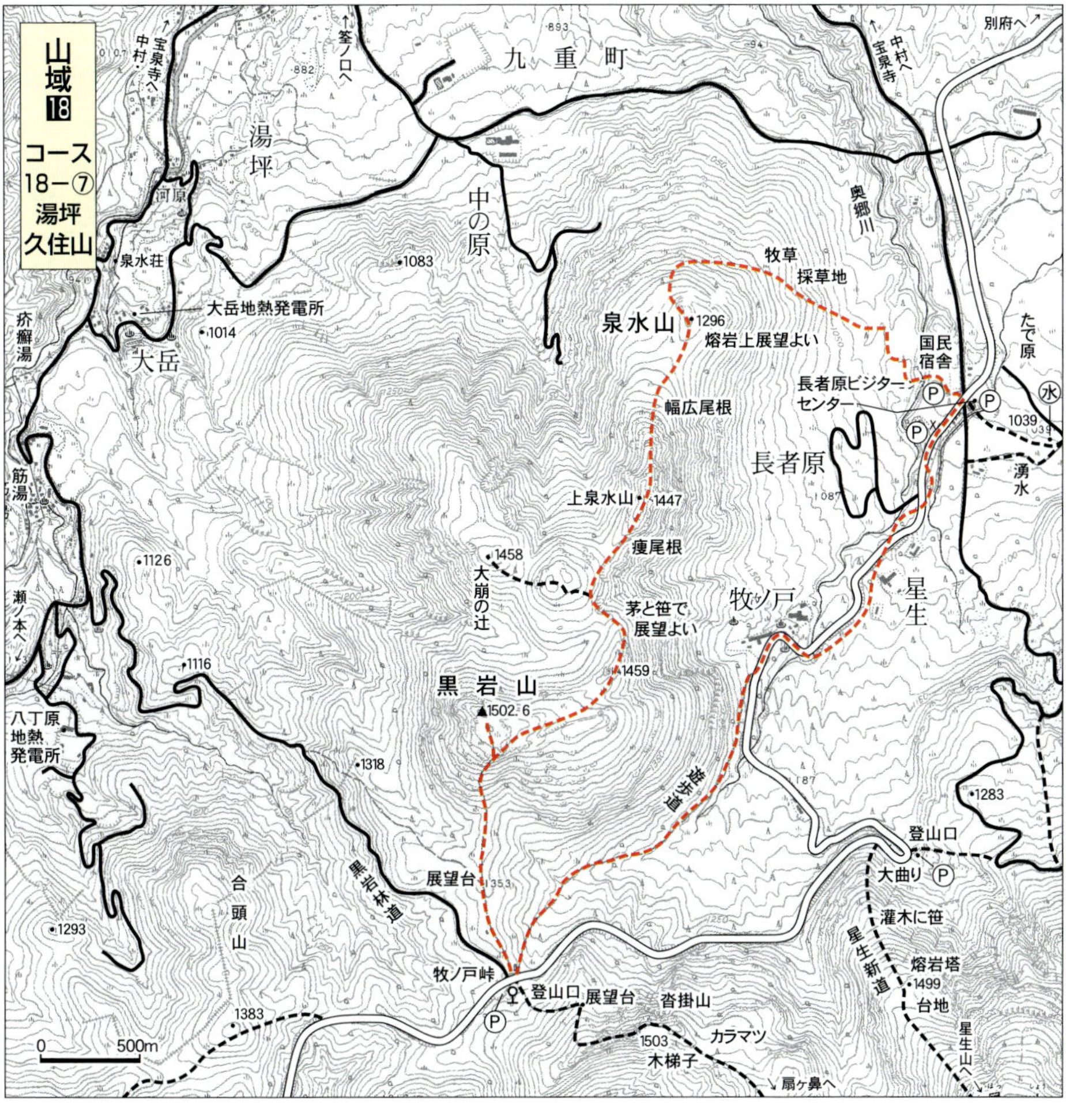

ら荒れた車道が出合い、右の樹間越に谷を見ながら下ると杉林となり、行手にバンガローが現れる。ここが**ひぜん湯**で、車道を登ってT字路を左にわずかで、**泉水荘**に戻る。

▽**参考コースタイム**＝泉水荘（40分）一目山登山口（10分）一目山（50分）みそこぶし山（20分）涌蓋越（1時間10分）涌蓋山（40分）T字路（40分）泉水荘

《その他のコース》

18－⑦ ▽**牧ノ戸峠→黒岩山→泉水山→長者原→牧ノ戸峠**

牧ノ戸峠から西の遊歩道を歩く。広くなだらかな台地に展望所があり、四周の景色が楽しめる。北に急斜の登りとなるが長くは続かず、**黒岩山**の広い山頂の一角に出る。

カヤとササの混る台地に黒い熔岩塊が点在しているようすが山名ともなっている。最高点は西側の**熔岩塊**である。

黒い熔岩塊が点在する黒岩山の頂

標高問題が取り上げられる近年、屋久島宮之浦岳も二〇〇二年に標高が変更された。それは三角点のある東の岩場が測量点より高いという理由による。地形図に堪能な登山者は、東の岩上が測量点より高いことは承知していることと思うが、それが認められて標高が変った（このような事は地図上のあちこちに見られることで重箱の隅の問題と思うのだが）。

この黒岩山は標高一五〇二・六㍍、熔岩上なら優に一五〇三㍍を越える。熔岩基部はミヤマキリシマ、ドウダンツツジ、シャクナゲに囲まれて趣がある。

ここから台地を東へ戻り鞍部から正面岩稜へ登る。やや西へ折れると広い鞍部となり、ここから**大崩《おおくえ》の辻《つじ》**まで往復するのもよい。鞍部から北へ向い幅広尾根から、岩塊を従えた痩尾根へ出ると、長者原、星生山、三俣山の展望がすばらしい。

しばらくで**上泉水山《かみせんすい》**の標識がある。ここから狭い尾根の灌木を分けて下ると、幅を広げた尾根には背丈を越えるほどのアセビと松が茂り道は平坦となる。途中

星生崎から冬の久住山の眺め（18—⑧）

星生山から硫黄山と三俣山を望む（18—⑧）

ミヤマキリシマが咲く扇ヶ鼻のお花畑（18—⑩）

久住山直下の赤川登山道から山頂に憩う登山者を見る（18—⑨）

の雑木林の中に突出した大きな熔岩塊上が展望がよい。

さらに北へ歩くとすぐ左手に**泉水《せんすい》山**の三角点がある。やがて正面が開け、**中の原の採草地**となり、右に樹林と牧野の境を歩く。

やがてナラの樹林帯となり、長者原キャンプ場へ着く。奥郷川を渡り**ビジターセンター**へ出る。ここから牧ノ戸峠までは遊歩道歩きとなる。歩行時間は牧ノ戸峠から泉水山をへて長者原まで三時間五〇分。長者原から遊歩道で牧ノ戸峠まで一時間一〇分。

18-⑧ 大曲り→一四九九メートル台地→星生山

星生新道は**大曲り**の駐車場から牧ノ戸側へ三〇メートルも戻ると、ウツギなどの灌木、ササ帯に一本の踏分けが直上する。星生山から北北西へ伸びた尾根末端である。

ササ帯を高差一〇〇メートルも直上すると、傾斜が緩み、アセビ、ウツギ、ネジキが点在する。わずかな踏跡を登って行くとやがて山頂方面が開けて熔岩塊が点在し、台地の中央部に踏跡が続く。

台地の左手に高さ五～六メートルの**熔岩塊**があり、その右手が道の目印となる。ササは低く、ミヤマキリシマが点々とするなか、この**熔岩塊**が背後にくると、傾斜も急になり山頂一角の中央の熔岩塊が目印となる。高度が上がると熔岩塊が近くなり、右手から**熔岩塊上**に出る。踏分けをたどり稜上の低い小石の積上げの左に出ると、ここからわずかで**星生山頂上**だ。歩行時間は頂上まで約二時間。このコースは現在、登山口に**入山禁止**の立札がある。

18-⑨ 赤川→久住山

赤川温泉から山手に向うと**登山口**がある。カシワ、ナラの林の中をコンクリート道が伸びる。赤川荘を右下に見て扇ヶ鼻への登山道が左へ分かれる。右手の道を取りしばらくで赤川を渡る。

黄白色鉱泉の泉源を通り車道に出てすぐに**近道**がある。三度車道を突切ると尾根の急登となる。根の露出した黒土は雨後はよく滑るので要注意。尾根が広がると灌木帯の急登が続く。

このあたりは盛夏になるとノリウツギの花一色となる。正面に久住山が高くそびえる。山道が熔岩礫で埋まるようになると傾斜が緩んでくる。

正面に巨石のブロックが迫ると登山道は右に迂回する。急斜の直登で崩壊斜面の右手を登り、左上して尾根に出る。岩塊を這うように登ると、登山道に岩屑が目立ってくる。やがて岩がゴロゴロした**久住山頂**である。山頂まで赤川から二時間強を要する。

18-⑩ 赤川→扇ヶ鼻

久住山頂方面を右に見送り左の道を取る。道ぞいに桧やヒマラヤシダを見て、ササの濃い場所に着く。カシワ、アセビ林が帯状に横切り、カヤ野にノリウツギが点在するようになると、次第に視界が開ける。

踏跡は黒土の露出もなく歩きやすい。斜面を西へ進んだ後、扇ヶ鼻と正面に向い合いながら登る。右上に肥前ヶ城、久住山が迫り大きな山体が重なり合って見える。

低いササ帯から**灌木帯**になると、山腹を西に横切り、短いジグザグの急登を頑張ると、扇ヶ鼻の広い台地に出る。ここから**扇ヶ鼻山頂**は左へわずかだ。右へ行くと台地の北に出てわずかに下ると扇ヶ鼻分岐に出る。赤川から約一時間五〇分で扇ヶ鼻、扇ヶ鼻分岐までは一五分の距離である。

18-⑪ 展望台→佐渡窪→法華院温泉

展望台はまさしく久住高原全体を見渡せる展望台だ。阿蘇、九州山地、祖母・傾山地がワイドに広がる。

展望台から道は三つに分かれる。沢水《そうみ》キャンプ場方面、稲星山方面、そしてコンクリート遊歩道は佐渡窪《さどくぼ》方面へとつづく。

鉾立峠から三俣山と法華院温泉（中央）の眺め（18—⑪）

コンクリート遊歩道は、東へわずかに上下し、小谷と車道を突切って**くたみ分れ**へ向う。くたみ分れから左手の植林帯へ道を取る。やがて自然林になりジグザグの登りで、鍋割坂《なべわりさか》の石畳にさしかかる。道脇に巨石が並び、左上に地蔵が祀られているのが見えると、**鍋割峠**に達する。

北千里ヶ浜から硫黄山とすがもり越方面を望む（18-⑫）

正面が**佐渡窪**だ。梅雨期は増水するので、左手の高台を巻き、平常時は窪の木道を行く。立中山《たつちゅうさん》が姿を見せ、木道を過ぎると鳴子山からの湧水が流れている。**鉾立峠**《ほこたてとうげ》へは灌木帯をひと登り。ここから左の道は白口岳、右は立中山へ向う。正面の道を進み法華院へ向う。浅い窪地から谷通しとなり、木道から小谷を左に渡るとバンガローが現れ**法華院温泉**に着く。展望台から二時間三〇分。

18-⑫ 長者原→すがもり越→三俣山→雨ヶ池越

長者原レストハウス右手から南へ伸びる舗装道路を歩く。

雨ヶ池に映る三俣山倒影（18-⑫）

硫黄精練所跡の空地を右に見て進み、谷に砂防堤が連続する硫黄川を渡る。舗装道路から分かれ、左上の小尾根からカヤ野の中の登山道を行く。やがて再び舗装道路に出合い、登り詰める。

硫黄山の北側で硫黄川の涸谷を突切って、**すがもり越**の斜面に取りつき、転石の斜面をペンキマークを伝って行く。すがもり越の南側小屋跡には石造りの休憩所がある。直進する道は法華院方面へつづく。三俣山への道は左手のササの斜面にある。

ジグザグ道から数条の裸地道となり、左上への道を選ぶ。西の峰の緩斜面に出ると左に折れて、峰の東を巻く。やがて左と右に踏分けがあり、左の道を直登すると**三俣山中の峰**に達する。右の道は南の峰方面に巻いて中の峰に達する。

中の峰から北の急斜は大鍋・小鍋へつづく。東へ行き鞍部を登り返すと、途中で左下に雨ヶ池への道を分け**東の峰**へ達する。東の峰から、東は坊がつる、南は東千里浜から法華院方面へ下山できる。

東の峰から雨ヶ池方面の道を取る。灌木帯から大鍋を左に見て、急斜を立木にすがって下降するとカヤ野に出る。緩い斜面から浅い谷を東へ行くと、**雨ヶ池登山道**に出る。左へわずかで**雨ヶ池越**だ。長者原から雨ヶ池西端まで三時間五〇分。

18－⑬　長者原→雨ヶ池越→坊がつる

長者原バスセンター左手から白水川を渡り、木道を歩いて行く。カヤ野を横切り山麓を左に歩く。道左脇には湧水があり夏でも冷を得ることができてありがたい。このあたりは樹木札を見ながら歩くのもおもしろい。

新緑・紅葉の見事な森から緩い登りで空谷を横切る。森林浴を楽しみながら急斜をジグザグに登ると、**雨ヶ池越の西端**の野に出て展望が開ける。

浅い窪地は木道を歩いて行く。正面に平治岳、大船山を眺めながら右に緩く曲る。左下に大船林道方面への道を分け、少し行くと浅い谷から右上に三俣山方面

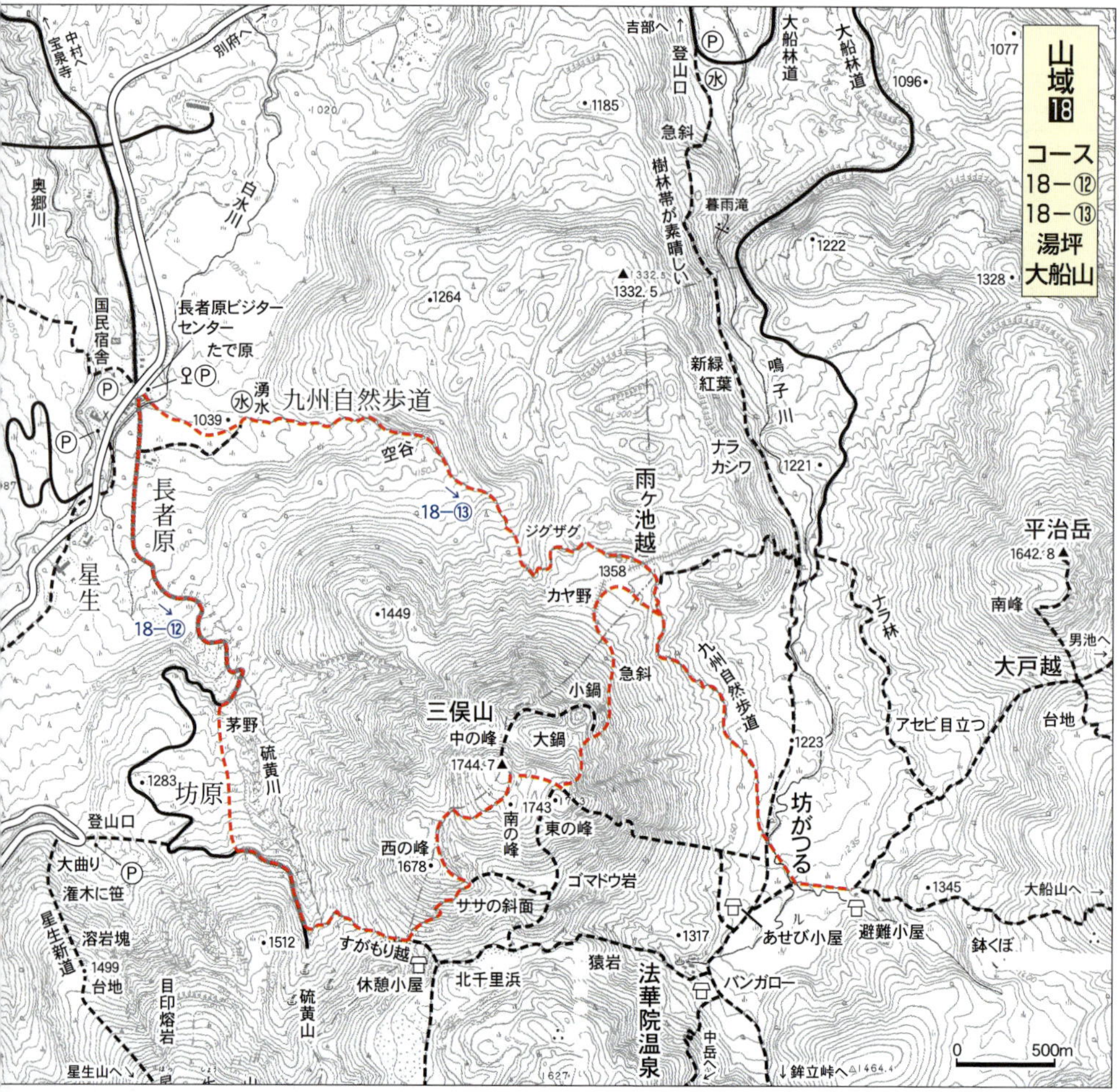

ソババッケから秋の平治岳の眺め
(18-⑭)

雨ヶ池越のアセビ灌木帯から坊がつると大船山を望む
(18-⑬)

への道を分けると、浸食の激しい道を緩く下る。坊がつる方面のカヤ野を眺めながら歩くと、法華院に続く広い道に出合う。すぐ先から左の鳴子川沿いに歩き、橋を渡ると**坊がつる**のキャンプ場だ。鳴子川沿いに行かず法華院までは分岐から一〇分。

長者原から坊がつるまで一時間五〇分である。

18-⑭　男池→ソババッケ→大戸越

男池《おいけ》**駐車場**から遊歩道を歩き男池へ。ここから樹海の中を歩いて、かくし水の水場へは牧柵を越える。しばらくで傾斜の道から砂で埋まった窪地**ソババッケ**に出る。

ここから直進する登山道は風穴方面、右折西進する道が大戸越方面である。火山砂の平坦地を歩く。周囲の林床はヤブレガサなどで埋まる。頭上は樹木で覆われ森林浴が楽しい。

涸谷沿いの登りとなり、礫から石伝いに短いジグザグ道を登る。谷幅が狭まると樹木も小振りとなる。道は黒土となり灌木にカヤが混るようになる。ミヤマキリシマが現れるとそこが**大戸越**だ。正面の三俣山の眺めがすばらしい。男池から大戸越まで一時間四〇分。

〔問合せ先〕［飯田高原方面］九重町商工観光課☎09737・6・3150、長者原ビジターセンター☎09737・9・2154、亀の井バス本社☎0977・23・0141、日田バス☎0973・23・3105、九州国際観光バス☎0977・22・5288、法華院温泉山荘☎0974・77・2810、大岳温泉・泉水荘（☎0973・79・2625）**〈アクセス〉**別府・熊本方面からそれぞれ亀の井バス・九州国際観光バス。豊後中村駅から日田バス。◉マイカー＝北九州方面から大分自動車道湯布院IC、県道11号。大分自動車道九重IC、国道210号バイパス野上、県道40号。南九州方面から九州自動車道熊本IC、国道57号宮地、県道11号。東九州自動車道大分米良IC、国道10号犬飼、国道57号宮地、県道11号。竹田市国道442号瀬ノ本、県道11号で長者原、牧ノ戸。［久住高原方面］久住町役場☎0974・76・1111、竹田交通☎0974・63・3151、久住高原荘（国民宿舎、赤川登山口）☎0974・76・1211。**〈アクセス〉**竹田市から竹田交通バス。◉マイカー＝飯田高原方面への道路利用で国道442号瀬ノ本へ。

大分県

山域19

祖母山《そぼさん》（1756・4m）　障子岳《しょうじだけ》（1703m）　古祖母山《ふるそぼさん》（1633・1m）

本谷山《ほんたにやま》（1642・9m）　傾山《かたむきやま》（1605m）

九州の山群の中で、もっともアルペン的な風貌を備えた山々で、登高意欲をそそる。奥岳渓谷を挟んだ山々は自然が豊かで、九州の山では最もツクシアケボノツツジの多い地域でもある。山群には四周から登山道が開け、祖母山は日本アルプス名付け親ウェストンの登った山でもある。

〔山域の魅力〕祖母・傾山群は大分・宮崎の県境を東西に走り竹田市、緒方町、三重町、高千穂町、日ノ影町から登山道が開けている。

　火山と関係の深い九州の山群の中で、この山群は、もっとも色濃くアルペン的な風貌を備えており、険しくそそり立つ岩峰は登山者の登高意欲をかきたてる。

　傾山から発した稜線は、本谷山《ほんたにやま》、古《ふる》祖母山《そぼさん》、障子岳《しょうじだけ》と西走し、北に向きを変えて祖母山に達し、高度を落して西に没する。一方、祖母山から奥岳渓谷を挟んで東走する岩尾根は、大障子岩《おおしょうじいわ》、障《しょう》子岩《じいわ》の岩を立て上畑《うわはた》方面に沈む。

　山群の姿を尾平《おびら》方面（大分県緒方町）から眺めると、九州の山とは異質の感すらある山群で、九州では、もっとも強くアルピニストの魂を誘う山である。四季を問わず登山者の憧憬の山群といってもよい。

　山群は国定公園に指定されるほどの自然が残り、植物はもちろん、昭和六二年笠松山ではツキノワグマも発見された。山群に囲まれた奥岳渓谷は沢登りのメッカでもあり、九州でも代表的な美渓が連続する。

祖母山は、山頂に神武天皇の祖母にあたる豊玉姫を祀ったことから、古くは姥岳《うばがたけ》と呼ばれていた。この山には明治二三年一一月、英国のウォルター・ウェストンが高千穂町五ヶ所を経て山頂に達している。

　九州本土六位の標高を持ち、四囲から眺める山容は、その三角の頂を高々と空に突き立てて聳えている。山腹は原生林で覆われ、神原《こうばる》登山道五合目には避難小屋、九合目にはシーズン中には管理人が常駐する避難小屋がある。

　祖母山頂から南に一キロの場所には、天狗岩、烏帽子岩が並び、高差一〇〇メートルにもおよぶ岩峰を突き立て、天狗や烏帽子に似ているのでこの名がついた。

　天狗・烏帽子岩から六〇〇メートルの距離には**障子岳**があり、縦走路が東へ向きを変える。ここも奥岳側に岩峰を突き立てる。山頂は縦走路から西に親父山《おやじやま》、黒岳へ続く支尾根を従えている。展望も山群一帯を見渡すことができ、南の大崩山塊も指呼の間である。

　東に向きを変えた稜線には**古祖母山**の温厚な姿が目につくが、奥岳渓谷側は急峻だ。山頂から尾平越方面にかけて、山群中で最もツクシアケボノツツジの多い場所があり、花期の五月は斜面一帯ピンクに染まる。

本谷山は、尾平越から東へ三・五キロ、標高差四〇〇メートルで、大崩・障子岩尾根から眺めると、縦走路の三分の一も占めるかと思うほど、山体を東西に張り出している。

　祖母・傾山群東の盟主**傾山**は、標高では祖母山に一歩譲るが、登山口上畑から眺める姿は、九折《つづら》川東側に二〇〇〜三〇〇メートルもの流紋岩峰を起こし、その荒々しい姿が登高欲をそそる。

　山頂は南に後傾《うしろかたむき》、三角点のある本《ほん》傾《かたむき》、北に前傾《まえかたむき》の三峰からなり、庭園のように五葉松、ドウダンツツジ、アケボノツツジと岩との配置がよく、展望も祖母・大崩山方面の雄大な山並みを楽しむことができる。

　縦走路九折越《つづらごし》には九折小屋があり、大分側上畑や大白谷《おおしろたに》、宮崎側見立《みたて》からの登山道が開かれている。

〔山道案内〕19－①　**▽歩行時間＝八時間二〇分**

神原→国観峠→祖母山→メンノツラ谷→神原　**▽二万五千図＝豊後柏原、祖母山**

神原バス停から登山標識に従って西進する。バス停から三キロで神原川手前で左上する林道を取る。植林から一合目滝への道を見ると、右下が登山口の駐車場で、マイカーはここまで入ることができる。

駐車場から車道を上流へ、すぐ神原川を渡ると**登山口**である。「山頂まで五キロ、四時間」の案内があり植林帯を登ると、植物の説明板がある。

山地を伐採するとまず、トゲのあるイバラ、アザミ、ツルがあるクズ、マタタビ、においがあるヘクソカズラが裸地を覆うという。

登山道は整備がよく立派な橋があり、左下から沢音が響く。この谷にはブチサンショウウオ、オオダイガワラサンショウウオが生息するという。道脇にコハクウンボクがある。満開になるとその名のごとく白雲のように見える。

谷の右側沿いの道は歩きやすく、頭上は大樹で覆われ夏でも暑さ知らずだ。五合目小屋までは家族でのんびりと楽しめる絶好の森林浴コースである。山麓はシイ、カシ、タブ、このあたりはモミ、ツガ、カヤが目立つ。

谷川は水量が多く、磨かれて角のとれた安山岩に青い苔が付き、清流は泡立ちながら流れる。御社《おやしろ》の滝を左下に見て歩くと、やがて**五合目小屋**だ。小屋周辺の木は高く幹まわりも太いブナが目立つ。裏手は水場となっている。

山頂への道は丸太組の階段で始まり、しばらく歩くと植林の中にオヒョウの巨樹を見て、涸谷から対岸に上ると自然林となる。

針葉樹が目立ち、道を挟むように杉が二本立つ斜面は、広くて休憩によい。谷音が消え、次第に尾根らしくなった斜面を歩くと、モミの巨木が大半を占める七合目である。

さらに登ると、右に二個の巨石がある場所から西面のアラト谷の樹海が見渡せる。このあたりから急登となる。高度が上るとクマザサが道脇を埋め、しばらくで左の踏分けに入ると、台地の空地から展望が得られ、直進するとササ帯から抜け出し、**国観峠**《くにみとうげ》である。

峠は数年前まで一本道であったが、事故に備えてヘリコプターの発着に便宜をはかり、広く樹林が切られた。西への道は五ヶ所《ごかしょ》北谷《きただに》、千間平《せんげんだいら》、筒ヶ岳方面へ向かう。東へ登る道は祖母山頂へ向かう。峠からは山頂も望まれ、広場東側には観音様が祀られている。

峠から頂までは約一キロ、U字に浸食された赤土の道は、近年九合目小屋管理人の努力で歩きやすくなった。溝を避け灌木やササをぬって歩くとやがて九合目小屋への道を左に分ける。

この分岐から山頂へは直進する。道は、浸食により岩屑が出たガレ場や木の根露出した場所があり、登山靴で削れて痛々しい。土の流出は深さ一メートルにも達して、大木の根元まで洗っている。分岐から二〇分もすると九合目小屋方面からの登山道と出合い、右から北谷登山道、さらに傾山方面への縦走路を分けると**祖母山の山頂広場**である。

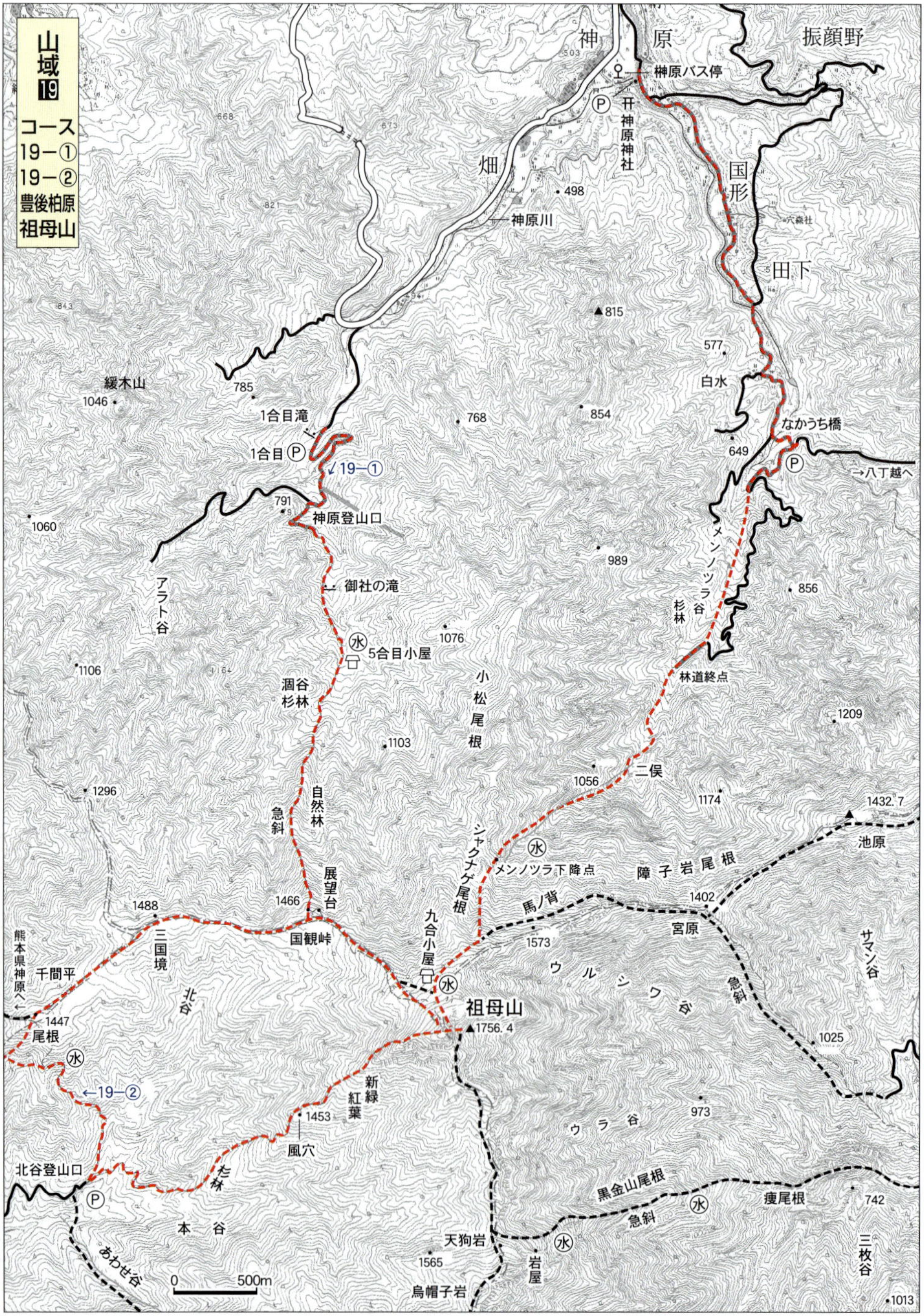
山域19
コース
19－①
19－②
豊後柏原
祖母山
神
原
振顔野
榊原バス停
神原神社
畑
国形
498
神原川
田下
815
577
白水
緩木山
1046
785
1合目滝
768
854
なかうち橋
1合目
649
19－①
→八丁越へ
791
神原登山口
1060
989
メンノツラ谷
杉林
856
アラト谷
御社の滝
5合目小屋
1076
1106
小松尾根
林道終点
涸谷
杉林
1209
1103
1296
自然林
急斜
1056
二俣
1174
1432.7
池原
シャクナゲ尾根
メンノツラ下降点
障子岩尾根
展望台
1466
1488
馬ノ背
1402
九合小屋
国観峠
1573
宮原
三国境
熊本県神原へ
千間平
サマン谷
ウルシワ谷
急斜
北谷
祖母山
1756.4
1447
尾根
1025
新緑
紅葉
19－②
1453
973
ウラ谷
風穴
北谷登山口
杉林
黒金山尾根
瘦尾根
742
急斜
本谷
天狗岩
三枚谷
1565
岩屋
あわせ谷
0
500m
烏帽子岩
1013

広場中央に方位盤、祠、山頂標識が立ち、展望は四周雄大だ。東面のウルシワ谷側は絶壁で眼下に奥岳渓谷、その左手に大障子岩、障子岩が屹立する。右手に天狗岩、烏帽子岩から障子岳、古祖母山、本谷山、笠松山、傾山と山群が馬締形に並んでいる。

北には九重連山、西に阿蘇火山群、南は大崩山塊から九州山地と展望を堪能できる。

下山はメンノツラ谷を経て神原を目ざす。九合目小屋までは木の根の段差に注意しながら下る。初夏には白い清楚なオオヤマレンゲの花が見られる。関西にある日本百名山八経《はっきょう》ケ《が》岳《たけ》山頂一帯はオオヤマレンゲの群落日本一との事であるが、鹿が幹をかじり冬場の餌とするために枯死寸前で山頂一帯に柵を作って守っている。九州では幸いまだ鹿の害はなさそうだ。

初夏には山頂近くにオオヤマレンゲの花が見られる

すぐ**九合目小屋**に着く。この小屋は風力発電から太陽光発電の設備が整っており、トイレまでハイテク装備である。テント場もあり水場も近い。

小屋から東にのびる尾根は、障子岩尾根と呼ばれ、メンノツラ谷、尾平、縦走して上畑へと登山道がある。しばらく尾根を東へ下る。祖母山と小屋、ウルシワ谷の眺めがよい場所もあり、すぐメンノツラ谷下降点**小松尾根**方面への分岐に達する。

この分岐から左下の道に入り、ブナの茂る小松尾根を下る。シャクナゲが目立つようになると、急下降が一段落し**メンノツラ谷下降点**に達する。尾根から右下に急激に下る。なお尾根通しにも踏分けがあるが、一〇〇メートルほどで消える。

メンノツラ谷源流へはササにすがって注意しながら急下降する。テープの目印があるので迷うことはない。一〇分ほどで源頭に降り立つ。

しばらくは涸谷で、ケルンやテープの目印を拾って下る。増水などで踏跡は消えてよく変るが、苔付きの岩や岸近くの踏跡は残っているのでよく見ながら歩こう。

谷中を左右に渡りながら下ると、一時間弱で標高九五〇メートル地点の二俣に達する。ここから山頂へ二キロ。神原へ五キロである。さらに谷沿いに左右と巻きながら下ると、巨石が谷を詰める場所へ出る。ここを右に巻いてテープに従って、高さ一〇メートルほどの壁の基部沿いに谷に降りる。道に沿

祖母山を眺めながら三県境を行く

九合目小屋で憩う

ってロープがあるので心配ない。

浮き石に注意して下ると、踏跡はしだいに道らしくなり、標識も多くなる。しばらくして谷から離れ植林の道になり、ガレた小谷を渡る。本流に砂防堤が現れると使用にたえない造林小屋があり、この付近で飛び石伝いに対岸に渡る。

すぐ**林道終点**に出て、林道歩きで神原を目指す。途中で障子岩尾根の八丁越《はっちょうごし》へ上る登山道が右手に分かれ、次になかうち橋、白水の集落を過ぎるとあとは車道伝いに**神原バス停**に帰着する。

▽**参考コースタイム**＝神原バス停（50分）一合目駐車場（50分）五合目小屋（1時間50分）国観峠（50分）祖母山（10分）九合目小屋（10分）小松尾根分岐（20分）メンノツラ谷下降点（2時間）林道終点（1時間20分）神原バス停

〔山道案内〕**19-②** ▽**歩行時間＝四時間一〇分**

北谷登山口→国観峠→祖母山→風穴→北谷登山口 ▽**二万五千図＝祖母山**

祖母登山には最も楽な初心者向のコースだ。登山にはバスの便がないので、高千穂町からタクシーを利用するか、マイカーが便利だ。

北谷登山口には休憩舎・トイレがあり駐車場も広い。登山道は尾根の西斜面の植林を祖母山と逆に北西に向う。杉林に一合目の標識を見て、ジグザグを切ると古いベンチがある。二合目標識のすぐ上に水場がある。

さらに北西へ向うと三秀台方面の展望がひらけ**尾根**に上る。左手の密生したササの中から出合う古い踏分けは一ノ鳥居からの旧道である。ここで登山道はようやく東に向きを変える。

あたりは自然林となり、傾斜が緩み平坦な広場、**千間平**《せんげんたいら》の一端に出る。ここからは祖母山を眺めてのんびりとした広い尾根歩きで熊本・宮崎・大分の県境がある**三県境**に着く。

ササが密生する尾根だが登山道は整備されている。小ピークからわずかに下り、さらに登ると**国観峠**《くにみとうげ》の広場に達する。北に神原からの道が出合う。浸食された赤土の道を登ること五〇分で**祖母山頂**である。

下山には風穴コースを取る。山頂から西に向う。直下に縦走コースを分け、さらに右に九合小屋方面、国観峠方面への道を分け、西へ向う短い稜に入る。左に露岩の広場があり、ここからは南面の障子岳方面の眺めが雄大だ。しばらくは道脇に露岩が点在し、いずれも展望はよいが崖になっている場所もあるので足元に

祖母山頂南面の天狗の岩場と烏帽子岩（右）の眺め

三秀台から眺めた祖母山（中央）
（上下とも19-②）

注意しよう。

このあたりはブナ、ナラ、カエデ類が茂り、アケボノツツジも多く、新緑、ツツジ開花期の五月、紅葉期は見事な景観である。

尾根は痩せているが灌木やササが茂り心配するほどではない。しだいに樹高が高くなり、頭上を覆う。急な崖を巻く箇所は慎重に下りたい。一四五三㍍地点を過ぎると道は尾根上から谷の源頭に下る。

急斜面の下りはロープを使い、さらに下ると自然豊かな樹林となる。やがて左側に巨石が点在し、巨石の積み重なった**風穴**に出る。奥行が一〇㍍の巨石のトンネルで、標高一三五〇㍍地点にある。

さらに下ると傾斜が緩み、谷沿いの道となる。やがて谷は水が流れるようになり、小谷を左へ渡るとあたりは人工林になる。ジグザグに下り先の小谷を再び横切り、山腹を西へ向う。頭上は自然林が覆う静かな登山道だ。

やがて植林となって小谷を横切り、さらに歩くと**北谷**に出合う。すぐ林道に出て左へ歩くと**登山口**へ帰着する。

▽**参考コースタイム**＝北谷登山口（1時間）千間平（30分）国観峠（50分）祖母山（1時間）風穴（50分）北谷登山口

〔山道案内〕19－③

▽**歩行時間＝八時間四〇分**

尾平→黒金山尾根→天狗岩→障子岳→古祖母山→尾平越→尾平

▽**二万五千図＝見立、祖母山**

尾平登山口の駐車場から、鉱山跡地排土置場へ鉱口から流れてくる排水溝を渡り直進。左にうず高く盛られた排土を見て、奥岳川左手を歩く。宮原の稜を経て祖母山へ向うコースは吊橋を渡り右に向う。

黒金山尾根コースはこの吊橋の橋下を通り、川沿いに上流へ歩く。途中センスジ谷を横切る。左に鉱山跡の水処理場を見て二番目に現れた吊橋を右に渡る。

昔はここの右上がキャンプ地であったが、車社会の現在では日帰り登山が大半で、テントを張るパーティは皆無のようだ。植林の道をしばらく歩くと**ウルシワ谷・川上谷出合**に達し、谷を左手に渡る。

川上谷左手沿いは植林で、すぐ左上へ分岐している三枚谷を渡る。さらに川上谷の川床に降りて、ナメ（滑らかで板状の岩）に清流が滑るように流れる中、ケルン、道標に導かれて飛石や丸太橋で右手に渡る。

ここが**黒金山尾根取付**で、木の根の露出した急坂登りが始まる。モミ、ツガ、カヤ、アカマツなどの巨木を見ながら汗を流すと、尾根は痩せ、左下は岸壁となり展望がよくなる。わずかに行手頭上に障子岳や天狗岩が見える。また、川上本谷方面に広がる樹海が素晴らしい。

登り一辺倒で尾根幅がわずかに広がり、見事な自然林が続く。時折樹間から右上、宮原から馬ノ背の稜線、ウルシワ谷源流方面の深い樹海が見えかくれする。

やや斜面が緩むと左下に谷源流が迫り、水を得るための踏跡が谷側へつづいている。**休憩はこの場所**がよい。体調が整ったら再度急登に挑む。少しきついが稜線まで胸突く急登をがんばって歩こう。ヒメシャラ、ブナの巨木、モミの針葉樹にクマザサの密生する斜面だが、整備されて安心だ。

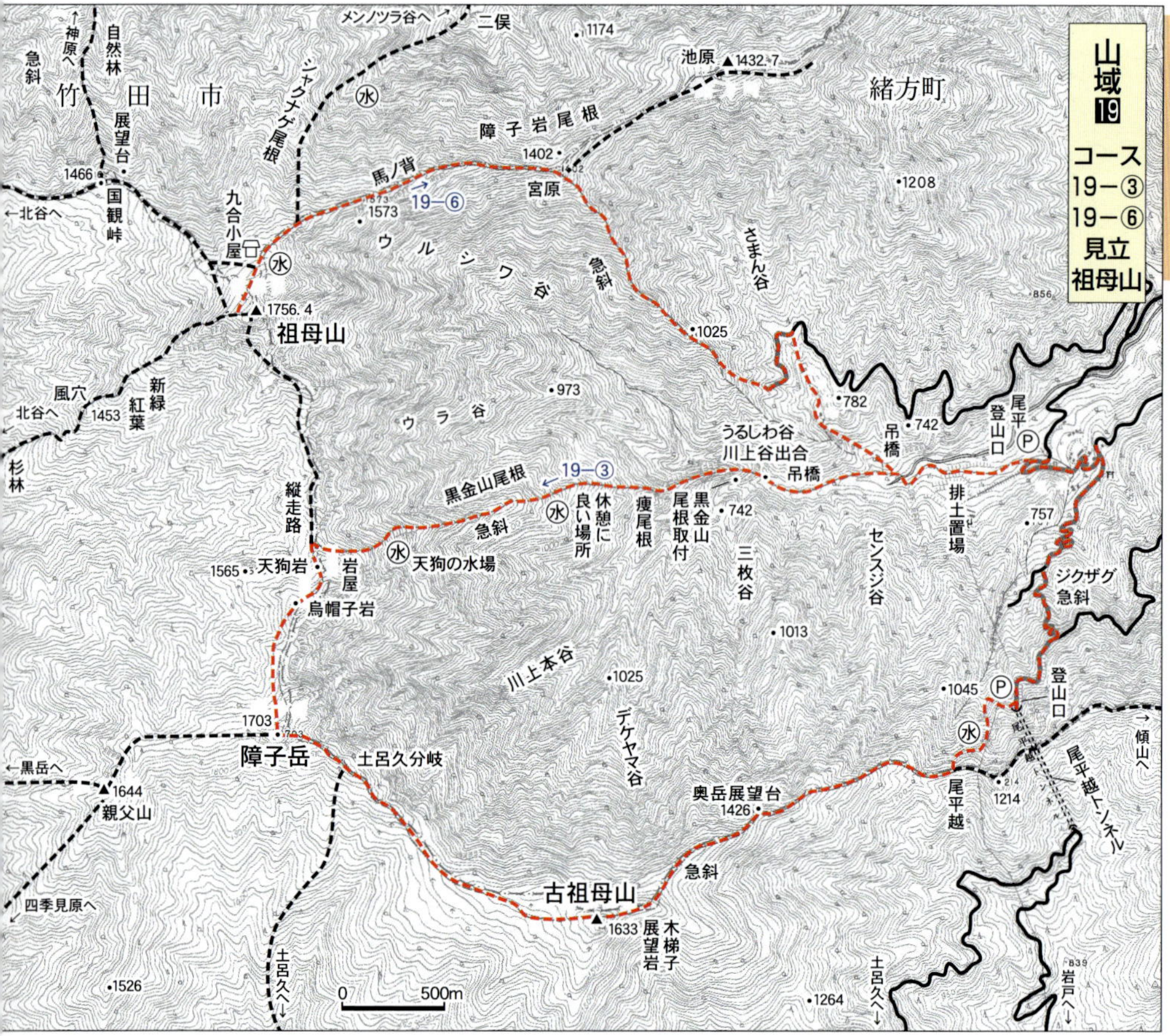

黒金山尾根には二ヶ所の傾斜の緩みがある。二番目の緩傾斜の尾根からは祖母山や、頭上に天狗岩方面がわずかに望める場所がある。以後急登が続くがゆっくり行こう。登山は急がず、休まず、ゆっくりと長続きのする方法で歩くことだ。

私も山登りは、五〇年にもなりそうな経歴であるが、年を取ると体力も衰える。それを補うのは「疲れないようにゆっくり歩き、休まない」という心構えである。簡単なことだ。経験が浅い登山者は、前に人がいるとすぐに追越して先を急ごうとする。そして疲れる。経験の豊富な者は一日一〇時間歩くとすると三回休めばよい。それも一回の休みは一〇分程度だ。だから若い人たちより、トータルで早い。それが三日も続けば、若い人たちはもうついてこれないだろう。

さて、短くジグザグを切って登ると、左上方に天狗の岩峰基部が現れ、それが足下になるころ左手に水場が現れる。ここが**天狗の水場**、巨石の基部から水が湧いている。手を浸すと冷気が肌に染み込むようで登りの疲労も忘れてしまう。ここで一息入れて水筒に水を満たす。

すぐ上手に天狗の岩屋がある。岩屋は巨石の下に六畳と四畳半ほどの二室があり、雨露をしのぐには充分の場所と広さである。岩屑のジグザグ道わずかで稜線の**縦走路**に出る。

右が祖母山、左が天狗岩・障子岳方面だ。左の道を取るとクマザサの稜にドウダンツツジ、ノリウツギ、ヤシャブシ、アケボノツツジの灌木が茂り、浸食された赤土の道となる。

秋の障子岳から祖母山の展望

緩い登りで丘に上ると、左上ササの中に踏分けがある。**天狗岩**へはこの灌木帯を左に廻り込んで岩峰に出る。二段目の岩塔へはリッジ（=狭い稜）を渡る。空中に突き出た岩上は見晴らしがよくスリルがある。ただし強風時は行かないほうがよいだろう。

稜線に戻って少し歩くと左に烏帽子岩が現れる。この岩は尾平からは突峰で目立つが、稜線上では平凡な露岩である。

稜線縦走路は川上本谷の源頭を左下に見ながら、障子岳直下に達し、東の岩塊の基部を左から巻いて登っていたが、危険なため現在では右に灌木帯を直登して、東西に細長い**障子岳山頂**の中央に上るようになっている。三角点は右側すぐだ。

そのまま西の尾根に下る道は親父山、黒岳方面。東の尾根が縦走路で傾山方面へ向う。山頂の展望は北に祖母山、その右に大障子岩、障子岩、左は遠くに阿蘇山、西に黒岳、親父山、その後方遠くに九州山地、南は土呂久《とろく》の谷を経て大崩山塊、東は稜線縦走路の最奥に傾山、晩秋晴天早朝に私は遠く四国の石鎚山を認めたことがある。

障子岳東の岩上からは奥岳方面の展望がすばらしい。この岩の右側を急下降する。樹木を手掛りに下るとだんだんと傾斜もゆるみ、東にササ帯の一本道が続く。しばらくで宮崎県土呂久方面からの登山道が出合う。古祖母山まで特に急な上下もなく、展望のない稜線の道を歩く。

浸食で窪んだ道が開けると、**古祖母山頂**に着く。南面に岩盤があり、北は灌木帯となっているので一服するのにちょうどよい日溜りの展望台だ。山頂から北に数十㍍も進むと北面の展望のよい岩があり、ここから下りとなる。岩場の中央が溝となりロープと木梯子を伝って下に降り立つ。

しばらく急下降が続き足元に注意して下ると、斜面も緩み歩きやすくなる。このあたりが祖母・傾山群の中で最もツクシアケ

障子岳をバックに古祖母へ向う登山者

5月の古祖母山のアケボノツツジは九州一の賑やかさだ（19－③）

ボノツツジ群落の多い場所だ。花の季節にはぜひ訪れたい。

地図上一四二六㍍地点は、奥岳渓谷側に乗り出した露岩があり、渓谷の展望がよい。

明るい樹林帯の稜線歩きは快適で緩い上下に身をまかせながら歩いていると、行手に顕著なピークが現れる。手前の鞍部が**尾平越**である。

道標を見て左下へ急下降すると山腹のトラバース場所で水場を見る。杉林から左下へ再度の急下降で、きつい急斜のジグザグ道から右にわずかで、**トンネル北口**の広場に出る。

車道を五〇〇㍍あまり下ると**右カーブに広場**があり、ここで車道を離れて左下の尾根道に入り、ジグザグに急下降する。現在トンネル北口広場まで車を使い、ここから往復登山をする登山者が多くなったので、この尾根道の下山口を探すのに時間がかかるかも知れないが、見つかればもう問題はない。

下って行くと左に古い鉱口を見て、鉱山管理の車道に達する。小谷手前で左の里道を取ると、登るときに廻ってきた車道に出合う。これを横切って**青少年旅行村**の中を通って再度車道に出ると、わずかで**駐車場**に戻る。

▽**参考コースタイム**＝尾平（30分）ウルシワ・川上本谷出合（2時間30分）天狗の水場（30分）稜線（50分）障子岳（1時間30分）古祖母山（1時間30分）尾平越（30分）尾平トンネル（50分）尾平

〔山道案内〕19－④ ▽**歩行時間＝六時間五〇分**

九折→九折越→傾山→三ツ尾→九折

▽**二万五千図＝小原、見立**

九折《つづら》鉱山最奥車道終点から鉄鋼を張った橋上を歩く。ケイセイ谷を渡ると水路沿いとなる。やがて道が二手に分かれ直進すると鉱山廃鉱、三ツ尾方面への登山道だが、右上する登山道を行く。常緑広葉樹林となり山手本谷《やまてほんたに》と離れて高度が上る。

山腹を横切り三〇分も歩いていると、水流のある小谷を渡る。緑が濃く夏でもあまり暑さを感じない谷間だ。小尾根を乗越すと左下にセンゲン谷が現れ、幅広

傾山方面を望む。左の岩峰は三ツ坊主（19－④）

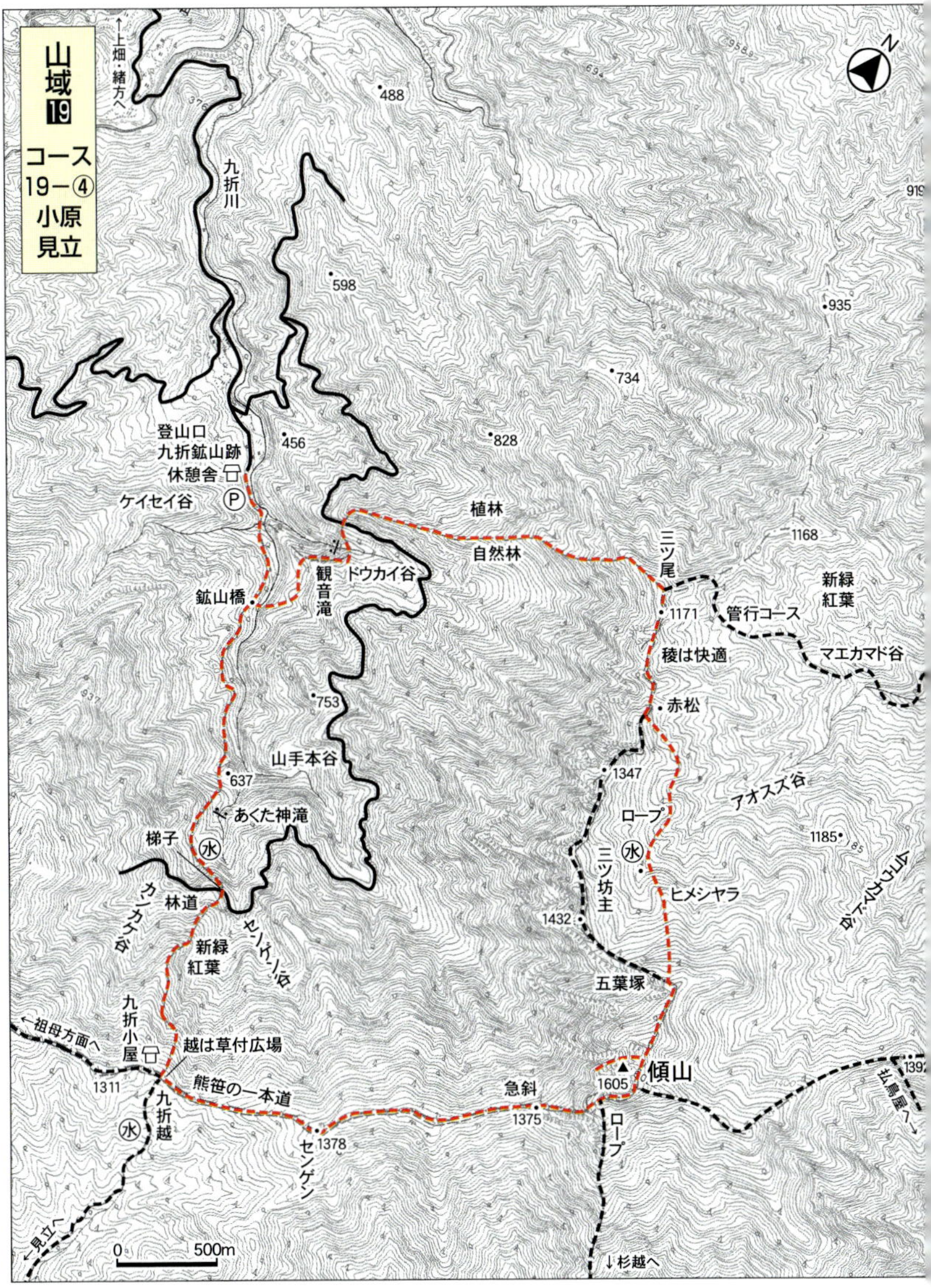

く水を落とす**アクタ神の滝**が見える。アクタとは、塵芥《ちりあくた》のアクタだが、美しい立派な滝である。

センゲン谷は右にカンカケ谷を分ける。登山道は上流で**カンカケ谷と出合い**、谷中を一〇〇㍍あまり飛石伝いに歩き、谷の左手に上る。このあたりで水筒に水を満たすとよい。

急登となり木の根や岩が露出した斜面をジグザグに切って歩く。モミやツガが目立ち険しさが増す。途中に梯子やロープもあり、足元に注意してバランスよく伝って行こう。左下にセンゲン谷の水音が響き、**林道**に出る。

この林道は九折登山口方面から三ツ尾登山道を突切り、山手本谷を左から右に巻いて来るが、途中そうとう荒れている。

林道を左に二〇㍍ほどで、右上に鉄梯子がありここから尾根に取り付く。単調な登りだが頭上は緑が濃く気持ちがいい。樹間からは傾山が姿を見せる。やがて道脇がクマザサとなり**九折越**の広場に出る。正面は見立方面。右は一〇〇㍍で九折小屋、祖母山方面。左が傾山への道である。

傾山へはササの一本道にブナ、ミズナラ、カエデ類、ナナカマド、ナツツバキが繁る。ナツツバキは七月中旬にツバキに似た白い花を咲かせる。幹がリョウブに似た大木で沙羅《さら》の木のことである。

緩い登りで一三七八㍍地点のセンゲンのピークを越える。やや下り正面に傾山方面の岩峰を眺める。短い上下で稜線を進むと後傾《うしろかたむき》の岩壁基部に至り急登となる。

岩や木の根、立ち木をつかみながら登っていると、背後には九折越から祖母山、南には杉越から大崩山方面が望まれる。やがて杉越からの登山道が右下から出合う。岩を登る場所もあり、固定ロープもあるのでこのたりは充分注意しよう。展望がぐんと開け、露岩上から傾本峰が左手すぐに見える。

東へわずかに歩いて、後傾と本傾《ほんかたむき》の鞍部に下ると右手から宇目払鳥屋《はらいどや》登山道が出合い、短い登りで正面に三ツ尾、白谷方面からの登山道が出合う。左上に地蔵祠を見て巨石を乗越すと**傾山頂広場**である。西奥まで踏跡があり、五葉松やツツジの自然の配置がよい庭園風の山頂は、四周の展望が雄大で山の深さを実感できる。

近年山頂の土の流出が気になる。昔と比較するとおそらく山頂一帯は久住山頂のように岩と土ばかりになってしまうだろう。

東端から灌木帯を下り北へ向う。短く上下し**五葉塚**《ごようづか》の小ピークに着くと登山道は二分する。左は三ツ坊主《みつぼうず》方面への道だがここは直進する。アオスズ谷源頭を横切り、三ツ尾へ向う登山道である。

ヒメシャラの目立つ下りから涸谷へ達し、山腹を横切ると水場がある。水流沿いの道からわずかで谷と離れる。谷を突切る露岩に沿ってロープが渡されているので安心だ。

頭上は木が茂り、短い登りで三ツ坊主の尾根から派生する支尾根を乗越し、オヒョウ、ブナ、ヤマウルシ、ミズナラの自然林の中を歩くと、三ツ坊主を越えた道が左から合流する。右下にある大きな**赤松**が目印となる。

稜は明るく広く、落葉を踏むと足裏に快いクッションが伝わってくる。ササがまったくない稜線から、**三ツ尾**が近づくにつれてササ帯となり右手に白谷からの管行《かんこう》コースが出合う。

すぐ先で稜線から離れ、支尾根が九折

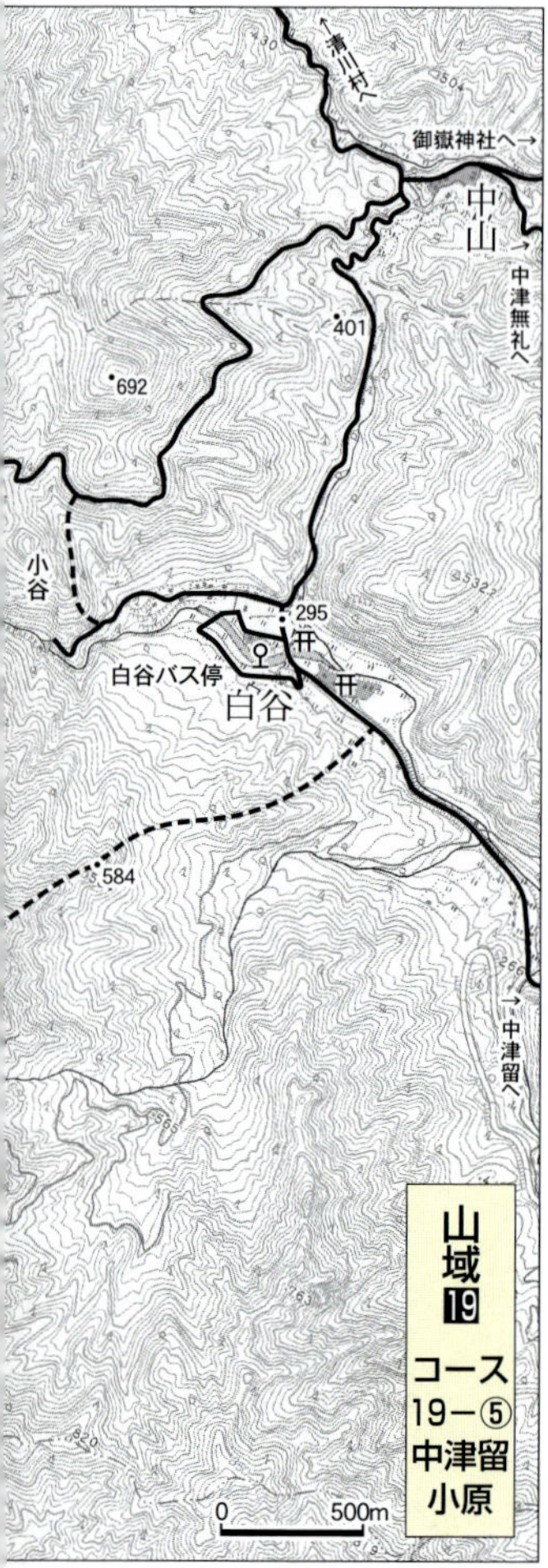

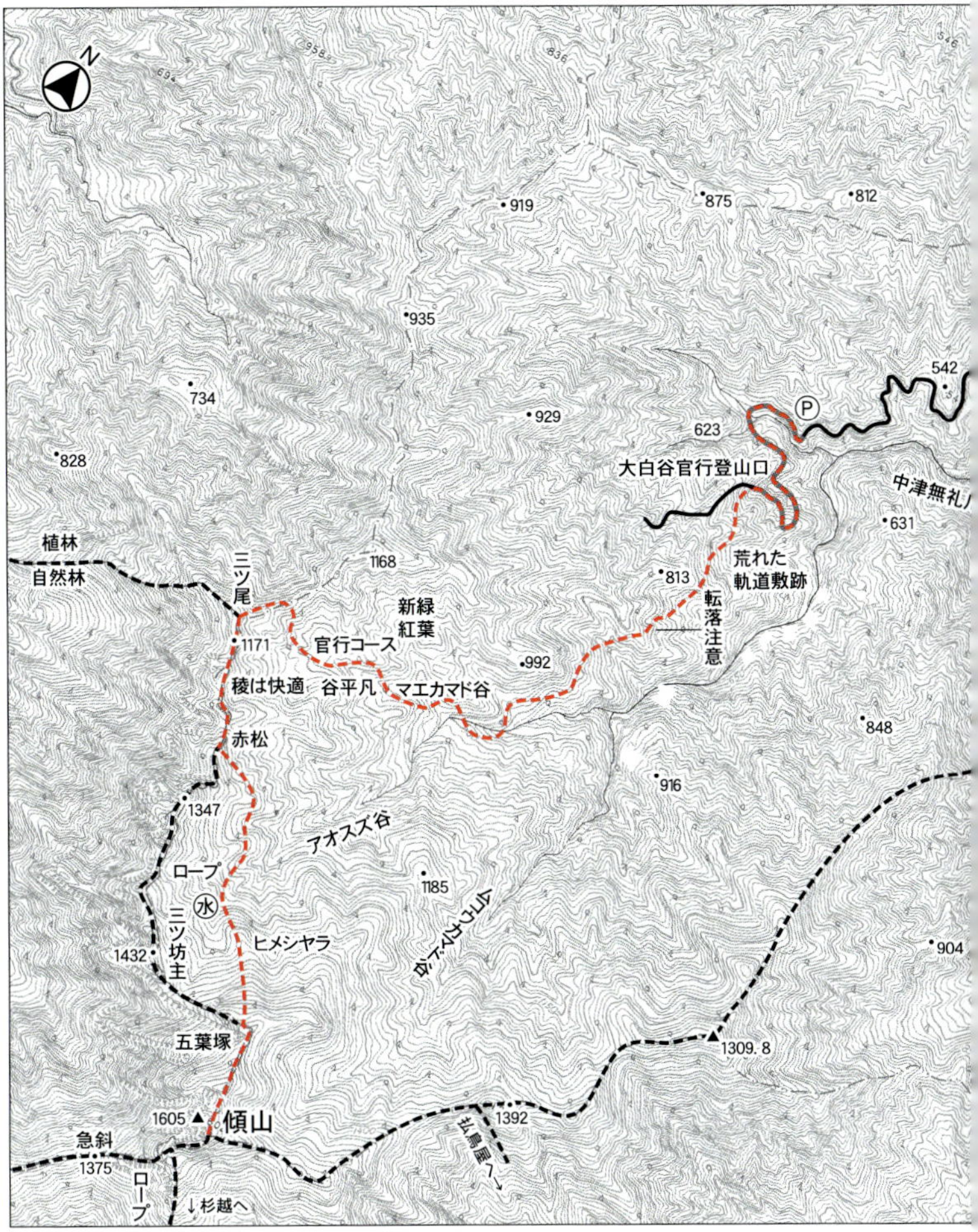

方面へと伸びている。右は植林、左は自然林でこの境目の急坂を下る。やがて自然林の中のジグザグ道となり**林道**へ出る。林道を横切って下るとドウカイ谷と出合い、観音滝の上流を横切ることになるので、増水時は特に注意が必要だ。危険な時は林道を下るほうがよい。

谷の左の古い鉱口を見ながら下ると、右下には観音滝が白布のような飛沫をあげているのが見える。しばらく谷沿いの尾根から左に緩く下ると、鉱山跡に向い、その鉱口下で山手本谷に出る。鉱山橋を渡ると九折越への登山道に出合う。ここからすぐで**傾山登山口**へ帰り着く。

▽**参考コースタイム**＝九折鉱山登山口（1時間30分）九折林道（1時間）九折越（1時間20分）傾山（1時間30分）三ツ尾（1時間30分）九折鉱山登山口

〔山道案内〕 **19-⑤** ▽**歩行時間＝五時間**

大白谷官行登山口→アオスズ谷→三ツ尾→傾山 ▽**二万五千図＝中津留、小原**

林道奥の**駐車広場**から谷を渡り、荒れた林道を大きくカーブして、約二〇分で車道左手の尾根に**登山口**がある。

登山道をゆっくり登ると、八一三メートルピーク手前で古い木材積み出しの軌道跡地に出る。ここから山腹を横切って行く。右下の中津無礼の谷は深く、軌道跡は荒れた場所もあるので要注意だ。滑ったら怪我では済まされない。

淡々と歩いて行くと左下から谷音が響いて、軌道敷跡が消えると、三ツ坊主へ

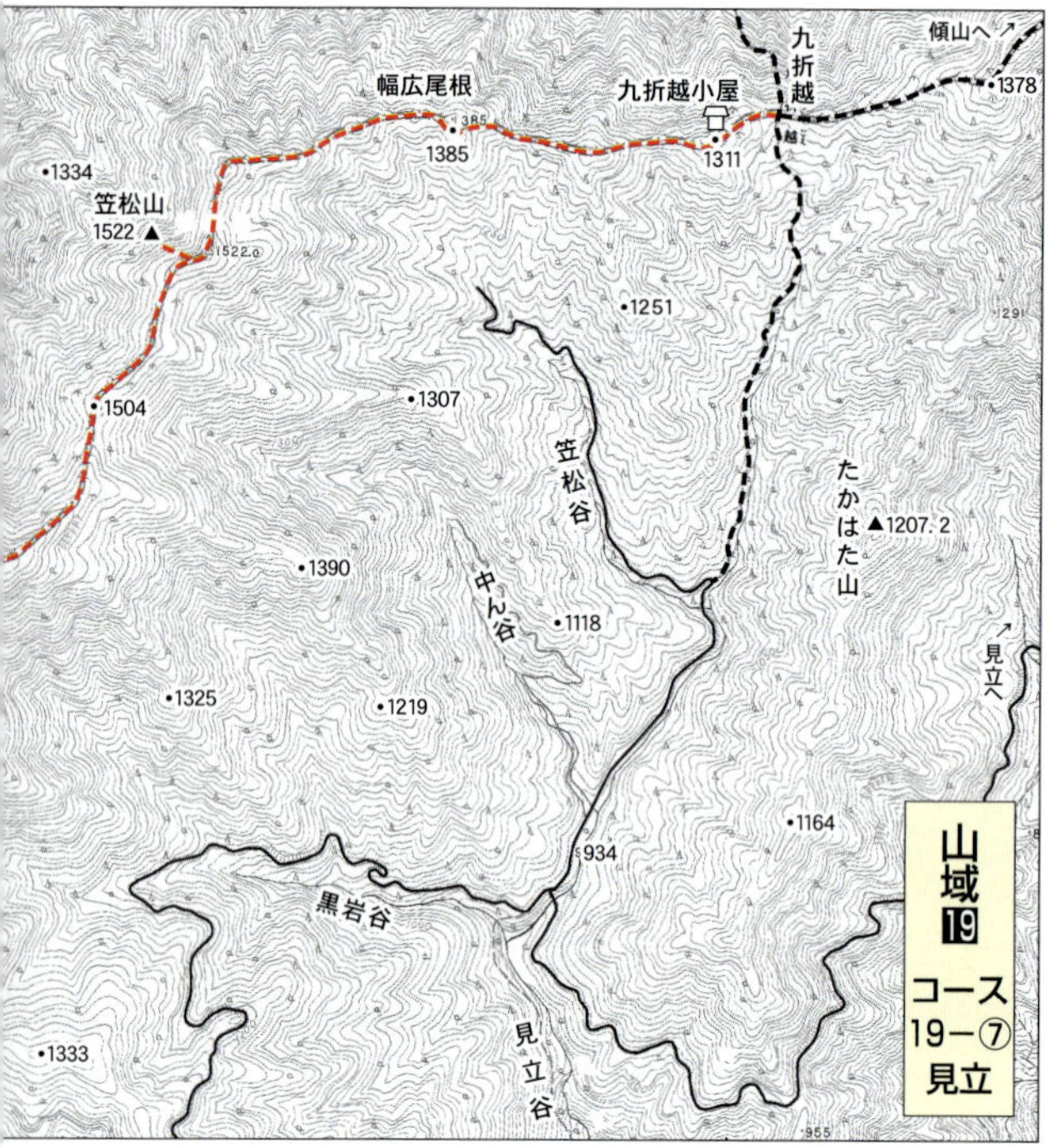

突き上げる**アオスズ谷**へ出る。巨石の点在する谷を右へ左へと渡り、谷沿いに上流を目指す。テープの目印と「傾山～白谷」の青地に白地の古い標識もある。

谷は崩壊地もあるが、テープの目印があるので道を見失わないように注意しよう。アオスズ谷と別れて一一七一メートル、三ツ尾のピークに源流を持つ谷沿いの道を取り、幾度も谷を左右と渡りながら登る。谷中を歩く場所も多いので急がずゆっくり歩こう。水は少なく季節によっては涸谷となる。頭上を覆う森の緑が素晴らしい。

谷の源頭に達し、行手にササが現れると明瞭な踏跡のある道となる。クマザサの登山道から**三ツ尾**の稜線に上り、九折から傾山への登山道に出る。ここからはアオスズ谷源頭、五葉塚を越えて**傾本峰**へ登る（前項参照）。

▽**参考コースタイム**＝大白谷官行登山口（1時間）軌道跡（1時間）アオスズ谷（1時間20分）三ツ尾（1時間40分）傾山

《その他のコース》

19-⑥　祖母山→宮原→尾平

祖母山頂から九合目小屋を経て小松尾根分岐へ達する。ここから障子岩尾根への登山道を直進すると尾根は痩せて馬ノ背の岩稜になるが、道は整備されており、慎重に行動すれば問題ない。

宮原から障子岩尾根と分かれて右下へ急下降する。この尾根の途中から左に道を取るとさらに急斜となる。右下に沢音を聞くとアカマツが目立ちはじめ、杉林から荒れた**林道**へと降り立つ。

谷の崩壊地を渡りなおして林道をしばらく歩き、**道標**で右下への踏分けを取り、荒れた谷を横切る。谷沿いの下りから植

傾山五葉塚から三ツ坊主と遠くに九重連山を望む（19-⑤）

林の中の短いジグザグ道を歩くと奥岳川に出て吊橋を渡る。奥岳渓谷の左手の遊歩道を歩いて尾平

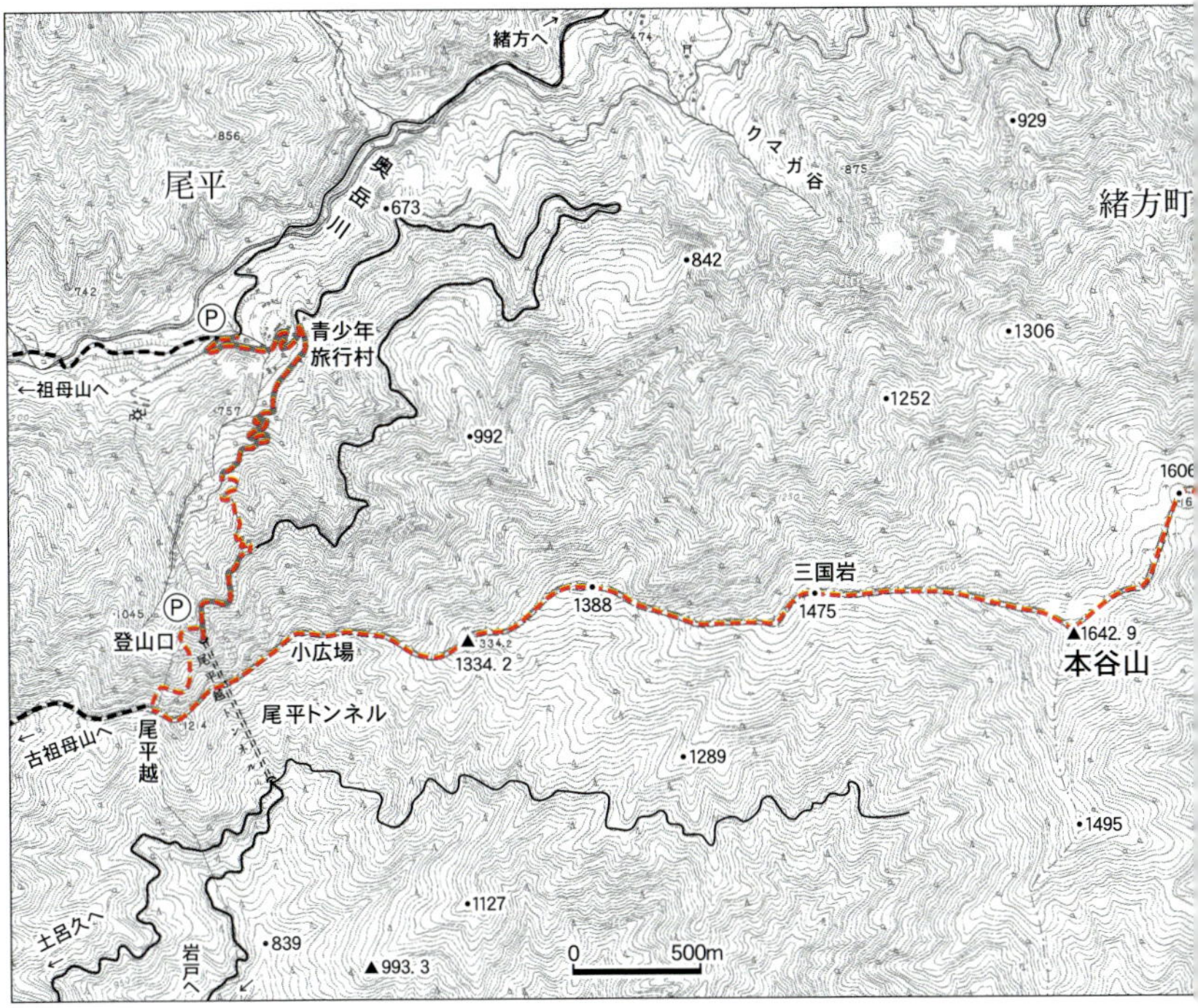

の**駐車場**へ着く。祖母山頂から約二時間三〇分。

19－⑦ 尾平越→本谷山→九折越

尾平越から東へ二つのピークを越え小広場を過ぎると登りが多くなる。登り詰めると樹間から左下に尾平の集落が見える。宮崎県側は植林が稜線にまで及んでいる。登山道は浸食された場所もあるので少し歩きにくい。

三国岩《みくにいわ》と呼ばれる露岩のピークは祖母山方面の展望がよい。ここから小ピーク数個を越えると**本谷山**である。ササと灌木に囲まれた山頂からの展望はない。

山頂からの下りの道沿いにはブナ、ナラ、カエデ類が茂る。短い上下を繰返し

笠松山方面から傾山の眺め（19－⑦）

馬ノ背方面から祖母山を眺める（19－⑥）

て**笠松山**の近くに達する。縦走路の左わずかに山頂があり、傾山方面の展望が得られるので寄り道するのもよい。

縦走路に戻り笠松山の右を巻いて下る。幅広の尾根となり笹が消えて、ブナやナラ林の気分のよい丘を越えると九折小屋が見えて来る。そのすぐ前方が**九折越**である。尾平越から約四時間。

〈問合せ先〉 [神原方面] 竹田市役所☎0974・63・1111、竹田交通☎0974・63・3151**〈アクセス〉**◉マイカー＝東九州自動車道大分米良IC、国道10号犬飼、国道57号竹田市玉来。九州自動車道熊本IC、国道57号竹田市玉来。

[北谷方面] 高千穂町役場☎0982・72・1200、宮崎交通高千穂営業所☎0982・72・4133、宮交タクシー☎0982・72・2121**〈アクセス〉**◉マイカー＝九州自動車道熊本IC、国道57号立野、国道325号高千穂町河内、県道8号五ヶ所。国道10号延岡市昭和町、国道218号高千穂町河内。

[尾平・九折方面] 緒方町役場☎0974・42・2111、竹田交通☎0974・63・3151、もみ志や旅館☎0974・47・2038、尾平青少年旅行村☎0974・47・2041**〈アクセス〉**◉マイカー＝東九州自動車道大分米良IC、国道10号犬飼、国道326号三重町、国道502号か国道57号竹田市原尻の滝、県道7号上畑、九折。

[白谷方面] 三重町役場☎0974・22・1001**〈アクセス〉**◉マイカー＝国道502号清川村、県道45号中津留から白谷、白谷から清川村長小野方面へ。

《山頂の荒廃》 九州山岳で、山頂の消耗が一番激しい山は久住山であろう。私は登山を始めて五十年になるが、最初に登ったのが久住山である。

熊本から久留米へ出て、久大本線で豊後森、バスで長者原へ。現在のレストハウスのある場所に食堂があった。硫黄精練所を過ぎて、三俣山西斜面を横切りすがもり越、千里浜、久住分岐から久住山へ登った。

山頂は単子葉の緑の草や地を這うミヤマキリシマが見られ、緑濃い山頂で、三角点周辺わずかに裸地がみられるぐらいであった。

あれから四十数年、行政の自然保護策もなく、特に九州横断道路の開通で、牧ノ戸～久住山のコースを含めて自然破壊は進む一方だ。途中登山道の裸地化、浸食が激しく、久住山頂付近は巨石累々の賽の河原の観がある。

近年登山を始めた人には緑で覆われた山頂は想像もつかないであろう。大船山も久住の二の舞を踏んでいる。東京都市圏の丹沢大山に負けず劣らずの荒廃ぶりを見るに偲びず、久住山域を避ける人もあるくらいだ。

熊本県
山域20

八方ヶ岳

やほうがたけ（1051・8m）

死火山で四方に浸食が進み、深い谷や尾根の岩峰があり地形は複雑だ。山麓から眺める姿は奇怪な形で、山頂は草原で四周の展望がよい。正月や春秋の季節は登山者も多い。初夏のシャクナゲ、秋のヒガンバナは綺麗である。

〔山域の魅力〕菊池市と山鹿市との境にある八方ヶ岳《やほうがたけ》は、古い時代に噴火した死火山で、四方に浸食作用が進み、放射状に谷が伸びて、尾根には岩峰が突出し、山麓から眺めると奇怪な形をした山である。

　別名を矢筈《やはず》岳と呼び、山頂は広く円形状、草地で四周の展望もよい。頂上には祠があり古来、信仰の山であることを教えている。

　北側には矢谷渓谷があって、岩盤を滑るように流れる清流は、夏場に滝滑りを楽しむ子供達の歓声で溢れ、暑さ知らずの別天地だ。近在の人々の訪れる場所でもある。

〔山道案内〕20

▽歩行時間＝四時間一五分
番所→矢谷渓谷矢谷橋→穴川分岐→八方ヶ岳→山の神分岐→矢谷橋→番所

▽二万五千図＝八方ヶ岳

　バス終点から番所《ばんしょ》の集落を抜けると、県道は左に急カーブし、直進するキャンプ場への道を取る。右の駐車場からキャンプ場を突切り、上手の車道に出て三差路の上を取ると、すぐ**矢谷橋**の三差路に達する。

　マイカーの場合、橋脇に三台駐車可能で、ここから左上の車道を取る。

　車道はカニのハサミ岩の右を巻いて、山の神からの登山道を突切り西側へと伸びている。下山に利用する事にして、案内に従って**杉林**に入る。

　谷の左沿いに登る登山道は、数回谷を渡り源流で左側に出る。谷と離れると自然林となり、稜線の鞍部に至る。ここは菊池市穴川に至る峠で、**穴川越**《あながわごし》と呼ばれていたが、穴川方面を現在歩く人はない。

ヒガンバナ咲く山麓番所から八方ヶ岳

草原が広がる八方ヶ岳山頂から菊池平野の眺め

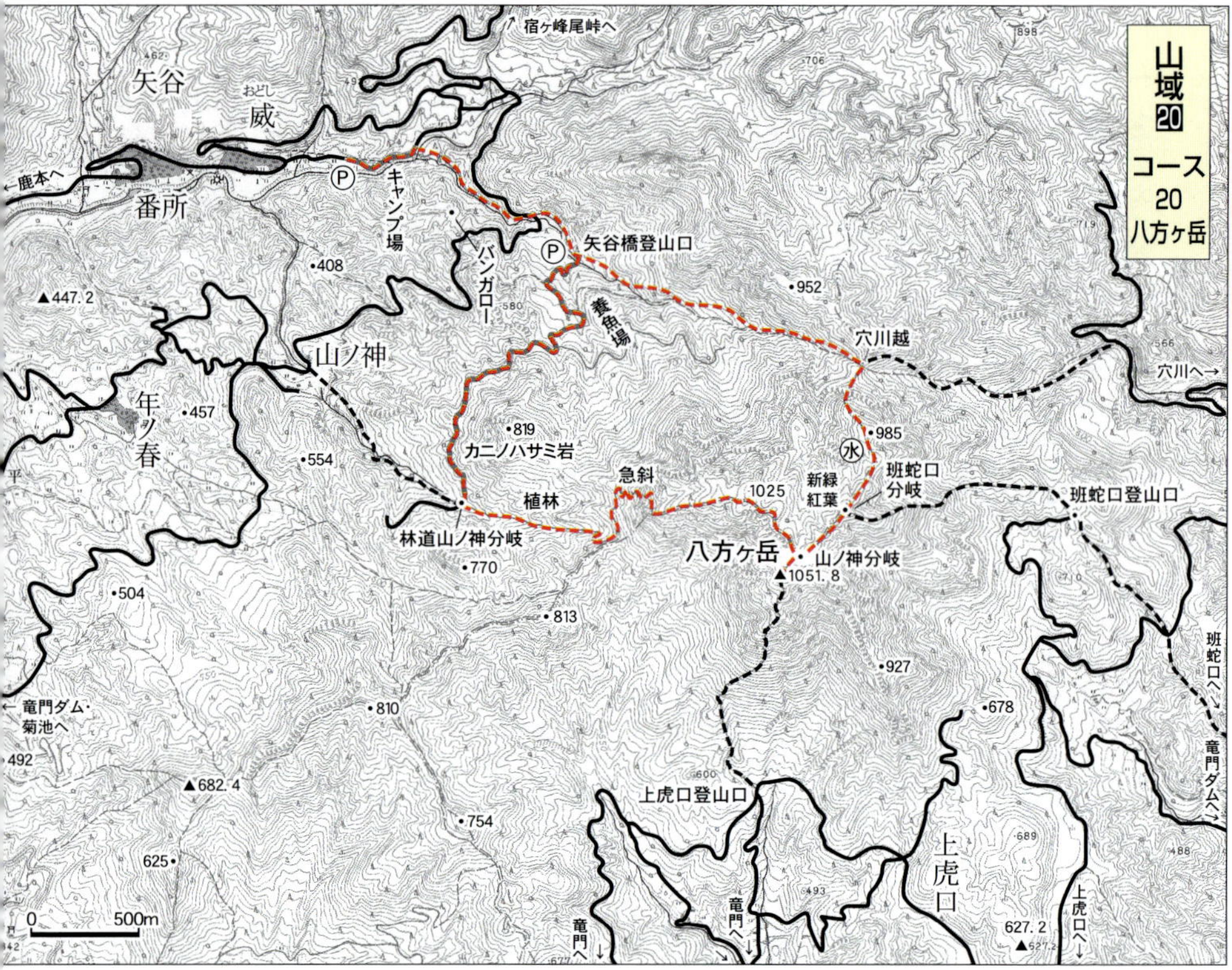

右折して稜から右の山腹を巻き登る。右下は先の谷源流で、急崖となり胸突く急登で注意して登ると、涸滝の上手、谷の源流に達しわずかに水流を見る。

頭上を覆う落葉広葉樹林の新緑・紅葉は気持がよい。浅い谷源頭をしばらく伝い、短い急登で**稜線上**に立つと、あとは稜線漫歩となる。

菊池市側斑蛇《はんじゃ》口《く》への登山道を左下に見送り、短い上下で樹林を西進すると、右側から山の神登山道が出合う。緩い登りで行手が開けると左上が広い草付の**八方ヶ岳山頂**である。

展望は、県北の山々が西から国見山、三国山と北に開け、東に向けて御前岳《ごぜんだけ》、釈迦岳《しゃかだけ》、酒呑童子山《しゅてんどうじやま》、さらに遠く九重連山、東に祖母、阿蘇の五岳、南は熊本平野の奥に九州山地も浮かんで見える。

草原で休養と展望を楽しんだら、**山の神分岐**まで戻る。左に取り緩く下ると、左側は急斜となり樹木の間から西側の展望を得る。

灌木帯の緩い登りで植林の広い頂を過ぎて下りとなると浅い谷に向って道を取る。植林は台地の西端で終り、崖混りの急斜面に落葉樹が茂る。丸木段や細い道をジグザグに切って急下降すると、急崖は尾根状となり植林帯となる。

尾根を離れて左に取り、山腹を南に横切って西に向う尾根手前で、植林の広い斜面を下り浅い谷に出る。右上樹間からカニのハサミ岩の岩峰が望まれる。

植林帯が平坦となる頃、**林道**に出る。横切って再度植林の中を下れば山の神へ達する。この林道を右へ進む。

林道をやや登ると右上にカニのハサミの岩峰を眺め、岩峰の左を巻いて行くと下りとなり、養魚場を右に見ると、行手に**矢谷橋**が現れる。さらに舗装された林道から三差路を過ぎると、すぐ左手キャンプ場を突切る登山道を進み番所へと下山する。

▽**参考コースタイム**＝番所（30分）矢谷橋（50分）穴川分岐（1時間20分）八方ヶ岳（5分）山の神分岐（40分）山の神分岐（30分）矢谷橋（20分）番所

〔問合せ先〕 菊池市役所観光課☎0968・25・1111、山鹿市菊鹿支所☎0968・48・3111、九州産交山鹿営業所☎0968・44・6111 **〈アクセス〉** JR鹿児島本線熊本駅・熊本交通センター（九州産交バス山鹿乗換1時間35分）番所。◉マイカー＝九州自動車道菊水IC、県道16号山鹿、国道325号鹿本、県道9号矢谷渓谷へ。

熊本県

山域21

阿蘇南外輪

俵山《たわらやま》（1094・9m）

大矢野岳《おおやのだけ》（1236m）

阿蘇の外輪山は阿蘇山より古い山で、山麓は牧野や採草地に利用されている。春の野焼き、初夏の若草、秋のススキ野、冬の草こずみなど四季の風情が溢れる山域だ。リンドウ、マツムシソウなど野の花の種類も多い。

〔山域の魅力〕 すすき原みな逆立て阿蘇へ向き風のぼるなり外輪の山
与謝野鉄幹

阿蘇は周囲一二〇キロといわれるカルデラを抱く複式火山の総称で、カルデラの規模の大きさでは世界一といわれる。

また外輪山は阿蘇山より古く、登山の対象として楽しめる山がたくさんある。


外輪西の一角にある俵山《たわらやま》は、西原村一帯の家畜生産農家の牧野・採草地として利用され、春は野焼き、初夏は若草、深緑の季節は阿蘇特有の野の花、秋はススキ、冬は草こずみ、と四季の風情溢れる景色で親しまれる山である。

大矢野岳《おおやのだけ》は、南北外輪壁の最高峰だ。草山が多い外輪山にあって大矢野岳から東の高千穂野《たかぢようや》間は稜線上まで樹林帯が発達している。新緑・紅葉、落葉の季節それぞれに趣がある。

稜線の標高差はあまりなく、樹陰が多い道は盛夏でも楽しい。ブナ、カエデ類、ナラ、カシワ、ヤマボウシが頭上を覆い、木の花も多い。

俵山はもちろん、地蔵峠から大矢野《おおやの》岳《だけ》は草原で、県花リンドウ、マツムシソウ、ヤマラッキョウ、カワラナデシコ、オミナエシ、ウメバチソウなどが咲き、野の花観察ハイクも面白い。

また南北外輪山には峠が多く、北外輪の二重《ふたえ》の峠《とうげ》、南外輪の七曲り峠、護王《ごおう》峠《とうげ》、地蔵峠、駒返峠《こまがえりとうげ》、清水峠《きよみずとうげ》その他古い歴史の残る場所も多い。

展望は抜群で、山頂のみならず、登山の途中で眺める南郷谷や阿蘇の五岳は雄大、公的交通機関も便利で、登山後汗を流す温泉も各所に点在している。

〔山道案内〕 21－①

▽歩行時間＝四時間四〇分

揺ヶ池登山口→牧道→防火帯→俵山→護王峠→堀渡　▽二万五千図＝立野、大矢野原

揺ヶ池はお池さんと呼ばれ、地元の人に親しまれる湧水池である。登山口には俵山鳥瞰図が立てられているが、イラスト的ではっきりしない。標識も不備と思われるのでガイドブックか地図を持参しよう。

登山口の中央、ツツジの植栽地は通称日の丸公園といい、秋は草が花模様に刈られて楽しい。その右手浅い窪地を挟んで草尾根が中腹に達する。この尾根を目印に登る。

夏場は草が茂り踏分けが見えない場所もあるが、足元はしっかり踏まれて草は生えない。草刈りや野焼のあとは立派な踏跡が出現する。

草山には露岩が点在し幅広い尾根の登りは、意外と急斜面なのでのんびり歩こう。展望は遮る物がなく西面の眺めがよい。

尾根を登り詰めると標高六一三㍍の丘で、ここからわずかに下る。さらに登ると**六六一㍍の台地**に達し右下からの荒れた**牧道**と出合う。

この荒れた牧道を左に取ると、両脇は杉の植林となり、俵山中腹を西から北へ廻り込んで行く。すると北へ伸びる支尾根の台地に達する。支尾根東側に**防火帯**があり、支尾根分岐まで続いている。

揺ヶ池俵山登山口から見た日の丸公園と俵山

この防火帯を使って**尾根分岐**まで登る。踏跡もあるので歩きやすい。尾根上から立野方面の展望が特に優れ八六五㍍地点に着く。幅の狭い尾根を東に登ると、アセビ、ヤシャブシの灌木が点々としてくる。**九二八㍍ピーク**に達し、露岩に立って眺める景色はさらに良い。

幅を広げた尾根の防火帯は緩く伸びて、のんびり歩ける。やがて防火帯の最上部に達すると正面に灌木が茂り、右手が植林となりその中に登山道はある。

左の灌木帯のピークは一〇七〇㍍、右

秋はススキの穂がなびく俵山山頂

上は俵山への尾根、その**中間の鞍部**に出ると、アセビ、ウツギ、イヌツゲの点在するカヤ野となる。一本道を登り左折すると、そこは広い**俵山山頂**の一角である。

どこが最高地か区別が出来ないほど東西に長い山頂のほぼ西面に三角点と標識がある。

山頂から西へ下る防火帯は、途中牧道に出て揺ヶ池へ向かう。東の踏分けは山頂東端に出るとT字路となり北は俵山峠、南は護王峠へと向かう。

山頂は草原で広い。南は冠岳《かんむりだけ》、大矢野岳の奥に九州山地、西は熊本平野の奥に雲仙と天草、北は鞍岳《くらたけ》、八方ヶ岳《やほうがたけ》、その右手に九重連山、東は阿蘇五岳からその右手に祖母・傾山方面とまさに山岳展望台である。

なお夏場は山頂周辺には野の花も多い。マツムシソウ、アソノコギリソウ、ヒゴタイ、タムラソウ、エゾミゾハギ、ママコナ、シライトソウなどが見られる。

下山は山頂東端から右に取る。カヤ、ササ、灌木中の一本道を南郷谷側の壁に注意して下る。草が消えて火山砂に石のゴロゴロした荒地もあり、下り着いた広い鞍部が**護王峠**である。

南へ伸びる防火帯を見て、左のカヤの一本道を下ると、しばらくで小尾根となる。行手の牧場を目指し下ると、荒れた牧道に出てそのままこの道を進むと、牛の水場と**管理舎**に出る。

立派な車道となり牧柵の外に出てその車道を伝う。午王谷川《ごおうたにがわ》を右手に見ながら、正面に阿蘇五岳を眺めて歩くと牧柵がありこの三差路の右を取る。県道に出ると左わずかで**堀渡**のバス停だ。歩けば南阿蘇鉄道長陽駅まで一時間強である。

▽**参考コースタイム**＝揺ヶ池登山口（50分）牧道出合（30分）防火帯（20分）尾根上（30分）鞍部（10分）俵山（20分）護王峠（50分）堀渡（1時間10分）長陽駅

〔山道案内〕21-②

▽歩行時間＝六時間五〇分

南阿蘇村久木野支所→地蔵峠→大矢野岳→駒返峠→グリーンロード南阿蘇→新村

▽二万五千図＝大矢野原、肥後吉田

支所前バス停から歩く。南外輪山を目指して道を山手に取ると、左手に久木野中学校が見えてくる。右上に熔岩の露出した羅漢岩を見て、谷沿いの牧野道を行く。両側は採草地となり、秋はススキ野、春は野焼きのあとに、ワラビが芽立つ場所である。

三差路に達し右へ進み大きく左右にカーブして地蔵峠を目指す。放牧時期は牧柵が張られるので、通過の際は柵をきちんと閉めるのを忘れずに。夏場は松の木陰に牛が群れている。

正面には外輪壁、両側の尾根が張り出している。振り返ると左手に阿蘇五岳、中央に高森の町、奥に祖母山の特徴ある三角峰が覗いている。

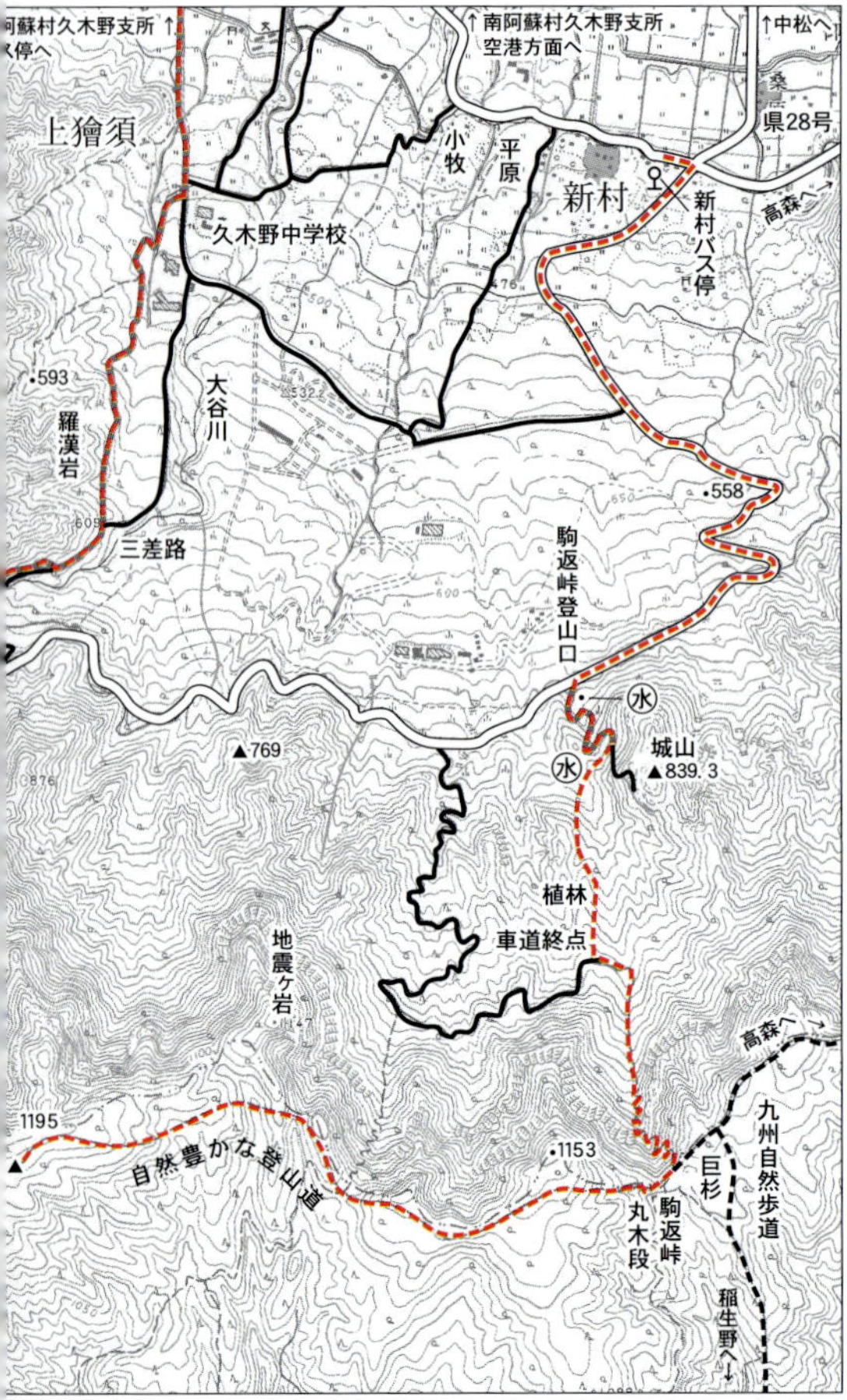

カシワ、ナラが現れ、谷沿いに灌木が茂り、その上手にグリーンロード南阿蘇の車道が近くなると、谷の左手に移る。牧道も急斜となり、**グリーンロード**に出る。

大きくカーブする車道を二ヶ所近道、右手に駐車場を見て丸木段を登ると、赤土の急斜の登山道から地蔵が四体祀られた、広い**地蔵峠**の広場に出る。広場から西へ行く踏分けは西原村十文字峠へ。外輪壁沿いに北への立派な道は冠岳・俵山方面である。左の道が目指す大矢野岳へ

地蔵峠北側から大矢野岳（右）を見る

向かう。

ここの峠は展望が優れている。西は冠岳が裾を広げ、東は阿蘇や南郷谷から祖母山方面が雄大に広がる。それに初夏から秋にかけての野の花の数が多く、特にマツムシソウの群落は見事である。

南へ防火帯に沿って進むと、左上の大矢岳までは緩い登りで南へわずかで灌木帯に入る。

灌木帯で外輪壁が左に折れると、登山道もそれに従って東に向きを変え、落葉広葉樹林が広がる道となる。

大矢野岳山頂は歩道からわずか左に五㍍の場所で、うっかりすると通り過ぎてしまう。数年前までは小さな立札が、灌木とササの密生する中にあったが、近年ササが刈られ、おまけに灌木も整備されて、展望も得られるようになった。

展望のない山はどこもみなそうだが、いずれ木（それが大木であれ関係なく）が切られ登山者向の山に仕立てられていく。これでは日本国中の山頂は、すべて展望のよい山ばかりになってしまう。そのような山を私は数多く知っている。自然のままの山を楽しむのも登山の楽しみ方のひとつだと思うのだが。

樹林はナラを始め、ブナの巨木もあり春秋に歩くと新緑・紅葉と素晴らしい。落葉の量も多く、落葉後の灰色の梢もまた良い。景色を楽しみながら短い上下を繰返しカーブして行く。

急な下りから、丸木段の道になると、

南外輪の峠道で展望抜群の地蔵峠

地蔵峠一帯には夏から初秋にかけてマツムシソウが咲く

杉の大木が数本立つ**駒返峠**に出る。右の道は矢部への九州自然歩道であったが、現在ササが茂り通行は出来ない。そのため東へ一〇〇㍍ほど進んだ場所から右に立派な切分け道が出来ている。左の道は、南郷谷方面へ向かう。

この峠は展望はないが静かな峠だ。ひと休みしたら南郷谷方面へ下る。古い石段の残る道から植林に入りジグザグを切ると、**車道終点**に達する。車道をそのまま歩くと遠回りとなるので二〇㍍ほど左に歩いて植林の道へ進む。緩い下りで谷川を横切って、コンクリート舗装の牧道に出る。夏は牧場となる放牧地を下ると牧柵があり、すぐ先でグリーンロードに出る。

広い車道は車に注意して歩き、グリーンピア南阿蘇の跡地を左に見ながら、さらに下ると県道28号に出る。交差点脇が**新村バス停**、南阿蘇鉄道中松駅へは直進すると約四〇分である。

▽**参考コースタイム**＝南阿蘇村久木野支所前（2時間10分）地蔵峠（50分）大矢野岳（1時間50分）駒返峠（1時間20分）新村（40分）南阿蘇鉄道中松駅

《その他のコース》

21-③ 俵山峠→俵山（往復）

俵山峠はシーズンともなると売店が出る。展望台から南のカヤ野の登りはすばらしい。春は野焼きに始まり、若草、夏の野花、秋のススキ、草こずみと四季折々の姿が見られる。

取付は緩やかな上り道だが、すぐ急登となり汗が出る頃には台地に達する。ここから見える南郷谷から阿蘇方面の展望は雄大だ。採草地の防火帯や一本道を歩くと、右手に踏分けがあり、奥に熊本地方気象台のロボット雨量計がある。

俵山峠方面から眺めた晩秋の俵山

左に取り外輪壁沿いに歩くと、右手に植林が現れ、急斜に丸木段の道となる。途中に裸地もあり、マツ、イヌツゲ、秋グミなどが見られる。右上に山頂を望み、正面最後の急坂を頑張ると山頂東端に達する。ここから**俵山山頂**はすぐそこだ。往復二時間三〇分。

〔問合せ先〕 俵山方面 西原村役場☎096・279・3111、南阿蘇村長陽支所☎09676・7・1111、熊北産交高森営業所☎09676・2・0515 **〈アクセス〉** 南阿蘇鉄道長陽駅（熊北産交10分）堀渡、揺ヶ池、俵山峠方面 ◉マイカー＝九州自動車道熊本IC、国道57号立野、国道325号長陽。九州自動車道益城熊本空港IC、県道36号西原村、県道28号俵山峠、堀渡、揺ヶ池。東九州自動車道大分米良IC、国道10号犬飼、国道57号立野。

大矢野岳方面 南阿蘇村久木野支所☎09676・7・2111、熊北産交高森営業所☎09676・2・0515 **〈アクセス〉** 南阿蘇鉄道長陽駅（熊北産交10分）上猶須《かみなわす》、南阿蘇村久木野支所前。◉マイカー＝県道28号上猶須、南阿蘇村久木野支所前を久木野中方面。あるいは同県道を高森方面。新村、グリーンロード南阿蘇を地蔵峠方面。

熊本県

山域 22

阿蘇山

阿蘇烏帽子岳《あそえぼしだけ》（1337・2m）　杵島岳《きしまだけ》（1326m）

高岳《たかだけ》（1592・4m）　中岳《なかだけ》（1506m）

根子岳東峰《ねこだけとうほう》（1408・4m）

＊活火山活動期は登山禁止となる。

この山域は岩山が主であるが、山麓から中腹にかけての自然も見るべきものが多い。初夏は山腹を覆うミヤマキリシマ、マイヅルソウ、イワカガミが美しい。また、落葉広葉樹の新緑・紅葉も素晴らしく、登山者のみならず散策を楽しむ人の姿も多い。

〔山域の魅力〕 阿蘇山は山群の総称。最高峰は高岳《たかだけ》で、標高が一五九二メートルで、ごろあわせによく「肥後国《ひごくに》」をもじって「一五九二《ひごくに》」と呼び、標高が覚えやすい。高岳に中岳《なかだけ》、烏帽子岳《えぼしだけ》、杵島岳《きしまだけ》、根《ね》子岳《こだけ》を合わせて阿蘇五岳と呼んでいる。いずれも登山者の人気は高く、熔岩壁に守られるように聳える姿はアルペン的で、登山の発展期の九州岳人はこの山で技術と経験を積んで、日本の山から海外の山へと夢を広げた。

高岳・中岳は全山熔岩や噴出物で荒々しく、異次元の世界を歩いているような気分になってくる。コースをはずれると進退きわまる場所もあり、冬期や悪天時に遭難者を多く出しているので、天候やコースには注意が必要である。

地形は東から高岳東峰《とうほう》、本峰、中岳と稜線通し、東北にツベツキ谷、北に鷲《わし》ヶ峰《がみね》の岩稜、松ヶ尾谷《まつがおたに》、赤ガレ谷と浸食著しく荒々しい。

鷲ヶ峰は下から虎ヶ峰《とらがみね》、鷲ヶ峰と竜《りゅう》ヶ峰《がみね》、ナイフリッジを経て高岳東峰に達し、かつてはアルピニストを志す登山者で賑わった。

東峰の西に天狗《てんぐ》の舞台《ぶたい》、南面火口は大鍋と呼ばれる楕円形の火口で改装なった月見小屋があり、水汲谷《みずくみたに》の岩壁を落としている。

噴煙を上げる中岳火口壁を山頂と間違える人もあるが、最高点は中岳火口壁の東、高岳へ続く稜線上にある。

杵島岳は草千里の北におだやかに山体を広げた山で、山頂火口壁にはイワカガミの群落が見られる。早春、山麓から山頂一帯にかけて阿蘇の火祭り、草原の野焼きが行われる。

烏帽子岳（阿蘇烏帽子岳）は北に草千里を囲む古い火口壁とその中に二重の火口があり、中央小高い駒立《こまたて》の丘は火口縁の一部という。

南は急激に切れ落ちた崖をなし、展望は高岳、中岳方面から、南外輪山、九州山地、西に熊本平野から雲仙まで見渡せる。

根子岳は、どこから眺めても山容が同じに見えるので七面山とも呼ばれる。高岳同様地形が複雑かつ急峻、おまけに各所で崩壊も進み、最高点天狗岩は、近年西側天狗の大下り、東の旧クサリ場上手、地獄谷側、それに天狗の肩から東峰にかけての縦走路も岩場が崩壊、稜線が南北に崩落して、事故も頻発の状態である。この場所を余裕をもって安全に歩くためには、基礎レベルのクライミング技術を身につけたほうがよい（一般登山を数多く経験しただけで、クライミング技術が身につくわけではない。登山技術とクライミング技術は異質なところがある。経験者から指導を受け、トレーニングを重ねてはじめて身につく）。

根子岳の稜線は東峰・天狗峰・西峰と東西に走る。北側からの登山は常に樹木を頭上にいただき、日ざしはそれらを透かして降り注ぐ。また稜線から眺めると、黒々と聳える岩峰群の基部を覆った自然の繁みは、新緑・紅葉と姿を変え、特に紅葉は天下一品だ。

一般登山者は鍋《なべ》の平《たいら》、大戸《おおと》の口峠《くちとうげ》、箱石峠《はこいしとうげ》、釣井尾根《つりいおね》から東峰に登ることを勧める。山頂近くにはミヤマキリシマ、ヒカゲノツツジ、オオカメノキ、オオヤマレンゲ、ドウダンと花木が多く、展望も雄大である。

〔山道案内〕22-①

▽歩行時間＝五時間五〇分

地獄・垂玉→草千里→阿蘇烏帽子岳→杵島岳→地獄・垂玉　▽二万五千図＝阿蘇山

地獄《じごく》・垂玉《たるたま》温泉、山口旅館前バス停から車道を歩いて垂玉川を渡り、わずかで右上の**立派な歩道**を取る。

いきなりの登りは長くは続かず植林帯となる。ジグザグを切ると竹林となり、さらに杉から桧に変り傾斜はゆるむ。植林が開けて牧野に出ると目の前に夜峰《よみね》、御竈門山《おかまどやま》さらに南には南外輪の山々が見渡せる。

目指す烏帽子岳は左上に一段と高く見える。植林と牧草地の境を歩き、右前方にコンクリート舗装の牧道が現れると、登山道は左に折れて烏帽子岳を正面に見ながら窪地を行く。

涸《かれ》谷を渡り右上するコンクリート舗装の牧道に出ると、草千里～下田の案内板が立っている。左へ一〇〇㍍ほど歩くと牧道から右上の植林の踏分けへ進む。

標高九五〇㍍あたりから背後の南外輪の眺めがよくなり、ジグザグ道は立派で歩きやすい。地図上**九七五**㍍は台地のピーク。ベンチもある草原でさらに展望が開け、休むのによい場所だ。

台地から緩く下り、さらに登ると涸谷が現れる。谷沿いにかかる木橋を三つ渡り、登り返して、複雑な地形を行く。あたりは杉林で展望はなく、再度木橋を渡り登る。アソグミ、ヤシャブシが目立ってくると、右に御竈門山が視線と平行になり、背後に俵山、大矢野岳が姿を現す。急斜を行くと草付の斜面となり、草千里ヶ浜の**火口西縁**に達する。

烏帽子岳へは道を右に取る。火口縁から尾根に上がるとヤシャブシにミヤマキリシマが点在する灌木帯となり、カヤの斜面に変わると傾斜も緩み、

夏の牧野に咲くハナシノブの可憐な花

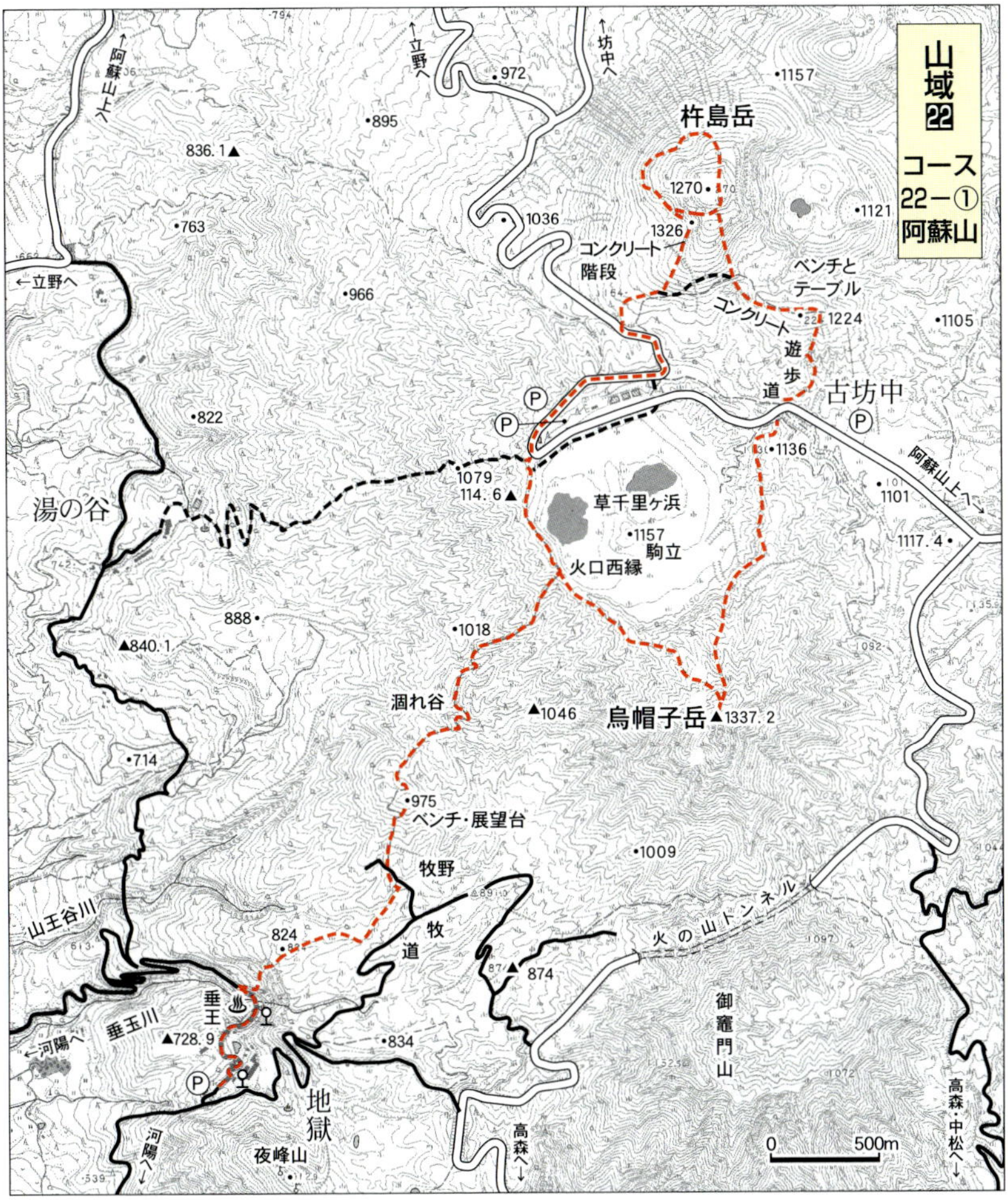

台形の**烏帽子岳山頂**に着く。山頂からの展望は雄大だ。北は草千里から杵島岳方面が見渡せる。草千里で遊ぶ家族連れの歓声が風にのってくる。

杵島岳へは右手の尾根を下る。黒土は雨後や冬の霜時はよく滑るので注意しよ

杵島岳斜面から眺めた中岳の噴煙

冬の草千里ヶ浜は雪遊びの客で賑わう

う。ヤシャブシの灌木帯から草原（夏場の放牧地）となり、**古坊中**《ふるぼうちゅう》のスキー場跡地を右に見ながら、阿蘇山への車道を横切り、コンクリート舗装の遊歩道へ進む。**一一二四㍍の丘**にはテーブル付のベンチがある。丘を過ぎると鞍部に達し往《おう》生岳《じょうたけ》方面へのわずかな踏分けと、杵島岳への近道が正面草付につづいている。この急斜を登ると**杵島岳**の広い草の頂に達する。

山頂からは阿蘇一円の展望がよく、北の火口縁を一周しても楽しい。下山は西にコンクリートの舗装道を下り**草千里**の駐車場、土産店を通過して、千里ヶ浜に出る。火口の西縁を目指し往路を登山口へもどる。

▽**参考コースタイム**＝山口旅館前（1時間10分）九七五㍍台地（50分）草千里西縁（40分）烏帽子岳（30分）古坊中（50分）杵島岳（30分）草千里西縁（1時間20分）山口旅館前

〔山道案内〕22－②　▽**歩行時間＝四時間二〇分**

仙酔峡→高岳東峰→高岳→中岳→ロープウエー東駅→仙酔峡　▽**二万五千図＝阿蘇山**

高岳登山は北側登山口**仙酔峡**《せんすいきょう》からが一般的である。仙酔峡は、阿蘇市一の宮からの車道終点でもあり、観光・登山の拠点となり便利である。仙酔峡から山の眺めは、東に鷲ヶ峰の岩峰と岩稜、赤ガレ谷、中央に仙酔尾根が恐竜の背のように高岳山頂に伸びて、その右に仙酔谷が一本の線となって刻まれている。

仙酔尾根はかなり長く、熔岩塊でできており歩きにくい。うんざりするほどの登りが続くため、通称「バカ尾根」と呼ばれている。夏は暑く、冬は北西の季節風をまともに受けて寒く、悪天時は道を失することもあり容易ではない。

駐車場から東の花《はな》酔橋《よいばし》を渡り、ミヤマキリシマの群落を抜けて**鷲見平**《わしみたいら》に出る。左下は鷲ヶ峰へのクライミングコースだ。

山頂へ一直線に伸びる熔岩尾根に取り付く。熔岩に赤や黄のペンキ印があり、これを辿る。登るに従って尾根の両側の崖が高くなると、道の傾斜は緩急をくり返し、やがて岩壁が迫り登山道を塞ぐ。ここが**仙酔尾根の中間を過ぎた場所**で、壁は中央から岩棚を右に登って抜ける。

悪天時の登り下りでは、この地点を正確に判断できるように、周囲の地形をよく知ることが大切だ。近年大雨により土砂が流され地形が変わりつつあるので注意して登る。

岩棚からは展望がぐんと開け、鷲ヶ峰の鋸のような岩稜、楢《なら》尾《お》岳《だけ》の赤茶けた

高岳東峰と天狗の舞台を埋めるミヤマキリシマ

仙酔峡のミヤマキリシマと楢尾岳
（上下とも 22－②）

熔岩、阿蘇谷から北外輪、さらに遠く九重連山まで見渡せて雄大である。

上部は傾斜の急な広い熔岩壁で、ペンキのマークや踏跡を探して、短くジグザグを切って登る。やがて火山礫や砂の道となり、低いが壁を登り越すと砂の斜面となり、南の火口**大鍋《おおなべ》火口壁**に達する。浅い火口壁の南は水吸谷となり深く落ちて、右の壁基部に避難小屋「**月見小屋**」が見える。東はミヤマキリシマの群落と高岳東峰、西には高岳本峰がある。

まず東へ向かい、ミヤマキリシマ、ヤシャブシの茂るわずかな下りで、熔岩テーブル天狗の舞台の西に達する。南へ巻いて**高岳東峰**に立つと、東に根子岳、その奥に祖母の連山が広がり、北に鷲ヶ峰の岩稜が続く。

高岳へはミヤマキリシマ群落の中を通って下り、大鍋中央から高岳を目指すか、往路を取ってもよい。

高岳山頂は西面の展望がよく、手前中央に火口が見える。正面左に烏帽子岳、中央に草千里ヶ浜、右に杵島岳、往生岳、さらに奥は熊本平野、雲仙、天草まで遠望できる。

下山はゴツゴツした熔岩の登山道を下る。稜線らしくなると北側は崖となり、一直線に西に向う。道が平坦になるとT字路に出て、左へ進むと中岳火口南、南郷谷方面への登山道で、五〇メートルも直進すると**中岳山頂**だ。さらに火口方面の展望がよくなる。

山頂から右の斜面を取り、左手に落ちる火口壁を避けて下る。火口壁東側展望台までを結ぶ吊尾根を歩き、**展望台**に出る。仙酔峡へはコンクリート舗装された遊歩道を伝って**ロープウェー東駅**（廃屋）の右脇へ出て、熔岩を並べて作った遊歩道を取る。ほぼロープウェー（残骸）を左上に見ながら、途中にベンチがある歩道から、ミヤマキリシマ群落帯に入ると仙酔峡へ戻る。

▽**参考コースタイム**＝仙酔峡（10分）鷲見平（2時間）大鍋火口壁（20分）高岳東峰（30分）高岳（20分）中岳（20分）火口東展望台（40分）仙酔峡

〔山道案内〕22－③

▽**歩行時間＝三時間二〇分**

釣井尾根登山口→砂防堤出合→箱石分岐→根子岳東峰→大戸尾根登山口

▽**二万五千図＝根子岳**

根子岳最高点は中央天狗峰にあるが、近年崩壊箇所も多く登るのは危険である。一般登山者は東峰に登る。根子岳の三角点は東峰にある。

釣井尾根《つりいおね》登山口は二箇所ある。まず宮地方面から国道がJR豊肥線を越える場所から一～二キロのところで右下への車道に入る。古恵川を渡り、ライオンズの森への車道を取ると、鏡ガウドの涸谷に**砂防堤**を見る。ここには駐車場がある。

あと一つはJR豊肥線を越える場所から三キロ余り行った二番目の大曲りの先を右下へ進むと、近くの道脇に駐車可である。車道分岐から右下の谷を見ると、電柱に似た**電波柱**がある。涸谷を渡りそこまで五分。電波柱は釣井尾根の末端に立っている。

この尾根には立派な踏分けがあり、カヤの尾根を登ると右手が植林となり、さらに進むと右手の鏡ガウドに、砂防堤と車道、駐車広場が見え**砂防堤からの登山**

道と出合う。

　カヤの尾根から灌木帯になり、秋グミ、ネコヤナギ、左は植林、右はノリウツギの群落となり、右下に鏡ガウドの谷を見ながら登りがつづく。途中道脇にわずかな草付広場を見る。

　さらに登ると正面に東峰、右に見晴し台上部から天狗峰が目の前に見える。ここから上は尾根の両側が崩落、キレッの場所は注意する。やがてササが現れ左手から**箱石尾根が出合い**、箱石峠からの踏分け道も上ってくる。

　痩せた尾根の左手に出て、二箇所のロープで急登し、崩れたガレ場を越える。稜の東をからんで東峰直下に出て、熔岩

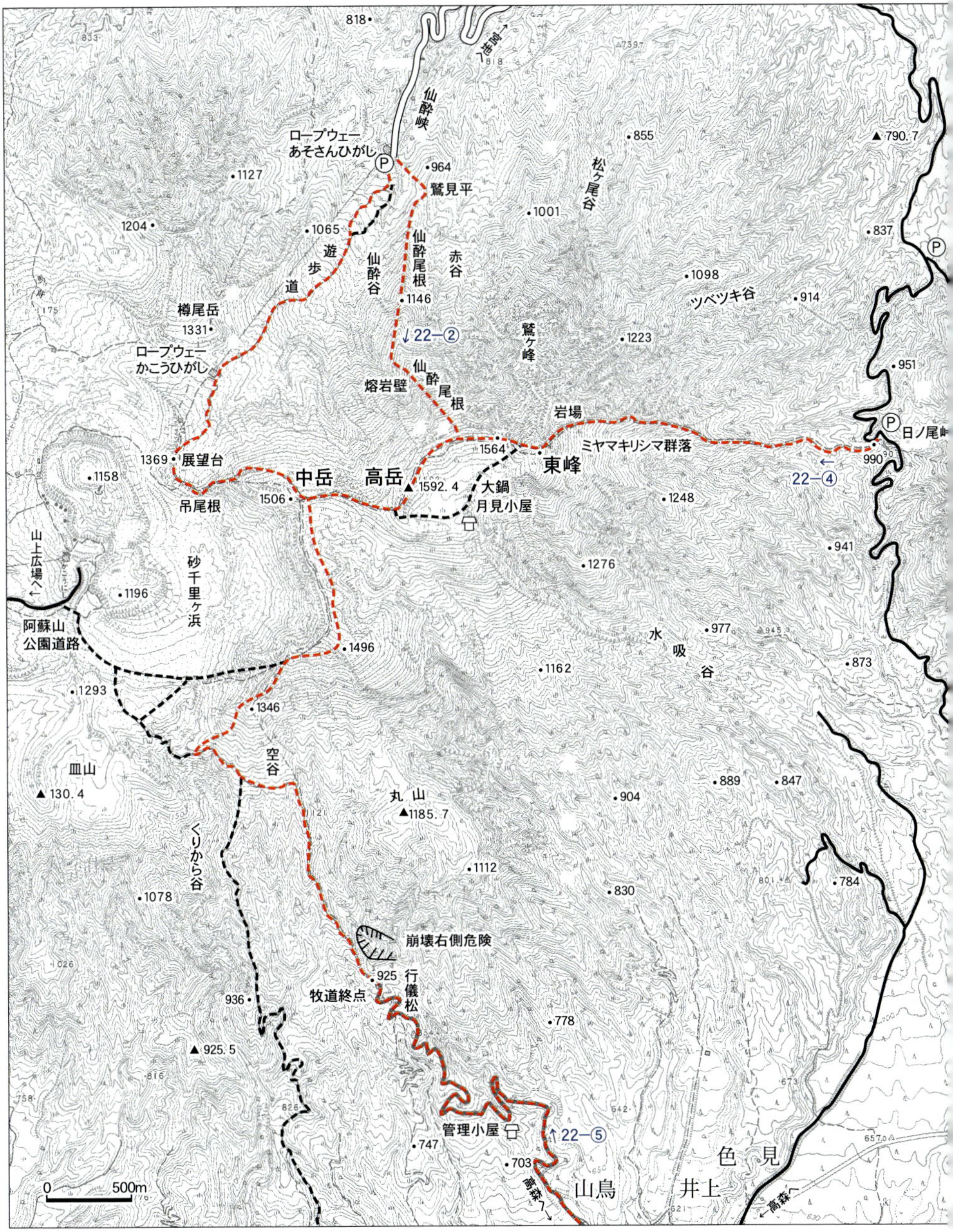

818
仙酔峡
八丁河→
ロープウェー
あそさんひがし
964
鷲見平
855
松ケ尾谷
790.7
1127
1001
1204
1065
遊歩道
仙酔谷
仙酔尾根
赤谷
837
1098
樽尾岳
1331
1146
ツベツキ谷
914
↓22−②
1223
鷲ケ峰
ロープウェー
かこうひがし
仙酔尾根
951
熔岩壁
岩場
日ノ尾峠
1564
ミヤマキリシマ群落
1369
展望台
中岳
高岳
東峰
990
1158
1592.4
大鍋
←22−④
吊尾根
1506
月見小屋
1248
941
山上広場へ←
1276
砂千里ヶ浜
1196
977
阿蘇山公園道路
水吸谷
1496
1162
873
1293
1346
空谷
皿山
889
847
130.4
丸山
904
1185.7
くりから谷
1112
784
1078
830
崩壊右側危険
925
行儀松
牧道終点
936
778
925.5
管理小屋
↑22−⑤
747
703
色見
高森へ
山鳥
井上
←高森へ
0
500m

初秋の朝霧に浮ぶ根子岳(左)と高岳 (22-③)

大戸尾根登山口から東峰(右)の眺め (22-③)

の庇状になった場所から直上して**根子岳東峰の頂**へ出る。あたりの灌木帯にはミヤマキリシマ、ヒカゲノツツジ、ドウダン、オオカメノキ、オオヤマレンゲの花木も多数見られ、岩場にはイワカガミなどもあり自然豊かだ。展望もすばらしい。西に高岳、根子岳天狗峰、東に外輪山から祖母・傾・大崩山方面、南に九州山地、北に九重連山が見渡せる。特に紅葉時はぜひ登ってみたいコースだ。

下山は南の大戸尾根を取る。すぐ右に縦走路を分け、直進すると巨石があり、左が前原牧場、大戸の口峠方面分岐である。

尾根の東に出て短いジグザグで下る。登山道からあたりの展望は素晴らしく、足元が不安になるほど視点が落ちつかない。痩せた尾根では景色より足元に注意しよう。二〜三歩先まで読み、足を出す。右側が崩壊した場所では特に用心。

やがて尾根には、小さいが**岩場のコル**が現れ木梯子とロープで越える。クマザサも現れるのでササの根に足を取られないよう、また湿った天候時は黒土はよく滑るので要注意だ。この道は下り一辺倒である。

右手に天狗峰や地獄谷が高くなると、左が植林、右がナラ、クヌギの林となり、やがて杉や桧の幼木林を見ながらの下りしばらくで牧柵を越える。夏場の放牧・採草地を歩いて開けた斜面となると、右下の牧道に達する。斜面を掘って作った避難小屋がある。南へ進むとすぐに**牧野管理小屋**前の広場に下山する。ここから直進する車道は上色見《かみしきみ》の集落に達する。

▽**参考コースタイム**＝釣井尾根登山口(30分)砂防堤出合(1時間)箱石分岐(50分)根子岳東峰(1時間)大戸尾根登山口

《その他のコース》

22-④ 日ノ尾峠→高岳東峰

峠**駐車場**手前三〇〇メートルより西側尾根に取り付く。しばらくは平坦な道で桜の巨木が道脇に点在する。一〇分もするとニワトコ、秋グミの灌木からカヤの尾根となり、傾斜も出て来て左右の景色が開ける。

一時間も登ると南斜面が**ミヤマキリシマの群落帯**となり、登山道は尾根の左をジグザグに切る。ヤシャブシも現れ、急

熊本県

斜面が崩壊により熔岩が露出し、荒れた場所に出る。ここを過ぎると再度ミヤマキリシマの群落をジグザグに切って通過し、広い**高岳東峰**に出る。駐車場から約二時間。

22-⑤ 色見→砂千里浜入口→中岳

このコースは途中に「行儀松」と呼ばれる立派なマツの大木があったが、平成の初めに枯れてしまい、現在「行儀松コース」と呼んでも知る人は少ない。

長陽方面から南阿蘇広域農道に入り、色見山鳥から高岳方面の車道へ左折、牧野の**管理小屋**が取りはらわれた場所まで舗装されており、以後大きく迂回する牧道を近道して**終点**へ向かう。

標高一〇〇〇メートルあたり、すぐ上手に丸山分岐を見て、ほぼ尾根通しのカヤの道を、右に丸山を見ながら登り、高岳から南に張り出た熔岩山腹を横切って二～三の凋谷を渡る。左下から倶利伽羅《ぐりから》谷コースが出合い、さらに西進する。

左に平行した**倶利伽羅谷**が出合い、谷を突切っていったん砂千里浜に出るが、ここを渡らず右上の尾根へ登ると、砂千里浜へ巻いた道が**尾根中間**で出合う。右に**一四九六メートルピーク**を見て、中岳へ続く稜線へ出ると中岳・高岳方面登山道から左に五〇メートルで**中岳山頂**だ。山頂まで約三時間。

〈問合せ先〉 地獄・垂玉方面 南阿蘇村長陽支所☎0967・7・1111、熊北産交高森営業所☎0967・2・0515、南阿蘇鉄道☎0967・2・1219 **〈アクセス〉** 南阿蘇鉄道各駅から地獄・垂玉へのバス便（登山には不向）。◉マイカー＝九州自動車道熊本IC、国道57号立野、国道325号河陽。東九州自動車道大分米良IC、国道10号犬飼、国道57号立野。

仙酔峡方面 阿蘇市一の宮支所☎0967・22・3111 **〈アクセス〉** JR豊肥本線宮地駅（タクシー10分）仙酔峡。◉マイカー＝国道57号、宮地仙酔峡道路。

釣井尾根方面 阿蘇市一の宮支所☎0967・22・3111 **〈アクセス〉** ◉マイカー＝国道57号坂梨、国道265号、ライオンズの森への案内から山手へ。

高森町色見・上色見方面 高森町役場☎0967・2・1111 **〈アクセス〉** ◉マイカー＝高森側国道265号村山。一の宮側国道265号坂梨。

中岳へ続く尾根を登る登山者と右は砂千里ヶ浜（22-⑤）

日ノ尾峠から日ノ尾尾根と高岳の眺め（22-④）

熊本県

山域23

京丈山　きょうのじょうやま（1472・5m）
天主山　てんしゅざん（1494・1m）
国見岳　くにみだけ（1738・8m）
脊梁烏帽子岳　せきりょうえぼしだけ（1691・7m）
上福根山　かみふくねやま（1645・3m）
白鳥山　しらとりやま（1638・8m）
仰烏帽子山　のけえぼしやま（1301・8m）
市房山　いちふさやま（1720・8m）
白髪岳　しらがだけ（1416・7m）

九州山地は九州の脊梁をなす山地である。近年伐採営林などにより林道が縦横に拓かれ、一部山々の登山が容易になった。とはいえ奥深い山中、方向を失した遭難騒ぎもある。どの山も山麓は植林がなされ、わずかに山頂、谷や尾根筋にブナ、モミなどの自然が残る。ミツバツツジ、アケボノツツジ、シャクナゲや林床のヤマシャクヤクが彩を添えている。

〔山域の魅力〕九州山地は熊本・宮崎県境の山々で九州山岳の骨格をなしている。特に熊本県側、泉村《いずむら》、五木村《いつきむら》を中心にした山域は、国見岳を盟主に、山なみが延々と続き九州の屋根にふさわしい。

山地の植生はクマザサの密生地にブナ、ミズナラ、モミをはじめ、多種の落葉広葉樹、針葉樹が茂る。国土地理院発行の地形図に記された登山道も荒れたり、消失したり、また、伐採植林によって新たに加わった場所もあり、特定の山を除いて、山に慣れた登山者が読図により登る程度で、大崩、祖母・傾、阿蘇、九重、霧島、雲仙などとは異質な場所といってもよい。

京丈山《きょうのじょうやま》は九州山地北端に位置する山で、熊本平野から眺めると、右に雁俣山、左に目丸山《めまるやま》を従えた、三角形の山頂をもつ山だ。

山腹は四周が伐採植林で、山頂一帯わずかに自然林が残り、その新緑・紅葉と林床を彩る野の花の種類も多い。

天主山《てんしゅざん》は九州山地北端をなす山で、緑《みど》川断層線に沿って西流する緑川の南側に位置する。キリシタン城代結城弥平《ゆうきやへい》治《じ》の居城相藤寺城や教会があり、この山を神の山としてあがめたという。

山腹は主に植林で、山頂一帯のみ自然が残る。地質が石灰岩であるため珍しい植物も多く、早春から初夏にかけて花見の登山者が多い。椎矢峠《しいやとうげ》からの登山が一般的であったが、現在矢部の菅《すが》から鴨《かも》猪川《ししがわ》の林道に入り、山頂から北へ向う尾根に登山道ができた。

白鳥《しらとり》山の北面、平家の落人が越えたと伝えられる椎葉越は、現在立派な林道があり、熊本・宮崎県間は車で楽に越えられる。

白鳥山は九州山地の中央部にあり、山頂一帯は高度の割には平坦で、北側御池の周辺は特徴ある目印がなく、霧や悪天時には方角が取りにくいので要注意だ。

山頂一帯は自然が残り、ブナ、モミ、ハリギリなどの巨木が茂る。九州では見ることの少ないイチイの巨木が見られるのも珍しい。北側に御池の湿地帯、その東には石灰岩地帯でドリーネやカルスト地形、石灰洞も見られ、平家落人屋形跡もある。

国見岳は九州山地の盟主であり、四方の稜線から山頂一帯にかけて山地の中では一番自然が豊かな山である。特に北斜面のツクシシャクナゲの群落や、山頂直下の自然林はブナを主とした大樹が多く、頭上に枝を張り、樹陰が広くて快適な空間をつくっている。

山頂は平原状をなし、女性的な景観と独特な雰囲気を持った山である。国見岳から南に山地の稜線伝いの縦走は登山者に人気がある。

烏帽子岳（**脊梁烏帽子岳**）は九州山地中央部に位置する。山地の中で登山者に知られた山が国見岳なら、この山は標高のわりに人に知られていない山であった。というのも林道が出来る以前は、アプローチが長く登山道もなく、ササをこいでの大変な登山だったからである。

近くの向坂山《むこうさかやま》、白岩山《しろいわやま》、扇山《おうぎさん》などは霧立越の古い道があり、南の市房山《いちふさやま》は信仰の山として古くから知られていた。近年林道の開設と共に国見岳、江代山《えしろやま》、また白鳥山が登山者に開放された。そして最後に残った山がこの烏帽子岳である。

しかし、現在、樅木方面の烏帽子谷登山口、新椎葉越の車道脇の登山口からは、平坦な尾根歩きで労せず、頂に立てるようになった。

山頂はシャクナゲ群落、東の岩上からのすばらしい展望、烏帽子岩など見どころもある。

上福根山《かみふくねやま》は五木・五家荘に大きな平頂を見せる山で周囲からそれとわかるが、この山も容易に山頂に立てる山ではなかった。

山頂一帯に自然が残り、新緑・紅葉、シャクナゲと見どころはあるが、山頂からの展望は優れず、アプローチに難点あり、登山道も明瞭ではなく、それに近年水上越への林道崩壊で通行止が数年続いていた。

その時、久連子方面の福寿草を目あてのコースが紹介されると、九州一円や本州からの登山者が押し寄せて、あっという間に自然破壊が危惧される山となった。

仰烏帽子山《のけえぼしやま》は地元の人は「のけぼし」と呼んでいる。球磨三山の一つで地層は石灰岩から成り、登山道中腹に石灰岩峰や竪穴、カルスト地形が見られ、石灰岩層に生育する珍しい植物もあり、上福根山と同様にシーズン中は自然破壊が危惧される山となった。

山腹は人工林がほとんどを占め、山頂一帯わずかに自然が残る。球磨盆地の展望と五木の山々が見渡せ、山頂の露岩上に仏が二体と椎葉谷川登山道脇の仏石の岩峰に一体が祀られている。

市房山は熊本・宮崎県境の山で、熊本県第二の高峰である。

古来、山麓の市房神社は、人吉藩主の信仰も厚く、近郊の人々による御岳参りで賑わったという。参道両側約一㌔にわたって巨大な杉並木が続く。杉の幹廻りは六～七㍍を超えるのもあり、樹齢七〇〇～八〇〇年と推定されている。

杉に混った広葉樹も大木が多く、植物も豊富で、山麓から頂上に至るまで、常

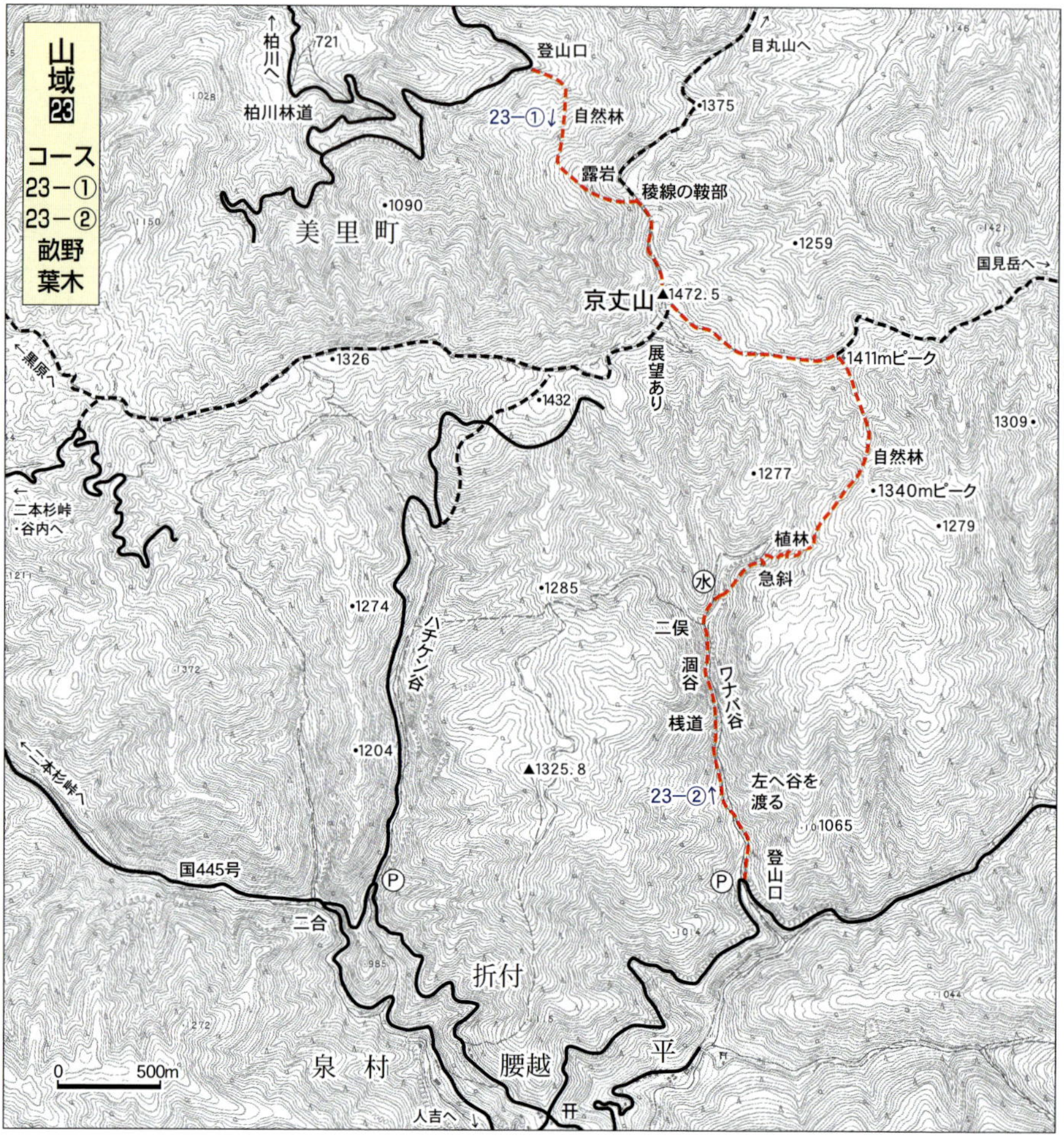

緑広葉樹林、ツゲ、モミの針葉樹、ブナ、ナラ、ヒメシャラ、カエデ類、そして山頂近くの灌木帯と続く。熊本県指定天然記念物のツクシアケボノツツジが群生し、季節に花を添え、見事な植物の垂直分布が見られる。

頂上からの展望は雄大で九州南部の主な山々を見渡すことが出来る。登山道もしっかりしていて、登山者の数も多い。

遠来の登山者は山麓の湯山の温泉に一泊するとゆっくりと登山を楽しむことができる。登山口は市房神社登山口で、二ツ岩方面の縦走もできる。

白髪岳《しらがだけ》は球磨盆地の南に位置する。盆地から眺めるこの山は、冬に山頂一帯が樹氷で白く輝くため、老人の髪にたとえて、白髪岳と呼ばれるという。

熊本県・宮崎県との境にあり、昭和五五年三月二一日、白髪岳自然環境保全地域に指定された。この山域は、九州山地の南端で、白髪岳と西の猪ノ子伏《いのこぶし》を結ぶ稜線部一帯は一五〇〇ヘクタールの国有林である。区域内一三〇〇メートル前後を境として、下部にモミ、ツガ林、上部にブナ林が発達している。山頂はノリウツギ、サワフタギ、リョウブの低木林となり、南北面は展望を得るため、人工的に切り開かれている。

ブナはほぼ南限に近く「伐られたことがない」といわれる樹林が残っている。早春、登山道脇にはバイケイソウの緑の若芽が美しい。

〔山道案内〕23－①　▽歩行時間＝二時間

柏川登山口→京丈山（往復）　▽二万五千図＝畝野、葉木

柏川林道を登りつめ柏川が三分岐する左俣最奥が**登山口**である。谷の右脇が登山口、橋を渡ると左に広場がある。

谷沿いに登る道は自然林で、谷川の清流と頭上を覆う巨木であたりの空気がうまい。谷は二分し、右谷を左に見ながらテープに導かれて尾根に取り付く。

落葉広葉樹林の急斜を登ると、左に植林が見られ、ブナ、ミズナラ、カエデ類が頭上に枝を広げ、クマザサが現れる。五月上旬にはカタクリの花が斜面を彩る。

さらに登ると左手に露岩が現れ、その脇を巻いて行く。京丈山から目丸山へ伸びる**稜線の鞍部**に達し、あたりはクマザサの密生地だ。左の稜線上の踏分けは目丸山方面、右上が京丈山方面へ向かう。

ササ帯に続く一本道を取り、モミ、ヒメシャラ等の幹を眺めながら、緩急二回の登りで狭い**京丈山頂**に出る。

展望は北がよく茂見山《あざみやま》が正面に、左に甲佐岳、右に阿蘇南外輪山、奥に阿蘇五岳などが見渡せる。頂の南の道はすぐ左にワナバ谷登山口への道を分け、直進するのはハチケン谷、谷内方面への道。山頂からこの道を一〇〇㍍で植林の広場があり、南に五家荘の山々の展望が開けている。下山は往路をもどる。

▽**参考コースタイム**＝柏川登山口（40分）稜線（30分）京丈山（50分）柏川登山口

〔**問合せ先**〕美里町砥用支所☎0964・47・1111〈**アクセス**〉◉マイカー＝九州自動車道松橋IC、国道218号畝野、緑川ダム堤柏川集落。

〔山道案内〕23－②　▽歩行時間＝三時間四〇分

ワナバ谷→一四一一㍍稜線→京丈山（往復）　▽二万五千図＝葉木

平家山方面への林道がワナバ谷を渡る場所が**登山口**で駐車スペースがある。

谷の右手に立派な登山標識があり、荒れた車道が谷沿いにしばらくつづき、右上斜面に土砂崩れで、崩壊止めのコンク

京丈山の山腹に咲くクマガイソウ

京丈山周辺に見られるカタクリの花（5月上旬、上下とも23－①）

柏川中俣林道から京丈山（右奥）の眺め（23－①

リート堤が見えると、車道は終わる。

　植林の中を登山道が続き谷を左に渡る。左に分かれた小谷に沿ってジグザグに登ると、本流の左手に沿って登るようになる。谷音が消えると伏流となり、谷には石灰岩が露出する。

　夏場このあたりにはイラクサが生えるので、不用意にこの草に触れないよう注意する（触れるとイラ草の名のごとく一日は痛みが続く）。

　両側に山が迫り、道が険しくなるが桟《さん》道《どう》、梯子があるので心配ない。やがて谷に水が再び流れ始めると**二俣**に達する。右俣を伝うと最後の水場がある。ここで水の補給をする。この場所から右上の尾根に向けて急斜の道となる。

　杉の幼木林から、成木林のジグザグ道が続き、頭上の**一三四〇㍍ピーク**の西を巻いて、尾根の鞍部に達する。わずかな登りで自然林となり、背後に五家荘の山々が開ける。

　自然林はブナ、カエデ類、ヒメシャラ、ナラ、ナツツバキ、モミ、ツガなどが頭上を広く覆っており、新緑・紅葉の時期には気分爽快だ。緑を眺め緑の中に身を置くと何やら愉快で嬉しく元気になり、登山中でも疲労の回復が早く感ずるのは、やはり樹木が発散するフィトンチッドなどの効果であろうか。

　さて北へ向けて急登が続き、京丈山から平家山、国見岳へと続く長大な尾根の一角、**一四一一㍍ピーク**へ達する。狭いが空地があり休むのに良い場所である。

　稜を西に向かうと左は植林となり、登山道は稜線のわずか北側に離れる。斜面は樹も大きく、春はエンレイソウ、ユキササ、カタクリ、初夏はヤマシャクヤクが咲き、頭上にはオオカメノキ、シロモジ、ヒメシャラ、ナツツバキなど木の花も多い。

　斜面を横切って歩くこと三〇分あまりで短い急登になり、T字路に出て、右へわずかで**京丈山の頂**に着く。山頂の右手には山の神の石が祀られている。下山は往路をもどる。
▽**参考コースタイム**＝ワナバ谷登山口（40分）二俣（30分）一三四〇㍍北鞍部（30分）一四一一㍍稜線（30分）京丈山（1時間30分）ワナバ谷登山口。
【問合せ先】泉村役場☎0965・67・2111
〈アクセス〉◉マイカー＝九州自動車道松橋IC、国道218号砥用、国道445号折付、林道。

京丈山山頂南面から見る脊梁・五家荘の山なみ（23－②）

【山道案内】 23－③　▽**歩行時間＝五時間一〇分**
天主山鴨猪川登山口→一一九四㍍ピーク→天主山（往復）　▽**二万五千図＝緑川**
　天主山菅《すが》新道とでも呼ぼうか、近年矢部町菅地区に鮎の瀬大橋が完成し、天主山へ北側から直接取り付くルートができた。従来の内大臣林道椎矢峠方面登山口より、アプローチが短く便利になった。

矢部町方面から眺めた天主山（中央）

秋の天主山山頂（上下とも23-③）

その分標高差八〇〇㍍の登りである。

登山口手前五分の場所に広場があり駐車可能。荒れた林道を上流へ向かい、すぐ谷を渡り右上に尾根末端を見て、左から回り込むと林道は二分し、右尾根の掘切へ取り付く。

この掘切となる尾根が天主山から北に伸びた尾根末端である。ここには不完全ながら、**登山口の標識**があり、尾根側取付の急斜面に手掛りのロープがかけられている。

尾根に取り付くと一㌔強は胸突く急登だ。最初からの急登は、あせらずのんびり歩き体を馴らす。山奥にありながら意外と常緑広葉樹が優勢である。アカガシ、スダジイなどを見ながらの一本道で直登が続く。春はヤブツバキやヤマザクラが目を楽しませてくれる。自然林が残っているのは尾根伝いで、左右の谷筋は植林である。一時間も登ると、あたりはモミの巨木が目立ち始める。傾斜が緩むとやや左に巻き気味に歩き、左に植林帯が見えると**一一九四㍍ピーク（天主の舞台）**のわずか左に達する。正面に天主山の山頂方面が見渡せる。倒木もあり腰をおろして休むのによい。

稜の左から右手に向かうと植林帯に出て、右手の展望が開け、内大臣の馬子岳、目丸山が頂を覗かせている。高差五〇㍍も下り鞍部に立つと、尾根は幅を狭めクマザサの密生する一本道となる。瘦せ尾根の一二三三㍍ピークを過ぎる。

このピークの前後は急登が続く。あたりは落葉樹林となり、巨木、老木が頭上を覆い、新緑・紅葉の頃は楽しい場所だ。右から尾根が出合う場所に来ると、周囲はさらに自然が豊かになる。

先行者の足裏が見えるほどの斜面は、ロープが設置されておりそれを伝う。登りが緩み、**石灰岩地帯**に出ると、希少植物が自生する場所に達する。道左脇から山頂一帯にかけて、立入禁止の札とロープが張られている。

天主山の東側一五一四㍍あたり、石灰岩の露出帯にも珍しい植物が多く自生するので、そのシーズンともなれば花の数より沢山の見物客が訪れ、次々と奥に入り、手前の植物を踏み荒らす姿が見られていた。

実物を見るのは大変有難いことである

石灰岩の山は珍らしい植物が多い。写真はヒゴイカリソウ（23-③）

が、立入禁止の立札と急斜面にロープを張って、貴重な植物を後世に残そうとする人々の無償の行為を大切にしたい。

登山道は急斜を右上へと向かう。丸木段などもあり、時折ジグザグを切って登ると北面の展望が樹間から得られ、山都町矢部方面が見渡せる。

行手にクマザサが見られると、その中に**天主山山頂**が現れる。東は椎矢峠からの登山道が出合う。展望はないが広い台地状の頂は静かである。下山は往路を下る。

▽**参考コースタイム**＝天主山登山口（1時間40分）一一九四ﾄﾒｰﾙピーク・天主の舞台（1時間40分）天主山（1時間50分）登山口

〔問合せ先〕山都町矢部支所☎0967・72・1111　**〈アクセス〉**◉マイカー＝九州自動車道松橋IC、国道218号矢部町内、旧国道へ入り鮎の瀬大橋案内、鴨猪川林道へ。

〔山道案内〕23－④

▽**歩行時間＝二時間五〇分**

上ノ内谷登山口→御池→白鳥山（往復）

▽**二万五千図＝不土野**

上ノ内谷《かみのうちたに》は樅木のニガコウベ谷上流である。**登山口**には登山標識があり、標識に従って涸れた谷に入る。

谷の中や谷の左さらに右と踏跡を追い、テープの目印を伝う（こういった道標は少ないほうが登山は面白い。現在の登山は工夫することがなく、ガイドブック、登山案内、目印を追うだけで山頂に着いてしまうので面白みが半減する）。

頭上をサワグルミ、オヒョウ、ケヤキ、ブナ、カエデ類が覆い自然が豊かだ。雨期以外は谷には水を見ない。

緩くカーブする谷に水が流れ始めると**顕著な二俣**となり、中央やや右上に巨石がある。ここは左俣を登ると谷幅が開ける。傾斜が緩み支谷が右上に見える。平坦な広場から左の谷を取り、苔のついたゴーロ帯を歩くと、谷脇にはクマザサが現れる。

やがて行手がササに覆われ、二分する小谷を右に取るとアスナロの数本立つ**御池**に出る。湿地に踏込むと、足が沈んでたちまち靴を濡らすので注意しよう。御池を抜けて直進すると、ウケドの谷登山道へ出る。

白鳥山御池近くの登山道。自然林の新緑は素晴しい

初夏には白鳥山周辺で色変りのヤマシャクヤクが見られる

御池から元の分岐まで戻り、直進するササ帯の道を進む。次第に左に折れて湿地の右を通り、石灰岩の露出した**カルスト地形**や、ドリーネが見られる場所に着く。初夏はヤマシャクヤクの群落が見られる。御池一帯はうっそうと茂るブナの巨木が見事だ。

カルスト地形の場所から南に歩くと、ササ帯をわずかで、平清経住居跡に着き、やがて宮崎県側のカラ谷登山口の道が出合う。このコース一番の坂を歩き、イチイの老木を見ると、樹木に覆われた**白鳥山の広い山頂**に達する。右の道はウケド

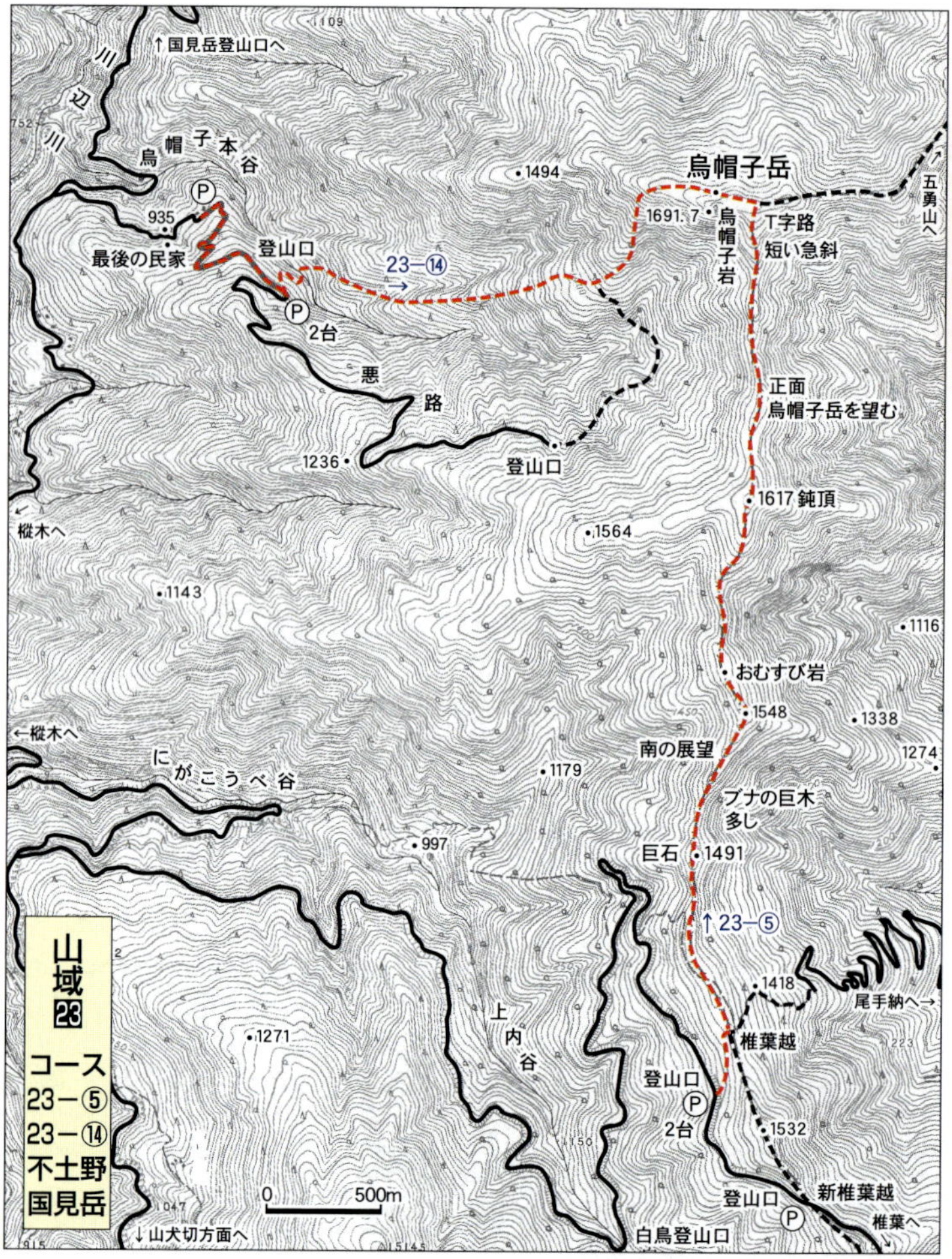

の谷へ向かう。左は樹林を抜けて、古い峠、県分越方面への道だ。下山は往路を下る。

▽**参考コースタイム**＝上ノ内登山口（1時間10分）御池（30分）白鳥山（1時間10分）上ノ内谷登山口

〔問合せ先〕 泉村役場☎0965・67・2111 **〈アクセス〉** ◉マイカー＝九州自動車道松橋IC、国道218号砥用、国道445号下屋敷、県道樅木線八八重、林道新椎葉越方面上ノ内谷。九州自動車道人吉IC、国道445号樅木吐合、県道樅木八八重。

〔山道案内〕 **23－⑤** ▽**歩行時間＝四時間一〇分**

新椎葉越登山口→椎葉越→五勇山分岐→脊梁烏帽子岳（往復）

▽**二万五千図＝不土野、国見岳**

近年、九州山地稜線のクマザサが刈られる傾向がある。山地の中心稜線は北から京丈山～平家山～国見岳～五勇山～烏帽子岳～椎葉越～白鳥山～銚子笠と続く。この稜線は完全に通行可能になった。

コース登山口は新椎葉越からわずかに熊本県側に下った場所にある。

登山口は車道法面《のりめん》を階段で上ると、右上へ窪んだ古い道がある。荒れた植林からジグザグを切って進むと、自然林となり**峠**（**椎葉越**）に達する。ここは九州山地最奥の稜線だ。昔は樅木に寺はなく、法事などは椎葉の寺から僧が、椎葉越を越えて樅木に入るので、この峠を別名坊さん越と呼んでいた。

椎葉側に残るわずかな踏跡は歴史を感じる。稜線を南北に切開かれた新しい道と違って、古い峠はササもなく、昔の面影をとどめている。

新しく南北に開かれた稜線をどのような人が通り、道が道らしく出来るのか、それとも人通りが少なく整備もされず元の自然に戻るのか、結論には長い年数が要るだろう。

稜線を北へ歩くと、さしたる上下もなく**一四九一㍍地点**（巨石が露出している）に達する。さらに北へ歩くとブナの巨木が目立ち、次第に登りとなり行手が開けてくる。岩が積み重なる場所があり、北を除いた展望が得られる。南は白鳥山の大きな山体、東は上椎葉の扇山、西は上福根山、小金峰などである。

しばらくで標高一五四八㍍地点、その先でおむすび岩の左を過ぎるとわずかに下り、緩い上下数回の後、尾根を東西に伸ばす**一六一七㍍の大きなピーク**を越える。

正面左手に烏帽子岳の山頂を望みながら、緩い上下二回の後、短い急登で峠に達し、東西に踏分け道がある**T字路**に出る。右は五勇山への道、左は目的の烏帽子岳方面への道だ。

左に取るとシャクナゲの群落となり、ブナの巨木の立つ稜線から、岩稜に灌木の茂る道を西へ進み、右奥に国見岳を眺めて、灌木で覆われた**烏帽子岳の頂**に着く。先への道は烏帽子谷へ向かう。南の烏帽子岩から椎葉の山々の展望がよい。

下山は往路を下る。

▽**参考コースタイム**＝新椎葉越登山口（20分）椎葉越（1時間20分）一六一七㍍ピーク（50分）烏帽子岳（1時間40分）新椎葉越登山口

〔**問合せ先**〕泉村役場☎0965・67・2111〈**アクセス**〉白鳥山上ノ内谷登山口の項（山道案内23-④）参照。

〔山道案内〕23-⑥

▽**歩行時間＝四時間四〇分**

広河原→稜線→国見岳→崩壊林道→杉ノ木谷登山口→広河原

▽**二万五千図＝国見岳**

広河原登山口駐車場から山側右手が**登山口**。急登で始まり、植林をジグザグに登り、左の展望が開けた伐採地を行く。

さらに登ると自然林となり、ブナの大木が現れ、荒々しい幹が頭上に伸びている。ヒメシャラの茶褐色の滑らかな幹も見られる。

山腹を横切る道となり、谷と尾根が交互に現れる。このあたり水に不自由はしない。行手に樹間から国見岳を望み、深い森となると木もれ陽が降り注ぐ。新緑・紅葉の素晴らしい場所だ。樹木は上から見降すより、陽を浴びた葉を下から透かして見るのが気持ちよい。

四本目の小谷が**最後の水場**となる。この落葉や小石の裏には、体長三㌢ほどのベッコウサンショウウオが生息している。

小谷と別れ道脇がクマザサの密生地となると、しばらくで**稜線**に出る。平家山方面からのかすかな踏跡が、右手に出合う。稜線上の道を歩くと、左脇にはイチイの大木がある。

足元にはバイケイソウ、キレンゲショウマ、ヤブレガサもあり、やがて右側が露岩帯となると、あたり一面ツクシシャクナゲの群落が広がる。

さらに登ると登山道は緩く右に曲り、

このあたりは早春はマンサクも目立つ。再度シャクナゲの群落が広がり、左からは長谷・杉の木谷からの登山道が出合う。このすぐ先のピークが**国見岳の頂**である。

展望はよく九州山地の盟主にふさわしい。南に小国見《こぐるみ》岳、五勇山《ごゆうさん》、烏帽子岳、白鳥山と続き、最奥に市房山、西は上福根山、五木五家荘の山々、京丈山、雁俣山、東は祖母・傾山群、向坂山、白岩山、扇山、椎葉の奥には尾鈴山塊が見渡せる。北は阿蘇火山や九重連山とぐるり三六〇度、視界を遮るものはない。

下山は広河原分岐へ戻り直進する。夏場はオオヤマレンゲの花が咲く台地から右下に下ると水場がある。近年このあたりは浸食が激しい。

東への広い尾根を歩くと、右手に**長谷方面への登山道**が分かれている。直進して短い急斜で左下台地に降りる。あたりの巨木が茂る森は素晴らしい。茂るといっても樹間は広く、しかも頭上は一面の緑が覆いじつに気分がよい。自然をのんびり味わいながら歩こう。やがてササで塞がれた雷坂分岐あたりから左下の谷への下りとなる。

空間は広くササも消えて、夏はキレンゲショウマの群落が見事な場所を過ぎる。かつてキレンゲショウマの花を写真に撮るべく、八月開花の時期に杉の木谷から登って来た。ところが一本も見当たらない。後で聞いた話では、野生の鹿の害ではないかという。

快適な森を下るとクマザサ帯となり支谷を右に横切る。山腹の斜面を歩くと尾根に出て植林となる。植林の中を左に谷を見ながら下ると、崩壊した**林道終点**に降りる。

荒れた林道を右に進むとしばらくで消失する。すぐ左下の植林の急斜の道を取りジグザグを切って下ると、右下から谷音が響き、**杉の木谷登山口**に達する。登山口から内大臣林道を左に取ると、わずかで広河原の**登山口**に戻る。

天主山方面から新緑の国見岳を望む（23－⑥）

▽**参考コースタイム**＝広河原登山口（2時間）稜線（50分）国見岳（1時間）崩壊林道（30分）杉の木谷登山口（20分）広河原登山口

〔問合せ先〕 山都町役場☎0967・72・1111 **〈アクセス〉**◉マイカー＝九州自動車道松橋IC、国道218号畝野、内大臣橋の案内に従う。

国見岳山頂には立派な祠がある（23－⑥）

〔山道案内〕 23－⑦ ▽**歩行時間＝四時間**

縦木→五勇谷橋→国見岳（往復）

▽**二万五千図＝葉木、国見岳**

五勇谷手前に**ゲート**がある。谷を渡ると林道は二分し、直進する林道を取るとすぐ右上へ国見岳への登山道がある。しかしこの登山道は植林の急斜で、斜面が

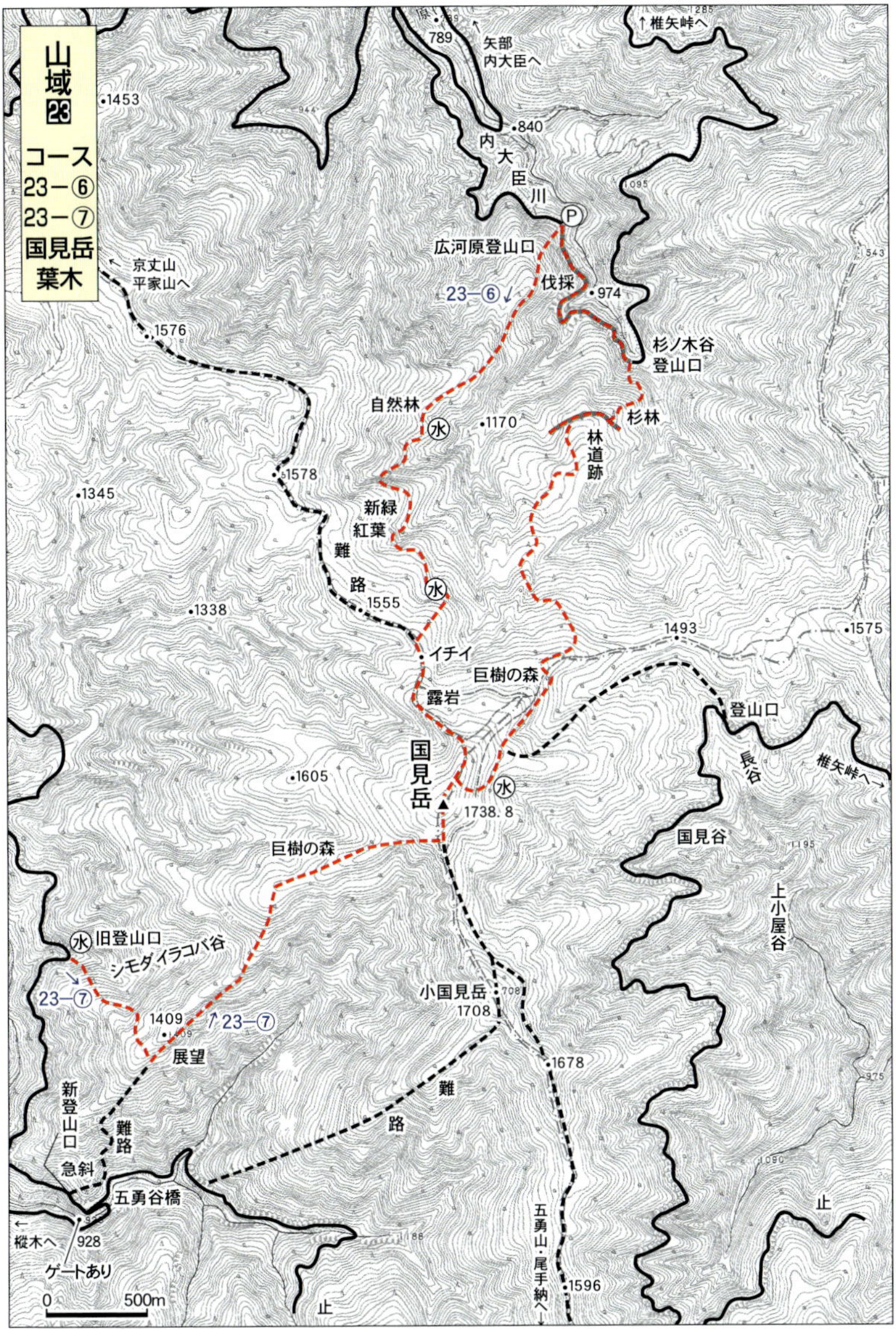

滑りやすく落石の危険もあり、特に下山のときに足元が不安定になるので要注意だ。できるだけこの登山道は歩かずに、このまま林道を歩いて旧登山口から歩き始めることをすすめる。三〇分の林道歩きでシモダイラコバ谷に達し、水も得られる。ここが**旧登山口**。

植林中を大きくジグザグを切って国見岳から派生した尾根に、北側から達する。新しい登山道と尾根上で出合う。

東へ向きが変わり、尾根にはブナ、ナラの自然林が残されていたが、長い年月の環境の変化に堪え切れず荒れている。展望は開け**一四〇九㍍地点**は台地で、南に烏帽子岳、五勇山、小国見岳を見渡せる。

しばらくは急登もなく、早春にはシャクナゲ、マンサク、コブシの花が咲く。植林は終わり急斜の登りで、道脇にはクマザサが密生するが、上手の台地に登り着くと一変して、巨木の林立する森となる。柔らかな落葉の道を踏みながら森林浴を楽しもう。森床には早春にバイケイソウの芽葉が目立つ。

ササの茂る広い斜面の道を取ると樹も背を縮め、

ウツギ、ネジキ、タンナサワフタギなどが見られる。右手から椎葉、五勇山からの**縦走路**が出合い、すっかり平坦になった稜線を左に進む。

シャクナゲの群落が現れると、テーブル状に灌木帯から突き出た**国見岳山頂**に着く。下山は往路を下る。

登山道にはブナの巨木を多数見ることができる（23-⑦）

山頂近くにはシャクナゲの花が咲く（5月上旬、23-⑦）

▽参考コースタイム＝林道ゲート（30分）旧国見岳登山口（50分）一四〇九ﾒｰﾄﾙ地点（1時間）国見岳（1時間40分）林道ゲート

〔問合せ先〕泉村役場☎0965・67・2111**〈アクセス〉**白鳥山、烏帽子岳の項（山道案内23-④、23-⑤）と同じ。

〔山道案内〕23-⑧

▽歩行時間＝六時間四〇分

久連子→鐘乳洞→岩宇土山→オコバ谷分岐→上福根山往復→オコバ谷→久連子

▽二万五千図＝椎原

民宿久連子荘すぐ上手で、尾根への登山道に入る。急斜面を左へ廻り込んで、取り付きに達し、先行者の足裏が見えるような急登で歩き始める。

稜線上にわずかに雑木が生えていて、下部の山腹は植林。痩せた尾根を登りつめると、明治十年西南の役で薩軍が石《しゃく》楠越《なんごし》へ敗走する時に通った第二砦跡に達する。

登山道に石灰岩が点在するようになり、稜線はわずかに幅を広げ、道脇にはクマザサが現れる。行手左上の地形が荒々しくなると、鞍部に着き、足元には**石の地蔵**がひっそりと祀ってある。

鞍部から右側の斜面を行く。急斜は手掛りが少なく不安定な足場となる。自然林だが落石への注意も必要だ。

やがて南の斜面に出ると植林地に達する。自然林との境界をしばらく歩き、自然林を左上すると、**鐘乳洞**がある。入口は楕円形で奥は人工的に石が積まれているが、鐘乳石はなく、狩の神が祀られている。

洞の右上に登ると、痩せた稜線が左に一〇〇ﾒｰﾄﾙも延びて、**石灰岩峰**上に達し、上福根山とその左に茶臼山《ちゃうすやま》が見える。

鐘乳洞から元の道へ戻り植林と自然林との境を登ると、行手にクマザサが茂るので、右手の植林地へ出て境界を登り、最高地から密生するクマザサの左へ道を変える。このあたりが**岩宇土山の頂**であるが藪や灌木が茂るのみで展望はない。

稜線にはかすかな踏分けがあり、これを下ると植林地に出る。しばらく下ると上福根山との鞍部となり、この鞍部が**オコバ谷出合**で登山道が左下から出合う。

稜線に藪が茂り植林との境を登ると、

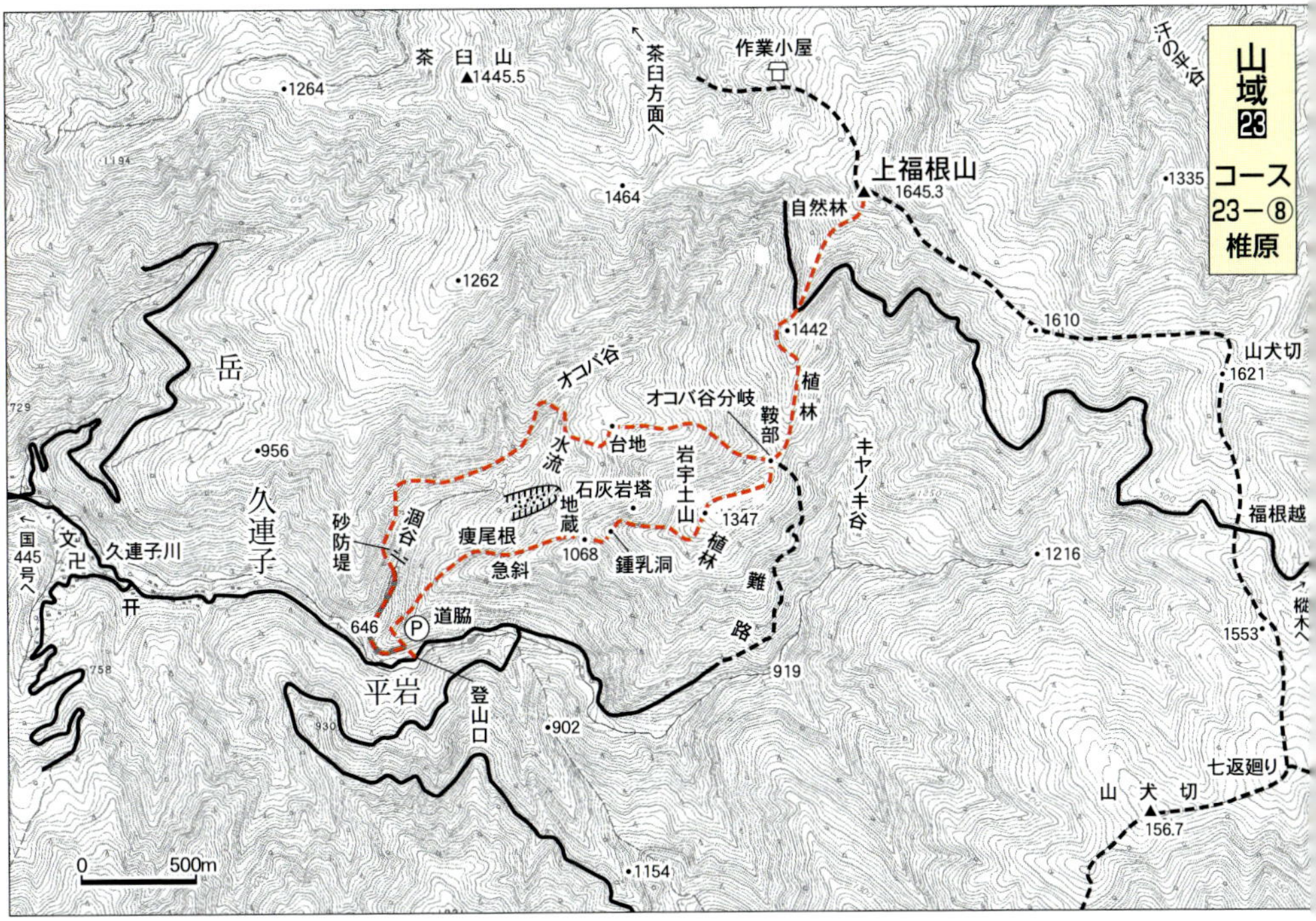

わずかに残る自然林に踏分けがある。これを伝うと樅木から来た**林道**に出る。この林道は荒れている。

正面の尾根掘切に取り付き、尾根の自然林に上ると、一本の踏分けがある。クマザサを分けると、急斜面にブナ、ナラ、モミの巨木にシャクナゲも見られる。

石灰岩の露岩を登り、尾根の急斜面を直登すると、斜面は広がりシャクナゲ群落が現れる。テープの目印を伝い、やや右上に進むと、大岩が集まる**上福根山の頂**に着く。樹間から国見岳方面がわずかに望まれる。東への踏分けは、山犬切から林道へ向かい、西への踏分けは北の植林帯から西の茶臼山と樅木方面へ向かう。

下山はオコバ谷出合までは往路を戻り、鞍部から右手の植林の道を取る。下り始めは踏跡もかすかだが、浅い谷が西に下り、道はその左手斜面で次第と明瞭になり台地に降り立つ。台地を西へ向かい、正面のオコバ谷へは下らず、左斜面を横切り、岩宇土山から発した涸谷に出て、谷沿いに歩くと水流のある**オコバ谷**に出

山頂一帯では予期せぬ樹氷を見る楽しさもある（23－⑧）

上福根山の山麓一帯では早春のころ福寿草が咲き乱れる（23－⑧）

る。

　谷を渡り右に出てさらに支谷を渡る。対岸の岩宇土山の石灰岩峰や崩壊地を見ながら、山腹を横切り谷から離れる。荒れた茶畑、竹林を下ると、伏流となったオコバ谷に達する。谷沿いしばらくで新しい林道へ出て久連子川に出合い上流に向かって歩きわずかで舗装車道に出る。登山口は左上手である。

▽**参考コースタイム**＝岩宇土山登山口（1時間40分）鐘乳洞（40分）岩宇土山（1時間）林道（50分）上福根山（50分）オコバ谷分岐（1時間）オコバ谷（40分）岩宇土山登山口

〔問合せ先〕泉村役場☎0965・67・2111**〈アクセス〉**◉マイカー＝九州自動車道松橋IC、国道218号砥用、国道445号久連子入口。九州自動車道人吉IC、国道445号久連子入口。

〔山道案内〕23-⑨　**▽歩行時間＝三時間五〇分**

元井谷登山口→二本杉→仏石分岐→仰烏帽子山（往復）　**▽二万五千図＝頭地**

　元井谷橋を渡り林道を上流へ歩く。林道が元井谷に最接近する左カーブの場所が**登山口**である。

　右の涸谷に入り谷筋の自然林を見ながら登る。林道が伸びる前は、この下流の二俣あたりにも福寿草が見られ、現在の登山口近くの谷で多数の花を見ながら上流の開花の予想をしていたが、現在は一株も見ることが出来ない。登山者のオーバーユースも原因の一つではあろうが、はたしてそれだけと決めつけて良いのかどうか。

　登山道脇には古い炭焼窯跡が見られ、ガレた谷の中を歩くと行手を涸滝が塞ぐ。右斜面から滝上に出る。谷の左手には石灰岩の露頭があり、小さな穴が見られる。

　緩い登りのあと左斜面の明るい伐採跡が見えるとその先で谷は**二俣**となり、わずかに水流を見る。直進する杣道と分れて右の谷に入ると、谷の中は自然が残り快適。新緑・紅葉の頃にはぜひ訪れたい。

　行手に**二本の巨杉**があり、谷上流は植林となる。左の稜線を目指して急登を歩き、クマザサ帯となると**稜線（仏石分岐）**に達する。左は仏石方面への登山道。右の植林帯が目指す登山道だ。

　植林には**カルスト地形**が見られ、石灰岩が数多く突立っている。右のピークに登らず左を巻いて行くと、道の右脇には深い竪穴があり、石を落とすとかすかに音が響く。

　やがて植林の急登から二次林に変わると、平坦な稜線歩きで足取りも軽くなる。落葉の道はクッションで足裏が心地よい展望台から椎葉谷方面の道標を見る。

　正面に仰烏帽子山のピークを望み植林帯を左へ斜上すると、山頂から東へ伸びる稜線上に達する。クマザサに守られた

石灰岩頭仏石から眺めた仰烏帽子山

山頂からの展望はよく、仏が２体祭られている（上下とも 23 -⑨）

一本道を西へ進む。頭上は落葉広葉樹が覆っている。短いが急斜に取り付くと、左に三ツ尾山方面からのわずかな踏分けが出合い、アセビのトンネルから**仰烏帽子山の山頂**に出る。

露岩に腰掛けて望む展望がすばらしい。また、西側灌木帯の空地でのコーヒータイムもまた楽しい。西側からの道は山江村、今村や、宇《う》那《な》川《がわ》林道からの登山道。

下山は往路を戻るが、時間が許せば仏石までの往復もおもしろい。

仏石分岐から南へ山腹を横切り、二〇㍍も下ると、あたりには石灰岩塔が点在し、岩塔に立つと仰烏帽子山が目の前に見える。**仏石**は一番手前の岩で、西側から容易に岩塔へ立てる。仏が頂に祀られているのでこの名がある。岩には珍しい植物も自生している（往復三〇分）。

▽**参考コースタイム**＝元井谷登山口（1時間）二本杉（30分）仏石分岐（40分）仰烏帽子山（1時間40分）元井谷登山口

【問合せ先】 五木村役場☎0966・37・2211 **〈アクセス〉** ◉マイカー＝九州自動車道八代IC、国道3号宮原、国道443号東陽村。県道25号元井谷橋。九州自動車道人吉IC、国道445号頭地、県道25号元井谷橋。

〔山道案内〕23－⑩

▽**歩行時間＝五時間一〇分**

市房山登山口→市房神社→馬の背→市房山（往復） ▽**二万五千図＝市房山**

祓川《はらいごう》を渡ると正面に**鳥居**、脇には祀がある。鳥居をくぐると黒々と繁る木立の中を歩く。登山道は広く木の根が露出し、踏むのも痛々しい。杉は幹回り三㍍以上のもので五〇株ほどある。

樹木や野草に名札を付けてあるのはありがたい。ざっと数えて九〇種を超え、じっくり観察していると山に登ることを忘れてしまいそうだ。まさに自然の宝庫である。苔の綺麗な小谷を渡り、古い石段を登ると、右手に**車道終点**からの登山

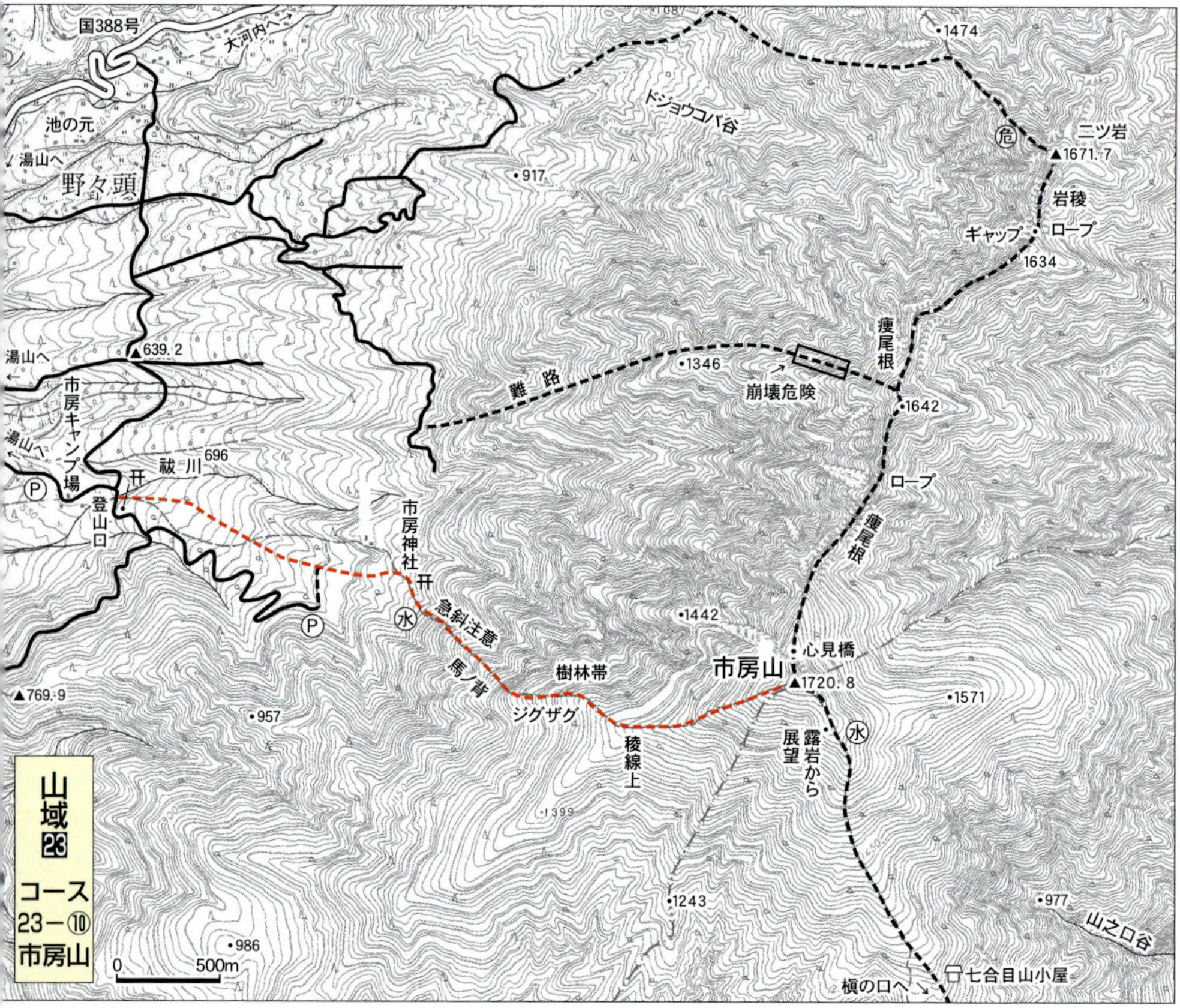

江代山から望む市房山（右）と二ツ岩（23-⑩）

馬の背登山道は六合目が休むには良い場所だ（23-⑩）

道が出合う。さらに石段を登ると神社の屋根が見えてくる。

神社脇には水場とトイレもあり、避難小屋の役目も果たしている。山頂へは裏手からの急坂を登る。ジグザグ道は各所で崩れ新しい登山道を工夫してある。崩れた場所には新しい道がわかるようにロープが張られている。

途中、石仏と呼ばれる三㍍ほどの自然石が二個立っている。浸食されて木の根の露出した道が続く。大木が多く根も太い。根登りで越えると、常緑広葉樹からブナの落葉広葉樹、モミの針葉樹と樹種が変わる。ツクシアケボノツツジが目立ってくると、**馬の背**に達する。

馬の背は尾根が痩せて狭いが、左の大岩に立つと山頂から北の心見の橋の岩峰が見渡せる。休むのによい。

右から尾根を左に巻き登り、急登を続けると、右に折れて山腹を横切る。しばらく登ると、左に折れて数回のジグザグで山頂から西に下る**稜線上**に登り着く。

このあたり、密生するクマザサから、ブナの巨木が頭上に枝を張っているが、稜線の高度が上るといつしか、ナラ、リョウブ、ネジキ、マンサクなどの灌木帯となり、東西に広い**市房山の頂**に登り着く。東は宮崎県米良への道。北は**心見《こころみ》の橋《はし》**から二ツ岩への縦走路。心見の橋は岩間に石が挟まり橋となり、悪人が渡ると落ちると伝えられる岩場である。西には二個の岩峰があり展望が開けている。北には九州山地、五木村、五家荘の山々、東には石堂山《いしどうやま》、南には白髪岳、遠く霧島火山群と雄大である。下山は往路を下る。

▽**参考コースタイム**＝市房山登山口（50分）市房神社（40分）馬の背（1時間40分）市房山（2時間）市房山登山口

〔問合せ先〕水上村役場☎0966・44・0311、熊南産業交通☎0966・22・5205

〈アクセス〉JR肥薩線人吉駅（くま川鉄道40分）湯前駅（熊南産交バス40分）湯山（徒歩40分）市房山登山口。◉マイカー＝九州自動車道人吉IC、球磨広域農道、水上村岩野、国道388号湯山で市房神社へ。

〔山道案内〕23-⑪

▽**歩行時間＝七時間一〇分**

槙之口登山口→七合目→市房山（往復）

▽**二万五千図＝石堂山、市房山**

槙之口ダム堰堤を渡って村道を上流へ向かう。**登山口**には標識があり地蔵が祀られている。カシを主とした常緑樹林のジグザグ道を登る。

植林と自然林が交互に現れ、三〇分もすると登山道は左へ折れる。ここは、草付で休憩によい。背後に石堂山が顔を見せる。

さらに登ると尾根に上り三合目の標識がある。ドラム缶の大きな灰皿も設置されている。傾斜は緩むが、一〇七八㍍ピークまでは登りが続く。植林と自然林の中を交互に登り、しばらくで**一〇七八㍍ピーク**に着く。

五合目には水場があるので水を補給しておこう。この先で市房山へ続く稜線に達し、樹間からは山頂方面を見ることができる。植林されたカラマツ林の中を歩き、急登から解放されてのんびり行くと右手に**七合目山小屋**がある。

小屋から植林帯の登りで道脇にはクマザサが茂る。小さくジグザグを切り八合目に着く。桧林の中をさらに急登を続けると東の展望が開け、天包山《あまつつみやま》、烏帽子岳、一ツ瀬川河口まで見渡せる。

九合目付近の道の右手に水場がある。

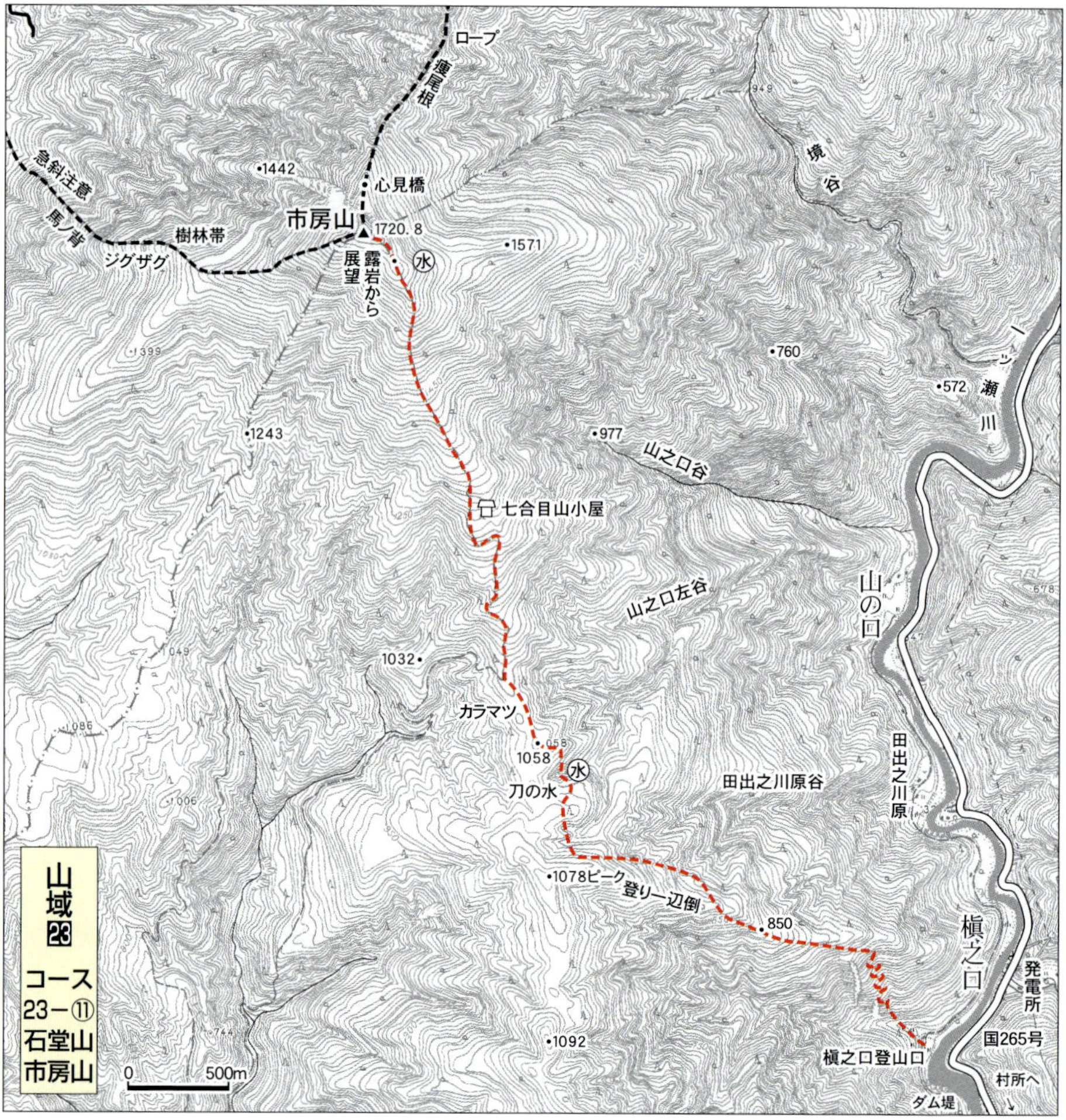

市房山山頂近くで振返ると尾根が南へ続いて見える

槇之口登山道には地蔵様がある。安全登山を願う

だんだん自然が濃くなり、リョウブ、サワフタギ、アセビが頭上を覆い、イヌツゲ、ネジキ、クマザサが茂っている。左手に露岩があり、その上に立つと南面の展望が開ける。

　やがてアセビの群生地が広がり、ブナ、ナラ、カエデ類の大木も現れ自然豊かな登りを行くと、頭上の樹も背を縮め、草が茂る**市房山山頂**の東の一角に出る。下山は往路を下る。

▽**参考コースタイム**＝槙之口登山口（1時間40分）力の水（1時間10分）七合目避難小屋（1時間30分）市房山（2時間50分）槙之口登山口

〔問合せ先〕西米良村役場☎0983・36・1111**〈アクセス〉**◉マイカー＝国道10号宮崎新名爪。東九州自動車道西都IC、国道219号村所橋、国道265号槙之口。九州自動車道人吉IC、国道219号村所橋、国道265号槙之口。

〔山道案内〕23－⑫

▽歩行時間＝三時間一〇分

白髪岳登山口→猪ノ子伏→白髪岳（往復）

▽二万五千図＝白髪岳、免田

登山口には、白髪岳自然環境保全地域の大きな案内板や指導標が立つ。林道をさらに一キロ弱登ったゲート前も登山口であるが、道脇が伐採されて味けないので、私はあえて下の登山口から案内する。標高差わずか四〇〇メートルである。

　左の深い樹林帯に入ると、モミ、ツガ、ハリギリ、ブナ、ホオノキの巨樹が立ち、頭上を覆う。モミの大木の根元には、山の神が祀られている。

　山の神から右上の広い斜面を登ると、**猪ノ子伏**の平らな頂に達する。右手にゲートからの踏分けが出合う。早春にはあたり一面バイケイソウの若葉が繁り緑も鮮かである。

　展望はないがブナの巨木にヤブツバキが混じる樹林は、広々とした空間で心地がよい。稜線を東へ辿る登山道は急斜もなく、老若男女快適なコースといえる。緩く下って登り返すと、ブナの大木が現れるが少し立枯木が目立つ。一三七四メートルの広い頂に達すると、常緑樹が姿を消して、落葉樹の層が厚くなる。

　やや下ると二重山稜となり、稜線は幅を広げて**三池神社**の窪地へ達する。夏場はブナの樹陰があり、冬場は風が吹かないため格好の日溜りとなる。

　ここからさらに東へ、ブナの茂る稜線を伝うと、市房山方面が樹間から展望で

登山口の榎田方面から白髪岳の眺め（23－⑫）

きる。やがて樹木も背を縮め、樹種はウツギ、サワフタギ、ネジキなどの灌木帯となり、**白髪岳の山頂**に着く。白髪岳は自然環境保全地区なので伐採がないという話だが、山頂の展望を得るため南が開け、近年北も見通しがきき、年々歳々山頂空間が広がっているような気がするのだが……。下山は往路を下る。

▽**参考コースタイム**＝登山口（30分）猪ノ子伏（1時間）三池神社（20分）白髪岳（1時間20分）登山口

〔問合せ先〕あさぎり町役場☎0966・45・1111〈**アクセス**〉◉マイカー＝九州自動車道人吉IC、国道219号錦町一武、県道43号榎田、林道温迫《ぬくみさこ》線、第二炭焼林道。

早春林床には可憐なアズマイチゲの花が咲く（23－⑬）

《その他のコース》

23－⑬ 椎矢峠→天主山登山口→天主山

峠に車を置き、東の荒れた林道を進むと三方山《さんぼう》登山口が右手にある。北へ辿ると荒れた林道は二分する。左の道を取り終点へ向かう。ここが**天主山登山口**。天主山へ続く稜線の南側を横切って、一五一四メートルピークの西に出てこの浅い鞍部から、クマザサ帯の一本道をわずかに登って**天主山山頂**まで二時間、往復四時間。なお椎矢峠までは内大臣林道を伝う。この道は、台風被害により荒れており、登山者の数も少ないので道迷いに注意してほしい。

林道終点から見る烏帽子岳（23－⑭）

23－⑭ 脊梁烏帽子本谷登山口→脊梁烏帽子岳

樅木八八重《はちやえ》から国見岳方面への林道を取り、烏帽子本谷手前で右上へ、最後の民家先に駐車する。荒れた林道を歩き、左下に谷を見ながら車道がヘアピンで右に向かう地点が**登山口**だ。

谷へ降りて渡り、谷上部を右へ進み、小谷を渡り尾根に取り付く。植林帯最上部で右に横切ると、**林道終点からの登山道**に出合う。急斜の登りで**烏帽子岳山頂**へ往復四時間三〇分。

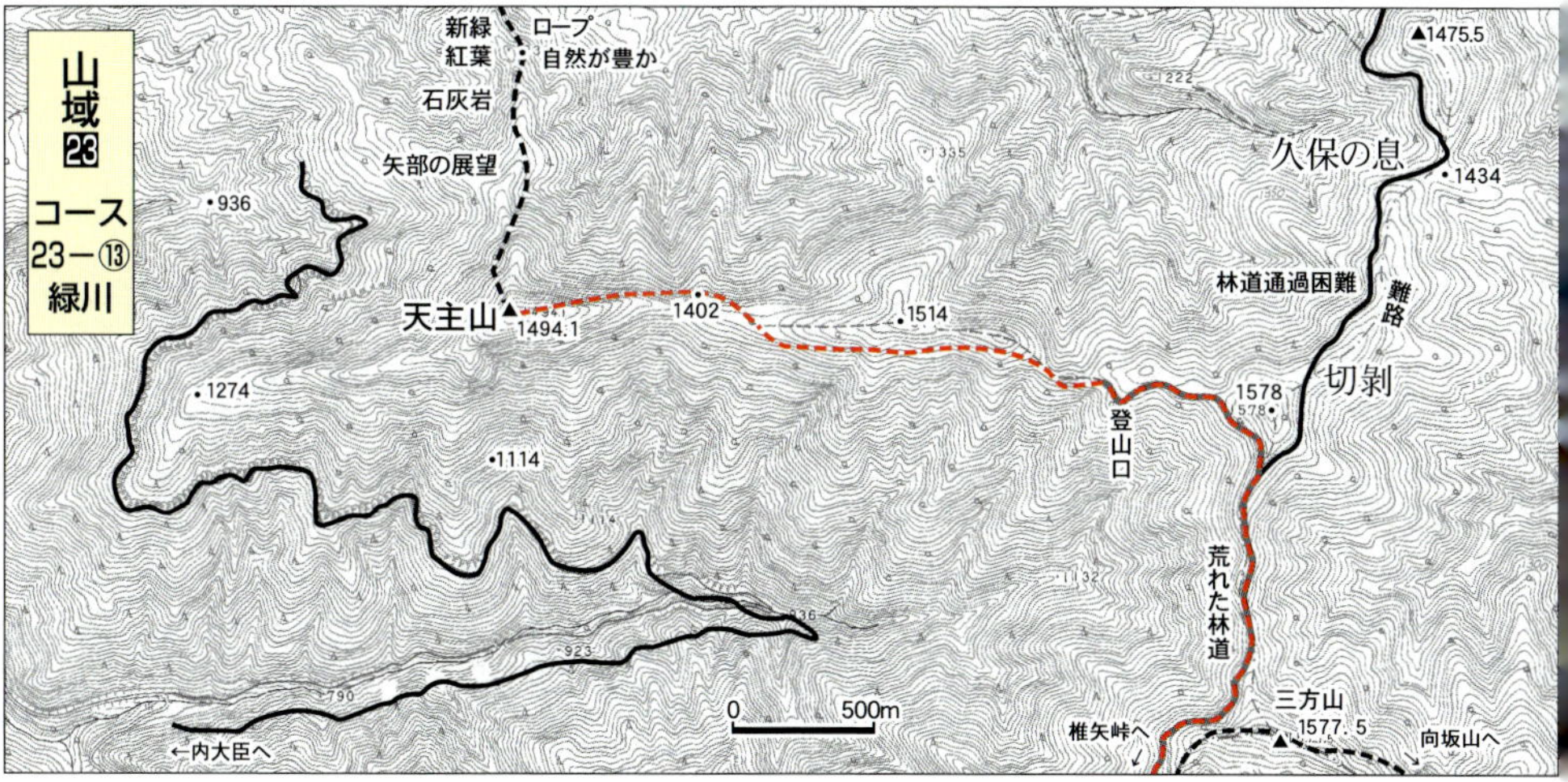

熊本県

山域24

次郎丸岳《じろうまるだけ》（397・1m） 太郎丸岳《たろうまるだけ》（281m）

天草島で登山やハイキングに適した山は、上島に白岳、念珠岳、竜ヶ岳、倉岳。下島に帽子岳、角山、頭岳、椎現山がある。海の景色がよいが、車道歩きがほとんどだ。次郎丸岳、太郎丸岳へは麓から歩こう。山頂からは松島の展望がよい。

〔山域の魅力〕 天草上島北東、上天草市松島にある山。山頂一帯は白岳砂岩からなり、岩峰からの展望は、天草松島をはじめ、四周雄大である。

山頂にある石の祠は文政二年（一八二一）から弥勒菩薩《みろくぼさつ》が祀られており、弥勒《みろく》岳《たけ》ともいう。かつてこの地を訪れた外務大臣松岡洋右は「逝く秋や巨人眠れり次郎丸」と詠んだ。住民は次郎丸岳を信仰の山とし、毎年旧暦三月一八日に祭礼を行なう。

〔山道案内〕 24

▽歩行時間＝二時間

今泉登山口→太郎丸岳分岐・次郎丸岳往復・太郎丸岳往復→今泉登山口

▽二万五千図＝姫浦

今泉西部川沿いの集落に入り、山手に向かう。棚田に段々畑を見て、車一台がやっとのコンクリート舗装農道を行く。常緑広葉樹がつややかに光り、舗装が切れて農道が終わると、**登山口**にはモリシマアカシア、巨杉、クスが各一本立っている。

上手に古い砂防堤を見て、左の尾根に上ると、カシ、シイ、ナギ、ヤマモモなど暖地性の樹林が茂り、風化砂岩の登山道を一直線に登る。右上に太郎丸岳の岩塊を見て、涸谷を横切ると遠見平へ達する。ここから次郎丸岳の山頂が正面に見える。

すぐ**太郎丸岳分岐**に出て、ウラジロ、

ヘゴにヤブツバキ、ヒサカキ、マツなどの雑木林の中を登る。しばらく緩い登りで楽しいが、いなずま返しから急登となる。次郎落しを過ぎると石段上の急登で北に回り込むと左手に大きな**露岩**が現れる。

この露岩に中央から登ると展望は雄大だ。天草松島の島々から有明海、奥に雲仙岳が浮かんで見える。露岩から南にわずかで道の左脇に弥勒菩薩があり、その

長男の太郎丸岳はあまり目立たない

西部集落から仰ぎ見る次郎丸岳

次郎丸岳山頂から天草松島の眺め

奥が巨石の重なる**次郎丸岳山頂**である。

山頂東は五〇㍍も切れ落ちており足がすくむ。方位盤も設置されており、天草の最高峰倉岳を始めとする山々や八代海の奥には九州山地も望める絶景の地だ。航行するフェリーや漁船の航跡が海上に見えて、のどかである。

太郎丸岳分岐へ戻り灌木帯を北へ歩く。シャリンバイ、モッコクなど海岸性の樹木を眺め、砂岩を乗越して行くと、岩が積み重なる岩上が**太郎丸岳の頂**である。

下山は往路を取る。

▽**参考コースタイム**＝今泉登山口（30分）太郎丸岳分岐（30分）次郎丸岳（40分）太郎丸岳（20分）今泉登山口

〔**問合せ先**〕上天草市松島支所☎０９６９・56・１１１１、九州産業交通松島営業所☎０９６９・56・００８０〈**アクセス**〉ＪＲ鹿児島本線熊本駅（九州産交バス１時間30分）松島産交（同バス10分）今泉三差路。◉マイカー＝九州自動車道松橋IC、国道266号松島、国道324号で今泉三差路。

《山道のグレードと個性》九州中央山地は林道が網目状に走り、伐採、育林が盛んで自然林の荒廃が進む。それでも数少ないコースでは、登山の技術、経験、読図といった基礎、基本を駆使しての縦走など計画達成後の喜びは得られた。

しかし、近年山頂に標識が乱立する場所もあり、登山道には必要以上の案内（テープ、立木に赤ペンキの落書）が目立ち、山頂まで地図を広げることなく導かれる。だから、登山技術など要せぬ山が多く、未熟な登山者の天候急変等による遭難が危惧される。

登山道にはグレードがあり、皆が登れない場所もある訳で、それはあたりまえである。日本の登山者は同じ道具を使い、同じ服装で、同じ山に登らねばならないとでも思っているのだろうか。岩を刻み、ホールド・スタンスを作り、藪を払い、すべての人が通ることができるようになっている。これでは個性がない。

近年中央山地にわずかに残っていた藪の稜線が、なぜか切り開かれた。一般的には嬉ぶべきなのだろうが、私は残念でならない。

宮崎県
山域25

双石山 ぼろいしやま（509・3m）
花切山 はなきりやま（669・2m）

双石山、花切山ともにカシ、シイなど常緑広葉樹に覆われ自然が深い。標高のわりに急峻で、岩峰、岩壁、痩尾根など地形の変化が激しく複雑だ。宮崎市の近くにあって、場所によっては緊張した登山を楽しめる山である。

〔山域の魅力〕 双石山《ぼろいしやま》と花切山《はなきりやま》は宮崎市の南西に位置する徳蘇《とくそ》連山の一角で、加江田川上流、加江田渓谷を挟んで対峙している。

双石山は南北に長く、最高点は南の奥にある。登山道は整備され、南国宮崎にあって一年を通して登山に適し、市民の憩の場として訪れる人が多い。

花切山は加江田渓谷、家《け》一《ち》郷谷《ごうたに》の南にあり、標高七〇〇㍍弱でありながら、入山すると急峻な山容で、砂岩の岩峰や岩壁、痩尾根など地形の変化が激しく複雑、特に家一郷谷側は三〇〇㍍も一気に高度を落とし、目がまわるほどである。

両山とも山体はカシ、シイの常緑広葉樹が黒々と茂り、急峻な地形を隠し、地形図を読むのも難しい。近郊にこのような奥の深い自然と地形を持つ山があるなど、想像だにできないほどだ。一味違った山への登行を勧めたい。

〔山道案内〕25-① **▽歩行時間＝三時間四〇分**

塩鶴登山口→針の耳→展望台→双石山→姥ヶ嶽神社→塩鶴登山口

▽二万五千図＝築地原、日向青島

登山口への公的交通はない。**登山口**から木製鳥居をくぐり植林帯をしばらくで、アカガシ、スダジイ、ヤブツバキなどの常緑樹林となり、頭上を黒々と覆っている。

針の耳神社の祠に着くと、上手は砂岩の風化が激しい崖や巨石が切り立つ。この岩間を登る。壁の割れ目を抜ける薄暗く狭い登山道は、すぐ針の耳の穴を抜ける。さらに頭上にチョックストン（岩間に石が挟まる）がある。傾斜がきついだけ高度は稼げる。象の墓場と呼ばれる巨石を見て、左に大岩・小岩。展望台という巨岩を過ぎると、すぐ頭上は稜線である。

左にわずかで**第二展望台**で小さな広場

塩鶴の集落から双石山全容を見る（25-①）

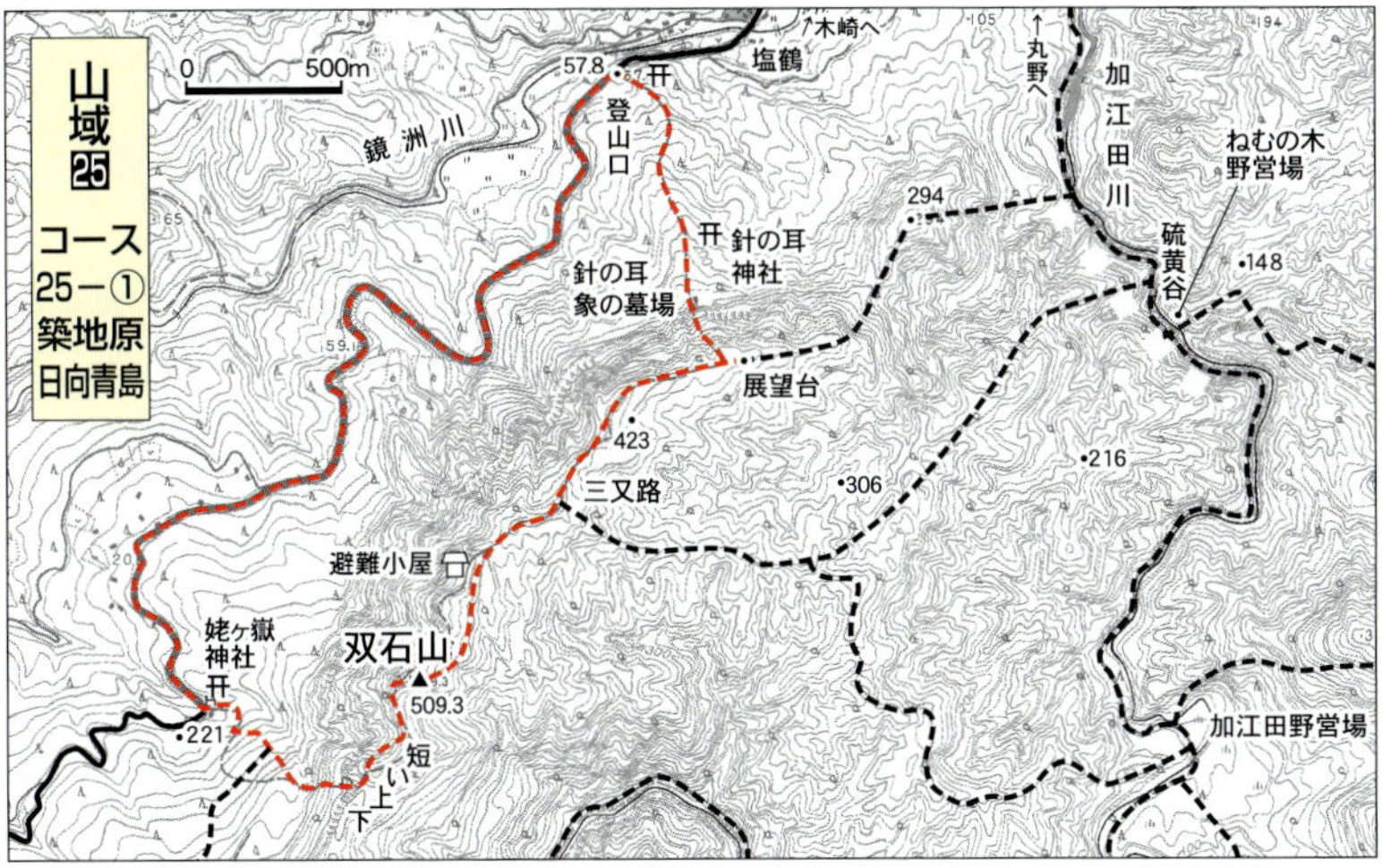

にベンチがある。北面の展望がよく宮崎市街から大淀川、一ツ葉《ひとつば》海岸、日向灘が指呼の間である。

山頂へは、稜線伝いに南へ歩く。しばらくで**三叉路**となり左は加江田渓谷へ。直進すると、わずかな距離で立派な**山小屋**がある。

小屋からさらに南へ、いくつかのピークを越えると**双石山の山頂**に達する。南西面の展望がよく、鰐塚山《わにつかやま》から北の方に遠く九州山地の山々が並び、南の徳蘇連山も黒々と樹林が茂っている。

山頂を後に道を南に取ると痩せた尾根の短い上下で、稜は西へ折れ、緩い下りで鞍部に達する。二分する尾根の右の尾根を、ジグザグを切って急激に下る。植林帯となると傾斜もゆるみ、浅い谷が現れると、道脇に山の神が祀られた水場がある。

杉林の一本道へ、左手からコンクリート道が出合い、右に取ると**姥ヶ嶽神社**（平《ひら》の権現社）の鳥居に出る。神社の湧水は知る人ぞ知る名水のようだ。ここから県道を右に取り、双石山塩鶴登山口へ。

▽**参考コースタイム**＝塩鶴登山口（30分）針の耳（30分）第二展望台（1時間）双石山（50分）姥ヶ嶽神社（50分）塩鶴登山口

〔山道案内〕25－②

▽**歩行時間＝七時間二〇分**

丸野駐車場→あかご淵→山の神→花切山→赤松展望台→加江田野営場→丸野駐車場

▽**二万五千図＝日向青島**

加江田渓谷沿いに上流に向かい、**あかご淵**に着く。左手が登山口で涸谷の左沿いに歩き、谷を右に渡ると急な登りとなり、短いジグザグを切って尾根に出る。

左上に今から登る花切山と赤松展望台方面を見て、スダジイの巨木が目立つ尾根、短いアップダウンを繰り返す。一時

花切山方面から赤松展望台（右）と斟鉢山を望む（25－②）

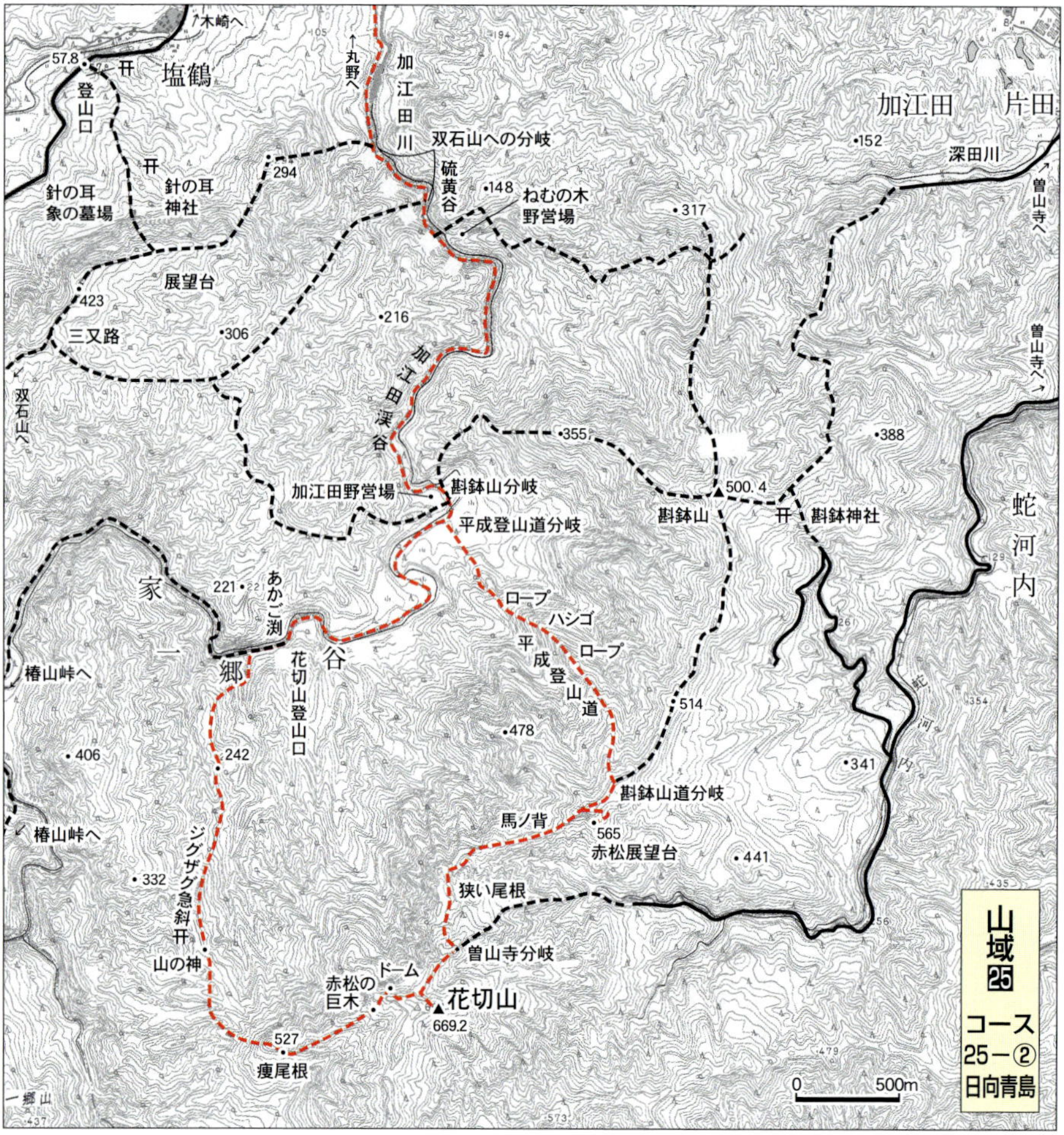

間も登ると傾斜は緩み、急崖の基部に近づき、山体が頭上にのしかかる。

再度急登、傾斜が緩むとスダジイの根元に**山の神**が祀られている。右に山腹を横切り顕著な尾根となり、イスノキ、ツバキの巨木も混じる。

砂岩に木の根の張り出た痩尾根、胸突八丁の急坂、左右とも急崖だが、樹木が峻険な光景を柔らげる。背後に樹間を通して双石、鰐塚方面を望む。

急斜を直登、さらにトラバースと足元は不安定だ。高度は上がり、砂岩の壁を過ぎるとアカマツの巨木がある。行手は断崖で足下は垂直に一〇〇メートルも落ち、宮崎市街が見渡せる。

ここから右に折れてしばらくで、左手に高さ一〇メートルあまりの**ドーム**があり、これに登ると尾鈴山、掃部岳《かもんだけ》、大森岳《おおもりだけ》、鰐塚山、柳岳《やなぎだけ》、小松山、近くに斟鉢山《くんぱちやま》、双石山が見渡せる山系一の展望だ。登山道へ戻り、赤松展望台分岐に出て、直進すると五分で樹林中の**花切山頂**である。

赤松展望台へと向かう。登りは野性味濃い山道で下山も急峻なコース、一〇分も下ると曽山寺《そうさんじ》方面への道が分岐する。

そのまま狭い尾根のアップダウンを繰り返す。常に左手が崖となり、険しい道だ。赤松展望台を正面に見ながら、馬の背の尾根を辿り、岩峰の左を巻いて北から南に登り返すと、広い**赤松展望台**に着く。

斟鉢山方面へ向かう。右側が伐採されて明るく、すぐに稜線を離れ左尾根を取る。**平成登山道**と呼ばれるコースで直線距離一キロ、標高差四五〇メートルである。

狭い尾根を下降する。風化砂岩は滑りやすいため数箇所にロープが張られ、梯子もある。第一展望台があり、スケールは小さいが、加江田渓谷、宮崎市街が見える。夫婦岩を抜けると第二展望台、さらにロープで下ると雨宿り岩に着く。ここから植林帯となり**急斜から解放**される。渓谷の遊歩道に出て右に取り、丸野駐車場に戻る。

▽**参考コースタイム**＝丸野駐車場（1時間30分）あかご淵（1時間20分）山の神（40分）赤松巨木（30分）花切山（1時間）赤松展望台（1時間20分）加江田渓谷（1時間）丸野駐車場

〔問合せ先〕宮崎市役所☎0985・25・2111、宮崎森林管理所☎0985・29・2311、宮崎交通宮崎営業所☎0985・22・2157**〈アクセス〉**JR日豊本線清武駅（タクシー15分）塩鶴・丸野。◉マイカー＝宮崎自動車道宮崎IC、国道220号熊野、県道加江田渓谷丸野・塩鶴。

宮崎県 山域26

大森岳

おおもりだけ（1108・6m）

常緑広葉樹は照葉樹とも呼ばれ、綾渓谷大森岳はシイ、カシ、タブ、ツバキなど照葉樹が黒々と茂る日本有数の地域である。宮崎市橋橋から西に三角形の山容が目立つ。山腹は急峻だが木漏れ日を体に受けながらの登山が楽しい。

〔山域の魅力〕綾渓谷《あやけいこく》の大森岳《おおもりだけ》は、宮崎市を流れる大淀川の上流、綾北川と本《ほん》庄《じょう》川（綾南川）に挟まれた、急峻な山間に聳え、綾町と須木村《すきそん》の境界にある山。宮崎市橋橋から三角形の山容がよく見える。

九州中央山地国定公園に指定されたこの一帯には、かつて西日本のほぼ全域に広がっていたと思われる、常緑広葉樹の森が残っている。地域の最高峰、掃部岳は伐採植林が進み魅力に乏しいが、綾渓谷をはじめ、大森岳一帯ではシイ、カシ、タブなど巨木を含めた常緑広葉樹の原生林が見られる。

東アジアからヒマラヤ山麓にかけて農耕文化に見られるルーツを、マナスル遠征に参加した京都大学の中尾佐助は「照葉樹林文化」として発表。日本の生活、習慣に照葉樹林が果した役割の大きさを内外に知らしめた。しかしその文化を育んだ太古からの森はほとんど失われ、この綾渓谷をはじめ、鹿児島の大隅地方、

綾北川から稜線へ一直線で伸びる送電線と掃部山地

掃部岳から大森岳（中央）を望む

大森岳山頂は草原で休むのによい

四国や紀伊半島の一部にしか残っていない。

　地元綾町では渓谷沿いに、クラフトパークや遊歩道を整備し、町をあげて貴重な森を残していく保護運動を展開している。最近は訪れる人は増えたが、渓谷上部に聳える大森岳に登る人は少ない。

　大森岳は南北にのびるなだらかな稜線とは対照的に、山腹は急峻、山全体が照葉樹に覆われ、樹冠がもくもくとしたカシやツバキ、シイなど巨木が多い。五月は新緑と落葉が同時に見られ、若葉の色彩も多彩。南国の強い日差しにキラキラ輝く若葉に染まり、落葉を踏み、木漏れ日を全身に受けた登山が楽しめる。

〔山道案内〕 26-① ▽歩行時間＝五時間
綾第一発電所→稜線→大森岳（往復）
▽二万五千図＝大森岳

　発電所すぐ下の**小谷の橋脇**から山側への踏分けがある。左下に古い砂防堤を見て、いきなりジグザグの急登である。

　発電所が眼下になると、右に導水管が現れる。綾南ダム方面へ、規模の小さい送電線が伸び、送電線に沿った巡視路を伝う。見晴らしの良い場所に出ると、水路が横切る。右には貯水塔があり、この草原《くさはら》は休むのによい。

　ジグザグの急登は最後まで続く。送電線の塔には標識と番号が記され、稜まで一直線に伸びる送電線を保全するために、幅一〇メートルあまりの巡視路がジグザグに切ってある。

　左下から谷音が響くと、山腹を巻いて谷に下る。ここが**最後の水場**だ。水筒を満たしておこう。谷を渡り左上すると、左から道が出合う。自然林に入り急斜を登る。頭上は樹林が茂り陽も届かない。

　木梯子が現れ、足場には丸木も添えられて安心だが、崖はかなり高い。樹林帯から送電線沿いに進み、短いジグザグの急斜、樹林帯、送電線と交

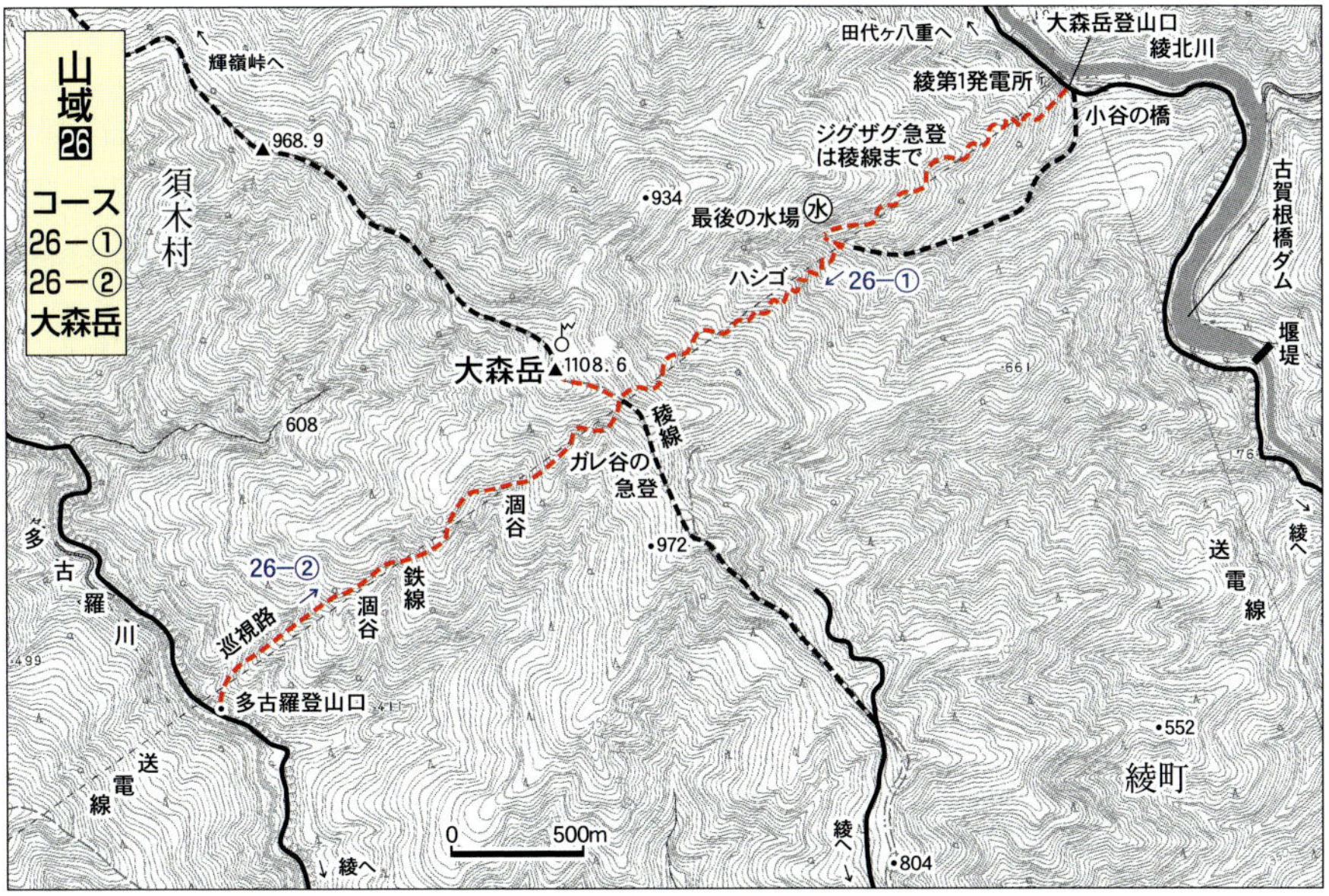

互に登ると**稜線**に出る。多古羅《たこら》川からの道が出合い、稜線の道とクロスする。西には霧島連山が見える。

山頂へは急登わずかで、宮崎県防災行政無線大森岳中継局の建物の西に回り、小丘へ一登りで**大森岳**である。展望は東に掃部山地、尾鈴山塊、米良の山々、北に九州山地、西は霧島連山、南は双石山、花切山、太平洋も望まれる。下山は往路を下る。

▽**参考コースタイム**＝登山口（1時間30分）最後の水場（1時間20分）稜線（10分）大森岳（2時間）登山口

〔山道案内〕26-②

▽**歩行時間＝四時間一〇分**

多古羅登山口→稜線→大森岳（往復）

▽**二万五千図＝大森岳**

巡視道は黒い樹脂製の階段がある。見事な照葉樹林を急登。森を抜け送電線下の切分けで視界が開ける。

急登で支尾根を乗越し、短い上下から涸谷を横切る。このあたりは春には山桜がきれいな場所だ。背後に霧島方面が見えるころ、古い崩壊地に鉄線が張られている。再度支尾根を越えると左上に山頂を仰ぎ見る。

ガレ場を横切ると、道脇に小さな岩屋がある。小さい尾根を越え、**涸谷を横切る**と、ガレた谷沿いの急登となり、ハリギリ、ヒメシャラ、サワグルミ、ホオノキの落葉巨木が見られる。

谷筋から右の山腹へ移ると送電線の切分けに出て、ジグザグを切って登り**稜線**に達する。ここから**大森岳山頂**は左に一〇分で着く。下山は往路を下る。

▽**参考コースタイム**＝多古羅登山口（2時間30分）稜線（10分）大森岳（1時間30分）多古羅登山口

〔問合せ先〕 綾町役場☎0985・77・1111、須木村役場☎0984・48・3111**〈アクセス〉**◉マイカー＝東九州自動車道宮崎西IC、国道10号高岡内山、県道24号国富町、県道26号綾町。

宮崎県
山域27

行縢山《むかばきやま》（829・9m）　比叡山《ひえいざん》（918m）

行縢山、比叡山とも奇岩絶壁からなり、岩壁は九州一のクライミングエリアとして全国からクライマーを集めている。この山地は祖母傾国定公園に含まれ、景色は豪快そのものだ。交通の便もよく週末は登山者も多い。

〔山域の魅力〕 行縢山《むかばきやま》は延岡市の西に聳える山で可愛岳《えのたけ》から丹助岳《たんすけだけ》に至る行縢山地の中心をなす山。

全山南側は奇岩絶壁となっている。頂上は雄岳、雌岳と呼ばれる東西二つの岩峰からなる。中央に行縢川が割って流れ、行縢の滝をかけている。この地形を遠望すると、武士が乗馬の時、腰から脚につける行縢の形に似ているので、この名がついたという。

行縢神社は行縢山の南山麓にあり、養老二年（七一八）の創建と伝えられる古社で、近世は、延岡地方の総鎮守社として累代の領主の崇敬が厚く、社運は隆盛した。

二万平方メートルの広い神域は、カシ、シイ、タブ、イスノキ、ヤマモモ、ヤブツバキ、スギなど巨木や古木で覆われ、本殿が静かなたたずまいを見せている。この神社境内がバス終点となっている。

比叡山《ひえいざん》は綱ノ瀬川の深いV字谷を挟んで、矢筈岳と対峙している。

この山は一、二、三峰と岩峰が聳え、岸壁すべてが花崗斑岩からなり、九州一のクライミングエリアとして、全国のクライマーの注目を集めている。

また昭和四十年、丹助岳、矢筈岳、比叡山も含めて祖母傾国定公園に指定された。一峰展望台から眺める景色は豪快そのもの、国指定の名勝の名にふさわしい。

本峰は山稜を東に一時間の場所にあり、コースは変化に富み、花崗岩の奇岩怪岩を突き出した稜をたどり、東端九一八メートルピークが山頂である。

〔山道案内〕 27-①

▽歩行時間＝二時間五〇分

行縢山登山口→県民の森分岐→行縢山（往復）　**▽二万五千図＝行縢山**

バス停から境内の砂利道を歩く。樹林が頭上を覆い、自然歩道の標識に導かれて行くと、車道終点からの登山道と出合う。巨石の散在する谷

国道218号方面からの行縢山全景（27-①）

登山道左手からは行縢滝展望台へ行ける（27-①）

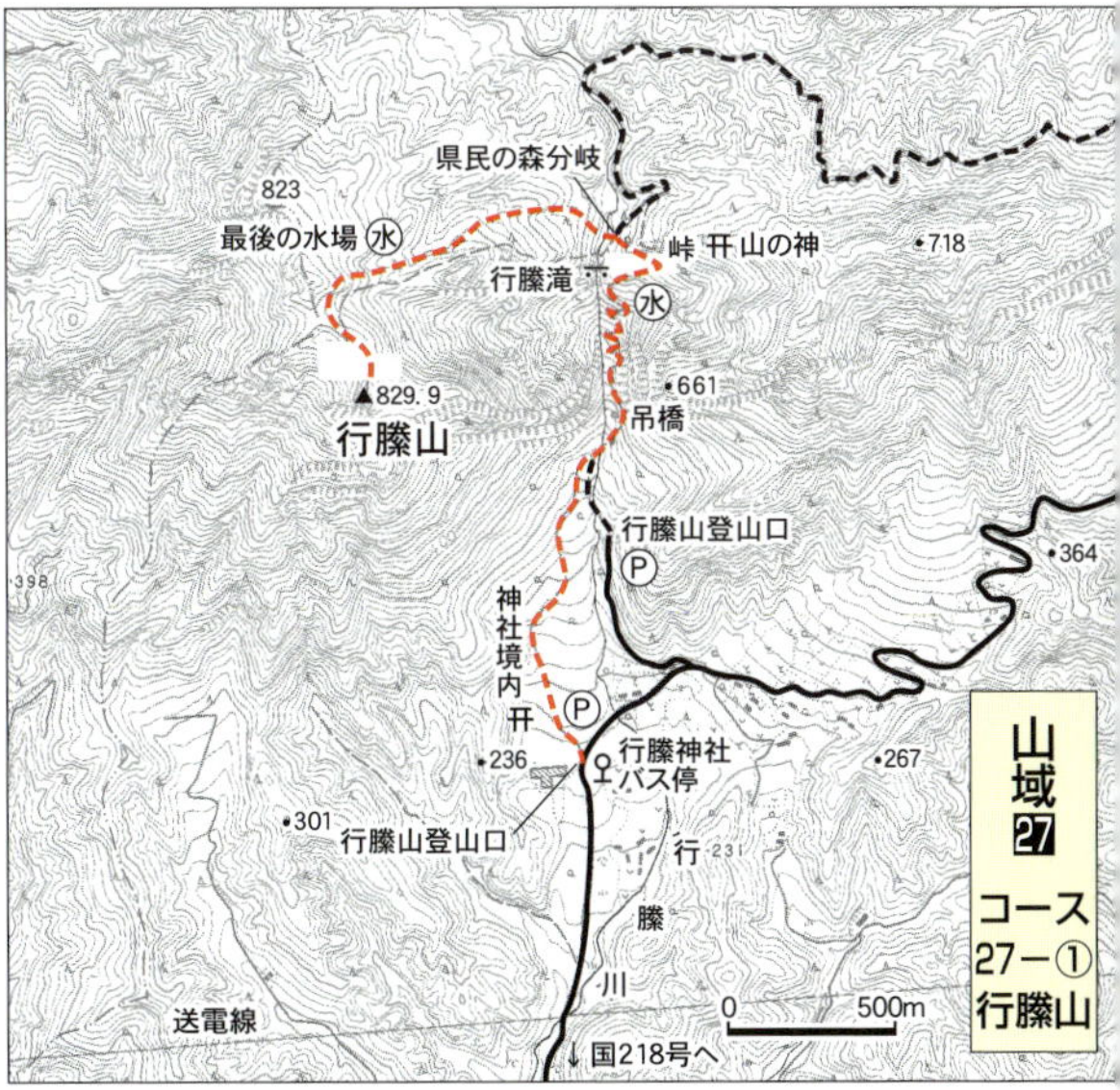

を渡り、石道をジグザグに切って谷を右下に見ながら登ると、立派な**吊橋**に出て正面に行縢の滝が見える。

やがて雌岳西壁基部に達し、石段を登ると滝展望所への道を左に分け、ここを右に登る。途中に湧水があり、大きくジグザグを切る。急登の右には雌岳分岐を見て、もうちょい坂に達すると、杉丸太段を登って**峠**に着く。山の神が祀られておりベンチもある。

杉林となり**県民の森分岐**から、左下の谷へ下る道を取り、行縢の滝上流の谷を渡る。行手にも杉林が続き、右下に小谷を見て一直線に登る。谷が道脇に近づきコース**最後の水場**がある。杉林から雑木林を通り、稜線に達して南にわずかで、岩峰に着く。右手わずかに岩の広場と**行縢山頂**標識がある。展望は抜群だ。山頂直下の森から延岡市街にかけて見渡せ、航空写真を見るようだ。下山は往路を下る。

▽**参考コースタイム**＝行縢神社（1時間）県民の森分岐（40分）行縢山（1時間10分）行縢神社

【**問合せ先**】延岡市役所☎0982・34・2111、宮崎交通延岡営業所☎0982・32・3341〈**アクセス**〉JR日豊本線延岡駅（宮崎交通バス30分）行縢神社。◉マイカー＝国道10号昭和町、国道218号舞野、県道から行縢神社。

〔**山道案内**〕**27－②**

▽**歩行時間＝三時間三〇分**

第一駐車場→一峰→七六〇㍍峰→比叡山→一峰→千畳敷→第一駐車場

▽**二万五千図＝日之影**

駐車場正面の尾根左手に、白地に赤の矢印がある。植林は伐採されたが尾根通しに踏分けがつづく。忠実に伝うと比叡一峰の岩壁が、行手左に開けて見える。

雑木林となり、藪のうるさい尾根に上ると、下山に取る**比叡一峰分岐**に出る。右に取り尾根道の急登で二、三峰からの尾根を集束する**七六〇㍍峰直下**に達する。

駐車広場から比叡一峰の眺め（27－②）

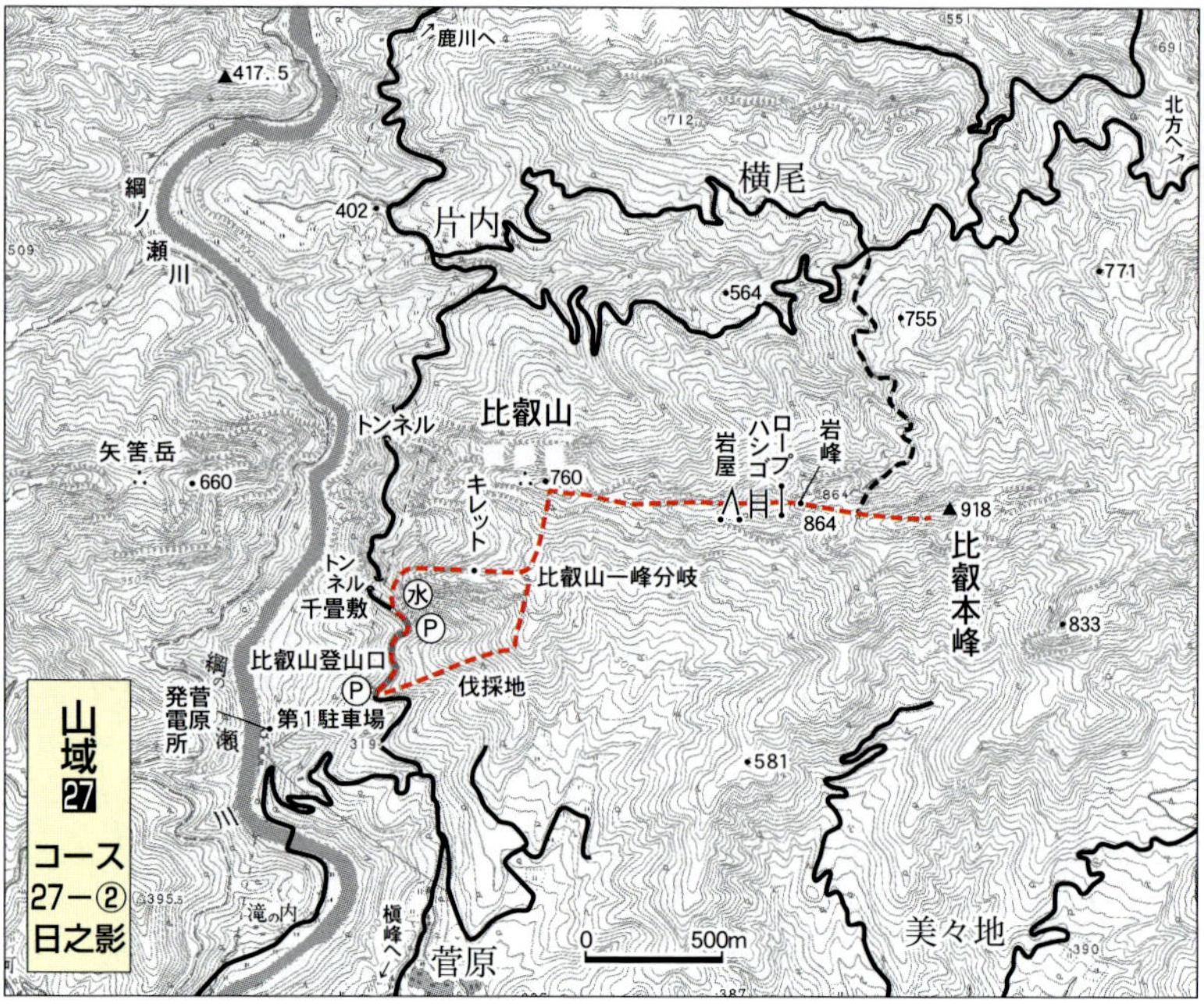

巨石の南に出て東へ向かう。樹間から下鹿川《しもししがわ》方面が望まれる。巨石の小丘や道脇の巨石から展望が得られる。行手には本峰方面の怪奇な岩峰が望まれる。

自然林となると、落葉のじゅうたんが広がり、道も明瞭で快適だ。緩い登りをしばらくで、行手に巨石群が現れる。基部から左を巻き、巨岩の間を直上すると、一〇人は入れる立派な岩屋がある。岩屋の横から稜に上り、大岩を巻いて東へ出ると、手のひらを立てたような岩が左右に立っている。狭いすき間に入り、一段上の岩棚に登り東へ抜けると、**八六四㍍大岩の上**に立つ。すぐ左にはさらに一㍍四方ほどの岩があり登ることができる。

大岩からの展望は最高。北に大崩、鉾岳《ほこんたけ》、鬼《おに》の目山《めやま》、西に尾鈴山、諸塚山、九州山地。近くに丹助岳、矢筈岳と視界が広がり、東に山頂が樹木で覆われた比叡本峰がある。

大岩にはロープが張られ簡単に東の基部に降りることができる。広い鞍部に出ると、横尾方面からの踏分けが出合う。東に樹林を通ってわずかな登りで**比叡本峰の三角点**に立つ。山頂は植林で展望はない。

下山は往路を**比叡一峰分岐**まで取る。正面に矢筈岳、南に一峰岸壁、綱ノ瀬川の峡谷を見てキレットに下る。稜の右手の急斜を急下降する。足場の悪い場所もあるので、ゆっくりバランスよく下ろう。足下に車道が見えると、左に登山道は曲がり、**千畳敷**の広場に出る。

この断崖上からの矢筈岳、綱ノ瀬川の景観は素晴らしい。道を左に取ると水場があり、山の神が祀られた登山口の広場に出る。トイレがあり、クライマーたちの集まる場所を通って駐車場に戻る。

▽**参考コースタイム**＝駐車場(40分)一峰分岐(20分)七六〇㍍ピーク(1時間10分)比叡山(40分)一峰分岐(40分)駐車場

〈**問合せ先**〉北方町役場☎0982・47・2001〈**アクセス**〉◉マイカー＝延岡国道10号昭和町、国道218号槙峰、県道214号比叡山登山口。九州自動車道松橋IC、国道218号槙峰。

宮崎県
山域28

鉾岳《ほこだけ》（1277m）　大崩山《おおくえやま》（1644m）　鹿納山《かのうやま》（1567m）
五葉岳《ごようだけ》（1569・7m）　夏木山《なつきやま》（1386m）

大崩山塊は日向灘に注ぐ祝子川源流の山々である。山域は花崗岩や硅岩が露出した場所が多く、新緑、アケボノツツジ、紅葉とのコントラストが見事だ。総合的な自然と登山要素をもつという点では九州で一番だろう。

〔山域の魅力〕大崩山塊は宮崎県北部に位置し、祝子川《ほうりかわ》の源流域には大崩山《おおくえやま》を最高峰に、鹿納山《かのうやま》、五葉岳《ごようだけ》、夏木山《なつきやま》、桑原山《くわばるやま》などがあり、深い原生林を蓄えている。

この山塊は花崗岩が露出した場所が各地にあり、断崖をなす場所が多い。山腹を覆う原生林の中に湧塚《わくづか》、小積《こづみ》ダキと呼ばれる岩峰、中央に祝子川、西に綱《つな》ノ瀬《のせ》川の深い渓谷があり、初夏のアケボノツツジ、秋の紅葉は見事である。登山のみでなく、渓谷探勝や沢登りでも自然を満喫できる。祝子川本流や支流に、花崗岩の浸食による素晴らしい造形が見られる。

なお、この地方で「ダキ」と呼ばれる花崗岩のスラブは、広ダキスラブを筆頭に、フリークライムのメッカとして、さらに湧塚、小積ダキなどは人工クライムのゲレンデとして人気がある。関西・関東からもクライマーたちが訪れる。

山塊の入山地域として、最も便利な場所は上祝子《かみほうり》で、延岡駅よりバスがあり、バス停から一時間強の場所に大崩山荘がある。さらに綱ノ瀬川沿い、上鹿川《かみししがわ》にはキャンプ場もある。

初心者でも天候・装備が万全なら登山は楽しいが、登山道が登山者の増加で消耗が激しく、修復はされるが、ロープやハリガネ、梯子場が増加しているので、技術の未熟や天候不順の場合には、十分注意が必要である。

大崩山は山塊の主峰で、祝子川源流一帯はモミ、アカマツ、ブナ、カエデ類、シデ、ヒメシャラ、ナラなどが山腹を覆う。樹海の中に湧塚、乳房岩《ちぶさいわ》、小積ダキ、七日廻《しちへんめぐ》り、鹿納《かのう》岩峰など大岩峰を突出させ、二枚ダキ、袖ダキ、スズリ岩、広ダキスラブ、ドビン落しと呼ばれる岩壁を衝立のようにめぐらし、祝子集落から眺めると、大きく崩れた山のように見えるのでこの名がついたとも言われる。

山域一帯の新緑・紅葉、初夏を彩るツクシアケボノツツジは華麗で、山塊のツツジの種類は二〇種を越えるとも言われる。

鹿納山は地形図で一五四八メートルピークに記されるが、地元ではこのピークを鹿納の野と呼ぶ。そこから東南八〇〇メートルの位置にある一五六七メートルピークが鹿納山で、岩峰を空中に突き立てており、すぐそれとわかる。

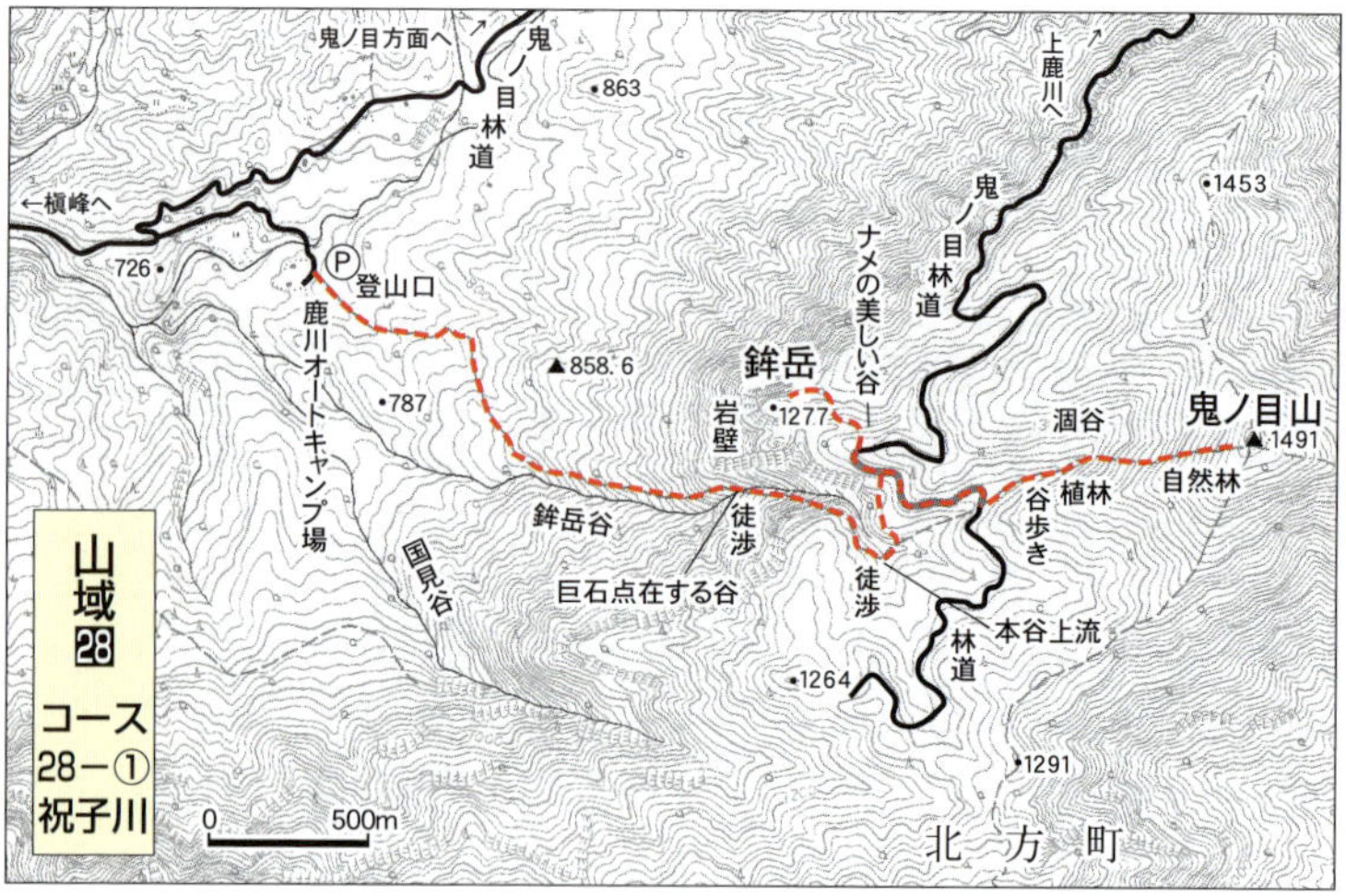

稜線は自然が濃く、ツクシアケボノツツジの他、ドウダンツツジ、ヒカゲツツジが見られ、山頂からの展望もよい。

五葉岳は、大崩山塊北の稜線上の最高峰で、台形をなし山頂一帯自然林であるが、見立《みたて》側は植林となっている。山頂には硅岩が露出して展望はよく、大崩山塊や傾山の眺めが特によい。

夏木山は山塊の東端にやや離れてあり、山頂一帯は自然も残るが、南北の中腹一帯は植林で占められ、五葉岳から杉越《すぎこし》へ向かう鋸切《のこぎり》尾根に人気が集まり、特にアケボノツツジの開花期は登山者が多い。

鉾岳《ほこだけ》は鹿川方面に岩峰が聳え立ちよく目立つ。山麓の上鹿川キャンプ場は、オートキャンプも出来るので特に人気が高く、近くの鬼の目山には杉の自生が発見されて話題をまいた。鉾岳山頂岩峰からは鹿川渓谷の先に釣《つり》鐘山《かねやま》、日隠山《ひがくれやま》、鹿納山の展望もよく、山麓の上鹿川を、宮崎のチロルと呼ぶ人もある。

〔山道案内〕28−①

▽歩行時間＝四時間三〇分

鹿川登山口→林道→鉾岳往復・鬼ノ目山往復→鹿川登山口　▽二万五千図＝祝子川

鹿川キャンプ場から山手に林道を行く。二分する車道の左を取ると、しばらくで登山道となる。

右下に鉾岳谷の谷音が聞こえてくると、左手に鉾岳の岩壁基部が現れ、**巨石が転がる谷**を飛石伝いに右に渡る。そのまま急斜面をジグザグに急登し、山腹を横切る途中、鉾岳の巨大スラブの右側に糸を引くような滝を見る。谷に目をやると、鉾岳谷が滝を懸けている。**本谷上流**を横切る。

クマザサの茂る斜面を登ると**林道**へ出

鹿川キャンプ場近くから見た鉾岳（28−①）

鬼ノ目林道から鬼ノ目山を望む（28−①）

る。左へ三〇㍍も行くと右へカーブする林道の左手に、谷へ下る登山道があり、下るとすぐ**ナメの美しい谷**へ出る。

谷を渡り、クマザサの密生する一本道をしばらくで山頂に出て、わずか右下が**鋒岳岩峰**の頂だ。足下には鹿川が開けている。

林道まで戻り右へ歩き、鬼ノ目山頂に突き上げる谷を目指す。**谷と出合う**と谷中を歩いて上流へ。両側は伐採後の幼木林が広がり、谷にはケルンが積んである。

石屑の涸谷から右上の植林より、胸突く急斜を登ると自然林となり、樹林に覆われた静かな**鬼ノ目山山頂**に達する。山頂からの展望はない。下山は往路を下る。

▽**参考コースタイム**＝鹿川登山口(50分)岩壁基部(40分)林道・鋒岳往復(30分)林道・鬼ノ目山往復(1時間30分)林道(1時間)鹿川登山口

〔問合せ先〕北方町役場☎0982・47・2001**〈アクセス〉**◉マイカー＝国道10号延岡昭和町、国道218号槙峰、県道214号上鹿川キャンプ場。九州自動車道松橋IC、国道218号槙峰。

〔山道案内〕 **28－②**

▽歩行時間＝八時間三〇分

上祝子登山口→大崩山荘→湧塚→大崩山→三里河原→上祝子登山口

▽二万五千図＝祝子川、木浦鉱山

登山口は祝子川本流を渡る手前に案内と登山心得の説明がある。

整備された登山道を歩く。急登は長く続かず、祝子川の右上手（左岸）を川と並行する。時折崩壊した登山道を迂回する場所があり、桟道、梯子、ロープが設置されている。水流の小谷や涸谷を横切ると、登山道は台地に出て、キャンプ場が現れ、右上に**大崩山荘**、坊主尾根コースが左に分かれる。

直進する登山道を取り、谷や尾根で左右とカーブし、岩棚に丸太とボルトで固定した桟道を過ぎると、小積ダキや湧塚の岩峰が見える。

左手にテント場が現れると、**湧塚コースの分岐**に出る。直進する三里河原への道を見送り、左に入るとすぐ祝子川に出る。巨石のブロックが谷を埋め、その上に丸木橋が渡してある。増水時は丸木橋が流失することもあり渡渉は危険である。

対岸に出て、小積谷沿いに上流へ進む

上湧塚から中湧塚の岩峰（28－②）

大崩山荘近くから眺めた小積尾根（28－②）

と、巨石の岩屋が右にあり、谷に出ると水場がある。ここで水筒を満たしておこう。

谷は二分し、左が本流だ。谷の中央から流れを右に渡り、小谷をつめるとガレ谷となり、巨石の間をすり抜け、湧塚へ続く尾根取付に出る。短いジグザグとさらに急斜、石のブロックからジュラルミン製梯子やロープの設置された胸突く急登で尾根に立つ。

正面に岩塔を見ながら急登するとスズタケが現れ、アカマツ、ゴヨウマツ、モミ、ツクシアケボノツツジが目立つようになる。右上に乳房岩が聳えている。直進する道は山頂方面、左上は**袖ダキ展望台方面**。左を取り展望台へ向かう。正面には小積ダキの巨大な岩塔が見える。巨石の上から右に越えて登山道に戻る。

湧塚岩峰は鞍部から岩壁基部を右に横切り、梯子を登る。さらにもう一つ梯子を登ると一般登山道と湧塚岩稜コース分岐である。三段の梯子とロープで岩稜へ向かう。中湧塚バイパスが右下に分かれ、岩稜に急登する。岩を右から回り込んで岩上に出てさらに梯子で**湧塚岩峰**に立つ。展望は抜群だ。下に降りて岩の北側を巻くと右下に梯子が二ヵ所あり、先の中湧塚バイパスが合流する。

梯子から、広いスラブに桟道が架かった思案橋の難所を通過する。樹木が目立ち歩きやすい登山道となり、わずかに登ると、**上湧塚岩峰**基部に出る。西側にロープがあり、岩峰上に立つと眼前に祝子川源流の樹海と山々が展開する。この岩峰も数年前までは、実力のある登山者だけが登っていた。登れない人はそれでよかったのである（近年ロープが懸かり、今では石が刻まれ実力のない登山者まで岩上に立ち下山で転落の事故にあうこともあるので、やたらと取付かない）。

先はおだやかな尾根になり、豊かな自然が素晴らしい。もちだ谷へ下る湧塚バイパスが右に分かれ、リンドウヶ丘への道が左へ分かれる。尾根のわずかな登りで一五七一メートルピークに着き、**坊主岩・小積ダキコース**が左から出合う。

尾根はゆるやかで下山に使う**もちだ谷**への道が右下へ分かれている。左にゆるく曲る尾根を伝うと、宇土内谷・鹿納山方面への道が右に分かれ、南に取ると石塚の展望台は目と鼻の先である。**大崩山**へはここから五分ほどで着く。

もちだ谷分岐へ戻って谷へ下降する。始めはスズタケがうるさい部分もあるが、下るにつれ苔むした岩屑の斜面となり、樹林の中は広い空間が開けて気分がよい。航空機遭難碑を左に見て下ると、谷筋

急登の連続の中で頭上のツクシアケボノツツジが爽やかだ

秋の三里河原はぜひ訪れたい

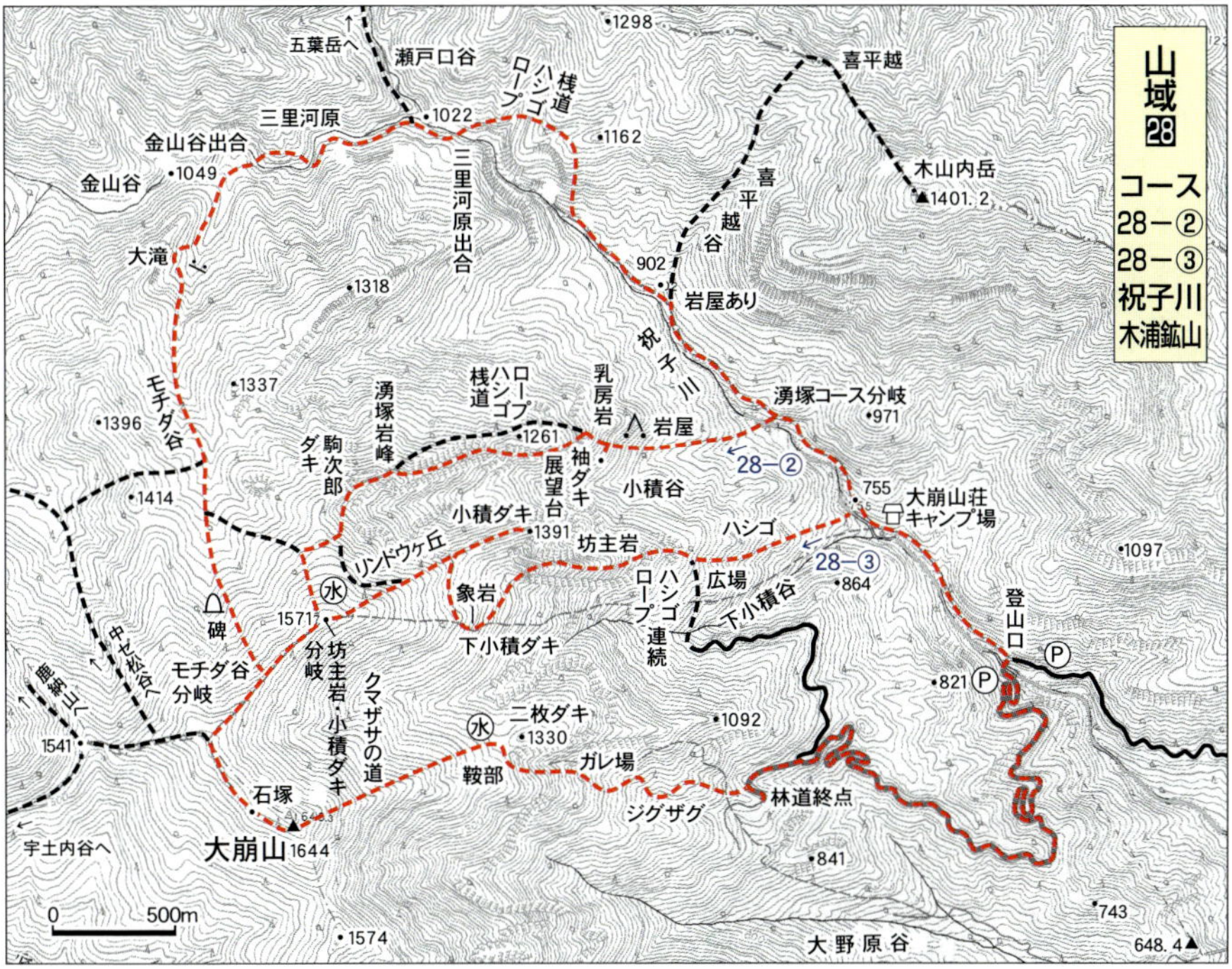

からテープやケルンを目印に谷中を行く。しばらくで水が流れ左右に小谷が出合う。右から湧塚バイパスが合流し、少し下ると左上へ中ゼ松谷《なかぜまつたに》への近道が分かれる。

幅広の五㍍滝は左を巻いて下る。さらにナメ滝は川幅いっぱいに水が薄い膜のようになって流れており、いかにも美しい。行手が明るくなると**大滝**があり、登山道は左に大高巻きして下る。ブナ、ナラ、ヒメシャラ、モミの巨木に包まれた気分のよい道である。

谷に戻り左、右と渡渉し、テープやケルンを目印に歩く。再度谷を右に渡るとその先で谷は大きく迂回し、**金山谷**と出合う。登山道は出合を近道して下流に出る。ここは三里河原の中心部で、広い流れに淵やナメ、瀬がつづき、河原もある。

いったん左に渡渉し再度浅瀬を右に渡ると、ここからはすべて右側（右岸）を歩く。対岸に瀬戸口谷が出合い、五葉岳、夏木山方面への登山道が分かれる。

瀬戸口谷すぐ下流で**三里河原は終わり**、登山道は左（左岸）に渡る。下流は荒々しいゴルジュの若狭淵で、登山道は左上へと追われ、花崗岩の上を水平に横切る。小谷、桟道、梯子、ロープでスラブを横切り、さらにロープ、梯子で下ることになるのでこの道は要注意だ。

登山道が歩きやすくなり、**喜平越谷**に出合う。しばらくすると左手に大岩が点在し、避難岩屋がある。湧塚分岐に出て往路を歩き登山口に戻る。

▽**参考コースタイム**＝上祝子登山口（30分）大崩山荘（3時間10分）上湧塚（50分）大崩山（2時間10分）三里河原中流（1時間50分）上祝子登山口

〔山道案内〕28-③　▽歩行時間＝七時間
上祝子登山口→大崩山荘→小積ダキ→大崩山→二枚ダキ鞍部→林道→上祝子登山口
▽二万五千図＝祝子川

登山口から大崩山荘までは〔山道案内〕28-②を参照。

大崩山荘から指導標を見て祝子川を丸木橋で対岸へ渡る。橋が流された場合は、上流の幅広い河原で渡渉するのがよい。ただし増水時は渡れない。

左手に下小積谷が出合い、坊主尾根は谷の右手を行く。巨石の谷沿いに歩き、右から出合う支谷を過ぎて右の尾根に取り付く。

急登が続き左右の谷から瀬音が響く。頭上に坊主岩方面の岩峰を見て、梯子を登り痩尾根が幅を広げると、傾斜が落ちて**広場**となり、林道コースが左に分かれる。

再度急傾斜となり、木の根が露出した道は先行者の足裏が見えるほどだ。広葉樹林にモミが混る中に家屋大の巨石が点在し、梯子を二本登る。背後に木山内《きやまうち》岳《たけ》方面を望み、梯子二本で**坊主岩**の基部を左から回り込み、裏側に立つ。坊主岩にはボルトが連打され岩頭まで達している。

小積ダキから坊主岩を望む（28-③）

小積岩峰最先端から木山内岳、桑原山（右）を望む（28-③）

ここから巨石のブロック帯になり、ロープ、梯子、ロープ、梯子、梯子、ロープと続く。板の橋をバランスよく渡ると、すぐ右手に巨石の上に石を乗せた見返りの塔がある。ここも巨石を削って、人工の足場を作ったのは感心しない。石の上に立てば正面に桑原山《くわばるやま》、木山内岳、祝子川渓谷、**小積ダキ**があり、足下に坊主岩が見える。

岩の右を抜けて左へ巻き上り、巨石の裏を直上すると、梯子とロープがあるが、古くなっている。この尾根は宮崎で高校総体が開催される前までは、巨石の間は灌木やササが茂り土も浸食を受けずに残り、梯子、ロープは数ヶ所で済んでいたが、以後急激な登山者の増加で、手掛り足掛りが失われ、現在に至っている。それでも再びコースが崩壊する場所もあり、特に下る場合補助ロープの一本は携帯すべきと考える。

尾根らしくなると、テーブル状の岩を過ぎ、四畳半ほどの岩屋の右を抜ける。梯子が三つ連続し、岩を過ぎるとさらに梯子から、木の根をつかんで登ると、正面に下小積ダキの岩峰が見える。**象岩**と呼ぶ巨石の基部を横切って、下小積ダキを通過する。

峻険な尾根は終わり、正面に大崩山を

眺めて、小積尾根に取りつき尾根上に出ると、左が大崩山方面、右にわずかで**小積の頂**に着く。

小積ダキの頂からは湧塚方面の展望が素晴らしい。尾根を西に取るとツクシアケボノツツジの群落帯である。右にリンドウヶ丘方面分岐を見て登ると一五七一メートルピーク脇に着き、湧塚コースに出合う。ここから大崩山までは〔山道案内〕28-②を参照。

大崩山は展望はないが、樹林に囲まれた日溜りになっている。宮崎総体前はササと灌木で覆われた場所であったが、総体時無惨にも切払われた。

南へササ帯を進むと、直進するわずかな踏分けは鹿川越へ向かう。左を取り広い尾根を下る。ササ帯の一本道で樹木が大きくなると、**二枚ダキとの鞍部**に降りる。広い台地は休憩や幕営によく、水は左の谷で得られる。自然の豊かな場所である。

鞍部から右側の踏分け道に入るとすぐに急下降、ガレ場となり落石に注意しよう。踏跡も岩上はわかりにくい。テープの目印をよく見て歩く。左上に二枚ダキのスラブが広がる。

ガレ場のジグザグ道で水が現れ、谷沿いに左、右と渡り返して、水が増した谷になると、車道とは判別できないほどの**林道終点**に出る。すぐ左に先の谷がある。

荒れた林道を左に取り、二枚ダキ山腹を東へ歩く。右下に祝子川集落が見えると林道は舗装となり、祝子川を渡って**登山口**へ帰る。

▽**参考コースタイム**＝上祝子登山口（30分）大崩山荘（3時間）小積ダキ（1時間）大崩山（40分）二枚ダキ鞍部（1時間）林道（50分）上祝子登山口

〔山道案内〕28-④　**▽歩行時間＝七時間五〇分**

鹿川・鹿納山登山口→稜線→鹿納山→お姫山→五葉岳（往復）

▽二万五千図＝大菅、見立

宇土内谷登山口から歩けば一時間強で鹿納谷源流の**鹿納山登山口**である。

水流の谷が左から出合う。林道から左手の谷を一〇メートルで右上の尾根に取り付く。自然林帯を登る一本道で標高差三五〇メートル、距離八〇〇メートルの登りである。この道の新緑・紅葉は素晴らしく、しばらくで**稜線上**に達する。

ここは南北に細長い標高一五〇〇メートルの痩尾根上のピークで両側は急激な斜面となっている。北に向かうと露岩の上から鹿納山の一、二、三峰に日隠山などの展望がよい。さらに北に向かうと、稜は痩せた岩稜となり、祝子川源流の樹海の奥に、湧塚《わくづか》、木山内岳、桑原山が見える。

稜を急下降して広い鞍部に出ると、右に権七《ごんしち》小屋《こや》谷《たに》の道が出合う。もう眼前に鹿納山が迫る。急登で岩壁の基部に達し、左に巻き上り北に回り込むと、ひと登りで狭い**鹿納山山頂**だ。さえぎるものはないので展望を楽しもう。

ここから鹿納山を後に道を北へ取る。急な下りで稜線の西側に出て、中の峰との鞍部に下り、さらに稜の西から岩壁の基部を伝う。要所にはロープがある。足元に注意しながら中の峰から北の峰を過ぎると、地元でいう「三ツ鹿納」の難所を終わる。

しばらくで稜は幅を広げ、**鹿納の野**の

ピークに着く。ここは展望こそないが、クマザサが茂っておらず格好の休憩所だ。鹿納の野からしばらく下り、さらに登り返すと岩づくまに達する。さらに短い上下を繰り返し、緩く東へ曲がると金山谷分岐を右に見る。

稜が幅を広げると左手の尾根から道が出合い、正面にはブナの巨木がある。**化粧山分岐**だ。ここから東へ続く幅広の稜線は上下の変化はなくほぼ平坦、道脇のクマザサは刈られて踏跡もしっかりしている。やがてお姫山の基部に達し、山頂への岩場はヤマグルマが根を張っている。露岩や木の根をつかんで登ると、**露岩の頂**は三六〇度さえぎるものもなく絶景である。

お姫山を後に北へ緩く下ると、鞍部で瀬戸口谷からの登路が出合う。鞍部から最後の登りとなり、短いが急登で五葉岳の山頂直下に達し、林道や大吹《おおぶき》谷からの登山道が出合い、わずかで硅岩のテーブルがある。**五葉岳の狭い山頂**だ。北側は大きく切れ落ち、南や東は緩やかな斜面となっている。展望はここも雄大、特に東はカヤ野から夏木山、新百姓山《しんびゃくしょうやま》や傾山方面、稜線伝いの鹿納山、大崩山方面と見ていて飽くことはない。

なお大崩山から五葉岳までの長大な縦走路は、新緑・紅葉、ツクシアケボノツツジなど自然探勝と「三ツ鹿納」の稜線歩きのスリルと展望のすばらしさ、ともに圧巻である。下山は往路を下る。

また、日之影川沿いに見立集落手前の中村橋から日隠林道を登り、化粧山登山口からブナの巨木の稜線（化粧山分岐）を経て、五葉岳

鹿納本峰と稜線の紅葉（28－④）

硅岩の露出した五葉岳の頂は狭い（28－④）

に登り、大吹谷方面の五葉岳登山口に下り、さらに林道歩きで化粧山登山口まで歩くルートもある。六～七時間行程である。

▽**参考コースタイム**＝鹿川・鹿納谷登山口（1時間）稜線（40分）鹿納山（1時間20分）化粧山分岐（1時間）五葉岳（3時間10分）稜線・鹿納谷登山口分岐（40分）鹿川・鹿納谷登山口

〈問合せ先〉 上祝子登山口方面 北方町役場☎0982・46・2001、宮崎交通延岡営業所☎0982・32・3341 **〈アクセス〉** JR日豊本線延岡駅（宮崎交通バス50分）上祝子。◉マイカー＝東九州自動車道津久見IC、国道217号佐伯番匠、国道10号延岡市、県道207号上祝子。九州自動車道松橋IC、国道218号延岡。

鹿納谷登山口方面 北方町役場☎0982・46・2001 **〈アクセス〉** ◉マイカー＝比叡山、鉾岳の頂（山道案内27－②、28－①）参照。県道214号鹿川、林道鹿納谷線終点。

〔山道案内〕28－⑤

▽歩行時間＝五時間二〇分
犬流れ越登山口→犬流れ越→夏木山→夏木新道登山口 **▽二万五千図＝木浦鉱山**

夏木新道登山口から林道歩きで、鋸切谷橋を渡り**犬流《いんなが》れ越《こし》登山口**へ向かう。

谷の右手に出て植林地を登る。次第に傾斜もきつくなり、尾根上に出ると樹間から檜山方面の山体が迫る。モミ、ブナ、ナラの巨樹が現れ、幹の目立つ赤松が混ると、赤松展望台で、さらに登って中腹を右に横切ると**犬流れ越**に着く。

ここから左が鋸切尾根方面で、道脇はクマザサとなり行手に岩峰が現れる。硅岩という古生層の岩質からなり、風化した場所は崩れやすいので要注意。

最初の峰への道は岩が露出しているので慎重に下ろう。さらに次のピークへの登りは梯子を使う。このあたりからアケボノツツジ、ミツバツツジが見られ開花期は、周囲の景観から目が離せないほど花と岩のコントラストがすばらしい。また足元の岩にしっかり根を張るモミも立派だ。

さらにピークを越え、小ピークを二つ、次の小さくとがった峰を越えると、岩峰基部に岩屋（四～五名は避難できる）がある。あたりは岩にはりつくアケボノツツジが多く、見晴らしもすこぶるよい。ここで小鋸は終わり大鋸へと向かう。

小岩峰を、梯子二本と桟道でトラバースする。東面が開け、高度があって楽しい。稜は痩せ東側はミズゴケの層が厚く、岩の崩壊場所もある。五月はイワカガミの群落も見られる。

岩峰につぐ岩峰で行手はギャップとなり二本の梯子を使う。このあたりは鹿の

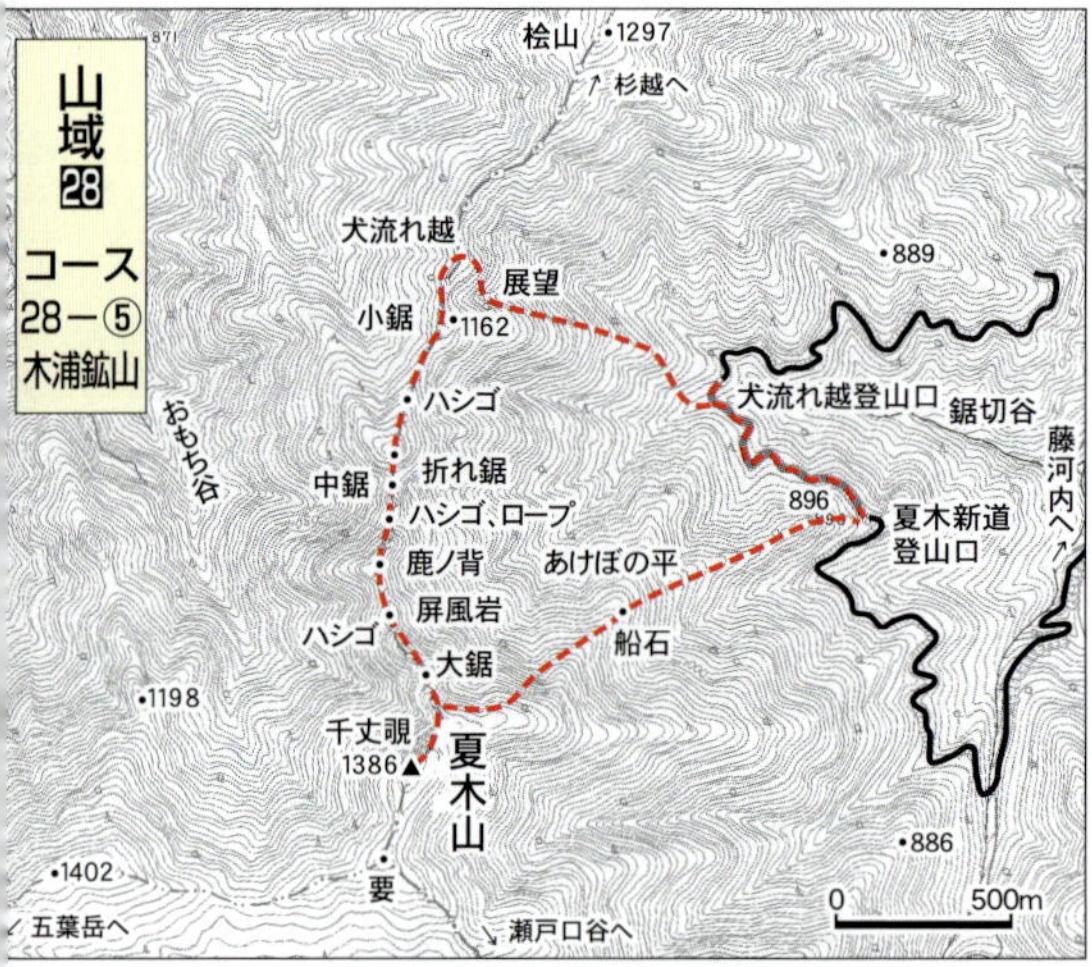

背や屏風岩と続き鋸切尾根で一番の難所だ。近年登山者の増加による登山道の消耗が激しく、手掛りの立木、足場の土や岩角、風化の激しい岩棚の崩れによって危険な場所が多い。私が初めて通った昭和四〇年初めは、二ヶ所の梯子のみであった。また道迷いによる、あたかも本道のような踏跡もあり、ここへ迷い込むと進退きわまる。初心者は補助ザイルが必携である。

ロープのトラバース箇所は足元に注意

鋸切尾根と呼ばれる場所は峻険そのものだ

岩峰上は展望もコース一で祖母・傾山方面、新百姓山から南の夏木山まで見渡せる。屏風岩から鞍部に下ると、最後の難所の大鋸《おおのこ》である。正面から取り付き、頭を乗越して最後の梯子を下る。

稜線は幅を広げ、左下から**夏木新道が出合う**。このままクマザサ帯から根の露出した急斜を登る。右手は千丈覗の岩壁で北面の展望がよい。シャクナゲも目立ち、頭布山《ときんやま》の山容もよく見える。**夏木山の頂**は昔はササに覆われて狭いが静かな場所であった。近年ササは枯れ、巨木も倒れ荒れている。その分見晴らしがよくなり大崩山、木山内岳方面が望まれる。

下山は新道入口まで戻り、東へ下る尾根を取る。背後に夏木山、大崩山を見ると**船石**に至り、船石の先端から左に下る。シャクナゲ、アケボノツツジも目立ち、木の根の露出部を下るとアケボノ平に出る。

急斜を下ると鞍部に着き、登り返して八九六メートルピークを越えると、尾根の左下

夏木山の頂は笹が消え倒木が目立ってきた

が**登山口**である。

▽**参考コースタイム**＝夏木新道登山口（20分）犬流れ越登山口（1時間）犬流れ越（2時間40分）夏木新道出合（20分）夏木山（1時間）夏木新道登山口

〔**問合せ先**〕日之影町役場☎０９８２・87・２１１１、宇目町役場☎０９７２・52・１１１１

〈**アクセス**〉◉マイカー＝東九州自動車道大分米良IC、国道10号犬飼、国道326号宇目桑の原、林道藤河内。国道10号道の駅北川はゆま、国道326号宇目桑の原。

宮崎県 山域29

尾鈴山

おすずやま（１４０５・２ｍ）

歌人若山牧水のこよなく愛した山として親しまれている。大きな山体は遠くからでもそれとわかる。山塊の東面、名貫川が多くの滝を懸けて流れる尾鈴山瀑布群は国指定天然記念物だ。山頂は自然林で覆われ登山者も多い。

〔**山域の魅力**〕尾鈴山塊は宮崎県の中央に位置し、南北の平野から大きな山体が見られ、九州中央山地からも望むことができる。

東郷町坪谷《つぼや》に生まれた歌人若山牧水は、ふるさとのこの山をこよなく愛し、また県民からも親しまれている。

ふるさとの尾鈴の山の悲しさよ
秋も霞のたなびきて居り　牧水

山塊は、石英斑岩から成り、南面は名《な》貫《ぬき》川が山塊深くから流れ出し、各所に滝を従え、尾鈴山《おすずやま》瀑布群として国の天然記念物に指定されている。山域は昭和三十三年九月、尾鈴県立公園に指定された。

登山の対象となる山は、尾鈴山、長《なが》崎《さき》尾《お》、矢筈岳などであるが、尾根筋は自然林やスズタケに覆われて展望は望めない。樹木は、山麓で常緑樹のカシ、シイ、ヤブツバキ、山頂近くは落葉樹に、モミ、アカマツ、コウヤマキが茂り、ツクシシャクナゲの群落がある。

新緑・紅葉の頃やツクシシャクナゲ開花期の初夏の登山を勧めるが、冬も晴天が続き、南国のため雪はめったに降らず、登山に適している。夏にはクエントウの渓谷に、キャンプ場が開設され、滝見と涼を求める家族連れで賑いをみせる。

〔**山道案内**〕**29**　**▽歩行時間＝七時間**

クエントウ→尾鈴山登山口→尾鈴山→長崎尾→白滝→クエントウ

▽二万五千図＝尾鈴山

クエントウの**ケヤキ谷橋**近くに駐車場があり、左に白滝方面登山口を見る。

谷に沿って上流へ車道を歩くと、右下にキャンプ場への車道を分け、滝や淵が現れると、矢研ノ滝《やとぎのたき》への林道が右に分岐、直進する林道が甘茶谷《あまちゃたに》沿いに尾鈴山登山口へ向かう。

谷沿いのみ自然林で、他は植林が目立つ。甘茶谷は二俣となり、左谷沿いに林道を歩くと正面に尾鈴山が望まれる。林道はヘアピン状に左に折れるが、林道の支線が右に谷を渡る。この荒れた林道をわずかで**登山口**に達する。

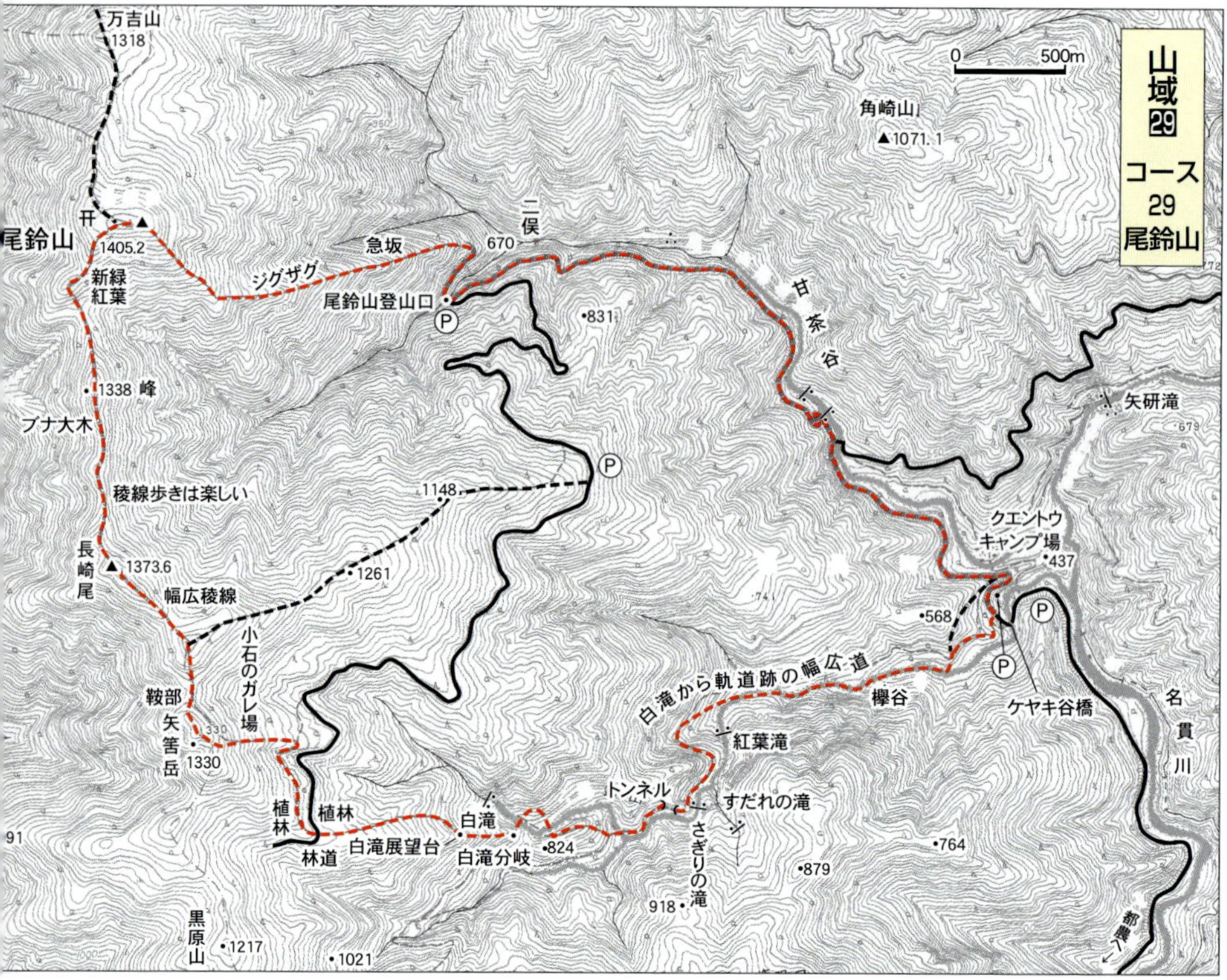

左手の急なコンクリート丸木段をジグザグに登って尾根に上ると、尾根筋に自然林が見られる。モミ、カシ、アカマツなどの巨木や、幹が美しいヒメシャラが目立つ急坂を登る。

尾根の両側は植林で、右上に万吉山《まんきちやま》方面の斜面が見える。登り一辺倒の道脇に合目を示す立札がある。四合目あたりからスズタケが現れ、八合目を過ぎると、尾根は幅を広げジグザグに登る。登山道が浸食され窪地になると、アセビが目立ち傾斜がゆるむ。

祠がある万吉山方面への道は右、直進すると広場に出る。東西に長い**尾鈴山山頂**の東に三角点がある。周囲が樹林で展望はないが、ちょうどよい広場となっており特に冬は休むのによい。

矢筈岳方面への縦走は西へ向かう。次第に下り稜は南へ向かい正面に一三三八メートル峰を見て鞍部に出ると紅葉樹種が目立ち、タイミンガサが斜面に群落をなしている。しばらく緩く登って**一三三八メートル峰**

新緑の季節は森林浴が楽しい

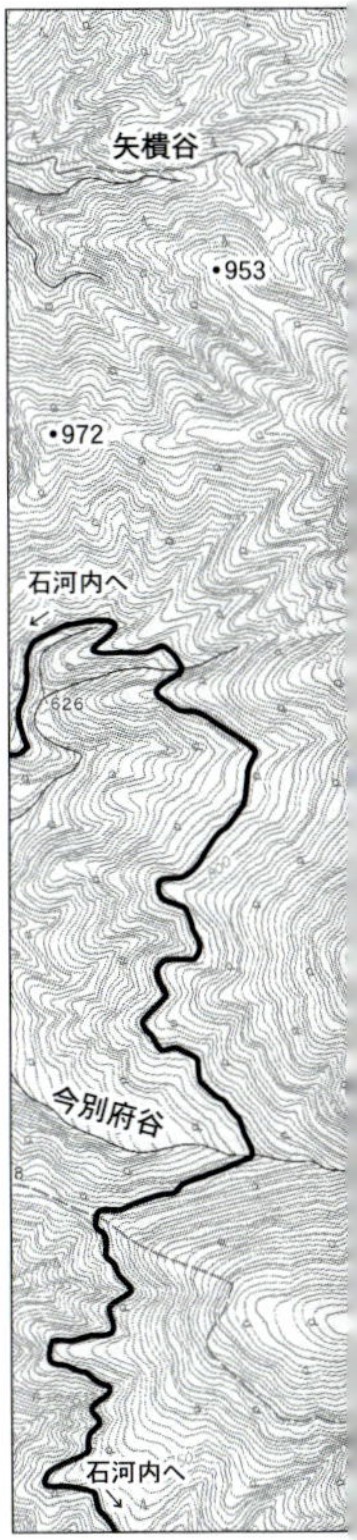

に立つと、ツクシシャクナゲ群落やブナの大木も見られる。

稜線が狭くなり、樹間に西側の眺めが開ける。稜には家屋大の巨石が点在し、その間を縫って南へ歩く。ナツツバキ、コウヤマキの樹木に包まれた快い稜線歩きだ。西側は直下まで伐採され、板谷《いたや》谷《たに》から小丸川《おまるがわ》流域、米良《めら》方面の展望がある。

広い斜面にタイミンガサが現れると、道は左に直角に折れて、ケルンの立つ**長崎尾**に着く。展望はないが、自然の気配が濃厚な山頂である。

さらに南へ向かうと稜線は広く、ゆるやかに波打ち一三六〇メートルのピークに達する。立派な導標が東駐車場への分岐を示している。この道は登山口から続く林道に出る。

白滝方面は稜を直進する。緩やかな下りで**鞍部**に出て、稜を登るのは矢筈岳方面、稜の左へ離れる巻き道を行く。すぐ右手に尾鈴植物群保護林の立て札を見て、土が流されて小石が残ったガレた道を下る。周囲は植林に変わり、尾根を離れて右折し、小谷を横切って右の尾根を取る。

東へ延びる尾根を下ると、行手が開け林道が見える。荒れた**林道**に出て一〇〇メートルほど左へ向かい、再び植林内に入り、谷の源流から右の尾根を下ると、植林から自然林となり、尾根幅が狭まる。

左下からの滝音を聞きながら下って行くと左が開け、石が露出した空き地があり、樹間から白滝が見える。ここが**白滝展望台**である。

急下降で狭い尾根鞍部に立ち、左の道を取る。軌道敷跡を進むと**白滝下流の谷に出合う**。飛び石づたいに谷を横切ると古い石垣が残る植林となり、左上に白滝への標識がある。

下流にある立派な遊歩道の橋を渡り、谷右側の軌道跡から再び左へ谷を渡る。大きく迂回する軌道跡を近道して本流左手に出る。

軌道跡が大きく迂回する場所には近道があり、右側の谷に滝やナメを見ながら歩くと、トンネルがあり、抜けると**さぎりの滝**がある。すぐ下流右上には支谷に懸るすだれの滝がある。さらに右手に紅葉滝への分岐を見ると、クエントウの**駐車場**に下り着く。

▽**参考コースタイム**＝クエントウ（1時間10分）尾鈴山登山口（1時間40分）尾鈴山（1時間）長崎尾（1時間10分）林道（40分）白滝展望台（1時間20分）クエントウ

登山道が谷に近づくと白滝が見えてくる

宮崎県

山域30

三方岳《さんぽうだけ》（１４７９ｍ） 石堂山《いしどうやま》（１５４７・４ｍ） 向坂山《むこうさかやま》（１６８４・４ｍ） 白岩山《しろいわやま》（１６４６・４ｍ） 扇山《おうぎやま》（１６６１・３ｍ）

〔問合せ先〕都農町企画観光課☎０９８３・25・1021、宮崎交通高鍋営業所☎０９８３・23・0027〈アクセス〉ＪＲ日豊本線都農駅（宮崎交通バス50分）尾鈴バス停。◉マイカー＝東九州自動車道西都IC、県道18号上富田、国道10号川南祝子塚。県道尾鈴山登山口。

かつての秘境九州山地に位置する山々は自然が深く登山の本当の楽しさが味わえる。現在登山道は整備がなされ、山地を覆う自然林、ツツジ、シャクナゲの花見や新緑紅葉期の稜線歩きは楽しい。

〔山域の魅力〕九州山地は宮崎・熊本両県にまたがる山地で、宮崎県側は、椎葉村、西米良村を中心に、五ヶ瀬町、諸塚村など広大な地域にわたって連なっている。

延々と続く山並みは、高度もあり九州の屋根にふさわしい。一ツ瀬川、耳川、五ヶ瀬川の源流が深く分け入り、植生はクマザサが密生し、ブナ、ナラ、モミを始め多種の落葉樹に針葉樹が混る。地形図に記された登山道は手入れがされず、荒れた場所や新たに作られた道も多く、伐採・植林で山容が変わっている。特定の山以外は経験豊富な登山者が読図により登ることが多い。

古くは、南北に連なる脊梁を、日向・肥後に行き交う交易の峠路が各地にあったが、現在は立派な車道に変わり、峠のほとんどが廃道となっている。

近年、椎葉荘《しいばのしょう》、米良荘《めらのしょう》などへの観光目的の客が増し、民宿・旅館も都会人に合うよう改善された。古い生活習慣が失われつつある。自然の消失と共に残念なことである。

ひえつき節で有名な椎葉の里には、源氏の那須大八郎が、平家残党を追って越えた霧立越がある。向坂山、白岩山、灰木の頭、白水山、扇山などが南北に連なり、登山者の数も多い。早春からミツバツツジ、ツクシシャクナゲの花が咲き、新緑・紅葉の季節は快適な稜線歩きができるように道が整備されている。

霧立《きりたち》・向霧立《むこうきりたち》山地、県分山地《けんぶんさんち》は三方《さんぽう》岳、石堂《いしどう》山、天包《あまつつみ》山など米良の山々を形づくっている。三方岳は九州大学附属宮崎演習林であり、平成十四年から登山口には一般の方の入林お断りの掲示があり、演習林内を通ることはできない。石堂山は、急峻な稜線一帯のミツバツツジ、アケボノツツジが綺麗で、私は冬枯れの稜線歩きが楽しい。九州山地の太平洋側は、冬でも気候穏やかで、遠くまで展望が得られる。

交通網が発達した現在、容易に登山口

へ向かうことが出来る時代となった。

〔山道案内〕30－①

▽歩行時間＝四時間一五分

大河内越→三方岳稜線→大河内越

▽二万五千図＝日向大河内

大河内越《おおかわうちごし》の南に位置する三方岳は九州大学の演習林があることで知られている。登山口には、立派なコンクリートで固めたケルンに、格調高い立札などがある。

古くから入山禁止の規制はあったものの、登山者の数が少ない時代は好意に甘えていた感もあったが、登山者の増加と地形的に崩落・浸食を受け易い地盤、季節や天候などで、演習林内で登山者による巡視歩道の荒廃崩落が激しく、そのことが周辺環境に影響を及ぼすとあっては、演習林内での本来の教育・研究に支障をきたすことになり、「一般の方の入林お断り」の掲示がなされた。

地形の崩落変化は、この山の東斜面の大藪谷を遡行して稜線近くを通る林道が原因。斜面崩落の規模の大きさ、状況から一目瞭然である。

幸い、大河内越から演習林内を通らず、稜線の防火帯を伝っての登山は可能で、演習林に入ることなく三方岳に立つことが出来る。往復登山を楽しもう。

稜線コースは、自然に包まれた静かなコースで、初夏はツクシアケボノツツジと新緑、秋は紅葉を愛でながらの快適な稜線歩きや、冬枯れの落葉を踏んでの登山もよい。**大河内越**、演習林入口を東の稜に取り付き、広葉樹と植林界を南に向う。防火帯の急斜を一直線に高差一五〇㍍強で一三一八㍍に上ると、背後に尾崎山、扇山方面が開ける。

傾斜も緩み、南東に向って歩くと、わずかに右に稜はカーブし、**一三六六㍍ピーク**に達する。ピークを中心にクランク状に稜は折れて、広葉樹林を急激に下る。防火帯からわずか左下に、荒れた林道の一部が望まれる。

道脇にはクマザサが密生するが、防火帯は快適に歩ける。広くゆるやかに左右にカーブし、右手にヘアピン状に防火帯が分岐する。短い上下二回で稜は幅を狭め、鞍部から次第に登りとなると右手に浅い谷が現れ、右曲りで急斜を登る。

根の露出道をぐんぐん登ると、目の前に赤いペンキ印の**白い石柱**が立つ稜分岐に飛び出す。ここが**ヒノクチ谷分岐**で、山頂は左上である。

初夏にツクシアケボノツツジの咲く広い尾根の登りで、広葉樹にアカマツやツガの混る樹林となると、静かな**三方岳の頂**に達する。展望は石堂山、市房山方面が開け、頂の南側に少し歩くと東の展望もある。下山は往路をとる。

▽**参考コースタイム**＝大河内稜線コース＝大河内越（1時間）一三六六㍍ピーク（1

大河内峠三方岳登山口から楽しい山歩き

樹林で囲まれた三方岳の頂上

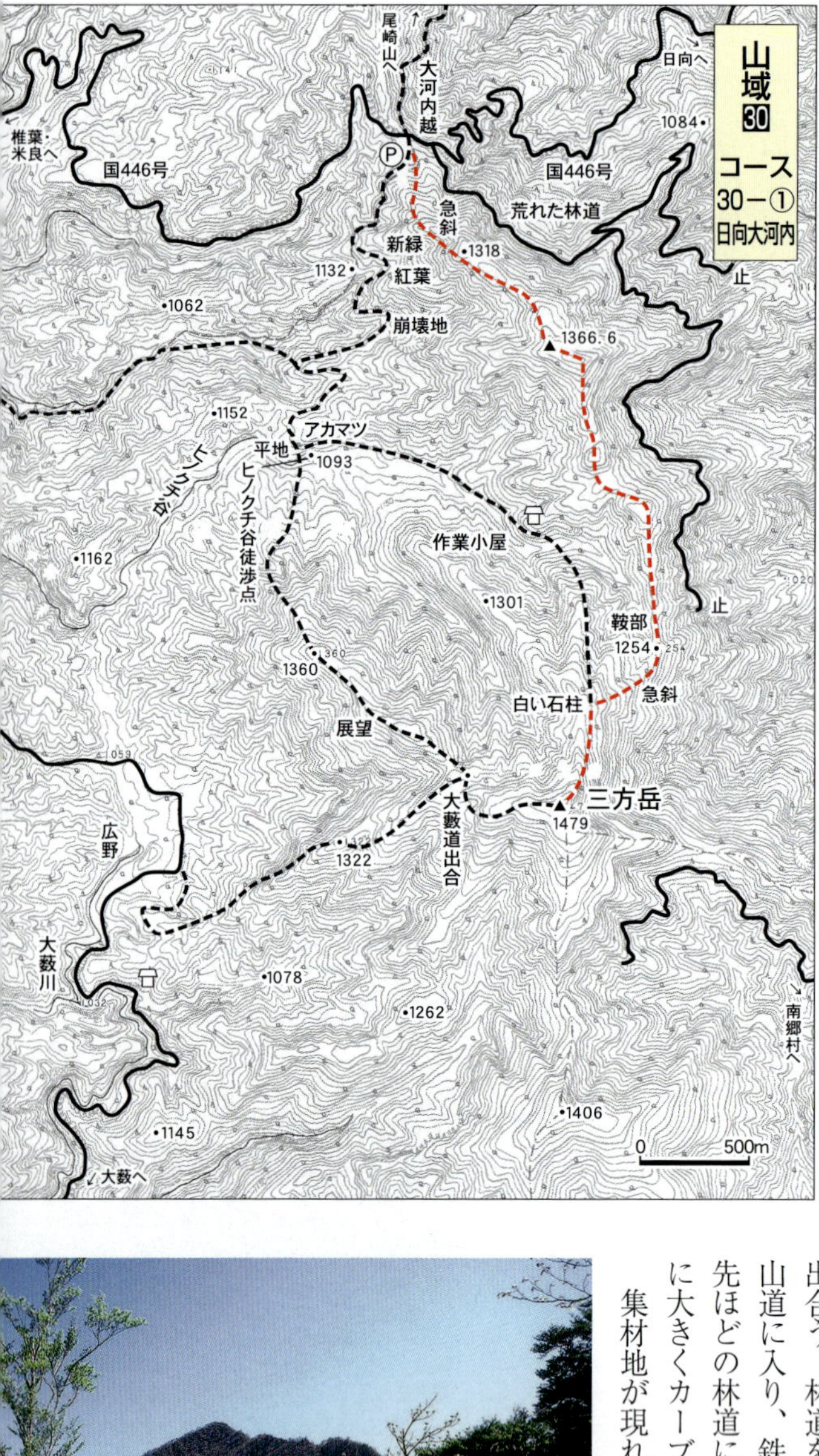

時間）ヒノクチ谷分岐（30分）三方岳（15分）ヒノクチ谷分岐（1時間）一三六六メートルピーク（30分）大河内越

〔問合せ先〕 椎葉村観光協会☎0982・67・3111、九州大学農学部附属宮崎演習林☎0983・38・1116 **〈アクセス〉** ◉マイカー＝九州自動車道人吉IC、広域農道フルーティロード水上村、国道388号大河内越。東九州自動車道西都IC、国道219号村所橋、国道265号大河内、国道388号大河内越。

〔山道案内〕30－②

▽歩行時間＝七時間五〇分

上米良→六合目→石堂山（往復）

▽二万五千図＝石堂山

上米良バス停から民家の横に入り山側に登る。道脇の民家を数軒抜け、段々畑からクヌギ林、雑木林と最初からの急登はきつい。あせらず登ろう。この山は標高のわりに手ごわい山だ。

左前方に市房山が見え、眼下は一ツ瀬川に寄り添うように、上米良の集落が展開する。送電線の鉄塔が現れると林道に出合う。林道を左にわずかで、左上の登山道に入り、鉄塔横から植林境を進むと、先ほどの林道に出合う。林道を歩くと左に大きくカーブして尾根に戻る。

集材地が現れると終点で、立派な杉林

上米良登山道五合目あたりから見た石堂山

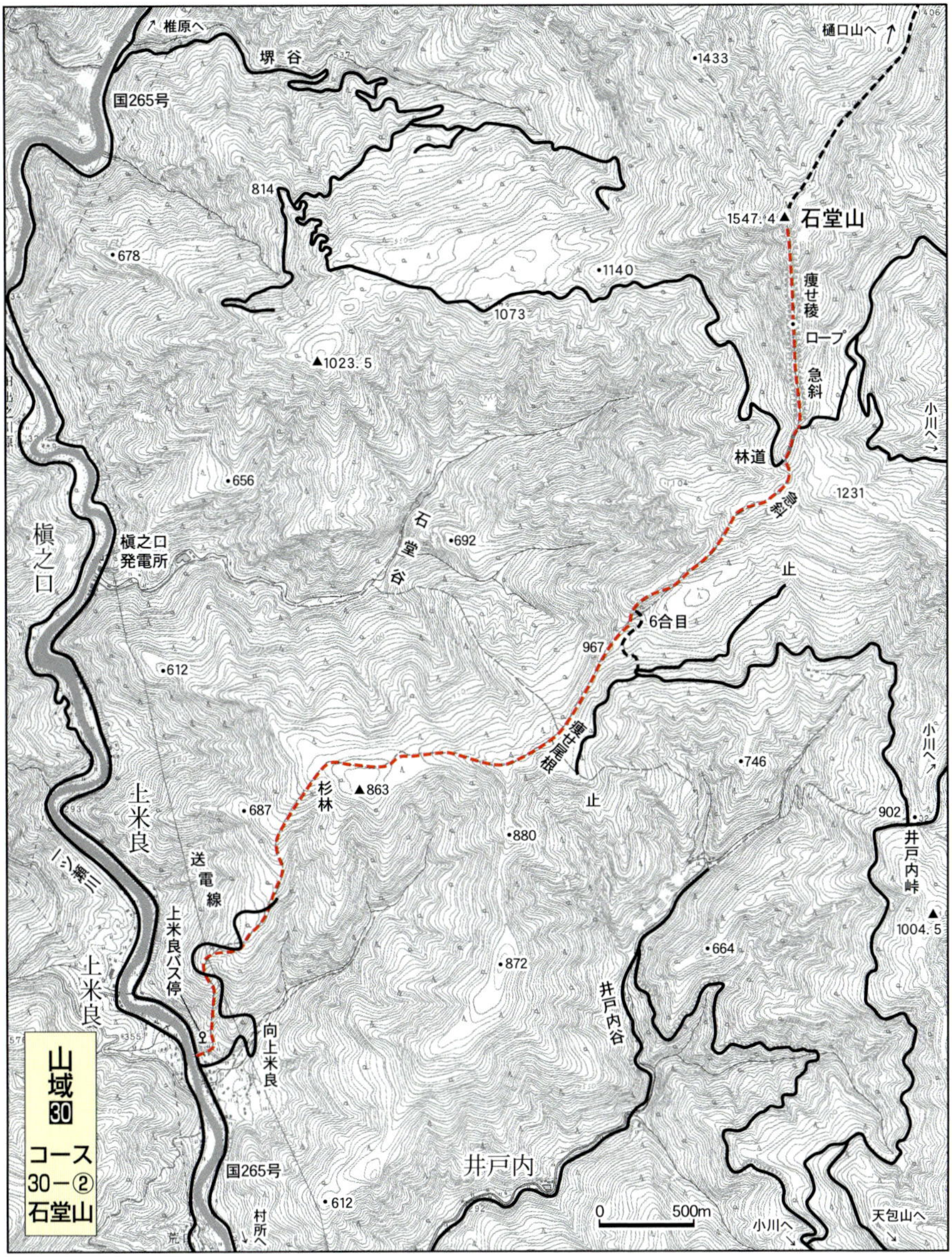

となり急登から解放される。**八六三メートルピーク**の北側から稜線に出る。植林と自然林の境を歩くと、ユズリハの茂った広い尾根となり、正面に石堂山が姿を現す。これから辿る尾根が山頂に達し、途中に林道も見える。

広い尾根が幅を狭め、石や根の露出した登山道は、短く上下しながら二重山稜となり、右の稜を歩く。九六七メートルピークを過ぎた小鞍部が**六合目**で、右下の杉林から井戸内谷登山道が出合う。この道は国道から林道をへて井戸内峠に登り、林道支線終点から、わずか二〇分でこの六合目に達する。

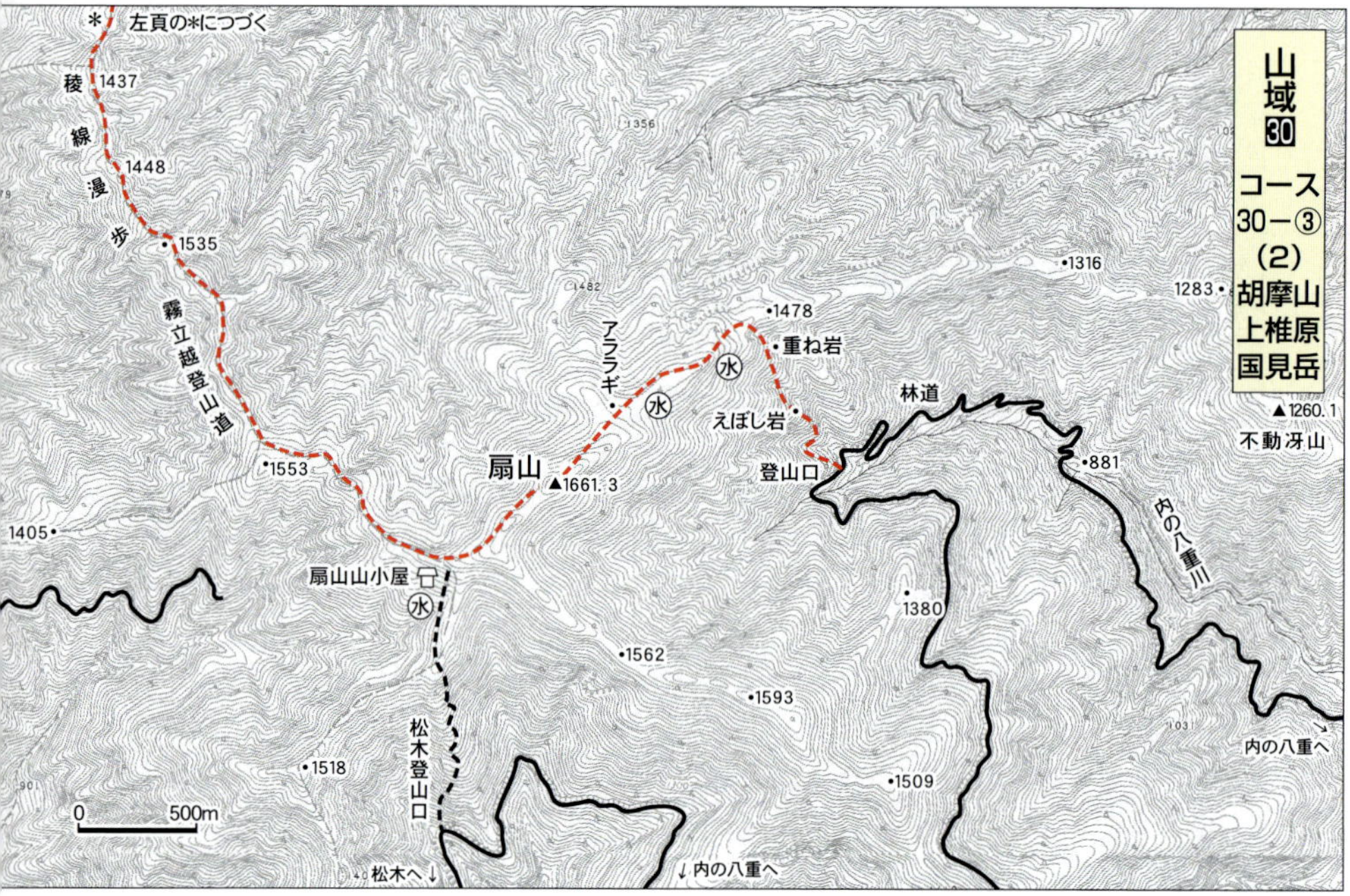

ここから本格的な登りとなり、わずかに自然が残る稜を登る。稜は痩せた岩尾根から丸木段の胸突く急登で、**林道**に出る。右へ一〇〇メートルも歩くと、左の稜線が並行する。稜線に上り再度急登となる。

あたりは、ブナ、カエデ類に混じり、ミツバツツジ、シャクナゲが目立ち、ツクシアケボノツツジも点在し、五月の連休頃は登山者も多い。鋸《のこぎり》の歯のようなピークが続き、高度も上がるので、この痩せた稜は足元に注意しよう。

先行者の足裏が見えるほどの急斜には、ロープも張られ、背後の展望もよい。次々に現れるピークにうんざりしていると、ようやく祠のある**石堂山の頂**に達する。

祠は霧島六社権現のひとつで、広場には山頂標識、国体開催記念柱が立つ。北側以外は展望雄大だ。西に市房山、東に尾鈴山、さらに一ツ瀬川河口から太平洋まで望める。南は電波塔の立つ天包山、遠く霧島連峰が見渡せる。夏よりむしろ冬のほうが日溜りがあり登山によい。下山は往路を下る。

▽**参考コースタイム**＝上米良登山口（1時間30分）八六三メートルピーク（1時間）六合目（1時間10分）林道（1時間10分）石堂山（1時間30分）六合目（1時間30分）上米良登山口

〔問合せ先〕西米良村役場☎0983・36・1111、西米良村営バスも役場内。宮崎交通バス宮崎営業所☎0983・43・0026**〈アクセス〉**JR日豊本線南宮崎駅・宮交シティ（宮崎交通バス1時間）西都バスセンター（同バス1時間30分）村所（西米良村営バス10分）上米良。◉マイカー＝東九州自動車道西都IC、国道219号村所橋、国道265号上米良。九州自動車道人吉IC、国道219号村所橋。

〔山道案内〕 **30－③**

▽歩行時間＝六時間一〇分

カシバル峠→杉越・向坂山往復→白岩山→扇山→内ノ八重登山口

▽二万五千図＝胡摩山、上椎葉、国見岳

カシバル峠は五ヶ瀬スキー場の駐車場でもある。スキー場へ続く林道を歩き、**白岩山登山口**へ向かう。左上する広い遊歩道に入ると、自然林となりブナ、ミズナラ、ナツツバキなどの落葉広葉樹が頭上を覆い、緑の木もれ日を浴びながらの登山となる。

行手に数本の杉が見えると、霧立越の稜線鞍部が**杉越**である。ここから向坂山を往復してくる。

向坂山へは幅広の遊歩道で、急斜面には丸木段もある。ブナに混じって、九州では珍しいイチイも見られる。尾根が平坦となると霧立越最北端の**向坂山**の広い山頂である。左の藪の切分けは三方山や椎矢峠へ向かう。右の立派な遊歩道は、スキー場に出て、カシバル峠への道、山頂の展望は樹間からわずかに得られる。

杉越へ戻り、南の稜線を歩く。これは那須大八郎も歩いた道で道脇はクマザサの密生地だが登山道は整備されている。樹間から九州山地の盟主国見岳を望むことができる。ほぼ平坦な稜線漫歩で**白岩岩峰**への道が右上へ続く。岩上に出ると、向霧立《むこうきりたち》方面が西に広がり、南の白岩山がすぐ正面に見える。岩峰を南に越えて急下降で、縦走路に出る。相変わらず平坦な道を歩き、稜の西を横切るようになると、霧立越の唯一の水場が右下の谷にある。左上は白岩山だが、この西側に水場があるので、昔の旅人はこの山を水飲《みずのみ》の頭《かしら》と呼んだという。

白岩山へはササ帯の直登で達する。道は近年出来て、展望もなかったが、現在南の展望が得られる。

樹林の中の白岩山は近くに水があり水飲の頭とも呼ぶ

雪の向坂山はゲレンデより山スキーが楽しい

ミツバツツジの目立つ稜線を南へ歩く。扇山山小屋までは平坦か緩い下りの道となる。灰木《はいき》の頭《かしら》、白水山《はくすいさん》を過ぎての稜線漫歩で展望もほどほどに楽しめる。扇山が左手前方に近づくと、正面に**扇山山小屋**が現れる。小屋内には囲炉裏があり、西側のベランダからは、南北に広がる九州山地が見渡せる。水場もすぐ近くにあり、ぜひ一泊したい小屋だ。

小屋手前から左上の稜線に出て、東に向かうと石灰岩の露頭があり、越えると日本式庭園の趣がある**扇山の頂**だ。展望は雄大、椎葉村の村花でもあるシャクナゲ群落が花を咲かせるのは、五月連休前後である。

山小屋から松木登山口に下山してもよいが、登山道の変化が楽しい内ノ八重《うちのはえ》へ下山する。

山頂から東へ向かう尾根は広く、シャクナゲ群落を抜けて、ブナ林の中の緩い下りで、クマザサが広く刈られた平地に出ると、左に「アララギ」の立札があり、イチイが一本立つ。右下には水場もある。

道を東へ取ると尾根の背を離れて右手に下る。石灰岩の塔が現れると**重ね岩**の名が付く岩塔を見て、水の流れる小谷を横切る。

植林帯となり尾根に出て、そのまま下ると自然林となり、ナラ、ヒメシャラ、カエデ類が頭上を覆う。尾根が幅を狭めると正面にえぼし岩が現れる。岩上に立てば、諸塚山《もろつか》から電波塔が立つ清水岳《しみずたけ》が見える。

登山道は大きくジグザグを切り、足元は落ち葉が柔らかく心地よい。やがて涸れ谷に達し、谷沿いの道から**林道**に出る。林道脇には、ふるさと創成資金の一部を使って整備した、登山道の記念碑が立っている。

▽**参考コースタイム**＝カシバル峠（1時間）杉越（50分↓↑）向坂山往復（40分）白岩山（2時間20分）扇山山小屋（20分）扇山（1時間）松木林道内ノ八重登山口

〈**問合せ先**〉椎葉村役場☎0982・67・3111　鶴富タクシー☎0982・67・2148

〈**アクセス**〉上椎葉までバス便がある。◉マイカー＝九州自動車道松橋IC、国道218号馬見原、国道265号波帰、村道で五ヶ瀬ハイランドスキー場。国道10号日向市大曲、国道327号椎葉、国道265号鹿野遊《かなすび》、松木林道内ノ八重。

鹿児島県
山域31

韓国岳《からくにだけ》（１７００ｍ）　獅子戸岳《ししこだけ》（１４２９ｍ）　新燃岳《しんもえだけ》（１４２０・８ｍ）
高千穂峰《たかちほのみね》（１５７４ｍ）　夷守岳《ひなもりだけ》（１３４４ｍ）
丸岡山《まるおかやま》（１３２０ｍ）　大幡山《おおはたやま》（１３５３ｍ）

＊平成二七年現在、火山活動が活発。入山には事前の情報に注意する。

鹿児島・宮崎県境に大小二三の火山群が密集し、山頂一帯は熔岩や火山礫に覆われた独特な景観が広がる。斜面はミヤマキリシマや灌木にススキ野となる。中腹から山麓にかけてキリシマミズキ、ノカイドウ、キリシマミツバツツジの花木が多く、山麓に温泉が豊富なのもうれしい。

〔山域の魅力〕鹿児島と宮崎の県境を南北に走る霧島火山群は、霧島屋久国立公園で、大小二三の火山群が密集しており、火口湖、群状火山、高原を眺めていると、さながら月の表面を見るごとくである。

山群で、登山の対象となる山は、韓《から》国《くに》岳《だけ》、獅子戸岳《ししこだけ》、新燃岳《しんもえだけ》、中岳《なかだけ》、高千《たかち》穂峰《ほのみね》などで、山腹には豊富な温泉群がある。早春から初夏にかけて、キリシマミズキ、ノカイドウ、ミヤマキリシマなどの花が咲き、新緑・紅葉やススキ原の銀色の波などが目を楽しませてくれる。

韓国岳は火山群の主峰で円錐形をなし、中央に直径一キロ、深さ三〇〇㍍の火口があり、火口壁はえびの高原側が崩壊して馬蹄形をしている。

最高点は火口の南西側にある。熔岩壁からの展望は素晴らしく、北に九州山地、南は獅子戸岳、新燃岳、中岳、高千穂峰、さらに右奥には噴煙を上げる桜島が展開する。

山頂へはえびの高原から簡単に登れるが、大浪池《おおなみいけ》登山口から、大浪池火口壁をまわって登ることを勧める。

えびの高原の新緑の頃や、ミヤマキリシマの開花期、紅葉期の、えび色にそまったススキ（ススキの茎が硫黄山の硫黄〈亜硫酸ガス〉の影響であたかもえびをゆでたような色になることから、このススキの草原をえびのと呼ぶ）など四季それぞれに素晴らしい。

新燃岳は韓国岳から高千穂峰に縦走する際、ちょうど中間点にあり、山群中では新しい火山の一つである。

昭和三六年一一月に噴火して、火山灰は遠く宮崎市にも達した。現在も西側火口壁には蒸気も見られ、立入禁止になることもある。

火口径は七〇〇㍍、深さ一八〇㍍で、火口湖は、噴火で消失した。火口周辺の植物は希少だが、東側山腹は、秋には一面ススキの穂が風にゆれて銀色に輝く。北斜面一帯にはミツバツツジの群落がある。

最高点は、火口壁南端にあり、霧島火山群の眺めは南北とも雄大だ。南の斜面に広がるカヤ野は格好の日だまり、のんびり展望と弁当を楽しむのによい場所である。

高千穂峰は南の主峰で、山頂はわずかに東にはずれ宮崎県内にあるが、三角形をした山体は山頂部で突峰となり、美しいコニーデ型火山の見本そのものである。

宮崎側山麓には御池・小池があり、二《ふた》子石《ごいし》を経て山頂に達する。鹿児島側には御鉢の寄生火口を持っている。

山頂に天《あま》ノ《の》逆鉾《さかほこ》と呼ばれる鉄・銅製の鉾がある。天孫降臨の地と伝えられ、宮崎県北部の高千穂町と天孫降臨神話をめぐる本家争いが、二つの「高千穂」をめぐって続いている。

山腹は富士山とよく似て、植物は少ないかまたは、まったく生えておらず、火山砂や火山礫に覆われ、わずかにミヤマキリシマ、イタドリが見られる。

展望は抜群で、登山者の人気も高く、正月の御来光登山は、未明から山頂まで懐中電灯の行列がつづくほどである。

〔山道案内〕 31－①

▽歩行時間＝七時間二〇分

えびの高原→韓国岳→獅子戸岳→新燃岳→中岳→高千穂河原・高千穂峰（往復）

▽二万五千図＝韓国岳、日向小林、高千穂峰

えびの高原バス停前の広い駐車場東端から、車道を横切り東へ向かう。空谷を渡ると、右下・ツツジヶ丘、左上・硫黄山・韓国岳の道標がある。正面に硫黄山の噴煙を見ながら遊歩道を進む。ミヤマキリシマ、キリシマミズキ、アカマツが点在する涸谷を渡り、車道沿いの道となる。秋はえび色に染まったススキが見事だ。

硫黄山では、北の不動池方面と西の車道からの登山道が出合う。ここを右折する。

灌木帯に入り、涸谷を渡ると本格的な登りとなり、ガレた熔岩の道を行く。周辺にミヤマキリシマ、ノリウツギが目立ってくると、背後にえびの方面の展望が開ける。

四合目は赤茶けた斜面の広場、五合目は風化熔岩のゴーロ帯だ。このあたりから火口壁に沿った登りとなる。ササとド

韓国岳から新燃岳、中岳、高千穂峰を望む

白鳥山展望台から眺める六観音池と韓国岳

ウダンツツジが現れると傾斜が緩み、右下に大浪池方面からの登山道が出合う。熔岩上を歩くと**韓国岳山頂**に達する。

縦走路は火口壁を南から東へと向かう。しばらく歩くと火山礫の道となる。南に向けて下るとガレ場となり、さらに旧道が浸食により谷状となるので道脇のササや灌木帯に道を求めて歩こう。

背丈ほどのササ、クヌギ、ナラ、ネジキなどの灌木帯となり、**琵琶池**《びわ》の南端をかすめるように歩いて行く。登山道はミヤマキリシマの群落を抜けて南へ向かう。やがて樹間から行手に獅子戸岳が見えてくる。

平坦な道からやがて登りとなり、赤茶けて荒れた尾根の登りは、灌木が多くなると傾斜が緩み、**獅子戸岳山頂**に着く。灌木帯に適当な空地があり一服できる。東への踏分けは大幡山《おおはたやま》方面へ向かう。縦走路を直進し短い急下降で**鞍部**に着く。ここで登山道がクロスする。

左の道は大幡山方面、右は新湯方面、直進が新燃岳方面だ。このあたりはミツバツツジが多い。急だがわずかな登りで、**新燃岳火口北端**に出る。ゆるく弧を描いて火口壁の南へ行くと、**山頂**だ。ここから湯之野分岐、中岳北端までは幅広の木道があり、楽に歩ける。

中岳は特徴のない高原状の台地で、中央小丘に南北二つの浅い火口がある。東側から**中岳**に至ると広い草原から、眼下に高千穂河原方面、正面に高千穂峰が御《お》鉢《はち》と二子石の寄生火山を従えて迫る。南には桜島も遠望出来る。

山頂から高千穂河原へは歩道が整備されているが、熔岩が露出した場所もあり、充分注意しながら急斜を降りる。傾斜が緩むとガレ場から、立派な敷石道となる。

ミヤマキリシマ群落が広がる**一一一六㍍の丘**にはベンチがあり展望を楽しみ休憩するのにはよい。しばらくで樹林帯となり、左にヘアピン状に登山道が折れて谷に下り、涸谷を渡ると**高千穂河原**の広場に達する。水道の冷たい水がありがたい。ビジターセンターやトイレ、売店、バス停等がある。

時間と体力があれば高千穂峰を往復する。山頂へは高千穂河原の大鳥居をくぐるか、駐車場から直接山に取り付くコースもある。

早春のえびの高原一帯にはキリシマミヅキが咲く

大鳥居をくぐり砂利を踏んで行く。霧島神宮古宮跡の右側から、石畳の遊歩道を登る。明るい樹林には樹名札が付けられている。石畳を一〇分の急登で、赤茶けた火山砂や礫の道となる。アカマツ、ヤシャブシ、ミヤマキリシマが見られ、御鉢の登りとなる。

赤茶けた熔岩が風化によって砂礫となり斜面はよく滑る。おまけに急斜なので、露出した堅い熔岩上に足を乗せるとよい。御鉢の上部に達すると、斜面は幅を狭めて火口壁に出る。道の両側とも急斜なので、視界のない時や強風時は注意しよう。

火口壁から広い鞍部に着く。ここは**馬**

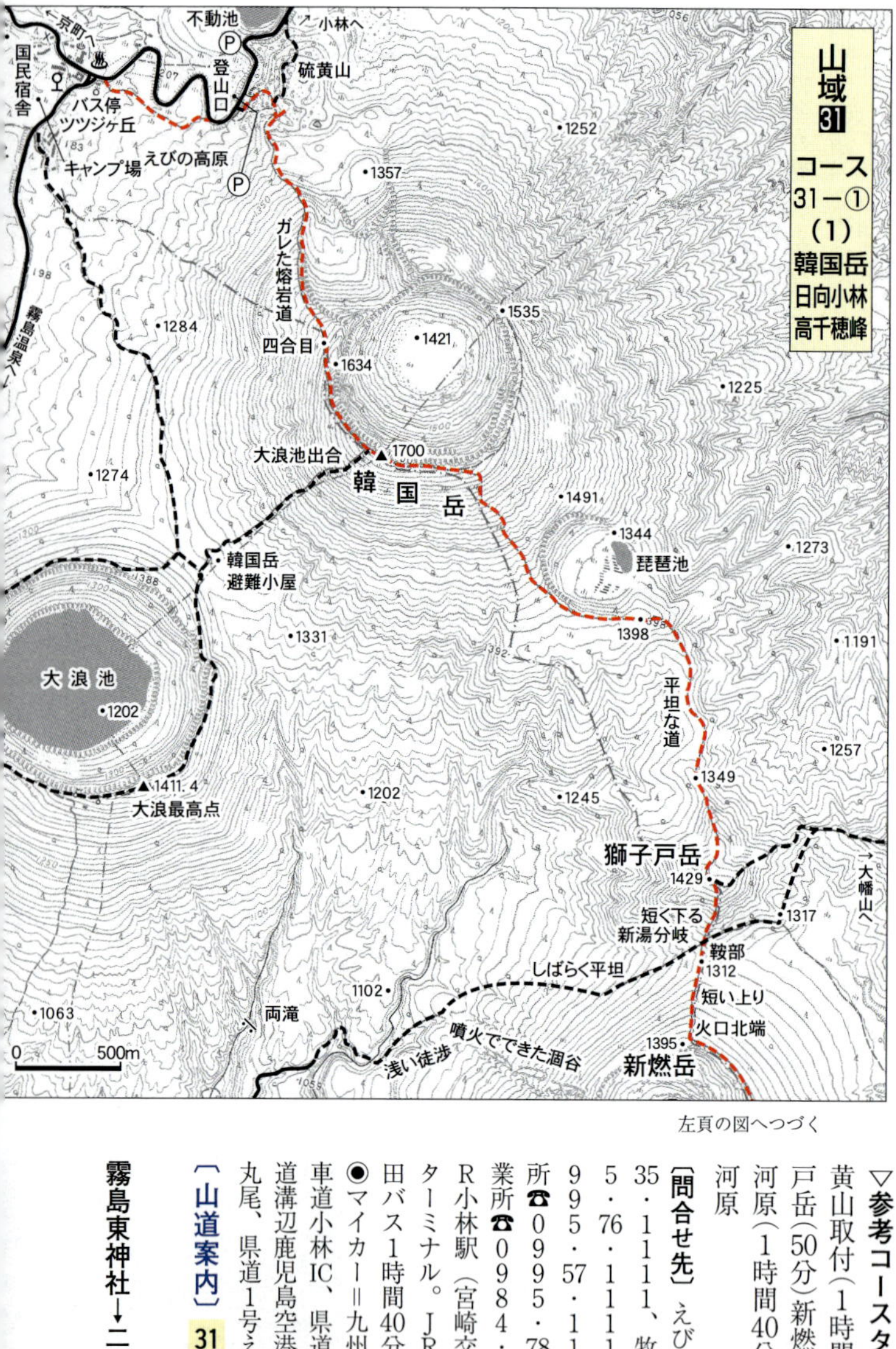

左頁の図へつづく

ノ**背**と呼ばれる霧島神社跡地で、初夏にはイタドリ、マイヅルソウがわずかに緑を添えてくれる。

鞍部から先は火山礫の急斜となり、頂上直下は特に足場が悪い。傾斜が緩むと正面に日章旗が現れ、**高千穂峰山頂**の西端に着く。最高点は柵に囲まれ、逆鉾が立っている。東の一角には山小屋があるが、シーズン以外は閉じているので事前に確認が必要だ。

展望は抜群で、柵を一周しながら、三六〇度の景色はじつにすばらしい。山頂から東へ下るのは御池方面の登山道。下山は往路を下る。高千穂河原ではタクシーを呼べる。

▽**参考コースタイム**＝えびの高原（20分）硫黄山取付（1時間）韓国岳（1時間10分）獅子戸岳（50分）新燃岳（30分）中岳（50分）高千穂河原（1時間40分）高千穂峰（1時間）高千穂河原

〔問合せ先〕えびの市観光商工課☎0984・35・1111、牧園町役場観光商工課☎0995・76・1111、霧島町役場観光商工課☎0995・57・1111、林田産業交通霧島営業所☎0995・78・2003、宮崎交通小林営業所☎0984・23・3123**〈アクセス〉**JR小林駅（宮崎交通バス50分）えびの高原バスターミナル。JR鹿児島本線鹿児島中央駅（林田バス1時間40分）えびの高原バスターミナル。◉マイカー＝九州自動車道えびのJCT、宮崎自動車道小林IC、県道1号えびの高原。九州自動車道溝辺鹿児島空港IC、県道56号新川、国道223号丸尾、県道1号えびの高原。

〔山道案内〕 **31－②**

霧島東神社→二子石→高千穂峰（往復）

▽**歩行時間＝六時間二〇分**

▽**二万五千図＝高千穂峰**

右頁の図へつづく

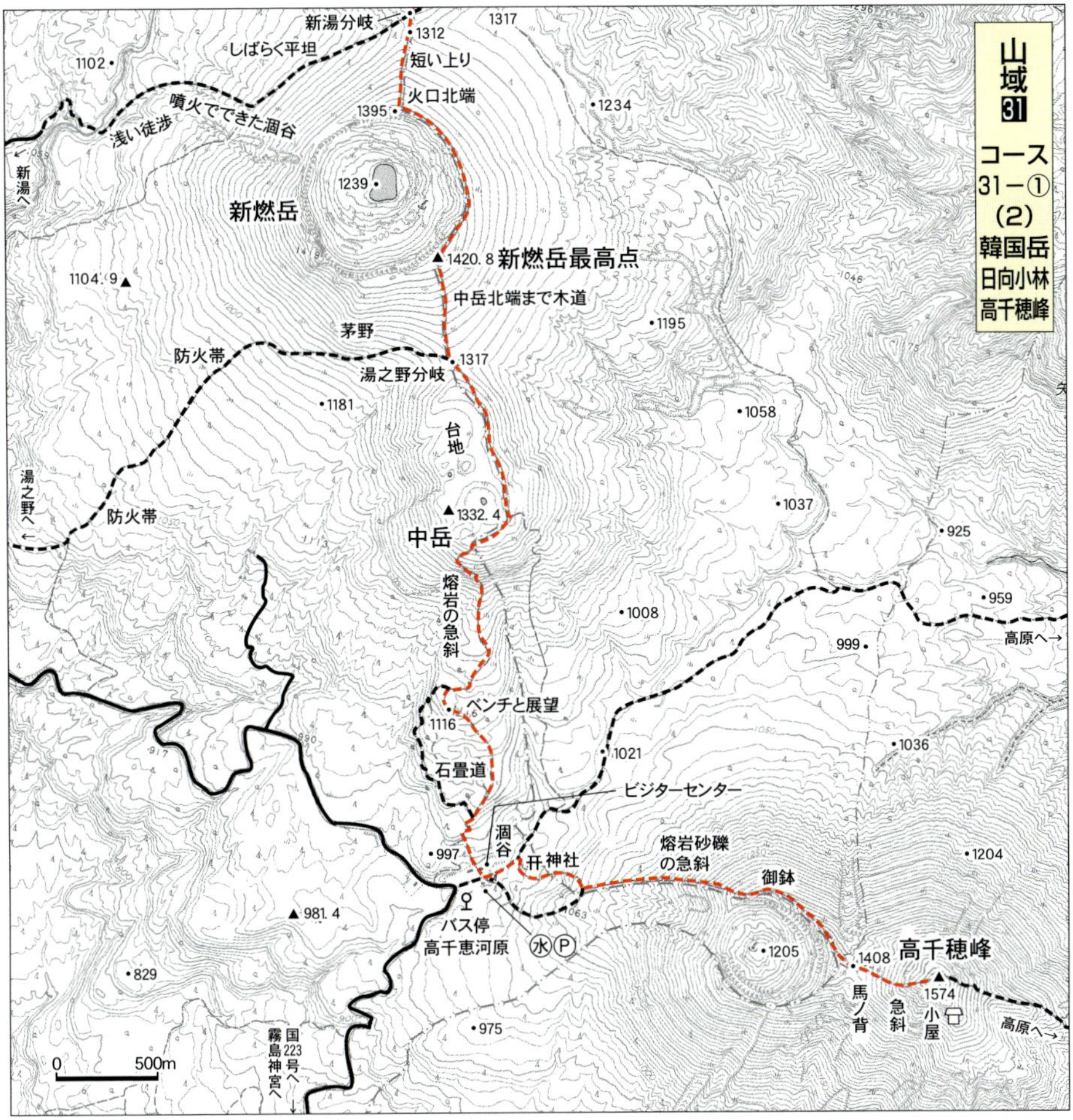

霧島東神社上宮左手の杉林の中へ、九州自然歩道が続いている。緩い登りの立派な歩道を歩く。左に涸谷を見て広い台地となる。

ときどき緩い登りとなり常緑樹の森を歩く。スダジイ、アカガシ、ウラジロガシ、モミの巨木が頭上を覆っている。わずかに標高が上がるとナラ、ヤマザクラ、エゴノキ、ハリギリなど落葉樹も混じってくる。次第に登りが急になる。根が露出した道になると、尾根は次第に幅を狭め、左右に涸谷が迫る。

延々と続いた樹海歩きが一時間強、さらに傾斜も急になり、コンクリート製の丸太や木製の丸太が設置されている。やがて、アカガシの老木が四～五本立つ台地に着く。**展望所**とあるが、展望は今ひとつだ。

ここから急登の連続で、丸太の階段はジグザグに続く。カシ、シイに変わってリョウブ、ネジキ、カシワ、ナラにマツ、モミが茂る斜面を登る。

木は背を縮め都城盆地が見渡せる。眼下には御池が光っている。先を行く登山

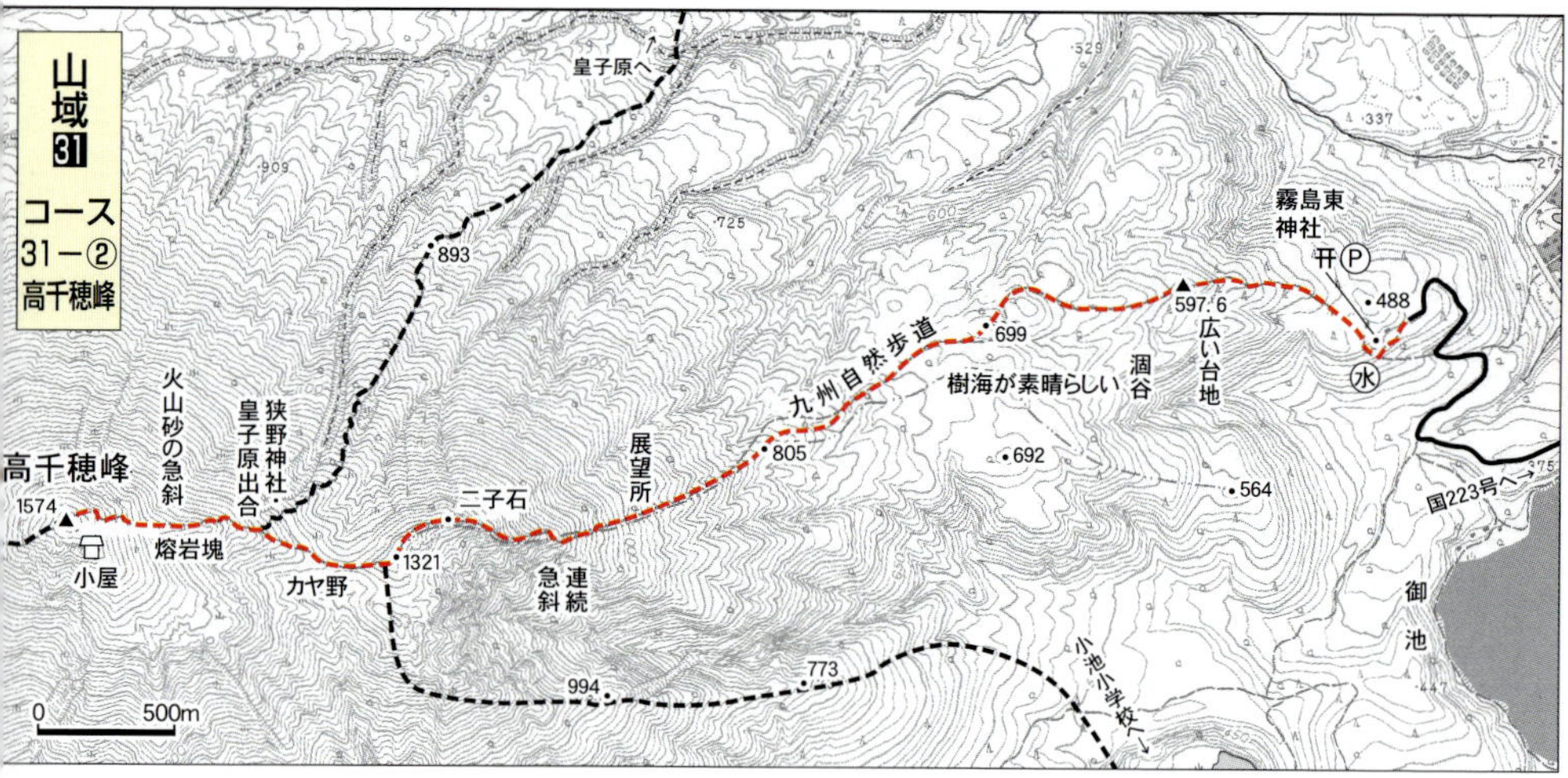

者の足裏が見えるほどの急登となり、道脇にはカヤが茂り、ミヤマキリシマ、ドウダンツツジ、サワフタギ、ネジキ、カエデ類の灌木帯となる。正面には二子石の尾根が見える。

行手の露岩は、左から右上に巻き上ると、二子石の取り付きとなり、熔岩の頭にヤマグルマが生えている。展望は開けて風に吹かれながら休むのによい。

尾根は狭くなり南側は崖となり、対面する小池方面からの尾根が荒々しい。正面の熔岩を巻き登る道はコンクリート柱にクサリが付いている。巨石を縫って登ると、狭いテラスに出る。岩場にイワカガミも見られ、カニノハサミのような**二子石**に達する。実際は三つの大きな石からなり、左右に一個、正面にさらに一個あり、中央に人が一人通れるほどの穴があり、くぐって先へ出る。右へ回り込んでもよい。

尾根の傾斜は緩み、急登から開放される。やがて右奥に夷守岳《ひなもり》から韓国岳方面が望まれ、正面には目指す高千穂峰が指呼の間である。一三二一メートルピークから

山頂から二子石（左）方面の眺め（31－②）

登山口のある高原町から眺めた高千穂峰（31－②）

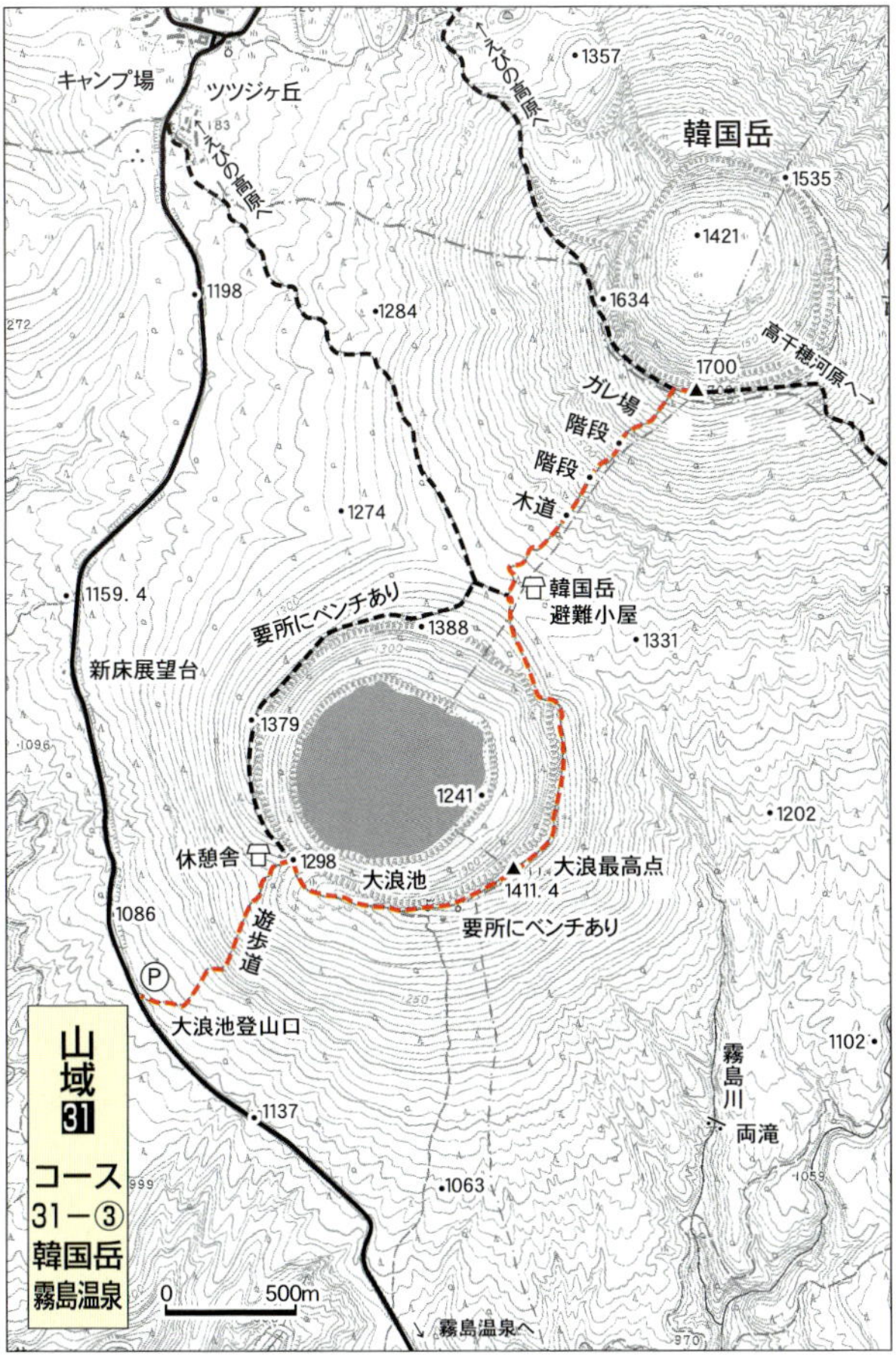

やや下ると、カヤ野となり、小池方面からの登山道が出合う。

広い鞍部を過ぎると高千穂峰への登りとなる。火山砂の道は、滑らないよう注意しよう。右手に**狭野神社・皇子原**《おうじばる》からの道が出合うと、尾根に突出た熔岩塊が現れる。右を巻いて越える。

熔岩塊の脇にはイワカガミが見られる。尾根上を歩くとやがて行手にガレや火山砂の斜面が現れ、登山道**はガレ場の登り**となる。滑るので歩きにくい。手入れはされているのだが、ガレ場なので丸木段はすぐに崩れてどうにもならない。がんばってジグザグを切ると、斜面に緑が見られるようになり、左上に山頂小屋が現れ、逆鉾を立てた**高千穂峰山頂**に着く。下山は往路を下る。

▽**参考コースタイム**＝霧島東神社（2時間30分）二子石（1時間20分）高千穂峰（2時間30分）霧島東神社

〈問合せ先〉高原町役場☎0984・42・2111 **〈アクセス〉**◉マイカー＝九州自動車道えびのJCT、宮崎自動車道高原IC、国道223号御池、霧島東神社。

大浪池と韓国岳を望む（31－③）

《その他のコース》

31－③ 大浪池登山口→大浪池→韓国岳避難小屋→韓国岳（往復）

大浪池登山口から熔岩を利用して作られた遊歩道が、大浪池火口壁まで続き歩きやすい。大浪池**休憩舎**もあるので利用出来る。

火口壁は一周できるが右側からが一般的だ。北の鞍部には**避難小屋**があり、左手の道からえびの高原へも行ける。韓国岳へは直進し、木道や階段から岩の斜面を登り、ガレ場に出て、しばらくで**韓国岳山頂**に着く。往復五時間弱。

31-④ 生駒高原→夷守岳→丸岡山→大幡山→獅子戸岳

生駒高原バス停近くに、夷守《ひなもり》岳登山口への標識を見て車道を直進、カヤ野の踏分けから林道に出て右へしばらくで**登山口**だ。

いきなり急登となる。自然林の中の一本道をゆっくり行こう。標高**八五〇**㍍地点に**展望台**がある。ここから急登で八合目、さらにクマザサが現れ右から登山道が出合うと**夷守岳の頂**に着く。

山頂から南へ歩き丸岡山との鞍部まで下り、登り返すと**丸岡山**の広い山頂だ。カヤや灌木が茂り展望はない。頂から南に下ると古い石段道が残っている。大幡池から流れる**小谷**と夷守台からの登山道に出合い、大幡池へ出る。

池を西へ進み、ミヤマキリシマ群落を

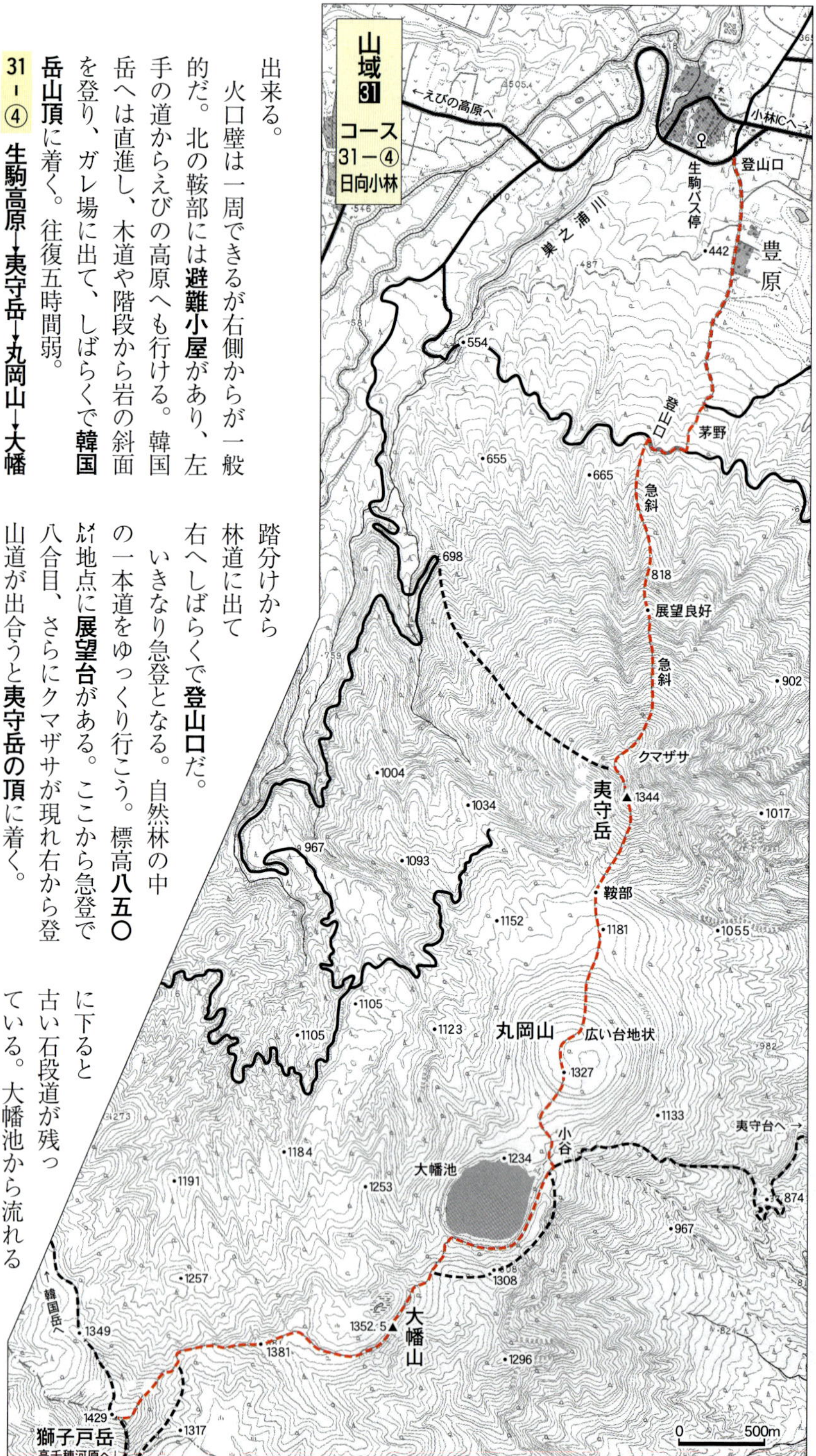

通って、赤土の露出した**大幡山の頂**に出る。さらに西へ緩く下って、登り返すと**獅子戸岳山頂**だ。生駒高原から片道四時間三〇分。

31－⑤ 湯之野→縦走路→新燃岳→新湯分岐→新湯

湯之野バス停から高千穂河原方面に一〇〇メートルほど歩くと、左手に九州自然歩道

丸岡山から大幡池方面の眺め（31－④）

生駒高原の菜の花畑から眺めた夷守岳（31－④）

入口がある。古い林道を歩き、二分する道を右に進む。桧林の登りから防火帯に達する。

さらに一〇分で防火帯から植林を抜け、灌木帯を通るとミヤマキリシマ群落帯に出る。新燃岳を左に見ながら斜面から**中岳との鞍部**に着く。

ここから木道を北へ向かい、**新燃岳山頂**から**獅子戸岳との鞍部**が新湯分岐。キリシマミツバツツジの群落帯を通り新燃岳西斜面を南に進む。昭和三六年噴火で出来た涸谷手前に出る。右下へゆるく下り涸谷を横切って、霧島川上流を徒渉して**林道**に達する。林道歩きで**新湯温泉**へ約四時間三〇分である。

新燃岳火口壁から火口の湯だまりを見る（31-⑤）

鹿児島県

山域32

開聞岳《かいもんだけ》（924m）

日本百名山で知られる開聞岳。深田久弥は東の海岸から見た開聞岳は天下の名山、伊能忠敬は西の海岸から眺めて日本一の絶景と称した名山である。九州本土最南端にある秀麗な姿は、登山者でなくとも登高意欲が湧く。

〔山域の魅力〕薩摩半島の南端に聳え立ち、三角錐の美しい山容から「薩摩富士」の名前を持つこの山は、錦江湾の入口にあたる海門にあることから、いつしか「かいもんだけ」と呼ばれるようになった。

この山は、九二四㍍の標高を持つ二重火山で、七〇〇㍍より下部はコニーデ型、その上部はトロイデ型を成している。山麓から眺めると途中でわずかにくびれ、照葉樹林の背丈も七合目から上部は急に小さくなるため、上部は後世にできたと思われる。

事実、登ってみると、中腹までは火山礫が多く、上部は堅固な安山岩からなっているので、このことからも生成の違いが理解できる。

頂上には噴火口とみられるものはなく、直径一二〇㍍の浅い窪地が見られる。麓から頂上まで照葉樹林で覆われて海側は断崖絶壁となっているが、陸側の裾野は長く、春は菜の花が咲き、秋はハゼが見事に紅葉する。

〔山道案内〕32

▽**歩行時間＝四時間三〇分**

開聞岳登山口→五合目→開聞岳（往復）

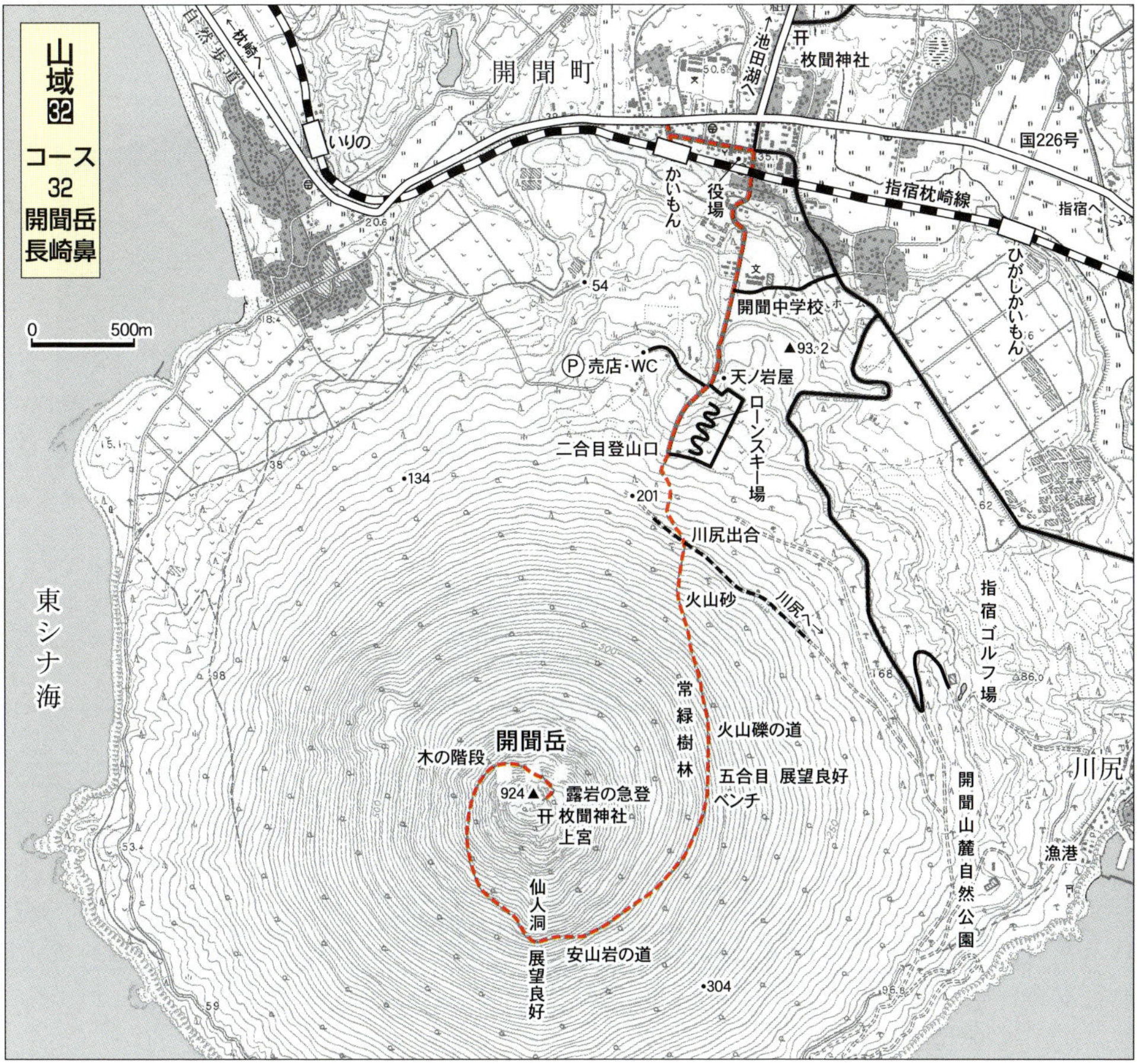

▽二万五千図＝開聞岳、長崎鼻

JR指宿枕崎線**開聞駅**前は殺風景だが、深緑や強い日差しが南国らしい。駅前から右に三〇〇㍍ほど行き、役場前交差点を右に折れる。踏切を渡り緩く坂を登って行く。山幸彦が兄の海幸彦から借りた釣り針をなくして困っていたとき、目無龍という船に乗せて助けたという神塩土老翁《しおつちのおじ》の修練所といわれる**天ノ岩屋**がある。さらにローンスキー場の施設を見ながら、山麓へ直進する。

舗装路終点が登山口だ。すでに**二合目**である。浸食された登山道はシダ類が多く、マツに混じって照葉樹が目立ってくると二・五合目で、東山麓の川尻からの道が出合う。

火山礫や石がゴロゴロした急斜の道となる。廊下状の道が平坦になると四合目、ここは休憩するのによく、樹間から池田湖方面が見える。

五合目になると、樹木も大きくなり緑も深い。樹間から長崎鼻や佐多岬方面の展望が開ける。山腹を巻き南に出ると七合目で、川尻方面からの古い登山道が出

菜の花と開聞岳はあまりにも有名だ

合う。

火山礫や砂のザラザラ道が、安山岩のゴツゴツ道に変わると、二重火山の上部に出て、樹木が低くなる。太平洋が眼下に広がり、晴天早朝は屋久島も望まれる。そよ風が汗をかいた体に心地よい。

9合目から眺める海岸に打よせる波

仙人洞に達すると、岩塊の道となる。巨石のブロックの上は木道、階段もあり有難い。足元には洞穴が点々とある。登山道は螺旋状に西から北へと回り込み、灌木帯の露岩を階段で登ると西北面の展望が開け、登山口付近まで見渡せる。山体を一周したら露岩帯の急登で大岩の重なる**開聞岳山頂**に着く。

頂上大岩の基部に枚聞《ひらきき》神社が祀られている。海辺に孤立する開聞岳は枚聞神社の御神体でもあり、昔、開聞岳を「ひらきき岳」と呼んだこともある。枚聞神社は北麓にあり、社宝古鏡、古文書、松梅蒔絵櫛筒などが所蔵され、国の重文もある。下山後立ち寄りたい神社だ。

山頂からの展望はすばらしい。東に錦江湾口、佐多岬、北に高隈山地《たかくまさんち》、桜島、霧島連山、西に野間岳《のまたけ》、枕崎方面と雄大である。下山は往路を戻る。

▽参考コースタイム＝JR開聞駅(40分)二合目登山口(50分)五合目(1時間10分)開聞岳(1時間50分)開聞駅

〔問合せ先〕開聞町役場商工観光課☎0993・32・3111、鹿児島交通指宿支社☎0993・22・2211、JR九州バス山川営業所☎0993・34・0957**〈アクセス〉**JR鹿児島本線鹿児島中央駅(指宿枕崎線1時間35分)開聞駅、指宿駅か山川駅でバス乗換が早い。◉マイカー＝九州自動車道鹿児島IC、指宿スカイライン頴娃《えい》IC、県道17号指宿大迫、県道28号開聞、開聞山麓ふれあい公園駐車場。

鹿児島県
山域33

大篦柄岳《おおのがらだけ》（1236・8m）　御岳《みたけ》（1181・7m）

大隅半島の高隅山地は鹿児島県本土の山では際立った存在だ。大篦柄岳を主峰に一〇〇〇㍍以上の山七座を数える。山頂一帯は常緑樹の森が広がり、タカクマの名を冠した植物もあり、山頂からの展望は雄大。

〔山域の魅力〕大隅半島基部にあたる高《たか》隈《くま》山《さん》地《ち》は、鹿児島県本土の山では、際立った存在である。

山地北面は花崗岩、南面の灰緑色の安山岩と対照的で、北に主峰大篦柄岳《おおのがらだけ》、南に第二峰御岳《みたけ》、他一〇〇〇㍍以上の山六座を従える。登ると山の深さに驚かされる。

山頂はブナ、ナラの落葉樹にアカガシ、イスノキ、ヤブツバキ、シイ、シャリンバイ、モッコク、サザンカなどの原生林に覆われ、黒々と茂っている。さらに佐多ツツジ、タカクマミツバツツジ、わずかながらツクシアケボノツツジも見られる。

大篦柄岳は高隈山地の最高峰で、峻険な山容のため登山者の人気も高い。旧暦三月四日、老若男女は岳詣りで、白山《はくさん》の神社に詣る。健脚組は東北に伸びる尾根縦走に挑んで、横岳《よこだけ》、平岳《ひらたけ》、妻岳《つまたけ》、御岳《みたけ》、小篦柄岳《このがらだけ》、大篦柄岳と白山に始まる七岳を詣り、ヤマツツジを持ち帰るという習慣が残っていた。登山口は垂《たる》桜《さくら》からの九州自然歩道を通り、猿《さる》ヶ《が》城《じょう》高隈渓谷からが一般的だ。この山域はブナの南限でもある。

御岳は、山地の南に位置し、大隅半島、鹿屋《かのや》市方面に大きく山体を張り、大篦柄岳よりも目立つ存在である。七岳縦走路からわずかに東に離れており、県南の展望台だ。鹿屋方面登山口は鳴之尾《めいのお》牧場からが一般的。尾根は急峻で登り一辺倒である。

〔山道案内〕33－①

▽歩行時間＝九時間二〇分

垂桜→大篦柄岳→スマン峠→御岳（往復）

▽二万五千図＝百引、上祓川

垂桜バス停から東へ歩き、大野原林道分岐で九州自然歩道の標識に従う。

集落を過ぎ本城川へ向かい、谷に沿って上流へ行くと**車道終点**に着く。右へ谷を横切る箇所には、大きな指導標がある。植林の中を登って行くと、右に猿ヶ城からの登山道が出合い、先の**大野原林道**に出る。

スマン峠登山口近くから大篦柄岳を望む

林道を横切り、正面の広い尾根に取り付く。常緑樹林なので展望はない。標高八〇〇メートルを超えると急登となる。尾根幅が狭まり急斜にロープが張られた場所に達し、その上が花崗岩の**展望台**である。

ここから傾斜はやや緩み、右へ少しずつ方向が変る。さらに固定ロープで登り詰めると、左上には多数の杖が立てられた杖拾祠《つえすてほこら》がある。これから先は急斜はないので、杖の必要はないということだろう。地元の人は「ツエンカンサー」と呼んでいる。

しばらく短い上下の後、樹林帯からササ帯、そして露岩に出ると**大篦柄岳山頂**である。展望は良好。南に御岳《みたけ》、妻岳《つまたけ》、平岳《ひらたけ》、横岳《よこたけ》、白山《はくさん》と波打ち、遠く錦江湾越しには開聞岳が見える。北には時折黒煙を上げる桜島、晴天時には霧島連峰まで見渡せる。

山頂から南に下ると、すぐ左手に高隈渓谷への道がある。ブナ林から小篦柄岳分岐へ下ると、やがて**スマン峠**に至る。足元にはカニの甲羅かコウモリに似た葉のカニコウモリが茂り、古いベンチがある十字路だ。

直進すると御岳や横岳、白山方面。左下への道は峰越林道へ出て高隈渓谷方面。

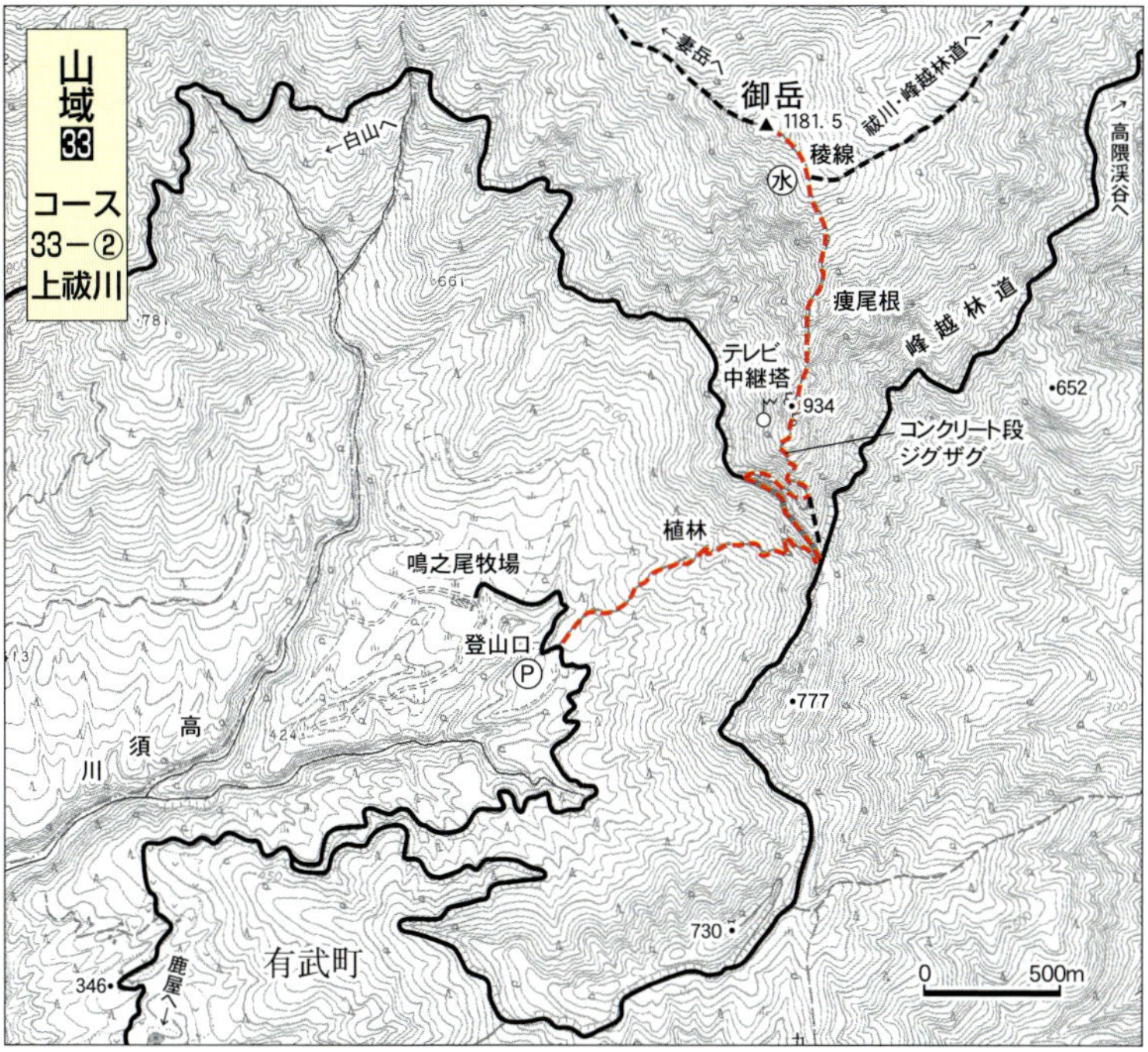

右はスマン峠登山口、白山林道、猿ヶ城方面である。

スマンとは「隈」、「角」を意味し、この場所が垂水市と鹿屋市の境で、角隅にあることから呼ばれる。さらに南のピーク妻岳も同様なことから、スマン岳とも呼ばれる。

峠から妻岳へ続く稜線を横切って樹林の中を歩き、**妻岳・御岳分岐**に着く。左へ進み小ピークを二つ越え、さらに急登で草原の**御岳山頂**に達する。

頂には高隈竜王大権現《たかくまりゅうおうだいごんげん》の積石があり、登頂記念の標識が林立している。展望は県南部が一望できる。下山は往路を戻るか後記〔山道案内〕33-②の鳴之尾方面へ下ってもよい。

▽**参考コースタイム**＝垂桜バス停（40分）車道終点（20分）大野原林道（1時間30分）展望台（1時間）大箆柄岳（40分）スマン峠（50分）御岳（4時間20分）垂桜バス停

〔問合せ先〕垂水市観光課☎0994・32・1111、鹿児島交通鹿屋支社☎0994・42・3131、南海郵船垂水営業所☎0994・32・0001**〈アクセス〉**JR鹿児島本線鹿児島中央駅（鹿児島交通バス25分）鴨池港（フェリー50分）垂水港（鹿児島交通バス30分）垂桜バス停。◉マイカー＝九州自動車道鹿児島北IC、国道3号城山、国道10号鹿児島北埠頭、桜島フェリー、国道224号垂水港、県道71号垂桜。

峰越林道御岳登山口（33-②）

中腹から御岳山頂方面が見える（33-②）

〔山道案内〕33-②

鳴之尾牧場→峰越林道→御岳（往復）

▽**歩行時間＝四時間**

▽**二万五千図＝上祓川**

牧場手前の**登山口**には数台の駐車広場

がある。登山道は植林の中をゆっくり登って一時間弱で峰越林道分岐に出る。

林道分岐から直登する道もあるが、左へ三〇〇㍍も行くと右手に荒れた林道があり、わずかで立派な御岳方面**登山道**となる。

尾根に出ると峰越林道から直登した道が出合う。尾根の東側からしばらくで西側に出て、かなり急なコンクリート階段をジグザグに登ると、狭い尾根の中央に**テレビ中継塔**がある。ここから短い下りで、ヤブツバキが目立つ狭い尾根となる。

露岩の脇にはロープが張られ、両側に崖が続き、アケボノツツジ、ミツバツツジなどが見られる。クマザサも現れ、左上に露岩を見ながら涸谷を過ぎると、さらに痩せ尾根となる。

山頂には山頂標識他一等三角点と高隈蔵王大権現の積石がある（33-②）

急登が続き、雨季には水が得られる場所を過ぎると**稜線**に出る。傾斜は緩み、あたりの樹木は幹が直径三〇㌢あまり、しかし、強風のためか二㍍ほどの樹高である。

登りが続き尾根は幅を広げ、浸食された道をジグザグに登る。背後に肝属《きもつき》の平野が開け、右下から祓川登山道が出合う。正面には山頂が見え、道脇は草原となると、九合目の陣馬場に達する。

灌木帯を進み左に水場への踏分けを見て、やがて灌木帯から草原になると、正面が**御岳**の山頂だ。北に妻岳、小箆柄岳、大箆柄岳、西に平岳、横岳、白山、錦江湾口、開聞岳と展望は雄大。下山は往路を戻る。

▽**参考コースタイム**＝鳴之尾牧場(50分)峰越林道(30分)テレビ塔(1時間)御岳(1時間40分)鳴之尾牧場

〔**問合せ先**〕鹿屋市商工観光課☎0994・43・2111 〈**アクセス**〉◉マイカー＝九州自動車道加治木IC、隼人道路隼人東、東九州自動車道国分IC、国道220号鹿屋市小薄町、市道有武町鳴之尾林道。

鹿児島市鴨池港から前項の33-①〈アクセス〉に同じ。

鹿児島県

山域34

紫尾山《しびさん》（1066m）

紫尾山は古くから地元住民信仰の山で、九合目に上宮神社がある。山頂は電波塔が林立し、人工施設で占められているが、この山の魅力は東側の常緑樹の自然である。千尋滝コースを取れば興味ある登山となる。

〔**山域の魅力**〕紫尾山《しびさん》は、出水市の南に大きな山体を盛り上げた山で、北薩ではどこからでもよく目立つ。山麓はほとんど植林で、山頂には多くの電波塔を林立させている。山頂まで立派な車道があり、歩かずに頂に立てる。

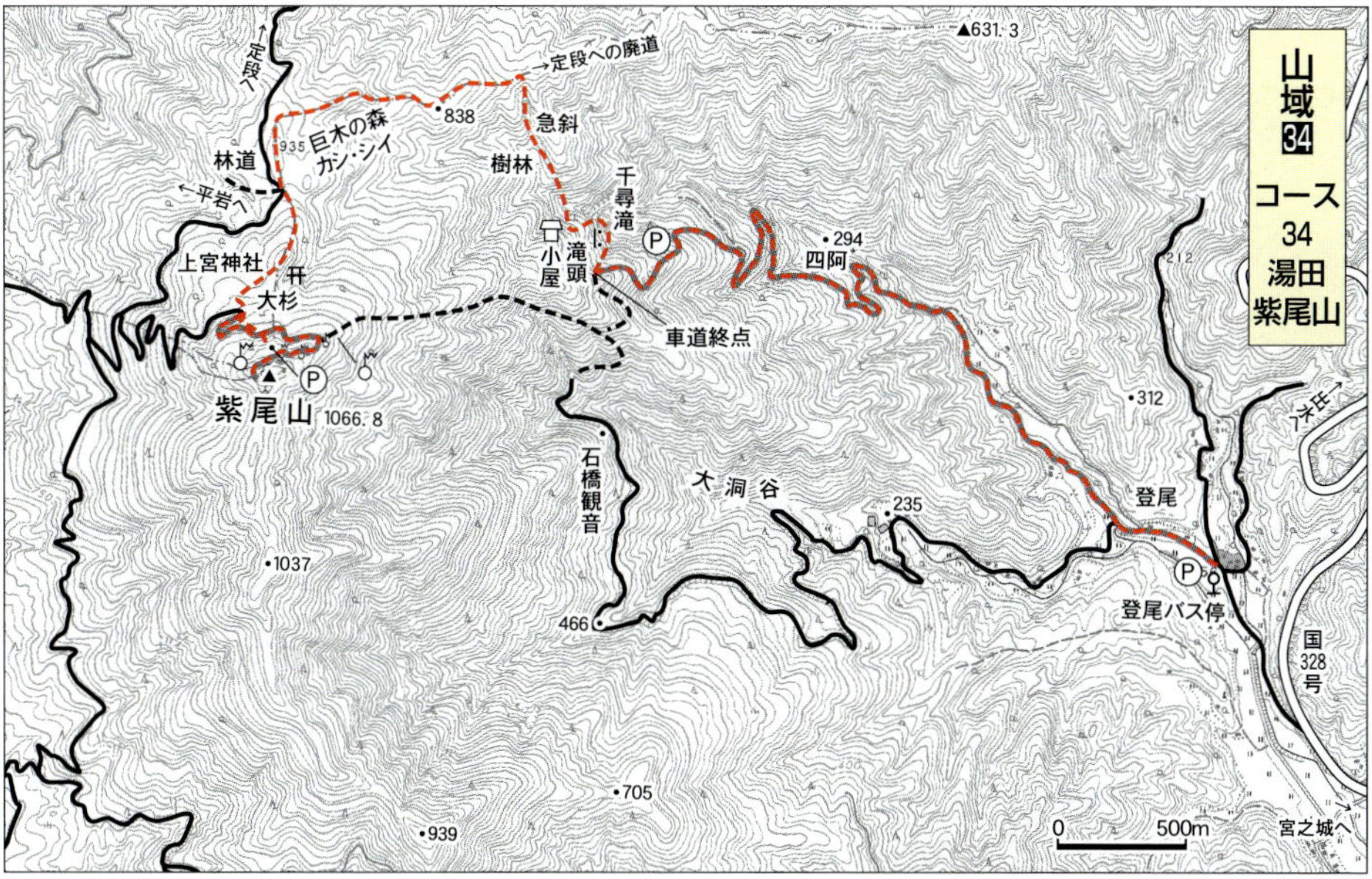

しかし、この山の魅力は東側の斜面にある。伐採を免れた常緑樹の自然は深く、それに混じる落葉樹の新緑、紅葉がすばらしい。さらに谷は深く、暑い夏は清流が涼をよび、巨大な千尋滝《せんぴろたき》は見るべきものがある。

この山は、古くから地元住民信仰の山として知られ、九合目に上宮神社があり、紫尾山は「上宮山」の別名がある。

祭神は、天《あま》津《つ》日高彦火瓊々《にに》杵尊《ぎのみこと》で、ご神徳は縁結び、家内安全、商売繁盛などで、厚い崇敬と信仰をもった老若男女の参拝が絶えなかったという。

登山は宮之城町登《のぼり》尾《お》からが一般的。

〔山道案内〕34

▽歩行時間＝四時間四〇分

登尾→千尋滝→上宮神社→紫尾山（往復）

▽二万五千図＝湯田、紫尾山

登尾バス停から電波塔が林立した紫尾山がよく見える。

車道を山手に向かうと三差路となり右へ進む。ふれあいの森までは車道歩きに終始し、途中あずま屋やトイレ、修験者の広場への遊歩道もある。正面に千尋滝が見えてくると、**車道終点**も近い。

車道終点から登山道は二分し、右へ登ると谷沿いから千尋滝下に達する。

滝は落差七六㍍といわれ、大きく三段に分かれている。下段は落差二〇㍍の直瀑、中段は斜滝で、その上を遊歩道が横切る。上段は落差四〇㍍である。登山者は、上段の滝下を右に渡り、短いジグザグの急登で**滝の頭**に出る。

滝上の左手に観音様があり、右には休憩小屋がある。滝上からは登尾方面の展望があるが、転落の危険があるので、先端には出ないほうがよい。

登山道は谷の右上へジグザグの急登で、照葉樹の森を行く。カシ、シイの森林浴は気持ちよい。頭上を黒々と覆う枝、葉で少し薄暗いが、やがて右に古い杣道が出合うと、短いが平坦な道となる。左下から小谷が近づき、杉の植林から涸谷沿

登尾バス停から眺めた紫尾山

千尋滝は３段の滝からなる。２段目を見る

いに登って行く。

登り詰めると尾根に達し、右手に廃道化した**定段《じょうのだん》からの踏跡が出合う**。尾根を西に向かうと照葉樹林の緩い登りで、八三八㍍ピークに着く。ここを越えると尾根道は平坦になり、カシ、シイの巨木に混じってツバキ、サザンカ、イヌガヤ、モミなどが見られる。左手は谷の源流が並行し、頭上は黒々と樹木が覆う。この緩い登りは楽しい。広い斜面を進むと行手に**林道**が現れ、林道を左に行く。すぐ右下から、古い踏跡が出合う。この道は出水市平岩からの登山道で今は通る人も少ない様子だ。

林道を二〇〇㍍ほど歩いて、左上への登山道に入る。落葉樹が多くなりブナの老木もある。緩い登りで正面に大杉が現れると、宮床と呼ばれる広場で、**上宮神社**が樹林に覆われて建つ。神社裏手に回り、ひと登りで赤の鳥居をくぐり、車道に出る。蛇行して登る道を横切り近道すると、紫尾山頂駐車場の左手に出る。さらに電波塔を目指すと**紫尾山山頂**だ。

三角点の近くに方位盤と、漢詩（プロ野球の王貞治氏筆）の記念碑がある。広場を囲むように電波塔、反射板があり、その間から天草の島々、長島《ながしま》、桜島、霧島火山群が見える。下山は往路を戻る。

▽**参考コースタイム**＝登尾バス停（1時間10分）林道終点（10分）千尋滝（30分）定段分岐（50分）上宮神社（20分）紫尾山（1時間40分）登尾

〈問合せ先〉宮之城町役場☎０９９６・53・１１１１、出水市役所☎０９９６・63・２１１１

〈アクセス〉◉マイカー＝九州自動車道横川IC、県道50号薩摩町永野、国道504号虎居、国道328号登尾。

鹿児島県

山域35

屋久島

宮之浦岳《みやのうらだけ》（1936m） 永田岳《ながただけ》（1886m）
黒味岳《くろみだけ》（1831m） 愛子岳《あいこだけ》（1235m）
本富岳《もっちょむだけ》（940m）

世界自然遺産登録地屋久島は九州最高峰宮之浦岳を有する洋上アルプスである。海岸の亜熱帯から山頂の寒帯までの植物の垂直分布は珍らしく、その中に屋久杉の原生林が存在している。全山花崗岩からなる主脈と渓谷は豪快そのものだ。登山道も四周から開け登山者の数も多い。山頂部はヤクザサで覆われ、高層湿原など自然景観の美しさを後世に残したい。

〔山域の魅力〕九州最南端佐多岬から南方七〇キロ、黒潮洗う中に世界自然遺産登録地屋久島は浮かんでいる。東西二七キロ、南北二五キロ、周囲わずか一三二キロの島は、九州最高峰の宮之浦岳《みやのうら》（一九三六メートル）をはじめとして一五〇〇メートル以上の高峰一一座、一〇〇〇メートルを超える山三〇峰以上がひしめく洋上アルプスである。

海岸線からは島の中心をなす宮之浦岳などの高峰は見ることができず、奥にある山の意で奥岳《おくたけ》とも呼ばれ、それを囲む前衛の峰を前岳《まえたけ》と呼ぶ。また、宮之浦岳、永田岳《ながただけ》、黒味岳《くろみだけ》を三岳《みたけ》または御《み》岳《たけ》と呼び、さらに中央周辺に位置する栗《くり》生岳《おだけ》、翁岳《おきなだけ》、安房岳《あんぼうだけ》、投石岳《なげしだけ》を含めて八重岳《やえたけ》と呼ぶ。

屋久島の主稜線は島中央を南北に縦断している。九州第二の高峰・永田岳はその西に位置し、主稜線の南に黒味岳、南西に高盤岳《こうばんだけ》、ジンネム高盤岳、烏帽子《えぼし》岳《だけ》、七五岳《しちごたけ》を隆起させている。さらに主稜と直角に東西に走る稜線がいくつかあり、東に——小高塚《こたかつか》、高塚山、愛子《あいこ》岳《だけ》、石塚山《いしづかやま》、奇岩の太忠岳《たちゅうだけ》、西に——永田岳から桃平《ももたいら》、竹ノ辻《たけのつじ》、国割岳《くにわりだけ》、花《はな》山《やま》、焼峰《やけみね》、永田岳から北へネマチ、障《しょう》子岳《じだけ》、坪切岳《つぼきりだけ》、吉田岳《よしだだけ》、尾之間《おのあいだ》の北側に本富岳《もっちょむだけ》、耳岳《みみたけ》、割石岳《わいしだけ》、鈴岳《すずたけ》、破沙《はさ》岳《だけ》などの山が連なる。

全山花崗岩からなる主脈の山々は、豪放そのものだが、渓谷も見事だ。豊富な雨が山肌を深く浸食し、大小百数十本もの河川が海に注ぐ。

海から一気にせり上がる九州最高峰と、直接海へ注ぐ見事な渓谷、典型的な垂直分布の植物群、海岸線の亜熱帯樹林、中腹のヤクスギ、初夏を彩るサクラツツジ、ヤクシマシャクナゲ、山頂を覆うヤクザサ、そして高層湿原の鹿之沢《しかのさわ》、投石平《なげしたいら》、花之江河《はなのえごう》、ビャクシンの沢など地形の変化にともなう自然景観の美しさは枚挙にいとまがない。屋久島はまさしく魅力あふれる洋上アルプスなのである。

〔山道案内〕35－①

▽歩行時間＝一日目・四〇分、二日目・九時間四五分、三日目・六時間三〇分

淀川登山口→花之江河→黒味岳往復→宮之浦岳→永田岳往復→新高塚小屋→縄文杉→小杉谷→辻峠→白谷雲水峡

▽二万五千図＝屋久宮之浦、宮之浦岳、栗生

淀川登山口前の広場は水場、トイレ、登山届箱があり、左に尾之間《おのあいだ》歩道が出合う。縦走は右手の階段からモミ、ツガ、ヤクスギ、ヤマグルマにサクラツツジ、ハイノキに囲まれた登山道を歩く。浸食地は木道で補修され、さしたる上下もなく、苔むす巨木を見ながら、入山一日目の**淀川小屋**に着く。

二日目は行程が長い。早発ちを心掛けよう。早発ち、早着きが登山の鉄則だ。

暗いうちからの出発なので足元に注意して歩く。淀川を鉄橋で渡ると、最初から急登で、木の階段、木道、それに雨天時に小滝を懸ける浸食道、膝上まである木の根を乗越して歩くと、急斜から解放される。

大きく迂回し、倒木を越え、大木の寄生植物を眺めながら歩くと、左手に**高盤岳展望台**がある。緩い登りで左に折れて平頂を越えると**小花之江河湿原**《こはなのえごう》に着く。ここは淀川《よどごう》源流に開けた湿原で、水苔や水面に映る枯存木の影など景観がすばらしい。

木道で湿原を横切り、樹林帯から小丘を越えると、山上の桃源境を思わせる**花之江河**に出る。湿原は木道がT字路となり、左が栗生《くりお》、湯泊歩道《ゆどまりほどう》、右が安房歩《あんぼうほ》道《どう》、直進が宮之浦歩道で、屋久島登山の要所だ。湿原中央に祠があり、正面には黒味岳の眺めがよい。

安房歩道分岐から左に折れて、湿原の北へ出て、ほぼ木道歩きで**黒味岳分岐**に達する。分岐に荷を置き黒味岳を往復する。

この登山道も近年浸食が激しく、U字状に窪んだ道から、斜面の表土が流れて花崗岩や木の根が露出した場所が多い。しばらく歩いて一段と高い巨石の表側から**黒味岳山頂**に巻き登る。石上からは奥岳のすべてを眺めることが出来る。展望を楽しんだら往路を戻る。

黒味岳の東を巻いて歩くと、安房川左俣の源流に達する。**投石湿原**への道は表土が流れてしまい、補修の木材が転がっている。足場の悪い道をしばらく歩くと大岩の群がる投石平に着き、宮之浦岳が顔を出す。あたりの地面には、屋久島特有の花崗岩に含まれる正長石が、砂礫の中に角砂糖のように残っているのが珍しい。

投石平を過ぎると、左手に**投石岩屋**を見て急斜の登りとなる。投石岳の中腹まで登ると、ヤクザサ帯を横切って行く。斜面には幾筋もの水流があり、水には不

小花之江河湿原は杉枯存木が目立つ

安房岳西の斜面から宮之浦岳を望む

黒味岳山頂から眺めた永田岳（左）と宮之浦岳

自由しない。

正面に宮之浦岳を見ながら歩く。道脇に遭難碑を見て、右手が安房岳となり、主稜線を乗越して小揚子川左俣源流を行く。右手の頭上に翁岳の巨石を眺め、わずかに下ると水場に達し、わずかな登りで**栗生岳・翁岳鞍部**に着く。正面に高塚方面の尾根が見える。

登山道は左に折れて、ヤクザサ帯に深く筋を刻んだ登りとなる。右手にゲンコツ岩を眺めながら登ると、左の巨岩が栗生岳、その脇を抜けると、正面に宮之浦岳が見える。笹の平から最後の登りわずかで、九州最高峰の**宮之浦岳山頂**である。

展望は三六〇度さえぎるものは何もない。晴天時には北はるかに開聞岳、佐多岬が浮かんで見える。山頂西の巨石基部には宮之浦にある益救《やく》神社上宮が祀られている。

山頂から木道、階段で背丈を越すヤクザサ帯を下り、**焼野三差路**に着く。永田岳へは左の道で、近年ササが刈られて歩きやすくなった。緩く上下、左右にカーブして宮之浦岳・永田岳の鞍部へ。ここは宮之浦川、小揚子川の分水嶺でもある。

正面に巨岩の鎧をまとった永田岳を見て急登する。この登山道も浸食が深く、ササに隠れた窪地に転落でもすれば最悪の場合は、骨折しかねない。充分注意して登ろう。鹿之沢分岐から右へわずかで大岩の左に沿ってロープで直登すると、巨石の上が**永田岳の頂**である。

展望は屋久島の山々の他、西の眼下に永田川の深い切れ込み、さらに永田集落、海亀の産卵で知られる田舎浜《いなかはま》、海のむこうには口永良部島《くちのえらぶじま》、十島村《としまむら》の島々が、南に点々と続いている。

山頂から焼野三差路まで戻り、東に続く長大な尾根を取る。宮之浦川源流を左足下に見ながら、ヤクザサ帯をゆるやかに上下すると、**平石展望台**だ。石の上から安房川源流、翁岳、宮之浦岳、永田岳、ネマチ、坊主岩とぐるりと見渡すことができる。足下は岩屋となっている。

展望台から広い花崗岩のスラブに出て、コースを離れないよう注意して下る。やや左に取り、シャクナゲ、ヤクザサの道に降り立つ。ゆるい上下、大岩の下り、

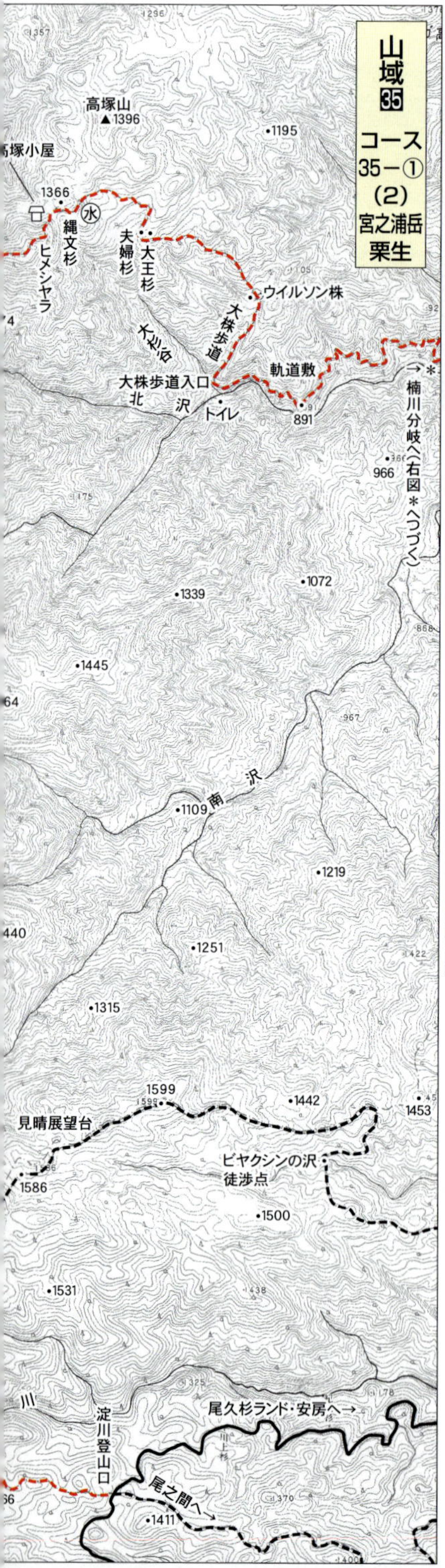

湿地とやり過ごすと尾根らしくなり、登山道の左手に坊主岩が見える。

さらに短い上下で小高塚第二展望台、第一展望台を過ぎる。相変らず木の根が露出して歩きにくい場所もある。シャクナゲ、ヤクスギの丈が高くなり、周囲が森となると小高塚岳西の鞍部に建つ**新高塚小屋**に着いて二日目を終える。

三日目はいよいよ下山である。

早朝新高塚小屋を出発、小高塚岳へ向けて緩く登ったあと平坦となる。山頂へは寄らず、のんびり下る。ヤクスギ、モミ、ツガに変ってヒメシャラが目立ち始めると、高塚山南の鞍部に建つ旧高塚小屋前に着く。

尾根の右手に出て下ると、左上にあずま屋を見て、**縄文杉展望台**に出る。縄文杉は頂部を強風で折られたものの、四方に枝を張り、堂々とした姿を見せている。推定樹齢七二〇〇年、世界最古の樹木といわれている。

展望台から階段を下ると水場がある。山腹につづく木道から、根の露出した道を下り、小谷を数回横切ると、頭上を覆うヤクスギの巨木の中に、睦まじく寄り添う二本の杉・夫婦杉が右に見える。小尾根に出て左に下ると、左上に大王杉が見える。杉の根元に空洞があり、人が入って傷つけないよう、道がつけ替えられたため側には行けない。

しばらくで急な下りとなり、木段や浸食による溝状の登山道を歩く。巨杉が立ち並ぶ広場に出ると、中央に巨大な切り株・**ウイルソン株**があり、その空洞に木

魂神社が祀られ清水が湧いている。

大杉谷の左に沿って続く大株《おおかぶ》歩道を下り、翁杉を右に見ながら行くと**大株歩道入口**に着く。大杉谷を右に渡ると立派なトイレがある。軌道敷を左に取り、右下に安房川北沢の瀬音を聞きながら歩く。軌道中央には板が張られ歩きやすくなった。小一時間で三代杉、さらにわずかで**楠川歩道出合**に着く。

安房川や小杉谷と別れて、植林された小杉の中を歩く。屋久島では樹齢一〇〇〇年未満の杉は地杉、一〇〇〇年未満は小杉、それ以上をヤクスギと呼んでいる。

小杉谷と離れると常緑樹が頭上を覆い、敷石が現れると登山道右脇に家屋大の巨石があり、格好の休憩所となっている。これが辻の岩屋である。すぐ上手は**辻峠**だ。

登山道は石で敷詰められ、その石は苔で覆れ緑の登山道となっている。道脇にはヤクスギの巨木が並び、切株、倒木は土埋木となり苔むしており、二代杉など杉の標本を見るごとくである。やがて左手に**白谷山荘**が現れる。

緩い下りでくぐり杉をくぐる。左は原生林歩道で、ここは直進する。白谷川源流を飛石伝いに右に横切る。この登山道は楠川から登るので楠川《くすがわ》歩道《ほどう》と呼ばれるが、江戸時代には奉行が歩いたことで奉行歩道とも呼ばれ、二箇所の奉行見晴し台にはベンチがある。

白谷川に沿って下る歩道は、枝沢を数回横切り、白谷雲水峡への分岐を見て敷石を歩いてゆくと、一帯はサクラツツジが多く、初夏は花見が楽しい登山となる。

初夏を迎えた縄文杉（35－①）

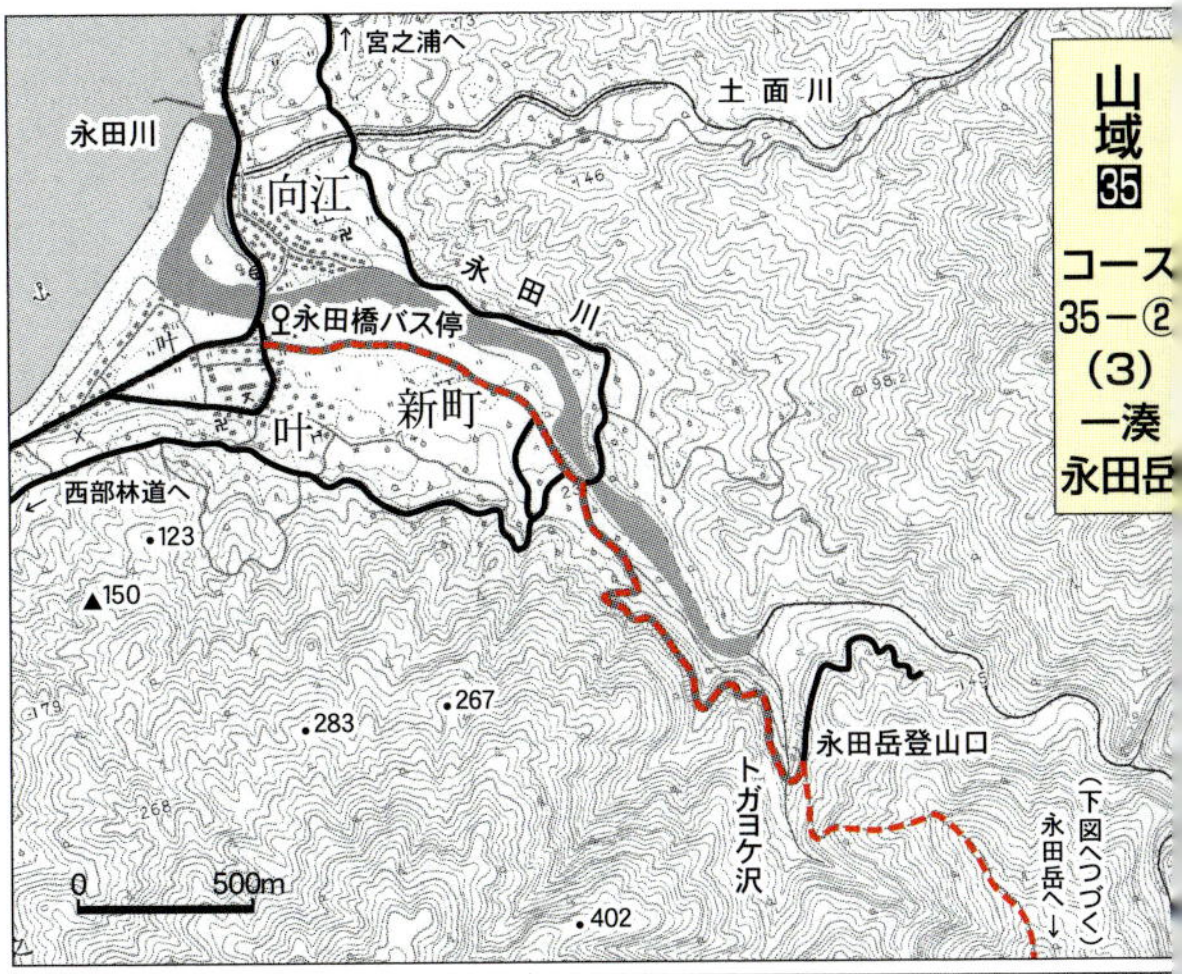

左下に谷音が近づいてくると、**白谷林道**に出る。直進して楠川に下る登山道から、左の林道へ下ると**雲水峡駐車場**に着く。トイレ、広場、雲水峡を巡る遊歩道などが整備されている。

宮之浦町方面まではバス便がある。またタクシーを利用してもよい。楠川まで歩けば二時間強である。

▽**参考コースタイム**＝淀川登山口(40分)淀川小屋(1時間30分)花之江河(30分)黒味岳分岐(1時間↕)黒味岳往復(30分)投石平(1時間40分)宮之浦岳(15分)焼野三差路(2時間↕)永田岳往復(2時間20分)新高塚小屋(1時間)縄文杉(2時間)大株歩道入口(1時間10分)楠川歩道出合(50分)辻峠(20分)白谷山荘(1時間10分)白谷雲水峡

〔山道案内〕35－②

▽**歩行時間＝七時間三〇分**

永田岳→鹿之沢→桃平→竹ノ辻→永田橋

▽**二万五千図＝一湊、永田岳**

永田岳

永田岳から鹿之沢分岐に下り、国割岳・永田方面へ伸びる長大な尾根に取り付く。

行手正面眼下に永田川の深い渓谷、その先に集落が見える。尾根をわずかに左へ下り、ヤクザサ、シャクナゲの群落に入り急下降すると右側にローソク岩が現れる。淀川小屋を早発ちすると、夕日で岩が赤く染まるのを見ることができる。

短い露岩帯にはロープが張られ、左に

折れて露岩を下る。深いササ帯から小尾根を左に乗越し、二〜三メートルも浸食された道に入り、背丈を超えるシャクナゲ帯を歩いて行く。やがて眼前が開けると、ひょっこりと青い屋根の**鹿之沢小屋**が待っている。たとえば、淀川小屋が初日なら二日目の宿だ。

三日目、早朝出発。小屋周辺はシャクナゲが茂り、大川《おおこ》の源流は湿原、清流、スギの森で静かな場所だ。花之江河は人が多いが、ここは多い時でも小屋の利用者は四〜五名程度だ。

小屋から南に向かう花山歩道を分け、永田歩道は西へ向かう。一帯には枯存木やシャクナゲが目立つ。大川の淀みには角砂糖のような、正長石が詰まっている。ほどなく大川徒渉点の**七ツ渡**《ななつわたし》だ。増水時以外は浅い流れを、靴を脱がずに渡れる。

左側に出て谷沿いに歩くと、急な下りで谷は巨石のブロック帯となり、飛石伝いに右に渡る。大川の流れと別れて尾根上を西へ進む。起伏の少ない樹林の道が続く。尾根の南側を歩き、一五一七メートルピーク手前で北側へ移る。このあたりが**桃平**だ。樹木も大きく、森が深いのが実感できる。世界遺産で登山者の列が続く宮之浦歩道と比べると、古い屋久島登山道が残る場所だ。現在の登山道は営林署の巡視路で、御岳参りの島人が歩く道でもあり、現在も歩道の呼び名で残っている。

稜線には左巻大檜《ひだりまきおおひ》の巨木があり、林床にはフタリシズカの可憐な花も咲く。南へ向かう道が再度北へ向かい、しばらくで、登山道左上に家屋大の**巨石**が現れる。岩上に立つと永田岳とその北尾根の展望がすばらしい。

宮之浦岳から永田岳を望む（35-②）

永田歩道は展望が無いので、ぜひこの岩に立とう。巨石の基部を巻いて裏に出ると簡単に岩上だ。登山道に戻り、永田方面へ一〇〇メートル弱で左側に**姥ケ岩屋**《うばがいわや》がある。ここは水がないのが欠点だが、乾燥した居心地のよい岩屋だ。

岩屋からゆるやかな下りで平坦地となり、道は北に向きが変る。このあたりは昼でも暗い森だ。西へ下り流れを横切り、竹ノ辻《たけのつじ》の南を巻いてゆく。七本杉の立札

永田岳ローソク岩とシャクナゲの花（35-②）

桃平の露岩上から永田岳北尾根を見る（35－②）

を見て緩い下りで、**竹ノ辻**の案内が立つ広場に出る。

さらに西に向かって緩く下ると、**国割《くにわり》岳尾根分岐**で、古い平瀬国有林の標柱がある。北へ向かう尾根を急斜で下る。林相は杉から広葉樹へと変わる。

痩尾根をジグザグを切って急下降する。花崗岩のゴーロ帯、根の露出帯は、歩きづらい。獣道や雨降りに水が流れる谷源流などに迷い込まないよう注意しよう。

痩尾根を下り続けると、樹間から永田の集落や砂浜が見える。やがて杉林が現れると、トガヨケ沢側植林の中の下りとなる。オオタニワタリ、クワズイモが目立つと、**永田岳登山口**の林道に出る。

林道を左へ取り、ポンカン畑が見えてくると民家の散在する村道から**永田橋バス停**に着く。

▽**参考コースタイム**＝永田岳（40分）鹿之沢（30分）七ツ渡し（1時間30分）姥ヶ岩屋（40分）七本杉（30分）竹ノ辻（3時間）永田岳登山口（40分）永田橋バス停

〔山道案内〕35－③

▽**歩行時間＝六時間五〇分**

ヤクスギランド→大和杉→徒渉点→石塚小屋→花之江河　▽**二万五千図＝宮之浦岳**

ヤクスギランドの**ゲート**から林泉橋、荒川橋と渡り、荒川の左沿いをしばらくで、遊歩道と分かれて右上へ向かう。春はサクラツツジの花が楽しめる。

太忠岳方面への道を右に分け、直上する登山道が**安房歩道**である。この尾根は花之江河、石塚小屋方面から派生した尾根で、登山道は尾根の左側か尾根上にある。

短い上下を繰返しながら次第に高度を上げる。ヤクスギ、トガ、モミなどの樹間から太忠岳の奇岩が見える。広い尾根の左下に「**大和《やまと》杉**」の標識がある。一〇〇㍍も下った窪地にあり、見すごしてしまいそうな場所だ。

広い尾根を登り、一四三〇㍍の平頂に達する。道は右に折れてわずかに下り、ビャクシンの沢とも呼ばれる**荒川支流徒渉点**に着く。

登山道は谷との出合から一〇㍍ほど下

ヤクスギランド入口と太忠岳を見る

花之江河湿原は南国では珍らしい湿原だ（上下とも35－③）

流側で渡る。しばらくは谷沿いに東へ向かい、谷と離れて五〇〇メートルも進むと、石塚山を結ぶ稜線に達し、道は左へヘアピン状に折れる。

さしたる急登もなく西へ向かう。スギ、モミ、ツガ、ヤマグルマが茂り、シャクナゲも目立ってくる。一五九九メートルピークまで緩い登りが続き、ハイノキ、アセビの低木帯となり、安房歩道一番のシャクナゲ群落地となる。

登山者をほとんど見ない、静かで自然豊かな稜線漫歩を楽しみながら、巨石の座る**見晴し展望台**に達する。大岩が二個並び、その間から巨石の上に立つと、翁岳、安房岳、投石岳、黒味岳が西に並び、乃木岳《のんきだけ》、鈴岳《すずたけ》を南に、北は高塚山の長大な尾根の右端に愛子岳、東は太忠岳、花《はな》折岳《おれたけ》、石塚山と、宮之浦登山道脇の景観とは一味違った眺めを楽しむことができる。

展望台の巨石の南に出て下ると、湿地帯となり、左手奥は荒川支流ビャクシンの沢である。支流の入りくんだ複雑な地形を過ぎると、稜線への登りとなり、樹林の中の快適な登山道で**石塚小屋**に着く。

一日目はここが宿。花之江河方面へ五分で水場がある。

二日目は早朝出発。西へ緩い下りで十キロ峠に達し（この道はかつて深田久弥も歩いた。小杉谷からの道で石塚、十キロ峠までは現在廃道となっている）、巨石の水場を過ぎる。

標高一六九四メートルピークの南を巻き、深く切れた谷を一本丸太で渡ると、行手左に高盤岳《こうばんだけ》の特徴ある花崗岩が見える。

登山道が湿地帯に出ると、右脇にブロックのみが残る花之江河小屋跡がある。木道となり、**花之江河**に達する。あとは多数の歩道をつないで目的地へ向かう。

▽**参考コースタイム**＝ヤクスギランド（2時間）大和杉（1時間30分）荒川支流徒渉点（2時間30分）石塚小屋（50分）花之江河

〔山道案内〕35－④

▽**歩行時間＝六時間三〇分**

愛子岳登山口→稜線→岩峰基部→愛子岳（往復）

▽**二万五千図＝安房、屋久宮之浦、宮之浦岳**

小瀬田バス停から山麓へ歩いて、**登山口**まで約一時間。空港か宮之浦からタクシーを利用してもよい。登山口まで完全舗装である。

世界遺産特別地域が登山口近くまで含まれる。尾根末端の両側は植林、常緑樹のシイ、タブ、イスノキの巨木帯でその中に登山道はある。

根の露出した登山道は、尾根の右側を歩き、やがて鞍部から左側を歩く。斜面では木の根が雨で濡れるとよく滑るので注意しよう。やがて再度鞍部に達し、以後尾根の上を急登して行く。

道脇には標高差一〇〇メートルごとに標高が示されてありがたい。植物分布図などの

説明もある。常緑巨樹に混じり、サクラツツジが目立ち、初夏は花を楽しみながら登山ができる。

右側の谷から瀬音が響くが、飲み水は道沿いでは得られない。展望も中腹からわずかに愛子岳ドームが見え、左手に船《ふな》行前岳《ゆきまえだけ》が見えるぐらいだ。登りの緩急を繰返し、わずかではあるがヘゴやシダの茂る場所を過ぎて、愛子岳が正面に見える登山道が、右方面に曲りだすと稜線が近い。ヒメシャラの巨木も目につき始める。

傾斜が緩み、広い稜線を北に進むと、道標の木の立札があり、古い**巨木の切株**がある。雨季に水が流れる登山道は、稜線のわずか東を行く。右下四〇メートルに水場ありの案内があるが飲用にはならないだろう。

倒木の間から登山口の小瀬田や海のむこうに種子島も望まれる。緩い登りで樹木が低くなり、道脇にヒメシャラが現れ、休憩時に幹に座れるのでとまり木の札がある。

倒木の間から愛子岳、花崗岩のドームを眺めて、大木の森に入ると**花崗岩の基部**に達する。樹林帯の中央につづくかなり急傾斜の道を登る。石段状の登りで樹林限界に達すると、道に太いロープが設置されており、花崗岩壁から展望が開ける。

再度ロープで登り、スラブや灌木帯を過ぎると、奥岳展望台と称される**愛子岳**

花崗岩の山頂に根を張るヤクシマヤマツツジ

登山口小瀬田から眺めた愛子岳（上下とも35-④）

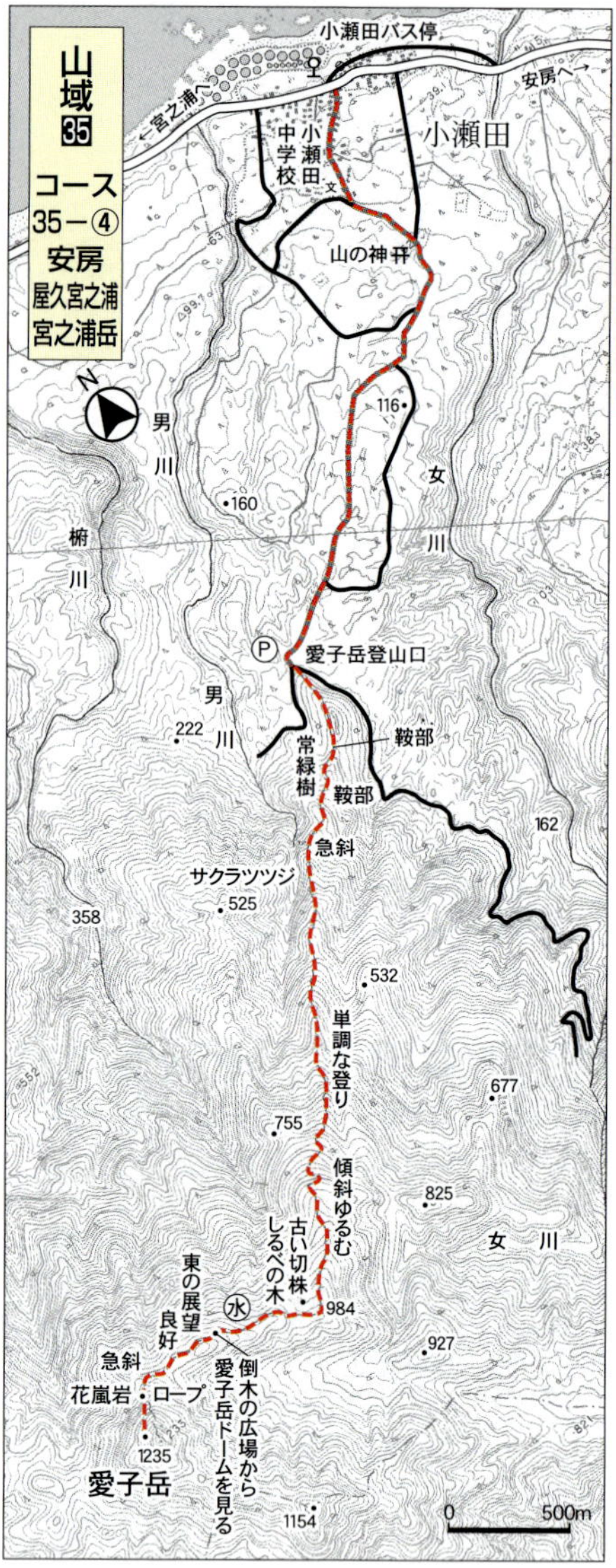

山頂である。屋久島では前岳の中では一番人気の山である。丘参りの祀には丸に十の字の島津の家紋まである。

奥岳展望台の名にふさわしく展望はすばらしい。ネマチ、宮之浦岳、翁岳、安房岳、投石岳、黒味岳、高盤岳、ジンネム高盤岳、鈴岳、割石岳と西から南に続く。北に高塚岳の長大な尾根、その懐には安房川が深く刻まれ、太忠岳の手前に荒川ダムが眼下に見える。東は小瀬田の浜から屋久島空港、海のむこうに種子島まで見渡せる。

なお台風直後は、南方からの迷蝶採集で知られる場所でもある。下山は往路を下る。

▽**参考コースタイム**＝愛子岳登山口（2時間30分）稜線（1時間）岩壁基部（30分）愛子岳（2時間30分）愛子岳登山口

〔**山道案内**〕**35－⑤**　▽**歩行時間＝六時間**

千尋滝・本富岳登山口→万代杉→神山→本富岳（往復）

▽**二万五千図＝尾之間**

本富岳登山口は千尋滝展望台と同居している。駐車場から、売店奥に立派な**登山口**案内がある。

尾根の右側を横切る道は、途中崩壊寸前の場所もあり足元に注意しよう。山腹を横切って行くと沢に突き当る。花崗岩の上を歩く場所はロープが設置されており、これを伝って横切る。ただし増水時は要注意である。

山腹を横切る登山道は、鯛《たい》ノ《の》川《こう》左手の大きな花崗岩のスラブ上を高巻きするため急斜の道を登ることになる。取り付きから汗が出る。しばらくで左上の尾根を目指してさらに急登となる。かつては直進する麦尾歩道があったのだが今は跡もない。

岩盤や木の根が露出した場所もあるので足元に注意しながら、胸突く急登を頑張ると、次第に平坦な場所が増えて**尾根乗越し**に達する。右に沢があり水も得られる。

沢を渡るとヒメシャラが目立ち、支尾根に向かうと、尾根上には**万代杉**の巨杉がある。巨杉の右手に出て対面の山腹を見渡すと、大木が目につく。モッチョム太郎の巨杉だ。

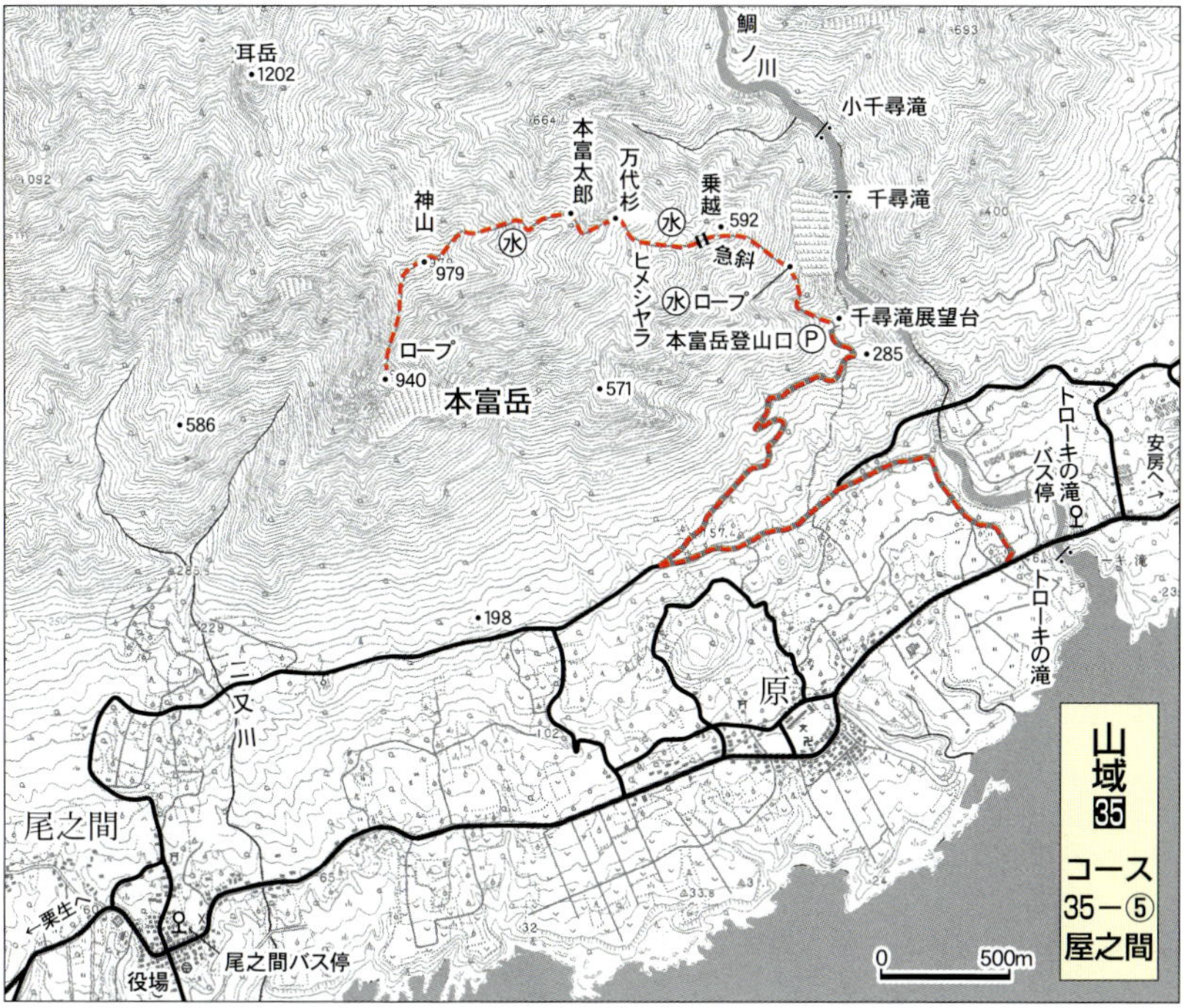

万代杉の裏手に回り、常緑樹林の尾根をわずかに急登する。緩く右に曲り山腹を横切って歩くと、行手に枯れたヒノキの巨木が立ち、小杉が二本寄生している。さらに尾根を左に回り込み、短い上下で小谷に達すると、ここでも水が得られる。

ここから右に山腹を横切ると、右下に**モッチョム太郎**の巨杉が現れる。ここから左上への急登となる。根の露出した斜面が一段落すると右側に尾根を見ながら、鞍部を目指す。

乗越して主稜の右側を横切り、短い急登で神山から東に向かう痩尾根上に出る。南方向に目指す本富《モッチョム》岩峰が、巨大な花崗岩の頂を突立てているのが見える。西にわずかに進むと**神山の基部**に突き当たる。

岩峰へは南の吊尾根への道を行く。岩壁の右下に降りて、壁の先から稜線へ登り返す。しばらく狭い稜線を短く上下して、最低鞍部から稜線の左へ出て横切って、岩峰基部へ登る。ガリー（大岩の中央にできた割れ目）に降した固定ロープで**岩峰**に立つ。

岩峰の上からの展望は、尾之間の集落が眼下に迫り、北は割石岳、耳岳、雪岳《ゆきたけ》、トイモ岳と楽しむことができる。岩の南にはテラスがある。その基部に数体の祠があり岳参り時代を偲ぶことができる。

尾之間から眺める尾之間三山、右が本富（モッチョム）岳（35－⑤）

下山は往路を戻るが、岩稜や急斜の道は足元に充分注意しよう。

▽参考コースタイム＝本富岳登山口（1時間）尾根乗越（40分）万代杉（1時間10分）神山（40分）本富岳（40分）神山（1時間50分）登山口

〔問合せ先〕 上屋久町役場☎09974・2・0100、屋久町役場☎09974・6・3221、フェリー屋久島2☎099・226・0731、ジェットフォイルトッピー☎099・255・7888、日本エアシステム鹿児島支店☎099・224・6111、屋久島交通タクシー（宮之浦）☎09974・2・0611、他安房―尾之間にタクシー三社。トヨタレンタカー（宮之浦）☎09974・2・2000他六社、屋久島交通バス☎09974・6・2221

〈アクセス〉 鹿児島空港（飛行機40分）屋久島空港。鹿児島港北埠頭（高速艇トッピー2時間40分）宮之浦港。鹿児島港北埠頭（カーフェリー4時間）宮之浦港。▼屋久島のバス便＝宮之浦～永田（日五便）、宮之浦～栗生（日八便中二便は大川の滝）、合庁前～紀元杉（日二便、一二月～二月運休）、合庁前～荒川登山口（日二便、一二月～二月運休）、宮之浦～白谷雲水峡（日四便、一二月～二月運休）。

登山道脇にある万代杉の巨杉

モッチョム岩峰基部には岳参りの祠がある

《世界遺産の屋久島》 屋久島は平成五年十二月に、日本で最初の世界遺産として、広大なブナ林で有名な白神山地とともに登録された。国内では昭和三十九年に国立公園に指定され、昭和五十年、小楊子川流域の「花山」一帯が、花山学術参考林として、島でとくに自然の状態をよく維持しているため、原生自然環境保全地域に指定された。島は、海岸線から宮之浦岳山頂まで垂直の気温差が一二度。ちょうど日本列島を南から北まで縦断する水平の気温差になり、亜熱帯から冷温帯までの気候を合わせ持ち、植物の垂直分布を見ることができる。島の杉は樹齢千年以上を屋久杉、それ以下を小杉とよび、年輪が密な硬い杉で、普通の杉の六倍もの樹脂を含み、防腐効果が大きい。モミ、ツガなど針葉樹、ヤマグルマ、ヒメシャラなど広葉樹とともに天然混交林を形成している。全島世界遺産区域であるが、特別保護地区は宮之浦岳を中心とし、西は国割岳から海岸部まで、南はモッチョム岳、東は愛子岳山麓までを含む。後世に自然を残すために登山者も自然保護の立場を忘れないよう行動したい。

冬山を歩く

＊冬山コースを**9コース**案内しています。
＊山域の番号は本編の山域番号にそろえています（巻頭地図の山域番号ともそろえています）。

冬山に登るための準備と基礎知識

九州の冬山で一ヶ月ちかく雪が残る場所は、屋久島を除くとほとんどない。となると、登山者は降雪中か以後数日間、雪を求めて山に向うことになる。低山からアルプスまで雪山は色々あるが、雪があるということは美しさと厳しさが同居しているということでもある。

九州の雪山は初心者向とはいっても、好天で登った山と、悪天敗退した山では体験のしかたが違ってくる。冬山は悪天のもとで学ぶ事のほうが多い。装備、技術、食糧、知識、経験等数えればきりがない。初心者は実践を積もう。

冬の久住山は登山者の数は結構多い。久住分岐の避難小屋での登山者の会話が参考になる。「山頂への登山を試みたが風が強くて断念した」「今日は無理」等、聞こえてくる。装備を見ると、なるほど無理のようだ。まず絶対登るのだという全天候型ではないようだ。

冬は山全体で季節風が強いが、久住分岐前後一〇〇《メートル》ほどの区間は特に強い。

北西の風が容赦なく吹きつける（帰りが特に風をまともに受けて大変）。この登山グループには、いくつかの不備がある。地形的な強風域の経験がない。突風時の対風姿勢を知らない。防風衣類が完全でない。頑丈なピッケルが三角姿勢を固定するのだが、スキー用のストックのため体を預けるには不安。状況に応じて登山靴やアイゼンの力を借りることがない等々。

好天時、雪の深い星生崎で中年御夫婦がラーメンを作るべく、コッヘルに雪だけを詰めて水を作る準備をしていた。熱が底に集まらず困っていたので、まずコッヘルに水を入れて暖めてから、徐々に雪を入れるように教えてあげた。冬山知識は経験からである。

初心者が悪天候を選んで入山するのは危険である。山岳会など組織に入るとよい。色々と教えてくれる。それができねば少なくとも同行者に一人の経験者がいることで安全度も高くなる。

冬山登山の要素

①心構え　危険な冬山に登るという意識を高め、全力をつくす。

②道具　必然的に夏山道具と異なる。兼用は雨具とザック、スパッツ程度。冬山装備に金を惜しまないことだ。皮革靴、六本つめ以上のアイゼン、ダブルヤッケ、グローブ、目出帽、ゴーグル、ピッケル、ツェルト。

③計画　自分のレベルに合った山と時間設定、たとえば牧ノ戸～久住山往復、夏四時間なら冬六時間。

④衣類　新素材の下着上下、登山シャツとズボンはウール、上着にフリースで家を出る。登山口でフリースを脱ぎ、ダブルヤッケ上下を着る。以後暑ければ脱ぎ寒ければ着るとこまめに調節する。危険な時でも暖かければ落着ける。

私は若い時は必要以上の装備を持って入山したが、体力の落ちた現在、最高級品で冬の危険を避けている。命より大切なものはないと考え、暖をとることと食糧が九州冬山でも自分を安全に守る道具であることを認識しよう。

今回、写真取材のためすべて新たに入山した。特に冬山はその時の状況もふまえて案内している。

福岡県
山域8

脊振山《せふりさん》（1054・6m）

都市近郊に近く入山が容易。好天を利用しての山スキー、スノーシュー、ワカン、ピッケルなど雪上歩行技術を身につける登山に最適な山だ。

〔山域の魅力〕脊振山地は福岡県西部を東西方向に六〇キロにわたって連なる山地で、佐賀県と境をなしている。

山地は冬に季節風をまともに受けるため、寒気厳しく、海上から湿気を含んだ風が山地にぶつかり、多量の雪を降らせる。標高わずか一〇〇〇メートルだが侮ってはならない。標高三〇〇メートルあたりから雪積を見て、樹林帯では一〇日間も溶けることがなく、山頂近くでは五〇センチは超える。

雪は湿気が多くて重い。積雪量は地形により変わり、一〇センチも積もれば山地では行動に障害がでる。登山時間の超過、登山者自身の疲労等、進むことよりも退路を考える必要がある。

積雪が五〇センチを超えると仲間と連携したラッセルに終始する。歩行距離も短くなり脊振山往復も日帰りは不可能、テント持参となる。冬の幕営山行もまた面白い。本格的登山の基礎が学べる。

〔山道案内〕冬1

▽歩行時間＝四時間五五分
船越橋→林道→矢筈峠→脊振山（往復）
▽二万五千図＝脊振山

登山口の船越橋あたりで積雪があると、山頂一帯は多い場所では積雪五〇センチを超える。ラッセル泥棒（先頭のラッセルをあてにして、協力せず後ろからついて行く行為を表す山用語）ではないが、トレールを伝ってなら日帰りも出来る。

車谷コースに入り杉林に入る。天候がよく陽がさすと、雪が溶けて落ちるので雨具を着ける。車谷沿いに歩くと植林から常緑樹の緩斜面をトレールは続く。

季節風がやみ天候が回復に向う時は、汗も出てくる。林道へ出たら衣類調節をする。濡れるほど汗を出さないほうがよい。湿雪の場合はゴム手袋と薄手のウール手袋を重ねると濡れの心配はない。

橋から右上の登山道に入る。登りとなり谷を離れわずかな高みを乗越すと、右下に谷が現れる。谷の中に入ると積雪はぐんと増え、右に一本谷が出合う。

夏はキツネノカミソリがきれな場所で、雪は膝上となり、ラッセルの必要もなく、石を避けることもなく歩きやすい。さらに左から谷が出合うと行手の奥に青空がのぞく。

谷沿いに登ると雪の量もさらに増す。**矢筈峠**出口は夏場はロープがないと滑るが、雪は締り簡単に梯子に達し車道に出る。

車道も雪中の踏跡を歩く以外になく、展望台を右に見て除雪された車道を突切る。積雪はトレースされていても歩きずらい。木道は雪に埋もれ、わずかに手すりが見えるのみ。

水場へ出て駐車場から自衛隊正門前の

除雪道から、さらに右上の雪道を登ると**脊振山頂**に着く。休憩舎は扉が雪に埋もれていて動かない。山頂からの展望は雪のため新鮮だ。下山は夏場は椎原峠へ廻ってもよいが、雪道のときは往路を下る。

▽**参考コースタイム**＝船越橋（1時間）林道（1時間）矢筈峠（1時間10分）脊振山（30分）矢筈峠（45分）林道（30分）船越橋

＊山頂近く積雪50㌢、数日前の降雪で締まった雪でトレールあり。

〔**アドバイス**〕＊飲用の水場なし。テルモスに熱い飲物を準備する。深雪の場合下山に要する時間を考えて行動する。好天の場合、暗くなっても防寒着とヘッドランプがあれば雪にトレールがあるので道迷いの心配はなかろう。かえって歩きやすい。

＊中高年登山者は、冬山道具の最高級品が身を守ると考え、買い惜しみをしない。高い品物は軽い。万全な装備で荷を軽くすると行動が素早くできて、体力を維持するのに役立つ。

〔**問合せ先**〕前出39頁の項参照。

深雪の脊振山頂は避難所の戸が埋っている

車谷中の巨石を縫って歩いて行く

大分県
山域15

鶴見岳

つるみだけ（1374・5m）

朝日に輝く樹氷、午後の陽光を受けて光る別府と大分の市街、あくまでも青い別府湾。逆光、順光、斜光と七色に変化する展望を楽しむ山歩きができる。

〔山域の魅力〕鶴見岳の冬は霧氷や樹氷で知られている。この山は泉都別府の裏山的な存在でロープウェイがほぼ山頂近くまであり、誰でも手軽に雪と樹氷の世界を楽しむことができる。

しかし、山好きにとっては、山麓から雪を踏み締め刻々と変化する冬枯れの景色を眺めながら苦労して山頂に立ちたい。乗物で簡単に頂に立つのとは、達成感がちがう。

山頂の東に立てば、午後の陽を浴びて眼下に別府の市街から湾を囲む街並が白く輝き、濃紺の海と弧を描いて南へ続く景色が見える、観光客と登山者とが混在する山頂は、深雪、厳寒、不安定な足場等を考えると、観光と登山は一線を画す必要があるように思う。

〔山道案内〕冬2　▽歩行時間＝四時間五〇分
鳥居登山口→南平台分岐→鶴見岳ロープウェイ駅分岐→鶴見岳（往復）　▽二万五千図＝別府西部

鳥居登山口空地に駐車。コースは初心者向。冬支度をして鳥居をくぐる。車道歩きで御獄権現社に出て参道を登る。

社の最上段から左上し常緑樹の自然林を大きくジグザグに切る。鶴見岳南斜面は積雪一〇㌢は珍しい。陽が射せば一気に解ける。雪解け後の火山灰はよく滑るので注意。

尾根の台地に出るとベンチがある。樹林の一本道は、杉と落葉樹が混ざる。樹林が切れると荒れた林道に出る。

林道を突切って林に入るとベンチがある。寒気にやっと体が暖まると、**南平台分岐**に達し、道を右上へ取ると急斜となり、樹間から背後の展望が徐々に開ける。

本格的なジグザグの登りで、西側には南平台の草山が雪をかぶり白く輝き、由布岳が一段と険しく望まれる。次第に雪が深くなり、段差の高い石を乗越す。道は**ロープウェイ駅分岐**となり、駅方面に入る。広場手前で左上に折れて、レストラン脇から遊歩道に出る。

よく踏まれた雪道は滑るので注意。アイゼンを付けるほどではない。遊歩道が四方に走るなか、上手を目指して**山頂**に出る。周囲の樹氷の花が太陽に輝く晴天時は最高だ。

下山は東端の展望台へ出て別府市街と湾を眺めながら灌木帯から往路に出て下る。

▽**参考コースタイム**　鳥居登山口（30分）権現社（40分）南平台分岐（1時間40分）ロープウェイ駅分岐（10分）鶴見岳（1時間）南平台分岐（30分）権現社（20分）鳥居登山口

＊雪の量とトレールの有無により時間に差がある。

〔アドバイス〕＊飲用水は権現社境内のみ。テルモスに熱い飲物を入れて持つ。＊上部ほど急斜なので一応アイゼン、ピッケルは持参したほうがよい。ピッケルは杖にもなる。初心者の山とはいえ、冬山用衣類は完璧に（防寒、防風、濡れ対策も）。

〔問合せ先〕前出74頁の項参照。

予想以上の積雪に、冬山気分を味わう

本宮後手より登山道に入り雪道を登る

左手に雪を付けた由布岳を見る

鶴見岳は樹氷がよく知られ、眺めもよい

大分県
山域 16

由布岳東の岳

ゆふだけひがしのたけ（1580m）

障子戸の岩壁、お鉢めぐりの岩稜、剣ヶ峰直下の岩場は悪天候時や積雪で魔の山に変貌する怖さをもっている。完全装備と好天を利用してアルペン的な雪山登山を楽しもう。

〔山域の魅力〕 由布岳正面登山口、東登山口とも整備され夏場は人気が高い。しかし、西の岳のやせた稜や障子戸、東登山道剣ヶ峰直下の岩場、お鉢めぐりの岩稜など、峻険な山容のため、冬の悪天による積雪、凍結で雪壁・氷壁、アイスバーンが稜や岩場に出現し、本州中央の山に引けを取らぬ難場となることもある。

そのような場面に未経験で技術未熟な登山者が遭遇すると事故が起こる。由布岳は冬の悪天で魔の山に変貌するに十分な地形の山である。決して侮ってはいけない。そのような山で登頂可能な東の岳では装備を十分にすれば深雪時や好天を利用しての雪山登山が堪能できる。

〔山道案内〕 **冬3**

▽歩行時間＝5時間10分
正面登山口→合野越→またえ→東の岳（往復）
▽二万五千図＝別府西部

由布岳が深雪時は、登山口休憩舎周辺は雪がガチガチに氷るので転倒に注意。

夏場のカヤ野は冬場は雪一色。山麓の樹林目指してゆっくり進む。左にいもりヶ城、右に雪原のむこうに白一色の鶴見岳が青空にまぶしい。行手の由布岳の姿は天を突いて一段と厳しい。一歩一歩確実に歩を進めて牧柵前に立つ。

冬枯れの森に入り、山肌のわずかな窪地に夏道を探し、雪の中から登山道を掘出すように選んで歩く。いもりヶ城との谷沿いとなり、左に大きく曲がりジグザグを切って**合野越**の裸地に着く。

由布岳南斜面の急登が始まる。大きくジグザグを切る道は、わずかなマツ、アセビの他は葉を付けず、折からの風で粉雪をちらす。

樹林を抜ける前に強風と寒気を予想し、ダブルヤッケの上下で臨む。ザックが密着する背は汗も出るが、手・足・顔は冷たい。体は小まめに衣類を調節しながら寒さに対応する。冬は一度冷えてしまうとなかなか体温が回復しないものだ。

林が灌木となり、灌木の小枝にまで雪が付くころ笹帯となり、あたりの展望が開ける。湯布院盆地の家並の白が目立つ。

しばらく、道のジグザグは小刻みとなり急斜となる。石段混じりの道はぐっと雪積が深まる。西の岳を舞った雪が吹溜っている。風下で風の弱いなかでラッセル。両側に岩が目立ってくると、再度強風が吹く。またえ直下で防風対策。斜面が堅いので12本爪アイゼンを装着、ピッケルバンドのリングは手首に通して装備万端。

またえへ飛び出す。岩にエビノシッポ

がびっしり付いている。エビノシッポで風向を知る。防風対策は風を背に三角形を作ってピッケルで体を支える。

　岩をぬってジワジワと登る。風下は急斜面なので特に飛ばされないように注意。バランスを保って**山頂**へ。好天時は時間のゆるす限り山頂で過ごす。悪天時はトンボ返りでまたえまで戻る。以後下山する。

▽**参考コースタイム**＝由布岳正面登山口（15分）牧柵入口（40分）合野越（1時間50分）またえ（20分）由布岳東の岳（10分）またえ（1時間20分）合野越（25分）牧柵入口（10分）由布岳正面登山口

部分的に数日前のラッセル跡が残る。

〔アドバイス〕＊飲み物は熱いものをテルモスに入れて用意。晴天でも西高東低の気圧配置で風が強いので防風防寒対策は充分に。またえから上部は出歯アイゼンが必要となる事が多い。歩行中は足場を読み、悪天強風時は歩行中に身の置場を読んで、なるだけ休む場合も風に身をさらさないよう岩かげを利用する。＊食べ物は乾燥果実、パン、おにぎりなど立ったままでも食べられる食品が便利。

〔問合せ先〕前出78頁の項参照。

夏の採草地から牧野のゲートを越える

天時に右に東の岳・左に剣ヶ峰を障子戸から眺める

登山道から湯布院の街が見える

大分県
山域18

九重山群

星生山《ほっしょうざん》（１７６８ｍ）　天狗ヶ城《てんぐがじょう》（１７８０ｍ）
中岳《なかたけ》（１７９１ｍ）　稲星山《いなほしやま》（１７７４ｍ）
久住山《くじゅうさん》（１７８６・８ｍ）

九重山群は九州冬山のゲレンデとなる。好天を利用して五山を連続登山することで、冬登山の要素を学ぶことができる。中級者は深雪、厳冬期にさらに多くの技術と経験を積もう。

〔山域の魅力〕九重山群の冬山登山は、地形と降雪量から北西側がよい。標高を考えアプローチの便利さから牧ノ戸峠、続いて大曲り、長者原の順。南面はどうしても条件が悪い。

　低気圧が発達して大平洋を東進すると、気温が下がり、北西からの季節風が強く山は雪が降る。3月上旬、列島南岸を低気圧が通ると寒気を呼び、冬山を楽しむ登山者の雪祭りが始まる。

　深雪は星生、久住、天狗、中岳、稲星の西北斜面とその吹溜りで見られる。仲間と交代で雪をかき押さえつける。ラッセルは大変だ。

　久住山や中岳までは一本の踏分けが通るが、他の山々が容易でない。装備は足元から頭まで完全装備でのぞむ。メインルートはアイゼンよりピッケル、バリエーションルートではアイゼンも役立つ。星生山、天狗ヶ城東面、中岳南面は補助ザイルが必要なこともある。

〔山道案内〕 冬4

▽歩行時間＝七時間五〇分

牧ノ戸峠→扇ヶ鼻分岐→星生山分岐→星生山→星生崎→久住分岐→天狗ヶ城→中岳→白口谷分岐→稲星山→南登山口分岐→久住山→久住分岐→牧ノ戸峠

▽二万五千図＝湯坪、大船山、久住山、久住

　登山届は必ず記入する。すぐ沓掛斜面へ登りとなり、灌木帯を過ぎあずま屋を左に見て右上へ折れ、さらに左上の木段から山頂西の肩に出る。

　岩塊の右から尾根に上り東進すると、沓掛山頂に至り、右巻き急下降で平地に出てほぼ直進する。左にカラマツ林を見て、道脇のアセビが雪の衣をまとって積雪の多さを示している。灌木に付いた雪のトンネルを過ぎ、台地へ上りさらに次の台地を過ぎると**扇ヶ鼻分岐**に着く。

　久住山は右に緩く曲ってトレースされているが、星生山へは正面の丘を越える。星生山方面は不完全な足跡がわずかにあるのみ。ラッセルをしながら丘を越える。窪地は夏の湿地の場所。

　かまわず横切って**星生西端の尾根**を目指す。体の前面は雪まみれになり尾根上へ。やせた尾根を南斜面に注意して越え

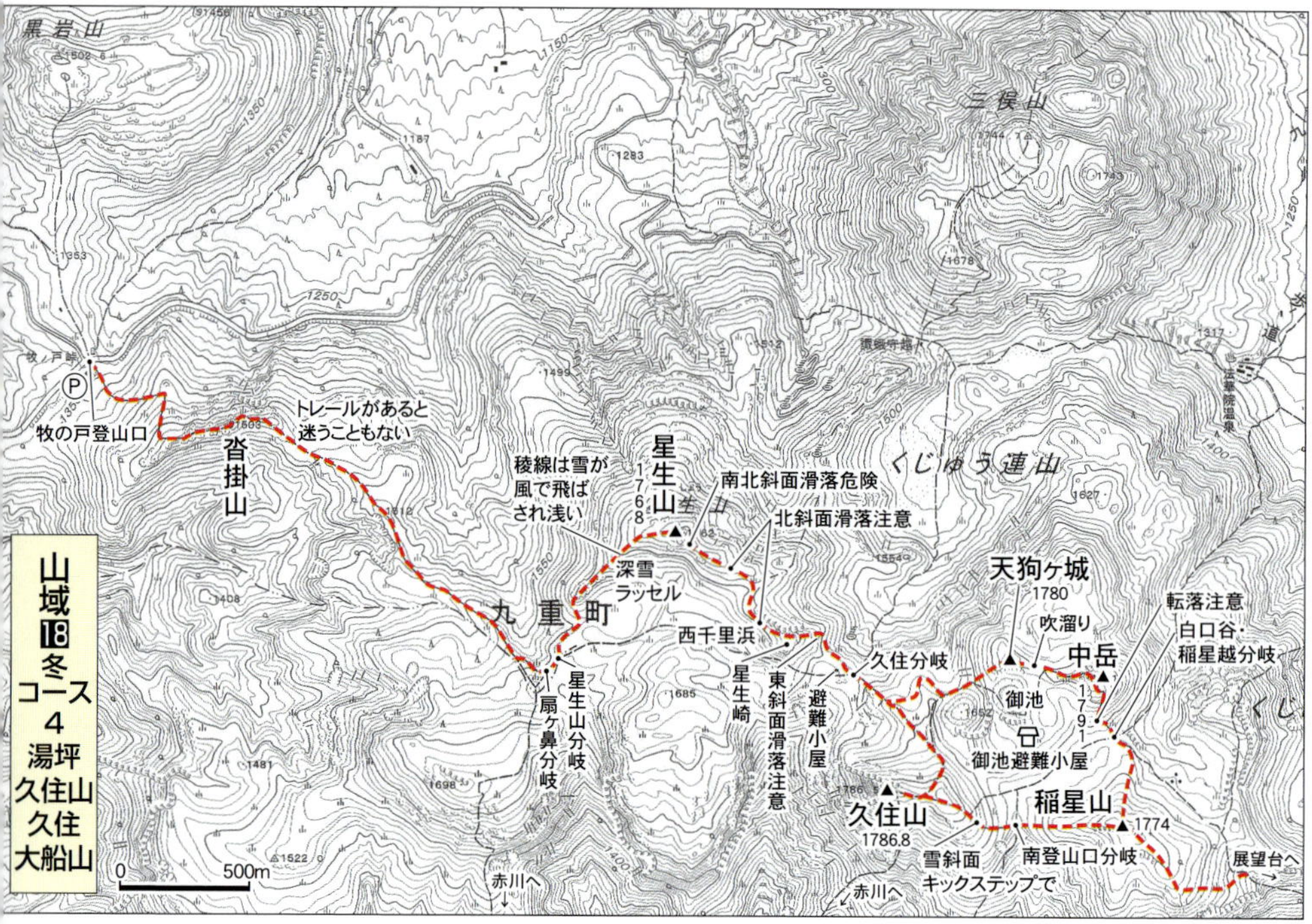

ると幅が広がる。雪は風で飛ばされ歩きやすい。常に左側から風が吹く。

　星生山から北は硫黄山の噴気が空高く舞上る。山頂から東は夏場は巨石がブロック状を成し歩きずらいだけだが、冬は空間に雪が吹溜り東西急斜の雪面となり、締まると滑落の危険度が高くなる。おまけに途中に石が点在する。

　滑落跡には血の道が出来ると聞く。遭難現場の様子だ。滑落を止めようと爪まではがして必死で頑張る。途中の岩で頭を打ち出血、滑落跡に血の道ができることになる。悲惨な遭難現場である。

冬山ではストックは生死を分ける場面では使えない。バランスをとる程度の役にしか立たない。ピッケルはシャフトが頑丈でブレード、ピック、スピッツがあり命を託することができる。役立つのは長めのもので杖だと思って使うとよい。

　リッジを下ると幅広尾根、さらに岩稜に出て**星生崎**に達する。ここも東斜面が避難小屋まで落ちている。ピッケル確保とキックステップでジグザグに下る。ここも滑落注意の場所だ。

牧ノ戸登山口の標識と背後は沓掛山

久住分岐から真東に直進、空池の縁に出て**天狗ヶ城**斜面に取り付き山頂へ。御池は完全結氷だ。天狗東斜面も注意すべき場所だ。アイゼン装着時は左の岩下を巻いてもよいが、ピッケルとアイゼンワークが必要。ザイルがあればなおよい。ない場合は夏道を慎重に下るしかない。**中岳**へは深雪時は巨石をぬって直上するのが早い。頂から南に下るとほぼ崖となった場所があり、窪地に体を預けて転滑落を防ぐ。**白口谷分岐**から稲星斜面の登りとなり、砂地にわずかな残雪を見る。**稲星山頂**南面は深雪時も雪はほとんどなく赤茶けた地肌をさらしている。

最後に久住山に向う。稲星山の稜線を西に下ると、**南登山口分岐**で深雪となり、久住山の東のピークまで高低差九〇メートル。すっきりした雪面をキックステップで一歩一歩登っていく。

太陽も西に傾き、逆光の中で**久住山頂**が姿を現し、一息入れたら山頂を後にする。よく踏まれた雪面は好天時は午後の陽を浴びて、クサレ雪となり、久住分岐は黒土も出ているだろう。

星生崎からの下り道、眼下に避難小屋を望む。ノーアイゼンは危険

星生崎から正面に久住山を望む

〈上〉正面右が目指す中岳。左は大船山
〈右〉見事に結氷した御池と奥は稲星山

避難小屋からわずかに登り、安山岩のブロック帯を横切り、西千里ヶ浜に出る。半ば自然破壊の手助けとなっている幾つもの石捨場を見て、**星生山分岐**に着く。往路をたどり牧ノ戸峠に下山する。

▽**参考コースタイム**＝牧ノ戸峠（2時間30分）星生山（1時間）久住分岐（30分）天狗ヶ城（20分）中岳（30分）稲星山（1時間）久住山（2時間）牧ノ戸峠　＊星生山と中岳から久住山まで踏跡わずか。＝新雪でトレールなしのときは四～五名のグループでのラッセルでないと日帰りはむずかしいだろう。

〔アドバイス〕＊暖かい飲物を入れたテルモス二本は必要。雪山初心者は好天時、久住山か中岳の往復が賢明だろう。雪山行動中は雪上以外に座る場所はないと考え、食糧は立食いができるものを準備する。縦走用のピッケルは長めのものがよい。手でブレードを握り、先が土につかない程度。杖と思えばよい。靴は皮製の重登山靴が、雪上ではキックステップその他で役に立つ。アイゼンは六本、一〇本爪。雪山登山を目指す人は、夏冬兼用は考えず、冬用の最高級品を選ぶ。＊危険を感じたらすぐ引返す。

〔問合せ先〕前出83頁の項参照。

大分県

山域18

九重山群　星生山《ほっしょうざん》（1768m）

九州の冬山からステップアップして本格的な岩雪の日本アルプスや、高度障害を克服して氷河を戴く海外の山々を目指すためのゲレンデコースの一つ。

〔山域の魅力〕登山は体力気力のみでなく、あらゆる経験と知識を必要とする総合的なスポーツである。

冬期九重山群登山は、北西に位置する山の、北西斜面に一番魅力を感じる。北西の季節風を受け、風雪・寒気が強く、積雪も多い。冬山の経験豊富な登山家の世界である。

さらに重要な要素は装備である。体力が優れても装備が貧弱では通用しない。道具を使いこなし、適否を見極めることも必要である。

アルプスの冬山を目指すトレーニングの場所として、星生新道は最適。ルートファインデング、急斜のラッセル、植物生育限界を越えた世界を想定した防風・防寒対策、荒れる稜線での行動、三〇〇〇㍍を予測した訓練の場所として適している。

好天を利用した深雪の行動から、徐々に難度を上げる。しかし、アルプスなど冬山経験者の指導のもとでの入山が必須である。

〔山道案内〕 **冬5**

▽**歩行時間＝五時間二〇分**

大曲り→一四九九㍍台地→岩塊→星生山→星生崎→久住分岐→千里浜→すがもり越→大曲り▽二万五千図＝湯坪、久住山

大曲りの駐車スペースは大雪時には進入のためにスコップを持参。カーブから一〇〇㍍の牧ノ戸側から尾根を見ると、目印の杉が一本立っている。

もちろんトレールなし。雪の急斜のラッセルは、ピッケル、ストック、ワカ

星生新道登山口には杉が目印に立つ

ンなど工夫する。高低差一〇〇メートルも登るとわずかな緩斜で一息ついて、再度の急斜で広い雪原に出る。

灌木帯を抜けると風が強い。左前方に岩塊が現れ、ここが標高**一四九九メートル地点**だ。行手上部に**三つの岩塊**があり中央を目指す。

広い雪原の左から中央に出て、直上すると傾斜も強くなり、左に三俣山、右背後に沓掛山を見ながら登る。岩塊直下で、あまり岩の基部に近づきすぎると、吹溜りは身動きがとれなくなる。三メートルは右にコースを取り、抜けたら岩上へと廻り込む。南東方向に直上して星生山から西に下る尾根に登り着く。尾根は風に飛ばされ雪は浅く、無雪期には岩屑を盛り上げた目印が見える。

上手の台地に登ると雪の平原が現れる

目標の山頂近くの熔岩からダイヤモンドが輝く

星生山の東の肩まではこのような岩場を下る。転落に注意

すがもり越の避難所は冬の休憩には厳しい

風を左に受けて雪が飛ばされた斜面から**星生山頂**へ達する。星生山から久住分岐までは冬コース4参照。**久住分岐**は悪天時には風が強い。避難小屋で一息ついて分岐へ出る。**千里浜**への急下降はアイゼンがあれば安心だ。なければピッケルとキックステップで下降する。グリセードは斜面に岩が出ているので危険。滑落事故になりかねない。

大岩が点在し、山が迫ると巨石をぬって千里浜へ出る。ガスが濃いと方向が取れない。磁石で真北へ進む。以前、冬期に濃霧の中、深雪ですがもり越に辿り着けず、多量避難を出した場所だ。すがもり越避難所の鐘はそのような事故を二度と起こさぬようにと、遺族から贈られたものだ。

北に進み三俣山の南斜面に出ると左上し、**すがもり越**の避難所へ出る。この場所は悪天時や冬型の西高東低時は風の通り道なので硫黄川までの下りは方向に注意して下る。

鉱山道に出ると安心。あとは車道歩きで坊原西端でカーブする車道と別れて直進すると、登山道から**大曲り**に下山する。

▽**参考コースタイム**　大曲り登山口（1時間）緩斜地（40分）一四九九メートル地点（1時間）岩塊上（30分）星生山（40分）星生崎（10分）久住分岐（40分）すがもり越（40分）大曲り　＊雪の量により、コースタイムは異なる。

〔アドバイス〕　＊飲み物は熱いものをテルモスで持参。コース初回から悪天候時での入山はしない。必ず好天利用で数回の経験を積んで、複数のパーティを組んで登る。特に衣類は完全な防寒・防水とする。地図、磁石、計画書を必ず用意する。星生山頂から久住分岐までは深雪時は特に危険なのでエスケープも考えておく。千里浜のホワイトアウト時の行動にも要注意。

〔問合せ先〕　前出83頁の項参照。

熊本県
山域22

阿蘇山　高岳《たかだけ》（1592・4m）　中岳《なかだけ》（1506m）

九州の岳人は阿蘇で育ち阿蘇へ帰る。山容は峻険で荒々しく地表は露出している。登山者は気象の変化をまともに受けて悪天候時は避ける場所がない。積雪によりまったく異質な山となる。

〔山域の魅力〕九州の岳人は阿蘇で育ち阿蘇へ帰ると言われたほど、四季をとわず訪れ技術を磨き世界の山へと羽ばたいていった。

日本登山史を繙いてみると、まず高岳北稜に始まり、北壁が終わると冬期の壁へと移り、昭和一一年頃ルート開拓の終わりを告げる。阿蘇を選んだ先達の山への注目度がうかがわれる。

岩壁を張り巡らした山体は、岩場を越えなければ登頂も下山もできないという複雑な地形は、植物がきわめて少ないために気象変化を直接受け、環境の変化が激しい。それら諸々に対応する能力を必要とする。

冬期は特に気象変化が激しく、多くの知識・技術・経験が行動を左右する。夏のメインルート仙酔尾根も、積雪・凍結場所が現れ、雪質も強風で固められ、ピッケル、アイゼン技術も本場ものでないと役に立たない。

〔山道案内〕冬6

▽**歩行時間＝四時間三〇分**

仙酔峡登山口→鷲見平→中間点→大鍋稜線→高岳→中岳→火口東駅→仙酔峡登山口

▽**二万五千図＝阿蘇山**

重登山靴にダブルヤッケ上下、目出帽、サングラス、グローブにピッケルなどは必携だ。アイゼンは中間点から上が役立つ。駐車場公衆電話横に登山届用紙がある。

花酔橋を渡って**鷲見平**へ出る。左下へは鷲ヶ峰方面、仙酔尾根は高岳稜線中央へ上る。雪を踏んで尾根の東へ出てしばらくで行手が開け、尾根の中央を登る。

角礫岩はデコボコとして歩きにくい。樹木がないので風をまともに受けて寒いので、皮膚を露出させない。歩き続けるうちに次第に高度が上り体も暖かくなる。

ペンキの目印は積雪で消えているので、過去の経験や行手の地形でルートの判断をして登る。一時間強で**中間点**に達し、展望は開け雪の量は増える。

花酔橋上から凍った滝を見る

山域㉒冬コース6 阿蘇山

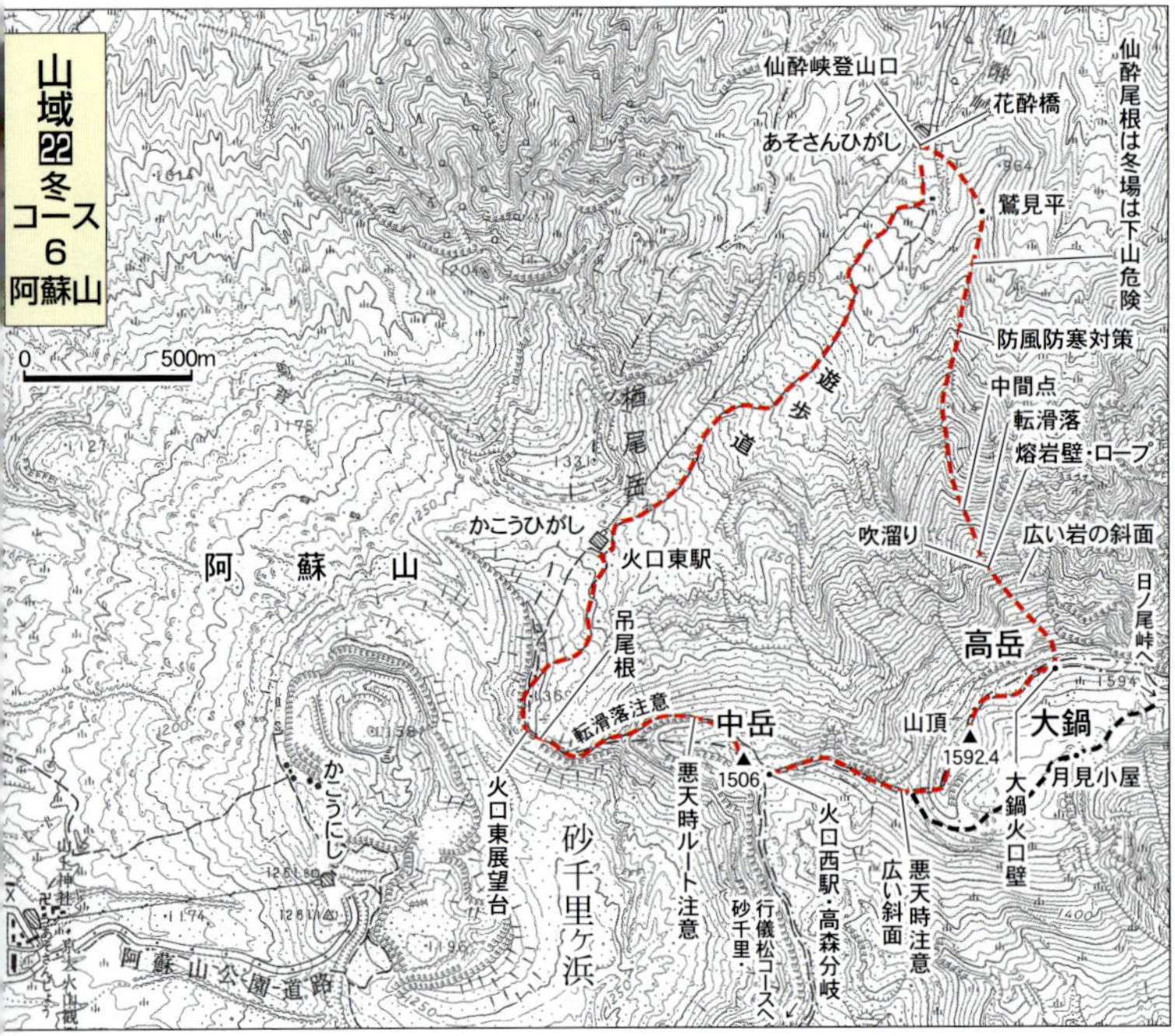

さらに登ると尾根の左右は傾斜が立ち、雪の斜面は転滑落の危険さえ感じる。正面に熔岩壁が迫り、西高東低の冬型気圧配置の時は常に風が吹き、強風でバランスを崩すことさえある。

岩壁帯の数十㍍手前は必ず吹溜りとなり、新雪時は雪面が不安定になる。無風時は右に岩稜を登る。岩と雪の境は雪が粗く首までもぐることもある。雪面が堅い場合、ピッケルとカッティングで越えるが、ここらでアイゼンを付ける。

吹溜りを越えると壁下に達し、乗越にはフィックスロープがある。岩を乗越し広い岩の斜面に出て、短くジグザグを切って真上へ登る。右は崖となり危険。

晴天の翌日は溶けた雪が氷りアイスバーンの個所もある。雪は風で飛ばされていて少ない。行手要所に棒が立ちコースを示している。

斜面が緩み礫や砂地となるが、相変わらずのジ

ガスが湧く中岳へ突風を受けて進む

大鍋火口壁にはエビノシッポが岩をおおう

グザグ道で低い壁下に出る。わずか左を乗越して一〇㍍も直上すると、**大鍋火口壁**に飛び出す。火口底南側には月見小屋と呼ばれる避難小屋がある。

高岳は右の道を取る。道脇の岩に付くエビノシッポで風雪の強さを知り、岩の散在する**高岳山頂**へ立つ。左下の風下で一息ついたら出発だ。

頂から五〇㍍ほど南に取り、右下の広い石屑の斜面をジグザグを切って進む。月見小屋・大鍋分岐の目印を見て、中岳との稜線へと西進する。稜の南を辿ると中岳火口西からと高森方面からの登山道が出合う。

雪は飛ばされてほとんどなく、正面にわずかで**中岳山頂**の標柱が立つ。ここから火口東展望台までは雪が多いとルートが不明瞭になる。道を右手に取り稜を西進、案内板から稜の右手を伝い、行手が崖となる手前で右折、さらに左折して下る。

左上が崖になると、基部の急下降で吊尾根に出る。登り返して火口東展望台へ達する。以後遊歩道となり、仙酔峡**ロープウェイ東駅**に着く。

駅手前の遊歩道に入り、高岳鷲ヶ峰方面を眺めながら仙酔峡へと下山する。

▽**参考コースタイム**＝仙酔峡登山口（1時間10分）中間点（20分）岩壁下（10分）大鍋火口壁（10分）高岳（20分）中岳（40分）火口東駅（40分）仙酔峡登山口

〔アドバイス〕＊飲み物は熱いものをテルモスに準備。好天時以外、行動食とする。中間点から大鍋火口壁までは慎重に行動する。雪と氷の世界となる日もある。特に高岳直下の斜面では悪天時に正面から風が吹くので道迷いに注意。＊中岳から吊尾根への下降ルートは積雪が多いときは道迷いに注意。

〔問合せ先〕前出127頁の項参照。

中岳東展望台から雪を付けた中岳を望む

火口東駅近くから仙酔尾根と、鷲ヶ峰の岩峰の眺め

熊本県

山域22

阿蘇山　杵島岳《きしまだけ》（1326m）

ホワイトアウト時は要注意だが、視界があれば避難路は数ヶ所ある。深雪でも安心して雪遊びが楽しめる山だ。

〔山域の魅力〕杵島岳登山は初心者向。しかし冬は侮ってはいけない。登山口は東から古坊中、西は草千里駐車場、草千里展望台の三ヶ所からである。登山口は阿蘇駅から阿蘇山上行定期バスの停留所で、自家用車の駐車場もあり入山に便利である。

阿蘇の杵島岳といえども冬場の豪雪では吹溜りが、雪積一㍍を超える場所もあり、はまると身動きできない。帰路が断たれ、ガスが発生すると一面白一色。踏跡のない場所では方向すらなくすおそれがある。

深雪のラッセルには苦労するので、複数のグループ登山が安全だ。夏山と同じコースでも、トレースのある、なしで夏の倍も時間を要する。

〔山道案内〕冬7

▽歩行時間＝四時間

草千里展望台→杵島岳→火口右廻り→杵島岳→第三火口分岐→古坊中→草千里展望台

▽二万五千図＝阿蘇山

登山口は草千里展望台の駐車場。今日は晴天だが風が強く寒く感じる。下着上下にズボン、登山シャツ、ダブルヤッケ上下、重登山靴に靴下二枚、グローブ、目出帽、ゴーグル、ピッケルで食糧はパン、チクワ、コーヒーだ。

杵島岳を北に見て車道を六〇〇㍍ほど引き返し、古坊中から杵島岳への遊歩道接点から入る。車道は除雪されているが、雪積二〇㌢では長くは歩けない。雪山歩きはゆっくり、休まず、体を冷やさずが原則。

車道を離れて北から東へ曲ると、道は雪解け水が氷り、風上は雪が飛ばされ、氷がまるだしでよく滑る。

北側が高くなると、風下は吹降しの風吹溜りを作り、右左と避けて歩くが、避けた場所が牛道で窪地は雪溜りとなっていて容易に進めない。慌てず確実に歩くと、道はコンクリート段となり、雪は風で飛ばされ浅い斜面となっている。

ここは直接、体に風を受けて、体を風が襲う。手、足、鼻が冷たい。**杵島岳山頂**は裂風が吹荒れている。山頂火口を右から廻る。

道脇の堅い場所を選んで歩くと、時折膝上まで雪にもぐる。**火口北壁**はシユカブラが綺麗だ。風に向って西進すると、風と吹溜りとの戦いとなり、風で出来た雪の造形を楽しめる。

西壁へ出て南に方向が変ると、荒れる烏帽子岳が正面に見え、風の後押しでわずかに楽になる。山頂に出て南に向かい東へ三〇度方向へぐんぐん下ると、積雪が増し身体埋没。遊歩道へ雪中を泳ぎながらころげ落ちる。

雪が五㌢となり右がベンチ、左が杵島岳**第三火口分岐**から展望台へ。遊歩道を**古坊中**へ下り車道脇へ。遊歩道を取るべきところで雪の少ない車道へ出て振出しに戻る。

▽**参考コースタイム**＝草千里展望台（1時間30分）火口一周（40分）（20分）第三火口分岐（50分）古坊中（40分）草千里展望台＊深雪トレースなし。天候や雪の状況次第でコースタイムは変わる。

〔**アドバイス**〕＊飲物は熱いものをテルモス等保温性の高い容器で持参。アルコール飲料は雪山に不適。＊人の生活場所に近くても悪天候の場合、霧の発生時は登山は中止する。初心者は深雪晴天時を捉えて登山する。

〔**問合せ先**〕阿蘇市一の宮支所☎0967・22・3111。南阿蘇村長陽支所☎0967・67・1111

広い斜面の山頂は標柱で頂を知る

杵島岳の山頂火口は雪斜面だ

天候回復で高岳・中岳がよく見える

宮崎県

山域19

祖母山群

三尖《みつとぎり》（1474m）　黒岳《くろたけ》（1578m）
親父山《おやじやま》（1644m）　障子岳《しょうじだけ》（1703m）

九州脊梁《せきりょう》山地は、地形、植生、天候も複雑で降雪による障害が多く登山は困難となる。充分な冬山経験者の世界だ。しかし、悪戦苦闘で登りつめたあとは達成感が大きい。

〔山域の魅力〕 上野川上流「くちゃ谷」源流は三尖、黒岳、親父山など標高一五〇〇《メートル》前後の山が並んでいる。登山者にとって知名度は低い。だからこそ好奇心の強い人にとって興味の湧く山域である。

近くに竜が岩、四季見原など響のよい地名もある。三尖から黒岳、親父山の稜線はクマザサ密生地で、なかなか山頂を極めるのは困難であったが、近年稜線のクマザサが刈られ、あるていど容易に通れるようになった。

三尖のやせた稜からの展望が開けている。南に黒々と岩壁を従えた黒岳、樹木に覆われ特徴のない親父山（実は親父とは熊のこと）。これらの山は自然豊かで、展望良好、新緑・紅葉・樹氷・シャクナゲやツツジ類も目立ち話題の多い場所で、黒岳には北面に、祖母登山の基地北谷からの登山道も開けている。

冬の稜線縦走は登山者が少ない分気合いが入る。この三山に障子岳を加えて登る。

〔山道案内〕 **冬8**

▽歩行時間＝六時間

しきみ橋→切分出合→三尖→黒岳→親父山→障子岳→親父山→親父山登山口→しきみ橋

▽二万五千図＝祖母山

国道325号で上野の竜泉寺から四季見原方面、林道しきみ橋が登山口。

くちゃ谷を上流へ向う短い林道は親父山登山口へむかう。橋の西側空地に駐車。三尖登山口は正面の尾根と西に涸谷を挟んだ尾根にありどちらも時間に差はなく、赤テープの目印がある。

橋脇の尾根はクマザサが茂る幅広尾根で、笹帯は一本の切分けがあり、植林の中ではかすかな踏跡を見落とさないように注意。常に左手に浅い涸谷がある。

右手樹間から親父山方面を眺め、北から西に尾根が曲がると、左尾根からの**切分け道**が出合う。雪も見られるようになり小さなピークに出る。北方向に三尖、

＊本書103頁の山域⑲は大分県ですが、この山群は宮崎県内にあるため冬コース編では宮崎県と表示しています。

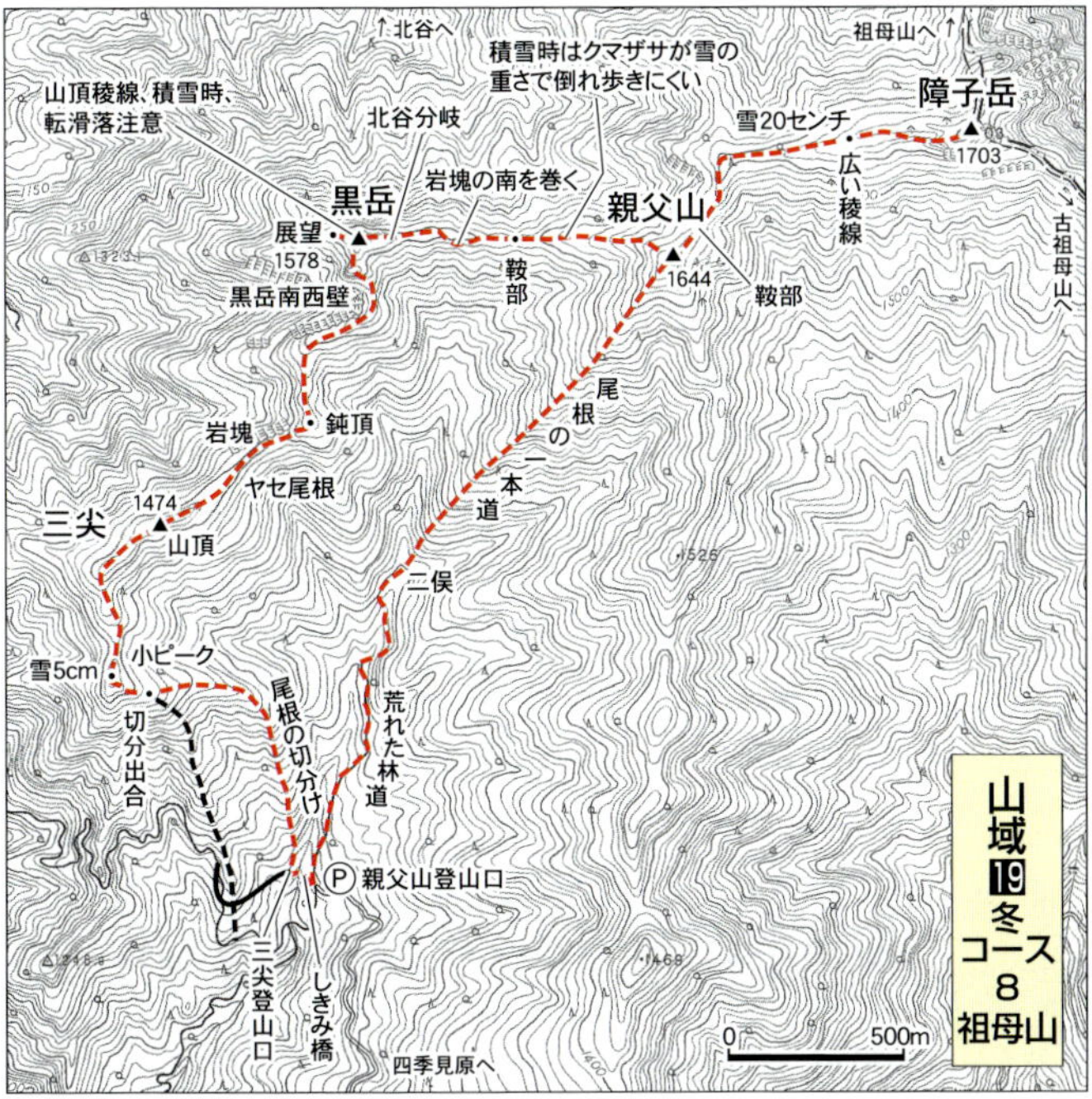

その右に黒岳、親父山と並んでいる。ゆるく下り、登り返すと稜は東に折れて、雪は五㌢ほどとなり、すぐ**三尖の頂**を示す小さな標札がある。

黒岳を目指す稜は一本道で迷うことはない。やせた稜線は東西面とも急斜だが、クマザサのため心配はない。二～三の岩塊を越えると、左下に急崖を見て、黒岳手前の鈍頂へ達する。北へわずかに下り登り返すと、行手には黒岳の南西壁とでも呼ぼうか、雪を付けない壁が迫る。

ここは大谷川、よせ谷源頭である。稜は壁沿いに半月の弧を描き、山頂を正面に見て立木をつかんで肩に出る。北へわずかに登ると狭い**黒岳の頂**に飛び出る。西側一〇メートルと東側一〇メートルにそれぞれ樹木の切れ間があり展望が開ける。

あたりは夏はツツジやシャクナゲの花も見られる。稜線は、降雪後はクマザサに雪が乗るので雨具なしでは歩けない。アイゼンを付けると木の根、クマザサが邪魔をして、バランスを崩す原因をつくる。

東を目指すやせ尾根は二ヶ所、岩の突端を数メートル下降するので慎重に。ザ

黒岳手前の稜から黒岳南西壁の眺め

クマササがわずかに生える二次林の尾根を登る

イルを使うことはない。左に北谷への分岐を見て、岩塊が現れると右下へロープで下り、巻いて東へ出ると稜も幅を広げる。雪の重みで道を覆ったクマザサは通るのに厄介だ。

鞍部を過ぎて登りとなると、ブナの巨木が茂る広い斜面から**親父山**登山道に出る。すぐ左上が**山頂**だ。東に障子岳、古祖母山が、北に樹間から祖母山が望まれる。

親父山から道を北へとり、深雪のなか急下降すると、左下あわせ谷側に滑らないよう注意して鞍部に立つ。登り返すと広い稜となり東へわずかに登り、傾斜が出ると東西に細長い**障子岳の頂**に出る。

親父山まで戻り、右に黒岳分岐を見送り、**尾根通しの一本道**を下る。右手樹間から黒岳、三尖を眺め、シャクナゲが現れると高度が下がり、くされ雪となる。

左の谷から瀬音が聞こえると谷二俣に出る。右側を歩き再度谷へ出て左に渡ると、荒れた林道に達する。六〇〇㍍も歩くと出発点に下山する。

▽**参考コースタイム**＝しきみ橋（1時間）切分出合（30分）三尖（1時間10分）黒岳（50分）親父山（30分）障子岳（30分）親父山（1時間20分）親父山登山口（10分）しきみ橋　＊一二名パーティで交互にラッセルした時間。メンバー数でラッセル時間は多少変ることがある。

〔アドバイス〕＊飲みものは熱いものがよい。テルモス二本は必要だろう。ヤブ山には一本の踏分け、切分けがあるので道迷いはないと思うが、クマザサが埋まり雪面となれば、地図と磁石がないと方向が取れない。悪天候時はホワイトアウトにもなりかねない。＊少人数の場合深入すると退路を断たれることもあるので注意する。＊ピッケル、ツエルト必携。アイゼンも持参（ワカンは一考）。スノーシューは邪魔。雨具は必要。行動食が便利（非常食も）。

〔問合せ先〕高千穂町役場☎0982・72・3181。宮崎交通高千穂営業所☎0982・72・4133。宮交タクシー☎0982・72・2121

親父山から障子岳にかけてブナ林の雪道が続く

狭い黒岳山頂は北を除いて展望が開ける

鹿児島県

山域31

韓国岳《からくにだけ》（1700m）　獅子戸岳《ししこだけ》（1429m）
新燃岳《しんもえだけ》（1420・8m）　中岳《なかだけ》（1332・4m）

美しい山容を集めた霧島火山群は冠雪によってさらに輝く。韓国岳から眺めた高千穂峰、結氷した大浪池や火口を眺めながらの雪山歩きは楽しい。

〔山域の魅力〕冬期霧島縦走は地元の人以外なかなかチャンスに恵まれない。積雪の状況がつかめないからである。強い冬型の気圧配置のときに出掛けると、えびの高原、韓国岳は真白。韓国岳頂上に立つと南は冬枯れ一色。雪はあっても好天では、水分を含んだ雪は雨具まで濡らす状況だ。

大浪池が凍結して高千穂峰まで白く続く時期は、桜島着雪のニュースが目安となる。韓国岳西斜面が雪が深く、南東斜面は獅子戸岳までの間、ラッセルが厄介だ。

琵琶池南斜面から獅子戸の北斜面の灌木帯は付着した雪で体が濡れるので、雨具とスパッツが必携である。

冬期霧島登山は、グレードが高く登山者は少ない。トレールを当てにして行くと、韓国岳から引返す人が多く、自力登山となる。寒気は九重方面ほどではなく、装備、時間が充分なら挑戦するとよい。ただし単独行はお勧めできない。

〔山道案内〕冬9

▽歩行時間＝七時間

えびの高原→韓国岳→獅子戸岳→新湯分岐→新燃岳→湯之野分岐→中岳→高千穂河原　▽二万五千図＝韓国岳、日向小林、高千穂峰、霧島温泉

硫黄山登山口に駐車。石段の登りで硫黄山分岐へ。道を南にとり、正面に目指す韓国岳の大きな火口瀬を見る。樹林帯となり涸谷を突切ると登りとなる。

えびの硫黄山登山口を発つ

夏場は歩きずらいゴロ石道も雪のため歩きやすい。幅広い浸食道は小さくジグザグを切ると、灌木帯を過ぎて三合目道標を見る。さらに五合目は、広い雪面となり右手にえびの高原が広がっている。

ミヤマキリシマ、ノリウツギの灌木は一面雪や樹氷を付けている。ここから火口近くまで雪が多い。右下に氷結した大浪池を見ると、**火口熔岩縁**となり、熔岩にエビノシッポがびっしり付き、風の強さが想像できる。

熔岩と笹との境を縁に沿って歩き、右下に大浪池方面分岐を見てわずかで**韓国岳山頂**へ。山頂は雪は風で飛ばされわず

南国であっても 1700 m韓国山頂は雪の世界だ

韓国岳六合目、山頂への登り

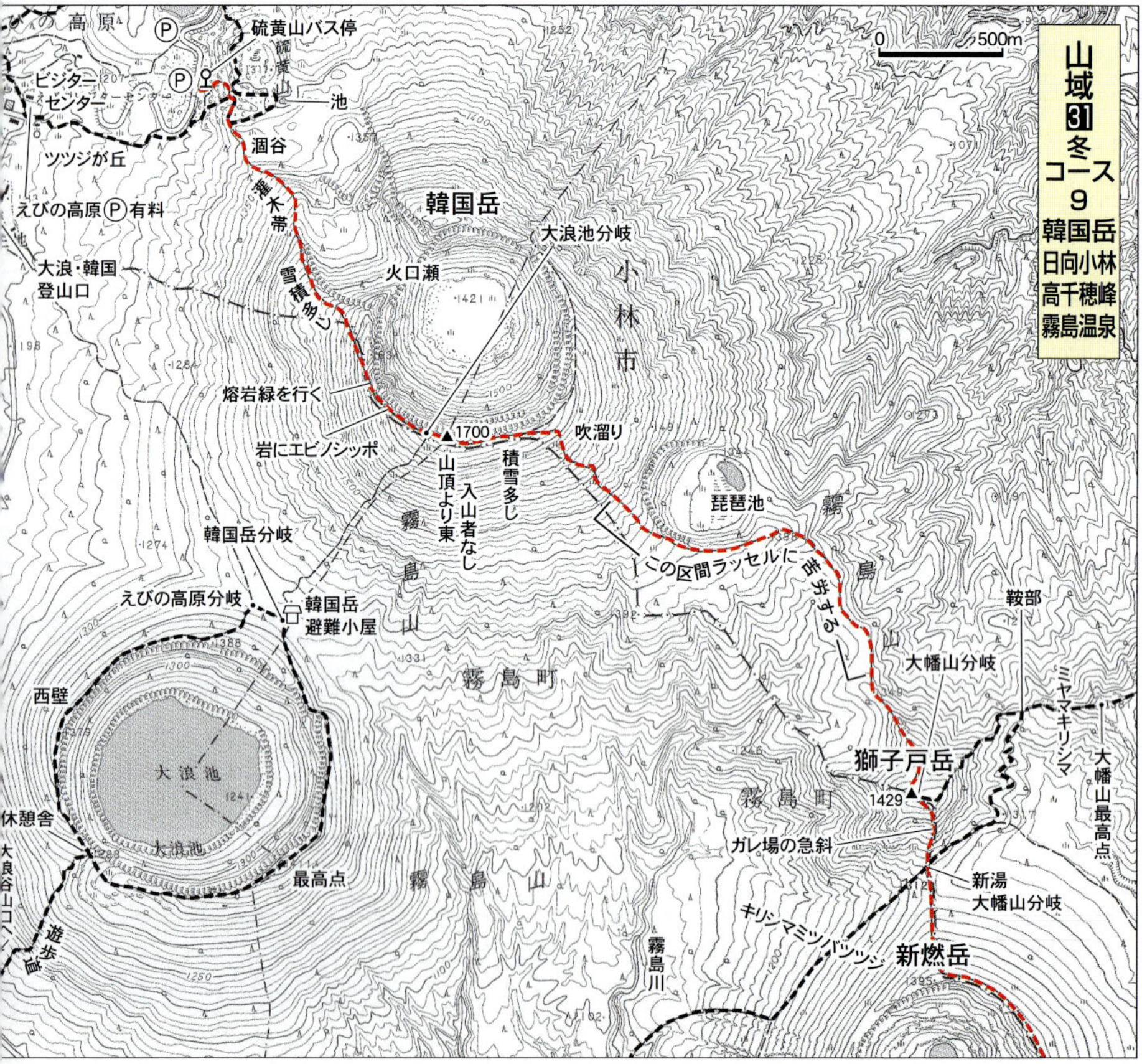

左頁の上につづく

韓国岳を後に南に向うと獅子戸岳、新燃岳、高千穂峰が遠望できる

右頁の下につづく

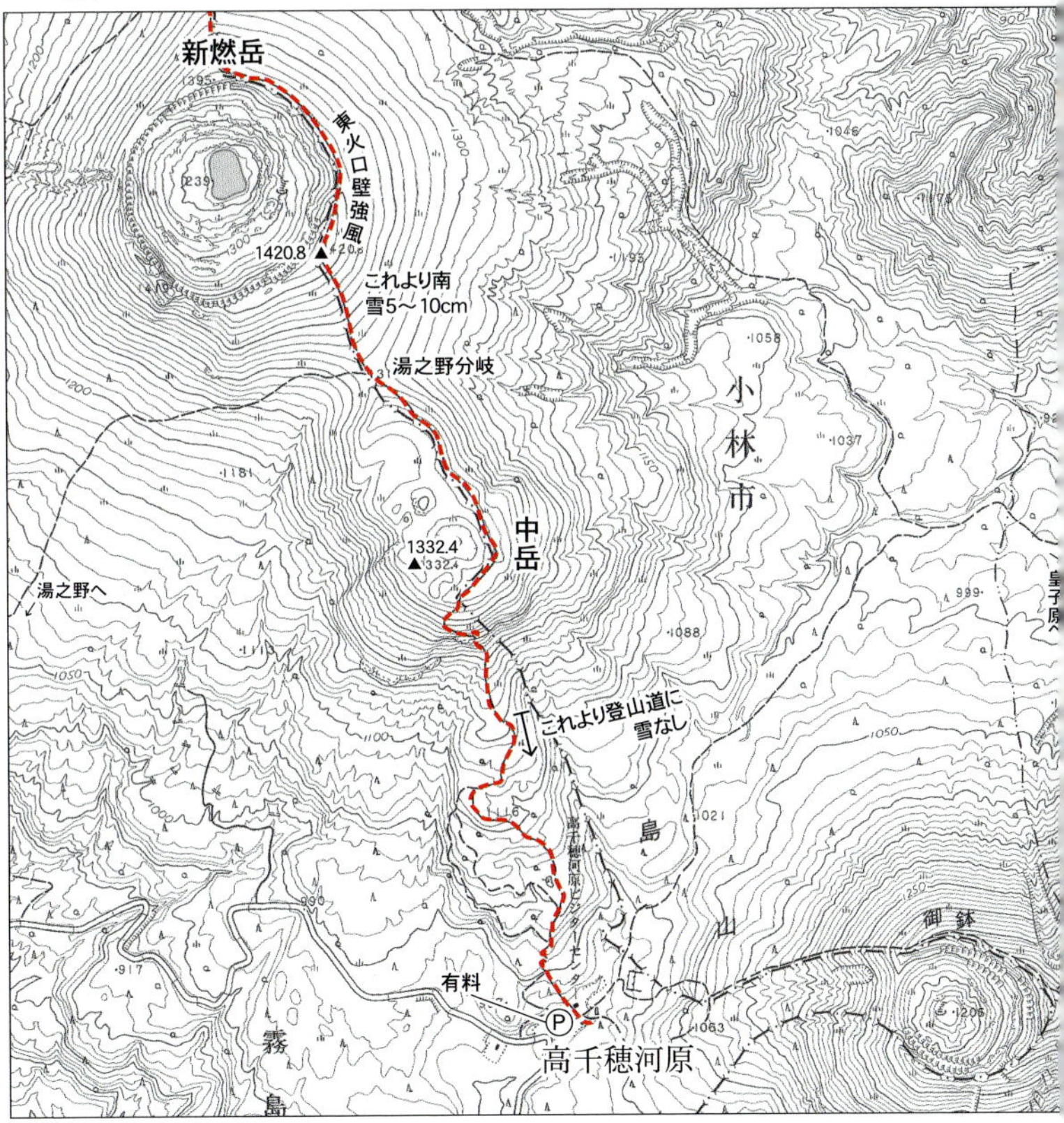

高千峰河原に降立ち、えびのへタクシーを使う

新燃火口の湯だまりもすっかり冬化粧

かである。展望は琵琶池、大幡池、新燃火口、西の大浪火口と、雪景色は別世界を見るような感じがする。

強風時に長居は無用。火口縁を東へ四〇〇メートルも行くと、いきなり雪が多くなり吹溜りは苦労する。右下に浸食止の木壁を見て、南に急下降する。夏はガレ場で歩きにくい斜面を、ぐんぐん下ると笹帯に達し、さらに灌木混じりの急斜を下ると、斜面は緩み雪積が増す。灌木帯は笹が垂れ、窪んだ登山道は雪が吹溜って歩きにくい。

琵琶池側に浅い雪面が道脇に続く。東へラッセルして標高一三九八メートル、ミヤマキリシマ灌木帯は進むのに苦労する。南に折れると、笹や灌木が雪で道へ押し出されて、ヤブこぎも加わり歩がはかどらない。徐々に南進するが休んでばかりでは日が暮れる。

登りとなり**獅子戸岳基部**に出て、ヤブと雪から解放される。山頂から南は雪は少ない。急な斜面を下ると**新湯分岐**だ。キリシマミツバツツジの群落の横を直上して、**新燃岳**火口北端に登り、火口東側を行く。冬場は右からの季節風が強い。

山頂から木道を下ると**湯之野分岐**、左上へ木道で登ると、中岳の浅い火口北端に出る。ここも東側を直進して南に出ると右に折れて、**中岳山頂**の立札を見るが、実際の山頂は北へ二〇〇メートルの場所だ。

山頂から遊歩道を河原方面に向う。標高差一〇〇メートルの熔岩の急崖を下ると、平坦な道となり雪も消える。

夏場と同じ遊歩道を歩き、**高千穂河原**に下山する。出発点へはタクシーを呼ぶ。

▽**参考コースタイム**＝硫黄山登山口（1時間30分）韓国岳（3時間）獅子戸岳（40分）新燃岳（40分）中岳（1時間）高千穂河原

＊韓国岳から獅子戸岳間はトレースなし。二名で交代してラッセルした。

〔**アドバイス**〕＊暖かい飲物をテルモス二本に入れて携行。韓国から先にトレールがなく、ラッセル困難なら大浪池方面、大浪登山口か避難小屋からえびの高原、獅子戸岳から新湯へエスケープ。湯之野分岐はもう多くのメリットなし。河原でも大差なし。霧島連山標高一二〇〇メートルまで下ると雪は極端に減る。

〔**問合せ先**〕前出189頁の項参照。

おわりに

私と山との関係は五〇年以上におよぶ。登山は私の人生そのものと考え、山を歩いている。座右銘は「山を学び、山に学ぶ」であるが、まだまだ極めるに至っていない。

近年山を歩いていると、私のまわりに中高年の登山者が目立つ。山は中高年登山者で溢れている、とばかり思っていたら、それは自身が中高年登山者なので、同じ視線で登る山を選んでいただけのことだったと気づかされた。

ある時、豪雨悪天候の南アルプス塩見岳縦走路を歩いていると、大学や高校の若者が重荷をかついで元気に頑張っている。それも一パーティでなく一〇パーティ近くが、次々と挨拶して通り過ぎていった。なんということはない、登る山を変えて歩くと若者の姿が目立つ場所があるということだ。昔も今も、老いも若きも山を歩いているのだということがわかる。

中高年登山者たちは、男性は退職後、女性は子育てを終えた人々が、深田久弥の日本百名山、花の百名山を目標に、それぞれの人生を楽しんでいる。それはそれで良いことだ。気になるのは、それらの人々の山岳遭難が急増しているという現実である。転倒骨折や山での病死など頻繁に報道される。自分の健康管理には十分注意し、より楽しい登山を長く続けてほしい。

近年非常に自然の荒廃が目立つのも気になる。自然に浸って楽しむだけでなく、保護するという立場もわきまえてほしい。それは目に見える保護活動や運動でなくとも、一人一人がいたわりを持って自然に接することこそが大切ではなかろうか。

若者はアルピニズムの精神を発揮して、よりグレードの高い山を目指すのもよい。中高年は安全登山、健康増進を目標に、心の充足感を味わうのもよい。そのためにもすべての登山者が自然を保護していこうという立場を忘れずに山と接してほしい。

二〇〇五年頃から気候の変化がひどく、雨季以外の冬場でも大雨が降り、特に鹿児島、宮崎、熊本各県の山地登山は、降水量が多く谷川の増水による林道の崩壊、登山道を水が流れ土の流出で雨が上がっても谷中を歩くような足場の悪い道となり、道迷いの原因を作っている。登山者の通行に不安がつきまとう。入山時は登山口までの車道、入山地の登山道の消失などの情報を得て入山することも必要になっている。

天狗ヶ城　てんぐがじょう………… 89、229
天山　てんざん……………………………… 55
天主山　てんしゅざん…………………… 136
砥石山　といしやま……………………… 29
戸上山　とのうえやま…………………… 13
な
中岳　なかだけ(大分県・九重山群)……… 84、229
中岳　なかだけ(熊本県・阿蘇山)……… 127、235
中岳　なかだけ(鹿児島県・冬コース9)…… 243
永田岳　ながただけ……………………… 207
夏木山　なつきやま……………………… 169
貫山　ぬきさん…………………………… 11
根子岳東峰　ねこだけとうほう………… 127
仰烏帽子山　のけえぼしやま…………… 136
は
花切山　はなきりやま…………………… 160
蛤岳　はまぐりだけ……………………… 39
平治岳　ひいじだけ……………………… 85
比叡山　ひえいざん……………………… 166
英彦山　ひこさん………………………… 25
彦岳　ひこだけ…………………………… 55
一目山　ひとめやま……………………… 95
夷守岳　ひなもりだけ…………………… 189
福智山　ふくちやま……………………… 16
福万山　ふくまやま……………………… 81
普賢岳　ふげんだけ……………………… 66
古祖母山　ふるそぼさん………………… 103
屏山　へいざん…………………………… 35
宝満山　ほうまんざん…………………… 29
鉾岳　ほこだけ…………………………… 169
星生山　ほっしょうざん……… 84、229、232
双石山　ぼろいしやま…………………… 160
本谷山　ほんたにやま…………………… 103
ま
牧ノ山　まきのやま……………………… 62
丸岡山　まるおかやま…………………… 189
みそこぶし山　みそこぶしやま………… 95
御岳　みたけ……………………………… 201
三尖　みつとぎり………………………… 240
三俣山　みまたやま……………………… 85
宮之浦岳　みやのうらだけ……………… 207
妙見岳　みょうけんだけ………………… 66
行縢山　むかばきやま…………………… 166
向坂山　むこうさかやま………………… 182
本富岳　もっちょむだけ………………… 207
や
屋久島　やくしま………………………… 207
八方ヶ岳　やほうがたけ………………… 119
由布岳　ゆふだけ……………………… 78、227
ら
雷山　らいざん…………………………… 39
猟師岩山　りょうしいわやま…………… 39
わ
涌蓋山　わいたさん……………………… 86
若杉山　わかすぎやま…………………… 29

《主要山名索引》

あ

愛子岳　あいこだけ……………………… 207
阿蘇山　あそさん…………… 127、235、238
阿蘇南外輪　あそみなみがいりん……… 121
足立山　あだちやま………………………… 13
石谷山　いしたにやま……………………… 58
石堂山　いしどうやま…………………… 182
一ノ岳　いちのたけ………………………… 21
市房山　いちふさやま…………………… 136
稲星山　いなほしやま……………… 84、229
犬ヶ岳　いぬがたけ………………………… 21
井原山　いわらやま………………………… 39
内山　うちやま……………………………… 74
馬見山　うまみやま………………………… 35
烏帽子岳（阿蘇烏帽子岳）えぼしだけ… 127
烏帽子岳（脊梁烏帽子岳）えぼしだけ… 136
扇ヶ鼻　おうぎがはな……………………… 85
扇山　おうぎやま………………………… 182
大崩山　おおくえやま…………………… 169
大篦柄岳　おおのがらだけ……………… 201
大幡山　おおはたやま…………………… 189
大平山　おおひらやま(大分県・コース15)…… 74
大平山　おおへらやま(福岡県・コース1)…… 11
大森岳　おおもりだけ…………………… 163
大矢野岳　おおやのだけ………………… 121
尾鈴山　おすずやま……………………… 179
鬼ノ目山　おにのめやま………………… 170
親父山（おやじやま）…………………… 240

か

開聞岳　かいもんだけ…………………… 198
傾山　かたむきやま……………………… 103
金山　かなやま……………………………… 39
鹿納山　かのうやま……………………… 169
上福根山　かみふくねやま……………… 136
韓国岳　からくにだけ……………… 189、243
伽藍岳　がらんだけ………………………… 74
杵島岳　きしまだけ………………… 127、238
北大船山　きたたいせんざん……………… 86
経ヶ岳　きょうがだけ……………………… 69
京丈山　きょうのじょうやま…………… 136
久住山　くじゅうさん……………… 84、229
九重山群　くじゅうさんぐん… 83、229、232
九千部岳　くせんぶだけ(長崎県・コース13)‥ 66
九千部山　くせんぶやま(佐賀県・コース11)‥ 58
国見岳　くにみだけ(長崎県・コース13)……… 66
国見岳　くにみだけ(熊本県・コース23)…… 136
鞍ヶ戸　くらがと…………………………… 74
黒岩山　くろいわさん……………………… 86
黒髪山　くろかみさん……………………… 62
黒岳（九重山群）くろたけ………………… 85
黒岳（祖母山群）くろたけ……………… 240
黒味岳　くろみだけ……………………… 207
五家原岳　ごかはらだけ…………………… 69
古処山　こしょさん………………………… 35
御前岳　ごぜんだけ………………………… 51
五葉岳　ごようだけ……………………… 169

さ

三郡山　さんぐんざん……………………… 29
三方岳　さんぽうだけ…………………… 182
獅子戸岳　ししこだけ……………… 189、243
紫尾山　しびさん………………………… 204
釈迦ヶ岳　しゃかがだけ…………………… 51
尺岳　しゃくだけ…………………………… 16
障子岳　しょうじだけ……………… 103、240
白髪岳　しらがだけ……………………… 136
白鳥山　しらとりやま…………………… 136
白岩山　しろいわやま…………………… 182
次郎丸岳　じろうまるだけ……………… 157
新燃岳　しんもえだけ……………… 189、243
青螺山　せいらさん………………………… 62
脊振山　せふりさん………………… 39、223
泉水山　せんすいさん……………………… 97
祖母山　そぼさん………………………… 103
祖母山群　そぼさんぐん………………… 240

た

大船山　たいせんざん……………………… 85
高岳　たかだけ……………………… 127、235
高千穂峰　たかちほのみね……………… 189
多良岳　たらだけ…………………………… 69
太郎丸岳　たろうまるだけ……………… 157
俵山　たわらやま………………………… 121
鶴見岳　つるみだけ………………… 74、225

〈著者略歴〉

吉川　満（よしかわ・みつる）
一九三七年熊本県玉名郡生まれ。高校時代から山に登り、八代ドッペル登高会入会後、沢登りに興味をもち、全国各地の沢や谷に足跡を残す。海外の山やヤブ山歩きと多彩な登山活動を行なっている。現在八代ドッペル登高会所属、無名山塾所属、日本山岳ガイド、「岳人」初掲載一九七八年八月号、《由布川渓谷完全溯行の記録》以後、記録、案内他一五〇以上の掲載、「山と渓谷」初掲載一九八五年十二月号、《随想屋久島に思う》以後、記録、案内、対談、カラーグラフ等一〇〇以上の掲載を続けている。
一九九七年退職後、海外の山やハイキングに親しみ、スイス渡行一〇回、二〇〇三年は一ヶ月間スイスに滞在し、アルプスの登山とハイキングを楽しんだ。ニュージーランド、カナダ、ハワイ、韓国、台湾、ネパール、チベット、タンザニア、エクアドル等を歩く。二〇〇五年四月一四日にネパールのアイランド・ピーク六一六〇mに登頂する。海外での登山やハイキングのコースは一二〇にも及ぶ。三国川流域五十沢川本流遡行記録（一九八二）、祝子川本流ゴルジュ遡行記録（一九九四）、『日本登山史年表』（共著）など山の著書や記録多数。熊本県八代市在住。

《決定版》九州の山歩き　増補

二〇〇五年四月二〇日初　版発行
二〇一〇年八月二五日増補版発行
二〇一五年七月二五日第二刷発行

著　者　吉川《よしかわ》　満《みつる》
発行者　小野静男
発行所　弦　書　房
（〒810・0041）
福岡市中央区大名二－二－四三
ELK大名ビル三〇一
電　話　〇九二・七二六・九八八五
FAX　〇九二・七二六・九八八六

印刷　アロー印刷株式会社
製本　篠原製本株式会社

ISBN 978-4-86329-045-7 C0076